U0453250

国家哲学社会科学成果文库
NATIONAL ACHIEVEMENTS LIBRARY
OF PHILOSOPHY AND SOCIAL SCIENCES

# 全球数字经济治理体系的中国角色研究

徐秀军 等 著

中国社会科学出版社

# 图书在版编目（CIP）数据

全球数字经济治理体系的中国角色研究 / 徐秀军等著. -- 北京：中国社会科学出版社，2025. 5. --（国家哲学社会科学成果文库）. -- ISBN 978-7-5227-5121-4

Ⅰ. F492

中国国家版本馆 CIP 数据核字第 2025H3T484 号

| | |
|---|---|
| 出 版 人 | 赵剑英 |
| 责任编辑 | 刘　芳 |
| 责任校对 | 闫　萃 |
| 封面设计 | 郭蕾蕾 |
| 责任印制 | 戴　宽 |

| | |
|---|---|
| 出　　版 | 中国社会科学出版社 |
| 社　　址 | 北京鼓楼西大街甲 158 号 |
| 邮　　编 | 100720 |
| 网　　址 | http://www.csspw.cn |
| 发 行 部 | 010-84083685 |
| 门 市 部 | 010-84029450 |
| 经　　销 | 新华书店及其他书店 |
| 印刷装订 | 北京君升印刷有限公司 |
| 版　　次 | 2025 年 5 月第 1 版 |
| 印　　次 | 2025 年 5 月第 1 次印刷 |
| 开　　本 | 710×1000　1/16 |
| 印　　张 | 26.5 |
| 字　　数 | 368 千字 |
| 定　　价 | 219.00 元 |

凡购买中国社会科学出版社图书，如有质量问题请与本社营销中心联系调换

电话：010-84083683

版权所有　侵权必究

# 《国家哲学社会科学成果文库》
# 出版说明

  为充分发挥哲学社会科学优秀成果和优秀人才的示范引领作用，促进我国哲学社会科学繁荣发展，自 2010 年始设立《国家哲学社会科学成果文库》。入选成果经同行专家严格评审，反映新时代中国特色社会主义理论和实践创新，代表当前相关学科领域前沿水平。按照"统一标识、统一风格、统一版式、统一标准"的总体要求组织出版。

全国哲学社会科学工作办公室

2025 年 3 月

# 目　录

引　言 / 001
　一　数字时代全球经济治理空间拓展　/ 002
　　（一）全球数字产业治理　/ 002
　　（二）全球数字贸易治理　/ 004
　　（三）全球数字货币金融治理　/ 005
　　（四）全球数字经济发展治理　/ 006
　二　全球数字经济治理的中国策略　/ 008
　　（一）促进国内数字经济发展　/ 008
　　（二）参与引领全球数字经济合作　/ 010
　　（三）提升全球数字经济治理制度性话语权　/ 011

第一章　理论逻辑：全球数字经济治理的多维视角
　一　技术视角：数字技术与全球经济治理　/ 013
　　（一）数字技术发展态势　/ 014
　　（二）数字技术与全球经济治理基础变革　/ 016
　　（三）数字技术与全球经济治理内涵深化　/ 019

二 理念视角：数字思维与全球经济治理 / 024
　　（一）数字思维内涵与特征 / 024
　　（二）数字思维与全球经济治理理念分歧 / 027
　　（三）网络空间命运共同体理念与新型全球经济治理观 / 031
三 权力视角：数字权力与全球经济治理 / 033
　　（一）数字权力及其内涵 / 034
　　（二）数字权力与全球经济治理结构变化 / 040
　　（三）数字权力与全球经济治理制度博弈 / 046
四 市场视角：数字市场与全球经济治理 / 050
　　（一）全球数字经济发展态势 / 050
　　（二）数据要素与全球数字经济规则构建 / 053
　　（三）大型科技公司地位与角色 / 059
五 安全视角：数字安全与全球经济治理 / 063
　　（一）数字时代全球安全形势变化 / 064
　　（二）数字安全与经济发展的辩证关系 / 067
　　（三）数字时代全球经济治理发展方向 / 069
　　（四）全球经济问题的数字化治理 / 071

## 第二章　现实问题：全球数字经济治理体系的构成要素

一 治理主体：国家与市场的博弈 / 077
　　（一）数字时代政府角色及其博弈 / 077
　　（二）数字时代企业角色及其博弈 / 085
　　（三）数字时代政府与企业互动关系 / 087
二 治理领域：传统领域与新兴领域联动 / 090
　　（一）数字产业化及其治理 / 091

（二）产业数字化及其治理　/ 094

　　（三）全球数字经济治理重要议题　/ 097

三　治理风险：系统性风险与非系统性风险叠加　/ 102

　　（一）全球数字经济治理系统性风险　/ 102

　　（二）全球数字经济治理非系统性风险　/ 105

　　（三）全球数字经济治理风险联动及影响　/ 109

四　治理规则：完善旧规则与创建新规则并行　/ 111

　　（一）全球数字经济治理规则演进与现状　/ 112

　　（二）全球数字经济治理规则问题与弊端　/ 115

　　（三）全球数字经济治理规则变革与创新　/ 119

五　治理利益：存量利益与增量利益分配　/ 122

　　（一）全球数字经济治理利益结构　/ 123

　　（二）发达经济体利益主张与分歧　/ 125

　　（三）新兴经济体利益诉求　/ 128

## 第三章　全球数字贸易治理体系的中国角色

一　全球数字贸易发展进程与现状　/ 132

　　（一）全球数字贸易发展进程　/ 133

　　（二）全球数字贸易治理赤字　/ 139

　　（三）全球数字贸易的均衡治理　/ 152

二　中国数字贸易发展进程与现状　/ 158

　　（一）中国数字贸易发展的进程与现状　/ 159

　　（二）中国推进全球数字贸易治理的核心诉求　/ 160

　　（三）中国在全球数字贸易治理体系的地位　/ 164

三　中国参与全球数字贸易治理的机遇与挑战　/ 166

（一）中国参与全球数字贸易治理的机遇 / 166

（二）中国参与全球数字贸易治理的挑战 / 173

四　全球数字贸易治理体系演进的中国路径 / 182

（一）中国推动构建全球数字贸易治理体系的目标 / 182

（二）中国参与全球数字贸易治理的数据价值化路径 / 185

（三）中国推动构建全球数字贸易治理体系演进的策略 / 191

# 第四章　全球数字金融治理体系的中国角色

一　全球数字金融发展进程与现状 / 197

（一）全球数字金融发展进程 / 198

（二）全球主要经济体数字金融发展 / 202

（三）数字金融发展与治理体系变革 / 214

二　中国数字金融发展进程与现状 / 223

（一）中国数字金融发展进程 / 224

（二）中国数字金融发展政策 / 226

（三）中国数字金融发展主体与业务模式 / 228

（四）中国数字金融与高质量发展 / 236

三　中国参与全球数字金融治理的机遇与挑战 / 242

（一）中国参与全球数字金融治理的机遇 / 243

（二）中国参与全球数字金融治理的挑战 / 251

四　全球数字金融治理体系演进的中国路径 / 260

（一）中国推动构建全球数字金融治理体系的目标 / 261

（二）中国推动构建全球数字经济发展治理体系的策略 / 265

## 第五章　全球数字经济发展治理体系的中国角色

一　全球数字经济发展进程与现状　/ 276

（一）全球数字经济发展进程　/ 277

（二）全球数字经济发展与治理体系变革　/ 284

二　中国数字经济发展进程与现状　/ 290

（一）中国数字经济发展进展　/ 291

（二）中国在全球数字发展治理体系的地位　/ 300

三　中国参与全球数字经济发展治理的机遇与挑战　/ 306

（一）中国参与全球数字经济发展治理的机遇　/ 306

（二）中国参与全球数字经济发展治理的挑战　/ 321

四　全球数字经济发展治理体系演进的中国路径　/ 325

（一）中国推动构建全球数字经济发展治理体系的目标　/ 325

（二）中国推动构建全球数字经济发展治理体系演进的策略　/ 328

**参考文献**　/ 337

**缩略语**　/ 406

**后　记**　/ 409

# CONTENTS

**INTRODUCTION** / 001

**CHAPTER 1　THEORETICAL LOGIC: MULTIDIMENSIONAL PERSPECTIVES ON GLOBAL DIGITAL ECONOMIC GOVERNANCE**

1.1　Technical Perspective: Digital Technology and Global Economic Governance / 013

1.2　Conceptual Perspective: Digital Thinking and Global Economic Governance / 024

1.3　Power Perspective: Digital Power and Global Economic Governance / 033

1.4　Market Perspective: Digital Markets and Global Economic Governance / 050

1.5　Security Perspective: Digital Security and Global Economic Governance / 063

**CHAPTER 2　PRACTICAL ISSUES: CONSTITUENT ELEMENTS OF THE GLOBAL DIGITAL ECONOMIC GOVERNANCE SYSTEM**

2.1　Governance Actors: The Game Between State and Market / 077

2.2　Governance Fields: Linkage Between Traditional and Emerging Fields ／ 090

2.3　Governance Risks: Overlay of Systemic Risks and Non-Systemic Risks ／ 102

2.4　Governance rules: Parallel Improvement of Old Rules and Creation of New Rules ／ 111

2.5　Governance Benefits: Distribution of Stock Interests and Incremental Benefits ／ 123

## CHAPTER 3　CHINA'S ROLE IN THE GLOBAL DIGITAL TRADE GOVERNANCE SYSTEM

3.1　Development Process and Current Status of Global Digital Trade ／ 132

3.2　Development Process and Current Status of China's Digital Trade ／ 158

3.3　Opportunities and Challenges in the Evolution of the Global Digital Trade Governance System ／ 166

3.4　China's Path in the Evolution of the Global Digital Trade Governance System ／ 182

## CHAPTER 4　CHINA'S ROLE IN THE GLOBAL DIGITAL FINANCIAL GOVERNANCE SYSTEM

4.1　Development Process and Current Status of Global Digital Finance ／ 197

4.2　Development Process and Current Status of China's Digital Finance ／ 223

4.3　Opportunities and Challenges in the Evolution of the Global Digital Financial Governance System ／ 242

4.4　China's Path in the Evolution of the Global Digital Financial Governance System ／ 260

## CHAPTER 5  CHINA'S ROLE IN THE GLOBAL DIGITAL ECONOMIC DEVELOPMENT GOVERNANCE SYSTEM

5.1　Development Process and Current Status of Global Digital Economy ／ 276

5.2　Development Process and Current Status of China's Digital Economy ／ 290

5.3　Opportunities and Challenges in the Evolution of the Global Digital Economic Development Governance System ／ 306

5.4　China's Path in the Evolution of the Global Digital Economic Development Governance System ／ 325

**REFERENCES** ／ 337

**ABBREVIATIONS** ／ 406

**POSTSCRIPT** ／ 409

# 引　言

数字技术引领的新一轮科技革命和产业变革深入发展,正在成为重塑全球经济增长和发展新质生产力的主要动力之源。数字经济发展速度之快、辐射范围之广、影响程度之深前所未有,正在成为重组全球要素资源、重塑全球经济结构、改变全球竞争格局的关键力量。[1] 全球经济治理因此加速迈入数字时代。从治理客体上看,数字技术拓展了全球经济的治理空间,丰富了全球产业治理、贸易治理、货币金融治理和发展治理等领域;从治理手段上看,数字技术带来了全球经济治理的路径创新,并体现在经济信息交换、经济风险防范、经济危机应对和经济政策效能评估等过程与领域。但是,数字技术带来的变化既是机遇,也是挑战。在一些新兴产业领域,发展中国家能够同发达国家并跑;在成熟产业领域,发展中国家可通过新技术与传统技术和产业的融合,并利用其独特市场优势和资源优势实现"弯道超车"。同时,数字技术的迅速发展导致数字经济治理规则的更新必然滞后于数字经济实践,全球经济治理体系正在进入一个更新、创新、重构和完善的时期。在数字时代全球经济治理中,基于互惠互利、协商共赢的多边主义仍然是其发展演进的主要逻辑。

作为全球数字经济第二大国,中国积极参与引领数字时代全球经济治理是中国的必然选择。随着数字技术在传统经济领域的广泛应用,中国数字经

---

1　习近平:《不断做强做优做大我国数字经济》,《求是》2022年第2期。

济特别是数字贸易蓬勃发展，这为中国提高参与甚至是引领全球经济治理体系改革与创新的能力提供了机遇。为此，中国将健全促进数字经济和实体经济深度融合制度作为推进中国式现代化的重要举措，致力于加快构建促进数字经济发展体制机制、完善促进数字产业化和产业数字化政策体系。[1] 在二十国集团（G20）领导人第十九次峰会上，中国国家主席习近平明确提出"完善全球数字治理"的新主张。[2] 在加快发展数字经济、不断奠定实力基础的同时，中国还积极参与数字经济国际合作，不断提升全球数字经济治理制度性话语权。在此基础上，积极推动全球经济治理体系改革和创新，为应对数字经济发展挑战提供有效的系统性解决方案，使数字技术更好地服务于全球经济发展。

## 一　数字时代全球经济治理空间拓展

数字技术进步及其在全球经济领域的广泛应用拓展了全球经济治理的空间。尤其是在全球产业、贸易、货币金融和可持续发展等领域，全球经济治理面临更加复杂的形势。一方面，传统全球经济治理领域加速推进数字化，既创造了新的发展动力，也丰富了全球经济治理的内涵；另一方面，全球经济治理面临更加复杂的治理环境，也给国际协调与合作提出了更高的要求。

### （一）全球数字产业治理

数字技术的发展给全球产业的发展带来了深刻改变，主要体现在数字产

---

[1] 《中共中央关于进一步全面深化改革　推进中国式现代化的决定》，人民出版社，2024，第11—12页。
[2] 习近平：《携手构建公正合理的全球治理体系——在二十国集团领导人第十九次峰会第二阶段会议关于"全球治理机构改革"议题的讲话》，《人民日报》2024年11月20日。

业化和产业数字化两个方面。一方面,数字产业化得到极大发展。数字产业化是将信息的生产与使用规模化,主要涉及电子信息设备、数据传输、云计算、物联网和人工智能等方面的硬件和软件制造、销售和服务,数字产业化是数字经济发展的基础。另一方面,传统产业的数字化进程加深。产业数字化是将数字技术和信息数据广泛应用于传统产业部门的生产、经营和管理等各个环节,并通过两者间相互融合实现产出增加和效率提升。随着数字化进程的加快,数字产业化已经成为数字经济发展的主引擎,传统产业治理进入数字时代。2022年,全球产业数字化占数字经济比重为85.3%,占国内生产总值（GDP）达39.3%。[1]

数字技术的发展从以下两个维度影响了全球产业治理:一是生产要素的变革。作为信息载体的数据和工业时代的土地、劳动、资本、技术一起成为重要生产要素,并成为产业数字化的核心。数据确认权制度、数据安全与保护制度、数字产权交易制度、数据跨境流动方面的数据创新治理将成为全球产业治理的重要任务之一。[2] 此外,数据权益分配、数据资源整合与共享、数据监管问题也将成为全球产业治理的重要关注维度。[3] 二是产业模式的变革。新技术催生了新产业、新业态和新模式。新产业指依托于科技创新和市场需求创造的新的产业体系,比如生物工程产业、信息技术产业;新业态指基于新技术和新产业而创造出商业领域的新环节、新活动,比如跨境电子商务、互联网金融等;新模式指以市场需求为导向,对企业生产要素和外部要素进行调整,整合改变传统上下游产业链模式和价值关系,比如借助互联网

---

[1] 中国信息通信研究院:《全球数字经济白皮书（2023年）》,2024年1月,第16页,http://www.caict.ac.cn/kxyj/qwfb/bps/202401/P020240326601000238100.pdf。

[2] 祝合良、王春娟:《"双循环"新发展格局战略背景下产业数字化转型:理论与对策》,《财贸经济》2021年第3期。

[3] 《中共中央关于进一步全面深化改革推进中国式现代化的决定》,人民出版社,2024,第12页。

和海量数据实现的 B2B、C2C 电子商务模式、新直销模式等。[1] 这些变革使得对生产要素流动的监管变得更加复杂。

## （二）全球数字贸易治理

数字技术发展催生了数字贸易。作为传统贸易在数字时代的拓展与延伸，数字贸易是指通过信息通信技术实现传统实体货物、数字产品与服务、数字化知识与信息的高效交换，进而推动消费互联网向产业互联网转型并最终实现制造业智能化的新型贸易活动。[2] 这种数字化的变革降低了贸易成本、加强了贸易环节中各要素间互相联系的程度。

数字技术的广泛应用推动了数字贸易的快速增长。无论是数字服务贸易，还是数字商品贸易，增长速度都远高于传统贸易方式，在疫情冲击下更是如此。根据联合国贸易和发展会议（UNCTAD）的数据，2020 年全球服务出口额与 2019 年相比下降了 20%，但依托于信息和通信技术（ICT）的全球出口数字交付服务仅下降了 1.8%。[3] 在数字商品贸易方面，ICT 商品作为典型的数字密集型贸易品，其全球贸易额从 2011 年的 1.81 万亿美元增加到 2020 年的 2.35 万亿美元，其占全球商品贸易的比重由 9.89% 升高到 13.37%。[4]

数字贸易的发展给全球贸易治理提供了便利。一方面，依托于数字技术和海量数据的互联网平台能够使得全球范围内商品和服务的供给和需求实现更加精准、便捷的匹配；另一方面，数字化手段提高了贸易的效率，既极大

---

[1] 李红玉：《中国"四新"经济发展状况及前景分析》，见潘家华等主编《中国城市发展报告》，社会科学文献出版社，2019，第113—116页。

[2] 马述忠、房超、梁银锋：《数字贸易及其时代价值与研究展望》，《国际贸易问题》2018年第10期。

[3] UNCTAD, "Digital Trade: Opportunities and Actions for Developing Countries", *Policy Brief*, No. 92, January 7, 2022, https://unctad.org/system/files/official-document/presspb2021d10_en.pdf.

[4] 江小涓、靳景：《中国数字经济发展的回顾与展望》，见谢伏瞻等主编《2022年中国经济形势分析与预测》，社会科学文献出版社，2021，第27页。

限度地减少了中间环节,也加快了传统贸易过程中的清关、海关检疫等活动。同时,数字贸易发展也给全球经济治理带来了挑战。一方面,流动要素、参与国际贸易的行为体、贸易方式等的复杂性变化使得国际贸易的监管更加复杂,引发了安全挑战,增加了贸易治理的难度;另一方面,当前国际和国内层次的数字贸易规则尚不健全,各国监管漏洞频出,国家间的政策行动协调远不能满足现实发展的需要。

### (三) 全球数字货币金融治理

数字技术的发展推动了货币领域的革新,数字货币应运而生。随着云计算、互联网和区块链技术的发展,经济金融活动被更多地转移至互联网世界,催生了非实体形式的数字货币。近年来,无论是数字加密货币,还是作为基于政府信用背书的中央银行数字货币,都得到较快发展与流通。截至2024年9月,世界上有134个国家和货币联盟在寻求中央银行数字货币的发展。[1]

数字技术的发展也推动着传统金融领域的革新。传统的国际结算业务主要使用环球银行金融电信协会(SWIFT)系统和纽约清算所银行同业支付系统(CHIPS),其运行存在延时长、费用昂贵等问题,并且呈现出美国主导的中心化特征。2008年国际金融危机暴露出传统金融中心化模式的明显缺陷,即中心化的金融机构作为交易双方的信用担保并不能保证双方的履约;而基于区块链技术的国际支付结算运行模式不仅不依赖中心化的机构,而且由于具有不可篡改和可追溯的特质,能够为支付监管和隐私保护提供有力支持,同时推进全球货币体系去中心化的趋势。[2] 从长远来看,它也将推动全球金

---

[1] Atlantic Council,"Central Bank Digital Currency Tracker", September, 2024, https://www.atlantic-council.org/cbdctracker/.

[2] 赵忠秀、刘恒:《数字货币、贸易结算创新与国际货币体系改善》,《经济与管理评论》2021年第3期。

融治理体系的多元化。

但是,全球货币金融治理也将因此面临新的挑战。传统全球货币金融治理的客体主要是依托主权实体货币的国际货币体系、国际金融体系和国际金融治理机构。数字技术带来的变革使全球货币金融治理的对象更加难以监管。以超主权数字货币的出现为例,它将会在很大程度上冲击现有主权货币,其中由商业机构主导发行,没有国家主权作为信用背书,但可以在全球范围内流通的稳定币又被称为超主权数字货币。这些变化带来诸多潜在风险,并主要表现在如下三个方面:一是存在技术安全风险。其在履行支付手段等功能时可能因技术故障和运营风险导致经济金融活动的中断和停滞。二是存在非法利用风险。由于缺乏像法定货币一样的来自各国央行的监管,数字货币可能会被用于非法交易活动。三是存在威胁金融稳定的可能,甚至侵蚀国家的货币主权。[1] 再加上其缺乏传统的中心化管理机构、高度匿名性,以及易受攻击等不稳定的特点,对其在全球层面实现有效治理将面临更大的困难。

## (四) 全球数字经济发展治理

数字技术为全球经济塑造了可持续发展的新动力。技术的创新一直是经济发展的源泉之一。在新冠疫情暴发后,数字经济已成为应对疫情冲击和促进经济复苏的重要动力。2020年,全球数字经济平均名义增速3.0%,高于GDP名义增速5.8个百分点,数字经济已成为拉动经济增长、应对全球经济下行压力的稳定器。[2] 2020年,中国数字经济规模由2005年的2.6万亿元人民币增加到39.2万亿元人民币,较上年增加3.3亿元人民币,占GDP比

---

[1] 李苍舒、黄卓:《超主权数字货币的发展趋势及潜在风险》,《社会科学辑刊》2021年第6期。
[2] 中国信息通信研究院:《全球数字经济白皮书——疫情冲击下的复苏新曙光(2021年)》,2021年,第10—12页,http://www.caict.ac.cn/kxyj/qwfb/bps/202108/P020210913403798893557.pdf。

重达38.6%；同期，中国数字经济增速为9.7%，是同期GDP名义增速的3.2倍多。可以说，数字经济为疫情防控和经济社会发展提供了有力支撑。[1]

数字经济的发展是实现可持续发展的重要途径。数字技术能显著降低经济活动中的社会经济成本，是实现可持续发展的一条重要路径。在气候治理中，数字技术的运用可以直接降低传统经济活动中的碳排放，也可以通过数据摸底、情景预测等宏观管理路径来助力碳中和等气候目标实现。[2] 在产业发展中，数字化基础设施降低经济成本，数字化平台赋能资源共享和集约化利用，数字化转型重新定义传统商业模式，简化业务流程，扩大生产可能性边界，降低企业成本，提升运营效率，为社会创造更多灵活的就业机会，从而推动经济可持续增长。[3]

但是，数字经济也会加剧"数字鸿沟"（Digital Divide），给全球可持续发展带来负面影响。从互联网普及率看，到2023年欧洲有91%的人可以使用互联网，而非洲只有37%。[4] 从数字经济占比看，根据中国信息通信研究院对47个国家的统计数据，2021年，发达国家数字经济占GDP比重为55.7%，远超发展中国家19.8%的水平。[5] 根据国际劳工组织（ILO）数据，数字劳工平台数量从2010年的142个增加到了2020年的至少777个，但是数字平台的成本和效益表现出了严重的不平衡性，对数字平台的投资96%来自亚洲、北美和欧洲，其中70%的收入集中在美国和中国。[6]

---

[1] 中国信息通信研究院：《中国数字经济发展白皮书（2021年）》，2021年4月，第4—6页，http://www.caict.ac.cn/kxyj/qwfb/bps/202104/P020210424737615413306.pdf。

[2] 中国信息通信研究院：《全球数字经济白皮书——疫情冲击下的复苏新曙光（2021年）》，2021年，第11—13页，http://www.caict.ac.cn/kxyj/qwfb/bps/202108/P020210913403798893557.pdf。

[3] 祝合良、王春娟：《"双循环"新发展格局战略背景下产业数字化转型：理论与对策》，《财贸经济》2021年第3期。

[4] ITU, "Facts and Figures 2023: Internet Use", November 22, 2023, https://www.itu.int/itu-d/reports/statistics/2023/10/10/ff23-internet-use/.

[5] 中国信息通信研究院：《全球数字经济白皮书（2022年）》，2022年12月，第11页，http://www.caict.ac.cn/kxyj/qwfb/bps/202212/P020221207397428021671.pdf。

[6] ILO, *World Employment and Social Outlook 2021: The Role of Digital Labour Platforms in Transforming the World of Work*, Geneva: ILO, 2021, pp.19-30.

## 二 全球数字经济治理的中国策略

近年来,中国高度重视数字化发展。《中共中央关于进一步全面深化改革、推进中国式现代化的决定》明确提出,发展数字经济,推进数字产业化和产业数字化,推动数字经济和实体经济深度融合,构建韧性的数字经济产业链条,打造具有国际竞争力的数字产业集群,并积极参与数字领域国际规则和标准制定。习近平总书记多次强调,我们要积极参与数字经济国际合作,"主动参与国际组织数字经济议题谈判,开展双多边数字治理合作,维护和完善多边数字经济治理机制,及时提出中国方案,发出中国声音"[1]。为适应数字时代全球经济治理的新形势和新变化,充分释放数字经济放大、叠加、倍增效应,更加积极参与全球经济治理体系改革与建设,中国要进一步夯实数字经济发展的基础,积极参与引领数字经济合作,不断提升全球数字经济治理制度性话语权。

### (一) 促进国内数字经济发展

作为数字时代的经济新形态,数字经济是重组全球要素资源、重塑全球经济结构和改变全球竞争格局的关键基础。促进数字经济发展既是数字时代中国发展的重大战略选择,也是中国参与数字时代全球经济治理的必然要求。现阶段,促进数字经济发展的重点方向和举措主要包括如下三个方面。

一是大力发展数字经济所需的技术基础,尤其是推动数字关键核心技术自主创新。根据工业和信息化部数据,截至 2023 年年底,中国累计建成并开

---

[1] 习近平:《不断做强做优做大我国数字经济》,《求是》2022 年第 2 期。

通 5G 基站 337.7 万个，建成全球最大 5G 网，5G 基站总量占全球 60% 以上。[1] 但是，当前中国在核心技术领域仍然面临受制于他国的局面，高端芯片、操作系统、工业设计软件等关键领域仍是中国的短板。例如，在芯片领域，中国自 2005 年以来就是 IC 芯片的最大消费国，但中国 IC 芯片产量在全球市场占比长期在低位徘徊。中国的芯片自给率还有很大提升空间。因此，在数字技术发展方面，中国要坚定不移走自主创新之路，加大力度解决自主可控问题。

二是推进传统企业进行数字化转型，支持创新能力较强的数字企业发展。近年来，中国数字企业发展迅速，并在全球市场拥有重要影响力。2023 年《财富》世界 500 强中的 8 家互联网公司有 4 家来自中国；截至 2021 年 9 月，世界经济论坛等机构评选出的代表全球领先的商业创新能力、智能技术研发与投资能力、数字化转型能力的 90 家"工业 4.0 时代的灯塔工厂"企业中有 31 家来自中国。[2] 特别是在新冠疫情背景下，加快企业数字化转型、做强做大数字企业更具有必要性和紧迫性。从需求端看，疫情激发了企业转型意愿；从供给端看，数字基础设施建设的完善也为数字化转型升级奠定了重要基础。中国拥有的庞大生产数据、应用数据和用户数据，也为企业数字化转型升级创造了有利条件。[3]

三是完善数字经济的国内法律治理体系，为数字经济发展提供制度保障。近年来，中国加大了有关数字经济的法律法规建设步伐。2021 年，全国人大常委会相继审议通过了《中华人民共和国数据安全法》和《中华人民共和国个人信息保护法》；2024 年 8 月，国务院通过了《网络数据安全管理条例》。

---

[1] 中国工业和信息化部：《2023 年通信业统计公报》，2024 年 1 月 24 日，https://www.miit.gov.cn/jgsj/yxj/xxfb/art/2024/art_7f101ab7d4b54297b4a18710ae16ff83.html。

[2] 江小涓、靳景：《中国数字经济发展的回顾与展望》，见谢伏瞻等主编《2022 年中国经济形势分析与预测》，社会科学文献出版社，2021，第 33 页。

[3] 中国电子技术标准化研究院：《企业数字化转型白皮书（2021 版）》，2021 年，第 5 页，https://www.cesi.cn/images/editor/20211104/20211104152310850.pdf。

这些法规不仅为发展国内数字经济提供了重要保障，也为中国参与全球数字治理规则制定奠定了重要基础。同时，地方政府制定了一些激励市场主体利用数据方面的法规。例如，深圳市在 2021 年 6 月通过了《深圳经济特区数据条例》，明确提出"数据权益"，激励和规范企业合法利用数据。但是，由于数字经济发展的新情况和新问题不断涌现，在数字经济发展和监管方面还存在较大的立法和制度建设空间。例如，数字平台的动态竞争、跨界经营和寡头竞争等特征，造成了垄断问题的复杂化与严重化，从而抑制数字经济发展的活力，需要修订《中华人民共和国反垄断法》，加设数字经济章节，并配套相关规定渐进健全数字竞争规则，为监管提供高质量制度供给。[1]

## （二） 参与引领全球数字经济合作

作为全球数字经济第二大国，中国不仅要积极参与数字经济的国际合作，还要在全球数字公共产品供给方面发挥引领作用。数字经济的国际合作既是本国数字经济发展的必然要求和自然延伸，也是引领数字经济治理规则制定的前提。中国应当主动参与引领国际组织数字经济议题谈判，开展双多边数字治理合作，维护和完善多边数字经济治理机制，及时提出中国方案，发出中国声音。

一方面，中国要积极开展双多边数字治理合作，推动构建数字经济联盟。围绕多双边经贸合作协定，构建数字经济开放新格局，拓展深化与东盟、欧盟等数字经济合作伙伴关系。同时，继续推动"数字丝绸之路"深入发展，将数字经济和"一带一路"倡议结合，推动"一带一路"共建国家数字基础设施建设和数字合作。面对当前各国数字经济发展不平衡，中国还应积极同

---

[1] 孙晋：《数字平台的反垄断监管》，《中国社会科学》2021 年第 5 期。

非洲等地区发展中国家合作推动其数字化转型,构建互联互通的网络空间命运共同体,为缩小全球数字鸿沟做贡献。

另一方面,中国要主动参与国际数字经济议题谈判。参与数字议题谈判是数字时代国际经济合作的重要内容。当前,中国在国际数字经济议题谈判方面还需加大投入和加强国际协调:在降低交易壁垒、降低市场进入壁垒等关键议题上同发达国家还有较大分歧;在与源代码保护的知识产权等交叉议题上还未形成明确立场;在关税安排等议题上还存在灵活性不足等问题。[1] 中国应以更加积极的态度、开放的思维、灵活的策略参与关键议题谈判,更好维护多边经贸体制作为国际规则制定的主渠道地位。

## (三) 提升全球数字经济治理制度性话语权

当前,全球数字规则的制定落后于数字经济的全球化发展,传统的全球经济治理机制已经越来越难以适应数字时代的需要,数字经济治理也随之成为诸多国际组织和国际平台的关键议题。同时,由于不同国家的数字技术发展水平存在较大差距,围绕全球数字经济治理话语权的多方博弈也越来越激烈。在此背景下,世界各国和国际组织纷纷出台数字发展战略、规划或议程,以紧抓这一机遇。例如,欧盟出台《通用数据保护条例》和《欧盟非个人数据自由流动条例》,对世界其他国家的数据流通和对个人信息及数据保护制度的建立起到了显著的示范带头作用;美国对谷歌(Google)和脸书(Facebook)等大型数字平台的反垄断调查也展示了美方加大数字经济治理的力度;UNCTAD 发布的《数字经济报告 2021》重点关注了跨境数字流动问题。

---

[1] 陈红娜:《国际数字贸易规则谈判前景与中国面临的挑战》,《新经济导刊》2021 年第 1 期。

为提升在全球数字经济治理中的制度性话语权，中国要在数字技术标准和产业标准制定方面发挥引领作用。作为数字经济核心技术之一的通信技术，以 5G 控制接口信道编码、多址接入及多输入多输出三大关键技术的标准制定权成为各国争相争夺和布局的对象。[1] 根据 2023 年 9 月中国工业和信息化部数据，中国 5G 标准必要专利声明数量占比达到 42%，位列全球首位。[2] 这使中国在全球 5G 领域拥有举足轻重的话语权。同时，要积极参与引领国际数字规则的制定。中国曾积极参与联合国、G20、金砖国家、亚太经合组织（APEC）、世界贸易组织（WTO）等多边机制数字领域国际规则制定，并倡导达成了《二十国集团数字经济发展与合作倡议》《"一带一路"数字经济国际合作北京倡议》《携手构建网络空间命运共同体行动倡议》《全球数据安全倡议》《数字经济和绿色发展国际经贸合作框架倡议》，为全球数字经济发展和网络空间治理贡献中国方案。[3] 在此基础上，中国应当更加积极主动参与规则制定。作为当今最为全面和完整的区域数字经济协定之一的《数字经济伙伴关系协定》，中国的主动申请加入将有助于将其发展成为数字经贸规则谈判和建构的典范。

---

[1] 张倩雨：《技术权力、技术生命周期与大国的技术政策选择》，《外交评论》（外交学院学报）2022 年第 1 期。

[2] 金壮龙：《全面贯彻落实党的二十大精神大力推进新型工业化》，《新型工业化理论与实践》2024 年第 2 期。

[3] 国家互联网信息办公室：《数字中国发展报告（2023 年）》，2024 年 6 月 30 日，https://www.sszzg.gov.cn/2024/xwzx/szkx/202406/P020240630600725771219.pdf。

# 第一章
# 理论逻辑：全球数字经济治理的多维视角

数字技术引领的新一轮科技革命改变了经济增长的要素投入结构，塑造了经济增长的新动力，催生了新业态、新模式和新产业，推动了全球发展新格局的形成与发展。在经济活动生产要素数据化的过程中，传统经济活动中的代数思维、互联网思维和知识密集型思维向指数思维、物联网思维和规则密集型思维转变，并可能产生全球治理理念分歧扩大和消解的双重效应。随着数字技术的广泛应用，数据成为日益重要的生产要素，并可能引发社会生产力和生产关系的重大调整，进而孕育新的权力主体，以及以去中心化与中心化双重性、作用过程隐蔽性及作用方式非强制性等为特征的新的权力形态。同时，数据逐步向经济社会发展的各个层面渗透，展现出其所蕴含的巨大经济价值，并构成世界市场的重要组成部分。此外，数字时代全球安全与发展的联动更加紧密，数字安全成为实现经济发展的前提保障，经济发展也为实现数字安全提供物质基础。

## 一 技术视角：数字技术与全球经济治理

随着数字技术引领的新一轮科技革命蓬勃发展，大数据、云计算、物联网、增强现实、5G、区块链和人工智能等重点技术取得了长足进步。这些技术相互支撑，形成一套集数字存储、传输、分析和计算等功能在内的综合性数字技术体系，即依托大数据的数字资源、依托云计算的数字设备、依托物联网的数字传输、依托区块链的数字信息和依托人工智能的数字智能综合集成的数字技术体系。通过实现人、机器和资源的智能互联，数字技术同先进制造技术相结合，推动了新型生产方式和商业模式的发展与创新，不仅为资源的高效配置提供了可能，也为经济的可持续发展注入了巨大潜力。并且，科技创新能够催生新产业、新模式、新动能，是发展新质生产力的核心要素。[1]

## （一）数字技术发展态势

在全球技术创新中，信息和数字领域是技术突破最多的领域之一，也是大国竞争的主要场域。为了反映全球科技进步的最新进展，《麻省理工科技评论》（MIT Technology Review）和世界经济论坛（WEF）每年分别评选全球十大突破性技术榜单和全球十大新兴技术榜单。在2018—2025年入选两个机构的十大技术榜单中，新一代信息与数字技术约占四成，信息与数字领域相关技术占比超六成。在《麻省理工科技评论》评选的2025年全球十大突破性技术中，维拉·鲁宾天文台（Vera C. Rubin Observatory）、生成式人工智能搜索（generative AI search）、小语言模型（small language models）、无人驾驶出租车（robotaxis）和快速学习机器人（fast-learning robots）等信息与数字技术位列其中。世界经济论坛发布的2024年全球十大新兴技术则包括驱动科学发现的人工智能（AI for scientific discovery）、隐私增强技术（privacy-enhancing technologies）、智能超表面（reconfigurable intelligent surfaces）、高空平台通信系统（high-altitude platform stations）、通信感知一体化（integrated sensing and com-

---

[1] 《习近平在中共中央政治局第十一次集体学习时强调 加快发展新质生产力 扎实推进高质量发展》，《人民日报》2024年2月2日。

munication）和建筑世界的沉浸式技术（immersive technology for the built world）等信息与数字相关技术。2024年12月，中国人工智能公司正式上线大型语言模型 DeepSeek-V3 首个版本并同步开源，引发全球关注。这些新兴技术不仅拥有广阔的商业用途，还能够广泛应用于战略和军事领域。

新一轮科技革命和产业变革为包括中国在内的具有一定工业基础的广大发展中国家提供了重大历史机遇。在一些新兴产业领域，发展中国家能够同发达国家并跑；在成熟产业领域，发展中国家可通过新技术与传统技术和产业的融合，并利用其独特市场优势和资源优势实现"弯道超车"。近年来，随着信息基础设施建设水平不断上升，中国在电子商务、云计算和人工智能等领域已处于世界领先地位，电子商务发展规模稳居世界首位，移动支付规模全球领先，成为世界数字经济的主要参与者。

数字经济是一个内涵比较宽泛的概念。一般来说，它是以大数据、智能算法、算力平台三大要素为基础的一种新兴经济形态。[1] 数字技术的发展至少从两个方面为数字经济的发展奠定了重要基础：一是数字数据的扩张。根据UNCTAD2021年估计，2022年，全球互联网协议（IP）流量超过截至2016年的互联网流量总和；2020年，全球互联网带宽提高了35%，是2013年以来增幅最大的一年。[2] 二是数据平台的推动。过去十年，使用数字驱动商业模式的数字平台大量涌现，它们为外部生产者和消费者之间的在线互动提供了有效机制，并且具备记录和提取用户在线行为及所有互动数据的能力。[3] 在2023年全球市值最大的十个公司中，使用基于数字平台的商业模式的公司超过一半。目前，数字经济已经成为全球经济发展的主要动力。美国

---

[1] 石勇：《数字经济的发展与未来》，《中国科学院院刊》2022年第1期。

[2] UNCTAD, *Digital Economy Report 2021: Cross-border Data Flows and Development*, New York: United Nations Publications, 2021, p. 1.

[3] UNCTAD, *Digital Economy Report 2019: Value Creation and Capture: Implications for Developing Countries*, New York: United Nations Publications, 2019, p. 27.

布鲁金斯协会（Brookings Institution）的数据指出，全球跨境数据流动对全球经济增长的贡献在2009—2018年间超过了以商品、服务、资本、贸易等为代表的传统要素，达到了10.1%。[1] 新冠疫情的暴发，也在客观上推动了全球数字化的发展，成为数字经济的加速器。

数字技术在推动全球经济增长的同时，也对全球经济治理体系带来了诸多新的挑战。一方面，数字技术的迅速发展与应用在经济领域催生了一系列系统性和全局性变革，数字经济成为推动全球经济增长的重要动力。数字技术发展也为全球治理传统议题的解决提供了新思路，开辟了新路径，如区块链技术有助于破解信任赤字，推动全球合作。[2] 另一方面，数字技术的广泛应用也造成了许多新的全球性问题。传统的全球治理机制难以适应数字经济发展的新需求，而新的数字经济治理规则尚未建立或不完善，治理赤字有增无减。为应对这些挑战，全球经济治理体系需要进行相应的改革和制度创新，以提供有效的系统性解决方案，使数字技术更好地服务于全球经济发展。

## （二）数字技术与全球经济治理基础变革

数字技术的发展与应用正在改变全球经济治理的组织形式，为各行为体在全球经济治理领域的互动提供了新的手段和模式，也为重塑全球经济治理体系创造了与以往大不相同的实践条件和基础。

### 1. 数字技术与国内国际政治的数字化转型

在国内层面，由于数字技术的广泛应用，社会主体的政治参与更加便捷，

---

[1] 陈伟光、钟列炀：《全球数字经济治理：要素构成、机制分析与难点突破》，《国际经济评论》2022年第2期。

[2] 高奇琦：《区块链对全球治理体系改革的革命性意义》，《探索与争鸣》2020年第3期。

政治空间大大拓展。普通民众和社会团体不仅能更加直接、快捷和广泛地参与国内事务的治理，也能在更大范围、更大程度上影响国家对外政策与活动。一方面，数字技术的广泛应用极大地拓展了民众获取信息的渠道，加速了各种价值观念和思想意识的传播，个人、群体、阶层因此拥有更加强烈的权利意识。然而，这种现象带来的影响是双面的。从积极的意义来看，它为人们之间的交流搭建了桥梁，为构建更加开放的世界奠定了基础。分布在世界各地的人们都可以会聚在同一个网络空间，通过思想的交流与碰撞加强相互理解、激发创新潜能。从消极的意义来看，"信息茧房"的存在让人们越来越关注自己感兴趣及与自身利益相关的信息，从而导致社会群体的极化和社会黏性的缺失。在此背景下，狭隘的民族主义和民粹主义更易滋生和蔓延，并与各种形式的保护主义交织融合，进一步加速社会分裂，促使对外政策更趋保守化。另一方面，数字技术的广泛应用催生了网络政治，任何社会主体的政治表达更为直接和平等，政府决策也因此受到更多社会力量的影响，政府处理对外事务也受到更多国内力量的干预。在数字时代，很多国家对外政策的国内化倾向更加突出，国内政治对国际政治的渗透也愈加明显。

在国际层面，由于数字技术的迅速发展，国家主权与安全的基础发生了重大变化。一方面，数字技术的广泛应用催生了对网络主权和数字主权（digital sovereignty）的认知与保护。网络主权是国家主权在网络空间中的延伸和表现。早在 2014 年习近平主席致首届世界互联网大会贺词中就提出尊重网络主权。而数字主权概念最早在欧洲兴起，并受到越来越多国家和民众的关注。2020 年 7 月，欧洲议会正式发布的《欧洲的数字主权》报告指出，数字主权既是一种监管权，也是一种战略自主权。[1] 数字主权将国家主权延伸到数字领域，也随着传统领域的数字化而不断拓展。维护数字主权既包括对

---

[1] European Parliament, "Digital sovereignty for Europe", July 2020, https://www.europarl.europa.eu/RegData/etudes/BRIE/2020/651992/EPRS_BRI（2020）651992_EN.pdf.

数字技术和数据等数字相关领域的监管，也包括在数字领域采取自主行动而不受外部因素的干预和限制。由于在网络空间各国之间的联系难以隔绝，国家之间的权利边界和权力边界划分日益成为国际分歧与争端的来源。另一方面，数字技术的广泛应用使国际安全问题更加凸显。目前，数字技术已广泛应用于重要战略武器，网络攻击成为打击对手的重要手段，网络基础设施也成为打击对手的重要目标。在现代化战争中，数字战场与实体战场日益不可分割。在大国博弈加剧的背景下，数字技术的工具化和武器化日趋严重，国际安全形势也更加错综复杂。

### 2. 数字技术与全球经济的数字化转型

近年来，数字技术加速向所有产业渗透，全球数字市场不断扩大，数字经济规模快速增长。2024年1月，中国信息通信研究院发布的《全球数字经济白皮书（2023年）》[1] 显示，2022年测算的51个主要经济体数字经济增加值规模为41.4万亿美元，较上一年增加7.4%，较同期名义GDP的增速高4.2个百分点；占GDP的比例为46.1%，较上年提升1.8个百分点。但是，全球数字经济呈现明显的不平衡发展态势。目前，全球数字经济发展的主导力量是产业数字化和发达经济体。2022年，全球51个主要经济体产业数字化规模为35.3万亿美元，占数字经济的比例为85.3%，占GDP的比例为39.3%。2021年，发达经济体数字经济规模为27.6万亿美元，占纳入统计的经济体数字经济总规模的比例达72.5%；相应地，发展中经济体数字经济规模为10.5万亿美元，占纳入统计的经济体数字经济总规模的比例仅为27.5%。从国别来看，中美两国在全球数字经济中的地位突出。2022年，美国和中国数字经济规模分别为17.2万亿美元和7.5万亿美元，而数字经济规模位居全球第三的德国仅为2.9万亿美元。作为信息载体的数据成为重要生

---

[1] 中国信息通信研究院：《全球数字经济白皮书（2023年）》，2024年1月，http://www.caict.ac.cn/kxyj/qwfb/bps/202401/P020240326601000238100.pdf。

产要素，不断催生新产业、新业态和新模式，国家之间的竞争与合作也日益聚焦于数字经济领域。

在跨境数字市场的发展方面，数字技术与国际贸易深度融合，成为推动全球经济开放与合作的新动力。尽管近年来疫情对全球经济带来重大冲击，但全球数据流动和数字贸易却增长迅速。UNCTAD2021年报告显示，2020年，全球互联网带宽较上年增长了35%，增速为此前7年以来的新高；同期，每月全球数据数量为230艾字节（EB），预计2026年将达到780EB；2022年，全球IP流量估计超过截至2016年的所有互联网流量的总和。[1] 联合国资本发展基金（UNCDF）报告显示，2017年的跨境数据量是2007年的20倍，估计2022年的数据量是2017年的4倍。[2] 数据的跨境流动支撑了商品、服务、资本等其他几乎所有要素的全球化配置，成为推动经济全球化的重要力量。根据UNCTAD的数据，受疫情冲击，2020年，全球服务出口额较上年下降20%，但依托于ICT的全球出口数字交付服务仅下降1.8%，而数字交付服务占全球服务出口的比例达到了64%。[3] 2021年，全球跨境数字服务贸易规模达3.86万亿美元，较上年增长14.3%，在服务贸易中所占比例为63.3%。[4]

## （三）数字技术与全球经济治理内涵深化

在主权国家形成后，世界各国与世界市场之间的互动关系便构成了全球经济治理体系的主要内容。自工业革命以来，伴随主权国家开拓世界市场的

---

[1] UNCTAD, *Digital Economy Report 2021: Cross-border Data Flows and Development*, New York: United Nations Publications, 2021, p.1.

[2] UNCDF, "The Role of Cross-Border Data Flows in the Digital Economy", July 2022, https://static1.squarespace.com/static/5f2d7a54b7f75718fa4d2eef/t/62ed6b995307db59e3e5d2c6/1659726787042/EN-UNCDF-Brief-Cross-Border-Data-Flows-2022.

[3] UNCTAD, "Digital Trade: Opportunities and actions for Developing Countries", *Policy Brief*, No.92, January 7, 2022, https://unctad.org/system/files/official-document/presspb2021d10_en.pdf.

[4] 国务院发展研究中心对外经济研究部、中国信息通信研究院：《数字贸易发展与合作报告2022》，2022年9月。

过程，真正意义的全球化进程得以开启。反过来，世界市场成就了主权国家的发展，但同时也见证了许多大国的衰落。国家与市场相互作用、相互强化、相互制约使全球经济治理体系呈现不同的特征。进入数字时代，由于全球经济治理体系的基础不断经历新的变化，国家与市场的互动也从双向互动向着更加复杂多元的方向迈进。而哪种方向会成为主流，仍取决于世界各国政府的共同选择。

### 1. 数字时代国家主体和市场主体的差异性

在国家层面，日益拉大的"数字鸿沟"使全球形成新的中心—边缘结构。在数字技术引领的新一轮工业革命浪潮中，只有少数国家有能力站在全球技术创新的前沿阵地。在以主权国家为边界的国际体系中，全球科技突破越多，世界各国尤其是少数发达国家与为数众多的发展中国家之间的"技术鸿沟"就越明显，从而导致全球数字技术创新与应用分布更加不均。联合国国际电信联盟（ITU）报告显示，全球数字鸿沟主要表现在五个方面：一是收入鸿沟，高收入国家的互联网普及率为91%，而低收入国家的互联网普及率仅为22%；二是城乡鸿沟，城市地区的互联网用户比例为农村地区的两倍；三是性别鸿沟，在全球范围内男性与女性使用互联网的比例分别为62%和57%；四是代际鸿沟，15—24岁的年轻人使用互联网的比例为71%，而其他年龄人口使用互联网的比例为57%；五是教育鸿沟，受教育程度较高的人使用互联网的比例也较高；反之亦然。[1] 并且，发达国家还控制了绝大多数的互联网服务器，掌控着全球数据的传输。正因如此，数字时代全球政治并未向着更加扁平化的方向发展，反而在很多领域呈现出更加中心化的态势。数字技术使世界各国更加相互依赖，但这种依赖是高度不对称的，资源、财富和权力

---

[1] ITU, *Global Connectivity Report 2022: Achieving Universal and Meaningful Connectivity in the Decade of Action*, Geneva: ITU, 2022, pp.23-26.

越来越集中于少数大国手中。

在市场层面，数字技术向产业链各环节加速渗透，让少数国家实现全产业链控制成为可能。长期以来，发达国家主要通过掌控产业链的高端环节实现对上游产业的控制。但在稀缺性的战略资源上，这种控制却往往出现松动，甚至出现受制于人的情况。随着产业数字化发展，低端产业和低端环节也逐步纳入数字化的产业网络中，从而使控制先进数字技术的国家对全球产业链的控制从高端迈向各个环节。全球产业链中各国之间的地位差距也将随之扩大。在数据要素市场、数字产品市场和数字平台建设等方面，发达国家因先发优势占据主导地位后，后发国家突破已有权力和利益格局将异常困难。不过，实现数字技术对全产业链的深度渗透尚需很长一段时间，目前的国际市场格局仍将呈现多元化特征，并在不同国家间形成相互制约的关系。

**2. 数字时代国家主体与市场主体的竞争性**

一方面，国家与市场的竞争越来越聚焦数字技术的创新与应用。近年来，很多国家和企业都加大了对数字技术的研发和对竞争对手的打压。例如，2021年6月，美国国会参议院通过的《美国创新与竞争法案》将人工智能与机器学习、高性能计算、量子计算和信息系统、机器人、灾害预防、先进通信、生物技术、先进能源技术、网络安全和材料科学视为可能对国际科技竞争格局产生重大影响的十大关键技术领域，其中数字相关技术占多数，并将半导体、5G、人工智能等数字技术确定为重点扶持的对象；2022年8月，时任美国总统拜登签署的《芯片与科学法案》（CHIPS and Science Act）提出设立"美国芯片基金""美国芯片国防基金""美国芯片国际技术安全与创新基金""美国劳动力和教育基金"，在5年内为半导体产业提供约527亿美元的资金支持，为企业提供240亿美元的投资税抵免，鼓励企业在美国研发和制造芯片，并计划在2023—2027年提供约2000亿美元的科研经费支持等。同时，为更大程度上发挥数字技术的效用，很多国家和企业加速推进数字技术在更多领域和更大范围的应用，不断扩大数字技术的市场。

另一方面，国家与市场的竞争越来越聚焦数字经济的发展。作为全球经济的新增长点，数字经济增长动能强劲，在GDP中的占比不断提升。为促进数字经济的发展和不断提升数字经济竞争力，很多国家出台了专门的数字经济发展战略规划。例如，英国政府于2009年推出"数字大不列颠"行动计划，后又于2022年和2024年先后出台《数字战略》（UK Digital Strategy）和《2024—2030年数字化发展战略》（Digital Development Strategy 2024-2030），旨在推动英国成为全球领先的数字化经济体；澳大利亚政府分别于2011年和2021年发布《国家数字经济战略》（National Digital Economy Strategy）和《数字经济战略（2030年）》（Digital Economy Strategy 2030），不断推动其数字经济长足发展；2015年，美国商务部出台《美国数字经济议程》（Commerce Department Digital Economy Agenda），将发展数字经济作为实现经济繁荣和保持竞争力的关键举措。中国、印度、俄罗斯、巴西、南非等新兴经济体也出台了数字经济发展规划。2022年1月，中国政府发布《"十四五"数字经济发展规划》，部署了优化升级数字基础设施、充分发挥数据要素作用、大力推进产业数字化转型、加快推动数字产业化、持续提升公共服务数字化水平、健全完善数字经济治理体系、着力强化数字经济安全体系和有效拓展数字经济国际合作八个方面的重点任务，明确提出，2025年数字经济核心产业增加值占国内生产总值比重达到10%，2035年数字经济发展水平位居世界前列。

### 3. 数字时代国家主体与市场主体的互动

从互动的内向维度来看，数字时代国家与市场的联系更加紧密。由于数字技术的中心化特点，其广泛应用在国内和国际层面带来的市场失灵、失效和失序现象将更加频繁。例如，在国内社会，数字平台在服务政府的同时，常常出现滥用市场支配地位的垄断行为。这不仅扰乱了公平公正的市场秩序，限制了其他市场主体的发展，还影响了社会财富分配，损害了公众利益，从而侵蚀政府的执政根基，诱发社会动荡不安。在国际社会，作为全球最大的报文与支付平台，SWIFT系统为全球200多个国家和地区的机构提供服务，但其运行常常被政治化，少数主导国家将其作为制裁他国的手段，以实现其政治利益。总之，数字时代政治与经济高度互动，这种互动既有积极的一面，也有必须加以防范的消极的一面。任何割裂两者关系的理论与实践都值得深入反思。为此，在处理国家主体与市场主体的关系上，既要使市场在资源配置中起决定性作用，又要更好发挥政府作用；既要让"看不见的手"增进全球福祉，又要让"看得见的手"促进全球公平正义。

从互动的外向维度来看，数字时代主权国家与世界市场的联系日益超出政治与经济范畴，向更加广泛的安全领域溢出。近年来，越来越多的国家将数字技术和数字经济视为涉及国家安全的重点领域，日益泛化的安全考量越来越深地嵌入国家政策与政府行动之中。一些大国制造的脱钩、断供、制裁、极限施压等乱象，多与数字技术和数字经济相关，国际政治经济的良性互动被泛化的国家安全利益所裹挟，全球化的主权原则与市场原则的矛盾及对立日益加剧。在这些因素的共同影响下，大国关系的纵横捭阖变动不居，国家与市场互动关系不断向其他领域拓展，并在国内和国际层次形成政治、经济、安全、社会等各种因素相互交织的错综复杂的局面。其结果是，全球经济治理体系的不确定性和不稳定性日益加大，并成为世界进入新的动荡变革期的主要表现之一。

## 二 理念视角：数字思维与全球经济治理

相较于互联网出现之前的传统商业思维模式和逻辑，数字思维强调对信息、数据和技术的掌握，这在经济活动中体现为依托数字技术实现数字产业化和产业数字化，即生产要素数据化。在这个过程中，传统经济活动中的代数思维、互联网思维和知识密集型思维向指数思维、物联网思维和规则密集型思维转变。这一转变既可能扩大当前全球治理的理念分歧，也可能弥合这些差异。数字时代催生全球治理观的变化，进而为推动构建网络空间命运共同体奠定理念基础。

### （一）数字思维内涵与特征

数字思维简单而言就是突破传统的空间和时间阻隔，从数据化、信息化、网络化、智能化、制度化的角度来看待和理解问题。随着数据的指数式增长，万物互联和治理规则的发展，数字思维也呈现出较为明显的变化。

#### 1. 代数思维与指数思维

在数字经济时代，随着网络、大数据、云计算和人工智能等技术的发展，物质在网络空间均以数据的形式存在，数据作为关键生产要素已渗透到经济活动的各个方面。在一个数据爆炸式增长、万物皆可互联、新业态新服务新产品层出不穷的环境中，人类生活经历深刻变化，思维方式也将从代数思维向指数思维转变。

数据的爆炸式增长是代数思维向指数思维转变的物质基础。据世界银行2021年报告估算，全球数据流动规模在过去30年呈现几何级数的增长趋势，在 2002—2022 年间增长了近 1000 倍。2020 年,全球互联网数据流量估计超过 3ZB（Zettabytes,泽字节）,这大致相当于全球平均每秒产生 10 万 GB 数据流量,每人每月产生 32GB 流量,或约每人每天产生 1GB 流量。至 2022 年,每年的互联网总流量估计比 2020 年的水平增加约 50%,达到 4.8ZB,相当于全球每秒产生 15 万 GB 流量。[1]

从代数思维向指数思维转变的典型表现是数字经济的规模效益。随着数据的指数级增长,数字经济的正外部性也逐步显现。数据要素具有非竞争性和潜在的非排他性,即同一组数据可以被不同主体使用,且不会影响其他人的使用;一旦数据持有者放弃对自身数据的控制权,数据便具有了非排他性。正是数据的准公共产品属性,将导致经济活动的规模效应,即个人参与数字经济活动所获得的效用与参与人数总量呈现正相关。用户人数越多,所能够创造的价值就越高,每个人所分得的效用就越高,数据的价值也将呈指数级增长。[2]

### 2. 互联网思维与物联网思维

得益于互联网技术和设备的发展,尤其是 5G 的铺开,物联网成为数字经济发展的重要驱动力。互联网连接的主要是电脑、手机等数字终端,以及操作终端的人。人与人、人与机器在互联网中的信息交换超越了传统的物理距离,是数字世界的初级形态。而在物联网中,几乎所有具备数据交换功能的设备都能够入网,物联网在互联网的基础上构建机器设备之间的普遍相互关联。人与人、人与机器、机器与机器之间通过数据联系在一起。人可以通过网络来实现对机器的操控,机器之间也可以根据一套既有的规则相互控制。

---

[1] World Bank Group, "Crossing Borders", https://wdr2021.worldbank.org/stories/crossing-borders/.
[2] 陈少威、贾开:《跨境数据流动的全球治理:历史变迁、制度困境与变革路径》,《经济社会体制比较》2020 年第 2 期。

智能家居、智慧城市、工业互联网等均是物联网应用的典型形态。随着物理世界与数字世界的深度融合,物联网最终将发展为一种"万物互联"的形态。

以互联网为基础的电子商务,主要是从销售端提升了经济的数字化水平。买卖双方通过信息网络技术,尤其是可视化的手段,来推动商品交易。此外,物联网对数字经济的推动同样体现在生产端,即为生产模式带来了重大变革。数字技术拓展了劳动场域,将其从物理空间延伸至数字空间。物联网通过设备间信息交换和人对设备的远程控制,在提升劳动生产率的同时,还能够实现对生产过程的全景式监控。这不仅有助于企业集中剩余生产力,提高机器的利用率,进而创造更多的价值;同时还使劳动的形式发生了变化,人在非劳动的闲暇时间所产生的数据同样能够被用来进行商业决策,企业通过定向的信息推送和客制化服务来获取利润。

同时,物联网能够打破传统行业之间的界限,促进不同领域的融合和交叉,催生新的商业模式和市场机会。例如,数字技术与医疗、交通、城市规划等领域相结合,孕育了智能交通和数字医疗等产业,创造了新的经济增长点。

### 3. 知识密集型思维和规则密集型思维

知识对经济发展所起的作用是不言而喻的。以往的经济发展主要通过知识创新和技术进步驱动。但在数字时代,经济发展不仅需要依靠知识,还需要依托合理的数字规则来保障数据的流动和使用。否则,数据不仅可能无法推动生产力的发展,还可能对生产和消费造成严重的负面影响,甚至可能对人的安全造成威胁。这么看来,数字规则是比数字本身更为重要的理解数字经济的思维方式。

当前,各国内部和全球层面关于数据治理的规则不断涌现。这些规则反映了不同行为体对待数据的不同认知和思维方式。例如,美国和欧盟在数字经济治理，特别是跨境数据流动的全球治理规则上产生了较大分歧，可能导致全球数字经济治理规则多极化和俱乐部化。多极化意味着除美欧外，主要国家在全球数字经济治理规则上仍然没有达成较为广泛的共识，国家之间协调难度进一步加大。而俱乐部化意味着以欧、美分别主导进攻型和防御型的数字规则体系，导致全球数据治理规则形成两个阵营。一旦共识难以达成，数字经济的潜力就难以得到完全释放。换言之，随着数据的爆发式增长，数字规则已成为影响数字经济发展的重要变量，衡量一国的数字经济水平时，也须将规则制定能力和国际话语权考虑在内。

## （二）数字思维与全球经济治理理念分歧

理想状态下，在参与全球治理的进程中，不论是大国还是小国都具备全球性视角和对人类共同利益的关怀，而不仅仅将追求本国利益视作参与解决全球性问题的最终目的。但在具体实践中，全球治理往往面临较为严重的理念冲突，造成全球治理的成效大打折扣，甚至导致在部分议题上的治理合作举步维艰。

### 1. 当前全球治理理念分歧

当前全球治理的理念分歧主要表现在开放与保护、零和博弈与合作共赢、单边主义与多边主义之间的交锋。

一是开放与保护。作为全球最大的经济体，美国以"美国优先"为原则，对外推行保护主义、霸权主义，一味追求狭隘的、短期的自身利益。在这些零和游戏、你输我赢、赢者通吃的理念指引下，特朗普首任总统时期，美国大搞"退出外交"，先后宣布退出《跨太平洋伙伴关系协定》（TPP）、《巴黎协定》、《移民问题全球契约》、《联合全面行动计划》（简称"伊核协议"）、《维也纳外交关系公约》、《中程核力量条约》等国际协议和条约，以及联合国教科文组织（UNESCO）、联合国人权理事会（UNHRC）和万国邮政联盟（UPU）等国际组织。美国的这些"退出"行为给全球治理秩序造成了重大挑战。[1] 在此背景下，尽管一些国家积极倡导开放、包容、合作、共赢的全球治理理念，国际社会仍然难以形成应对全球性问题的合力。正因如此，国际社会在面临新冠疫情大流行这种突发性全球性问题时，各行其道，采取了大相径庭的应对措施。相较于西方保护主义的兴起，中国积极倡导建设开放型世界经济，致力于以开放纾发展之困、汇合作之力、聚创新之势、谋共享之福。习近平主席在金砖国家领导人第六次会晤上指出，我们应该坚持开放精神，发挥各自比较优势，加强相互经济合作，培育全球大市场，完善全球价值链，做开放型世界经济的建设者；坚持包容精神，推动不同社会制度互容、不同文化文明互鉴、不同发展模式互惠，做国际关系民主化的实践者；坚持合作精神，继续加强团结，照顾彼此关切，深化务实合作，携手为各国经济谋求增长，为完善全球治理提供动力。[2]

二是零和、负和博弈与合作共赢。在应对全球性问题时，以守成大国为代表的部分国家鼓吹零和，甚至是负和博弈思维，造成了国际合作理念冲突。一方面，零和思维反映出霸权国"被取代"的焦虑。如兹比格涅夫·布热津斯基（Zbigniew K. Brzezinski）所言："到2010年，很多人担心中国会很快取代美国，成为世界最重要的超级大国，这种过度反应令人想起早些时候日本的例子。"[3] 另一方面，零和思维否认不同政治制度之间的相容性，有意将崛起国塑造成现行体制中的"异类"和对手。这与西方国家长期在世界推广自身"普适性"发

---

[1] 参见任琳《"退出外交"与全球治理秩序——一种制度现实主义的分析》，《国际政治科学》2019年第1期。

[2] 习近平：《新起点 新愿景 新动力——在金砖国家领导人第六次会晤上的讲话》，《人民日报》2014年7月17日。

[3] [美] 兹比格涅夫·布热津斯基：《战略远见：美国与全球权力危机》，洪漫、于卉芹译，新华出版社，2012，第15页。

展模式的逻辑存在紧密联系，其底层逻辑就是强调自由国际秩序的主导性，否认人类文明的多样性，坚信文明之间必然要爆发冲突，背离了全球主义价值。"修昔底德陷阱"和"金德尔博格陷阱"等观点的产生正是迎合了此类焦虑。主张合作共赢的人类命运共同体理念与主张对抗的"普世价值"形成了鲜明对比，成为中国向世界贡献的代表性理念。"人类只有一个地球，各国共处一个世界。共同发展是持续发展的重要基础，符合各国人民长远利益和根本利益。"[1] 构建人类命运共同体，就是要坚持合作、不搞对抗，坚持开放、不搞封闭，坚持互利共赢、不搞零和博弈，在追求本国利益时应兼顾他国合理关切，在谋求本国发展中应促进各国共同发展。

三是单边与多边。近年来，美国频繁采用单边主义手段，对外挑起贸易摩擦，采取过度的安全审查措施给跨境资本流动设置障碍，将货币金融和科技优势工具化、武器化，推出了一系列脱钩、断供、极限制裁等阻碍全球发展和破坏国际合作的霸权政策，给经济全球化带来了前所未有的挑战。在发展领域，美国等发达国家不仅不履行自身应尽的责任和义务，还肆意损害广大发展中国家谋求自身发展的合法权益，阻碍全球可持续发展进程。为推动全球治理体系朝着更加公正合理的方向发展，中国积极倡导真正的多边主义和践行共商共建共享的全球治理观。习近平总书记指出："世界需要真正的多边主义。各国应该按联合国宪章宗旨和原则办事，不能搞单边主义、霸权主义，不能借多边主义之名拼凑小圈子，搞意识形态对抗。"[2] 真正的多边主义，就是要坚持开放包容，不搞封闭排他；要坚持以国际法则为基础，不搞唯我独尊；要坚持协商合作，不搞冲突对抗；要坚持与时俱进，不搞故步自封。在数字议题上，中国同上合组织成员共同提出"信息安全国际行为准则"，成为首个网络空间国际行

---

[1] 习近平：《共同创造亚洲和世界的美好未来——在博鳌亚洲论坛2013年年会上的主旨演讲》，《人民日报》2013年4月8日。

[2] 《习近平同联合国秘书长古特雷斯通电话》，《人民日报》2021年5月7日。

为准则的系统文件，同时还提出《全球数据安全倡议》，为非传统安全问题治理作出了新贡献。

## 2. 数字思维对全球经济治理理念的影响

数字思维中包含的指数思维、物联网思维和规则密集型思维既可能弥合当前全球治理中存在的理念分歧，也有可能造成原有分歧的扩大化，甚至导致全球治理的彻底失灵。

一是放大分歧。数字思维可能进一步放大国家间分歧，这一点在安全议题上表现得尤为明显。造成这一问题的根源在于，不同国家在理解数字经济及其收益上往往存在差异。例如，作为全球治理的重要参与者，美欧对待跨境数据流动的思维方式存在根本性差异。[1] 欧洲处理跨境数据流动的起点是对个人隐私的保护，这与欧洲国家对公民个人权利的极度重视一脉相承。欧洲国家通过建立《通用数据保护条例》等一系列法律规则体系，并辅以高额罚款等措施来加强对个人隐私数据的保护。换句话说，欧洲国家的数字思维呈现较为明显的防御性特征。与之相对，美国仅制定了《隐私权法》来保护特定领域和人群的数据安全。美国以推动数字经济发展为出发点，倡导数据的跨境自由流动，以释放数据流动的经济效能。美国认为欧盟相关数据保护条例过于严苛，会对数字经济发展造成不利影响。整体而言，美国的数字思维呈现较为明显的进取型特征。

基于对待数据的不同思维方式，尤其是指数思维所蕴含的数字爆炸增长可能引发安全顾虑，美国和欧盟在数字经济治理，特别是跨境数据流动的全球治理上产生了较大分歧，或将导致全球数字经济治理规则多极化和俱乐部化。多

---

[1] 刘宏松、程海烨：《跨境数据流动的全球治理——进展、趋势与中国路径》，《国际展望》2020 年第 6 期；贾开：《跨境数据流动的全球治理：权力冲突与政策合作——以欧美数据跨境流动监管制度的演进为例》，《汕头大学学报》（人文社会科学版）2017 年第 5 期。

极化意味着除美欧外，主要国家在全球数字经济治理规则方面缺乏共识，协调难度加大。日本、澳大利亚、新加坡及部分金砖国家均已出台或正在制定相关法律。而俱乐部化意味着美欧各占山头，分别主导了《亚太经合组织隐私框架》下的跨境隐私规则体系和欧洲区域占主导地位的《通用数据保护条例》。全球跨境数据治理就此形成两个阵营，跨境数据流动将面临越来越多的纷争，数字治理举步维艰。

二是弥合分歧。在发展问题上，当前世界各国均存在或多或少的发展诉求。数字时代为人类抓住网络和数据赋能、提振经济发展提供了机遇。只有深入理解数字经济的指数思维，才能够克服短视的保护主义，坚定地推进数字产业化和产业数字化进程，释放数字时代的数据红利，提振全球共同发展信心。在安全问题上，保护主义、单边主义和零和思维崇尚对抗，主张单边的和平或自身的绝对安全。但是通过秉持网络空间的"安全不可分割"原则，利用分布式账簿等去中心化的技术手段，人类可能实现以维护他人安全与和平为基础的共同和平和共同安全。在规则问题上，随着数字技术的发展，网络空间规则不健全的负面效应逐步显现出来。数据跨境流动过程中的深度伪造、数据泄露、网络窃密等安全事件频发。由于缺乏全球性的数字治理规则，恶性竞争和垄断不可避免，各国间时常面临网络司法管辖权争议，缺乏共同规则压抑了数字红利的释放。然而，全球性问题催生全球治理，正是由于数字治理赤字的存在，才可能推动形成有效的治理规则，只不过这个过程可能"道阻且长"。

## （三）网络空间命运共同体理念与新型全球经济治理观

一个国家是利用数字技术优势施行网络攻击等数字"武器化"手段，还是倡导构建网络空间命运共同体，体现了各国在数字时代的基本思维方式和理念分歧。人类是否能够以"命运共同体"思维超越我赢你输的"零和思维",将决定数字时代人类社会的发展方向。

### 1. 网络空间命运共同体理念

从网络空间向网络命运共同体演进,是数字时代全球治理的正途。世界各国的通力合作是从根本上解决数字经济诸多问题的关键。美欧模式差异造成的全球经济治理赤字,正说明全球需要在理念层面上统一认识,从人类命运与共的视角来看待和理解网络空间发展与数字经济治理,才能实现网络空间更加有效的治理。习近平主席在浙江乌镇举行的第二届世界互联网大会开幕式上的讲话中首次提出"网络空间命运共同体"理念。习近平主席在第三届世界互联网大会开幕式的视频讲话中再次指出:"互联网发展是无国界、无边界的,利用好、发展好、治理好互联网必须深化网络空间国际合作,携手构建网络空间命运共同体。"[1] 这既是中国自身发展数字经济的理念,又为全球数字经济治理贡献了中国智慧。

### 2. 数字时代的新型全球经济治理观

当前,全球网络空间治理赤字表现为"发展不平衡、规则不健全、秩序不合理"[2]。在"共商共建共享"的全球治理观的引导下,数字时代的新型全球治理观理应具有以下内涵。

第一,要坚持主权平等和协商原则。《携手构建网络空间命运共同体》白皮书指出,《联合国宪章》确立的主权平等原则是当代国际关系基本准则,同样适用于网络空间。[3] 这就意味着在制定数字经济全球治理规则的过程中,主

---

[1] 习近平:《集思广益增进共识加强合作　让互联网更好造福人类》,《人民日报》2016 年 11 月 17 日。
[2] 袁莎:《网络空间命运共同体:核心要义与构建路径》,《国际问题研究》2023 年第 2 期。
[3] 中华人民共和国国务院新闻办公室:《携手构建网络空间命运共同体》,2022 年 11 月,http://www.scio.gov.cn/zfbps/32832/Document/1732898/1732898.htm。

权国家应该具有相等的法律地位，反对网络霸权主义或单边主义，抵制利用全球数字经济治理规则干涉他国数字经济发展的行为。

第二，要坚持以发展为导向。在数字时代，强国与弱国、大国与小国之间的"数字鸿沟"不容忽视。要构建网络空间命运共同体，就需要提升世界网络基础设施建设水平，推进数字互联互通。而唯有国家间深化合作，弥合网络基础设施和数字能力差距，才可能真正实现全球范围内的数字互联互通。在此过程中，国际组织、平台企业、技术社群、公民个人等行为体均扮演着不可或缺的角色。

第三，要坚持包容性发展。确保数字经济红利在全球和国家层面的公平分配是当前数字规则协商与制定的一个重要目标。若数字经济的创新和发展所带来的巨大红利只由少数国家或企业所享有，那数字经济的可持续发展必然面临挑战，国家之间的极端不平等甚至可能给全球数据治理带来严重的负面影响。唯有令各国人民都享有数字经济全球化带来的红利，增进全球民众福祉，才能推动构建网络空间命运共同体。在当前阶段，建设"数字丝路"已成为中国积极参与构建网络空间命运共同体的重要实践。[1]

## 三 权力视角：数字权力与全球经济治理

随着数字技术的迅速发展，人类社会正在数字时代加速前进。[2] 数据所蕴含的经济价值迅速释放，数字时代的权力关系、权力主体及权力内涵等都在经历相应调整。在此进程中，多元权力主体在数字经济增长进程中发挥着不同作用，对既有的全球经济治理体系提出了新要求和新挑战。

---

[1] 方丽娟、张荣刚：《"一带一路"数字经济治理——逻辑、问题及应对》，《理论导刊》2020年第11期；彭德雷、郑琳：《"一带一路"数字基础设施投资：困境与实施》，《兰州学刊》2020年第7期。

[2] 郎平、李艳：《数字空间国际规则建构笔谈》，《信息安全与通信保密》2021年第12期。

## （一）数字权力及其内涵

随着大数据、人工智能、云存储及量子计算等技术的迅猛发展，数字经济发展逐渐突破旧有的物理空间限制，进而促进新经济形态的不断革新。这一场景与美国经济学家约瑟夫·熊彼特（Joseph A. Schumpeter）所提出的"创造性破坏"存在相似之处，即伴随着新一轮科技革命，旧的生产体系都将被新的生产体系所取代。换句话说，在数字时代，数据成为重要的生产要素，导致社会生产力和生产关系发生重大调整，进而孕育了新的权力主体和权力形态。

### 1. 数字权力概念及其来源

权力是社会科学研究中的一个基本概念，但对权力进行界定却是极其困难的。当前学界关于权力概念的讨论无法绕开马克斯·韦伯（Max Weber）和罗伯特·达尔（Robert A. Dahl）。他们将权力界定为一种支配性的力量，即权力在本质上是一种"支配—服从"关系。例如，韦伯将权力界定为："在一种社会关系里，哪怕是遇到反对，也能贯彻自己意志的任何机会，不管这种机会是建立在什么基础之上。"[1] 而罗伯特·达尔则将权力界定为"A 迫使 B 去做 B 所不愿做的事"[2] 的一种关系。基于韦伯和达尔等关于权力的解释，权力是一种显性的（或直接的）支配关系。

在权力的显性维度之外，以史蒂文·卢克斯（Steven Lukes）为代表的学者强调权力的隐性（或间接的）维度，即 A 对 B 的权力并非强制性的支配，而是通过对 B 所处环境的塑造形成对 B 行为的潜移默化的影响，进而实现 A 自身目的的过程。例如卢克斯认为，权力不仅是"A 让 B 去做 B 本不想做的事"，还

---

[1] ［德］马克斯·韦伯：《经济与社会》（上卷），林荣远译，商务印书馆，1997，第81页。
[2] Robert A. Dahl, "The Concept of Power", *Behavioral Science*, Vol. 2, No. 3, 1957, pp. 202-203.

可能是"A 通过影响 B 所处的环境，塑造或决定 B 的需求，让 B 拥有 A 希望 B 所拥有的欲望。权力可被理解为通过控制他人的思想和欲望来确保他们的服从"[1]。换句话说，权力不仅表现为一种直接支配，还表现为一种对他人行为的间接的、隐性的塑造能力。后者在数字时代表现得尤为明显。

在传统物理世界中，权力关系主要围绕国家和政府展开，唯有国家和政府才掌握直接或间接规范，甚至支配其他机构和个人行为的权力。有别于传统物理世界，数字时代的权力内涵得到丰富，数字权力可被定义为"A 通过控制核心数字要素和数字技术，根据自身意愿对 B 的行为施加影响，从而直接或间接地使 B 去做 A 希望他所做的事"。

数字时代的权力主体多元化发展，其中尤以掌控海量数据和最先进算法的平台企业最具影响力。为何平台企业能够与政府等传统权力主体分享权力？我们如何去界定这种数字权力？这些问题都有待在本部分中进一步澄清。如斯劳特（Matthew J. Slaughter）和麦考米克（David H. McCormick）在《数据即权力》一文中所描述的："数据为所有掌握它的人提供了难以置信的优势，通过分析数据，公司和国家可以作出使自身利益最大化的决策，进而在国际竞争中占得先机。可以说，数据本身已成为重要的权力来源。"[2] 整体而言，数字权力的产生主要沿着"数据+算法"这一逻辑展开。

首先，海量数据成为数字时代的重要生产资料。随着 5G 通信、移动终端、可穿戴电子设备及数字平台的普及和发展，个人的身份信息、行动轨迹、生活习惯和偏好等数据被收集和整理，成为大型平台企业进行再生产的原料。平台企业甚至可以通过市场销售数据来获利。这种对作为生产资料的数字的占有，是数字权力的初级表现形式。

---

[1] Steven Lukes, *Power: A Radical View*, Palgrave MacMillan, 2005, p. 27.
[2] Matthew J. Slaughter and David H. McCormick, "Data Is Power: Washington Needs to Craft New Rules for the Digital Age", *Foreign Affairs*, Vol. 100, No. 3, 2021, pp. 54-62.

其次，通过先进算法对数据进行整合和分析，企业可以还原出用户的"数字肖像"，这为企业获取影响力和控制力提供了关键素材。大型平台企业利用自身所获得的用户数据，通过算法对数据进行整合、分析和预测，可对用户进行"客制化"服务。数据越详细、算法越先进，肖像就越清晰，服务就越到位。这一方式看似提升了用户的体验感，但在无形中赋予平台极强的影响力，使其能够直接对用户的行为施加影响。

最后，基于对"数据+算法"的垄断，平台企业等数字权力主体主要通过潜移默化的方式，如定向投放社会新闻、商品广告等，塑造平台用户的选择环境。平台看似为用户提供了自由信息，但实质上却将用户困在"信息茧房"之中，从而间接地推动用户作出有利于平台获取利润的决策。在这个过程中，利润并没有流向作为数据生产者和供给者的平台用户，而是被平台企业所摄取。这也从侧面反映出平台企业通过占有数据所获得的巨大影响力。

### 2. 数字权力的内涵

在厘清数字权力是如何产生之后，还需要进一步分析数字权力的内涵，把握其对现实世界所可能产生的各类影响。

第一，大数据是数字权力形成的基本要素。海量的数据成为改变权力关系底层逻辑的基本要素。在大数据时代，数据成为经济发展的关键要素和资源，所有信息都可通过数字化的形式表达、传送和储存。如尼克·斯尔尼塞克所指出的："就像石油一样，数据是一种被提取、被精炼并以各种方式使用的物质，数据越多、用途越多。"[1] 数据并非数字经济的唯一生产要素，却是数字经济赖以发展的基本原材料。同时，数据与其他要素的交叉组合引发了生产要素跨领域互动的革命性和系统性的突破，大幅度提升了劳动生产率。

---

1　[加]尼克·斯尔尼塞克：《平台资本主义》，程水英译，广东人民出版社，2018，第46—47页。

第二，算法是数字权力扩张的底层逻辑。数据存储设备和算法等数字技术的发展为收集和处理海量数据，进而挖掘数据的潜在价值奠定了基础。通过先进算法，企业可以最大化自身利润，国家可以制定最有效的治理方案。例如，企业的用户数据已成为自身的战略性资产和核心竞争力，企业所提供的产品和服务的质量与企业对数据的获取、存储和分析的能力高度相关。通过使用用户数据，企业可在实际操作中更好地规划供应链管理的各个环节，实现定向投放和按需生产，甚至是个性化生产，并尽可能多地降低生产成本。例如，平台可以对用户的使用习惯进行全景式监控，并向用户推送符合他们自身习惯和偏好的内容。

第三，平台是数字权力使用的重要载体。平台企业基于自身的资源和技术优势，通过规则制定权、裁判权和执行权来形成对用户的支配。一旦用户对一个数字平台的使用形成习惯，产生了黏性，平台企业便可利用这一特征，形成对平台用户的隐形控制。用户看似自由，但是他们除了能够保留一定程度的退出权利，其所有行动都受到平台规范和规则的制约。而且平台的部分规则制定权还得到国家法律的授权，如在平台内容的监管上，平台能够凭借自身技术优势，更快更有效地进行应对。平台企业对规则和规范的垄断印证了迈克尔·曼（Michael Mann）对社会权力的观点，即"垄断规范乃是通往权力之路"[1]。

第四，国家仍然是数字权力的主导方。尽管平台企业成为重要的权力主体，但国家仍然在数字权力中发挥着关键的作用。这一方面在于公共部门仍然掌握着基本数字规则，尤其是数字相关议题立法方面的主导权，能够把控数字平台企业发展的大方向。另一方面在于尽管平台企业在一定范围内参与社会治理进程，但它们仍然无法介入核心的治理领域、无法掌握最核心的数据。此外，平台企业仍然处于政府监管之下，它们对政府权力的影响即便存在，目前也是较

---

[1] ［英］迈克尔·曼：《社会权力的来源》（第1卷·上），刘北成等译，上海人民出版社，2018，第29页。

为有限的。

### 3. 数字权力的特征

数字权力并非独立于传统政治权力的一种新的权力形态，而是在数字时代的大背景下，基于权力产生的基本逻辑所表现出的一种关系。这种关系广泛存在于国家和公民之间、企业和用户之间、国家和企业之间，以及国家与国家之间。与传统政治权力相比，数字权力因其发生逻辑，而呈现出一些有别于传统权力的独特之处。

第一，数字权力具有持续的扩张性。在马克思看来，不断获取剩余价值是资本的动力，数字技术的资本主义应用同样遵循这一逻辑，没有平台企业是不逐利的。同时，数字经济的规模效益容易导致赢者通吃，最终形成垄断，因而数字权力同样存在垄断性扩张的趋势。算法等数字技术具有垄断性，平台企业借助自身数字技术在国家内部和国与国之间迅速扩张，这不仅可能导致国家权力流散，还可能挑战一国主权。"数据—平台—垄断，是数字资本家在数字技术和数字经济飞速发展条件下获取剩余价值的霸权主义模式。"[1]

第二，数字权力呈现出去中心化与中心化的双重特征。表面上看，数字技术对传统政治权力造成挑战，推动权力的去中心化发展。例如在金融结构上，数字货币的出现推动了国际金融货币体系的去中心化进程，挑战了传统民族国家央行发行货币的权力，尤其是美元霸权。但在实践中，权力仍然掌握在政府、拥有海量数据和先进算法的科技巨头，以及知识精英的手中。这是因为权力需要依附特定资源，如武力、财力等。数字权力所依附的资源往往是具有显著稀缺性的"数据+技术"这一组合。唯有少数国家、企业和个人才拥有这些资源，因而数字权力在推动权力经历短暂的"去中心化"进程后，又将催生权力的

---

[1] 向东旭：《数字资本权力的运行逻辑——基于马克思资本权力批判的视角》，《当代世界与社会主义》2023年第2期。

"再中心化"。

第三，数字权力的作用过程具有隐蔽性。数字权力的根基在于数据收集和数据算法，数字权力作用过程的隐蔽性既体现在数据收集上，又体现在数据算法中。从数据收集来看，平台企业的运行需要收集来自平台用户的大量数据，这一过程往往隐藏在用户注册时需要阅读但实际很难完整了解的平台章程中。以微信为例，由于个人的社交网络往往内嵌于平台，个人很难对平台的数据让渡条款说不。从数据算法来看，算法黑箱是长期被监管诟病的重要问题。算法是平台企业赖以生存和发展的核心竞争力，因而平台企业在投入大量资源去打造自身独有的算法模型时，会竭尽所能地用所谓"商业机密"等说辞，来掩盖和隐藏算法中所存在的偏见和歧视。

第四，数字权力作用方式的非强制性。传统政治权力的行使主要依赖强制手段，包括军队、警察等暴力机关。而数字权力的行使带有较为明显的非强制性。平台企业往往给用户提供了自由选择，允许他们自由地浏览网页、发送信息及获取服务。但这些表面上是个人选择的自愿行为，实则是一种隐蔽的强制。用户要想进入平台，获得平台提供的服务，在初始阶段就需要让渡一部分权利，如让渡个人数据等。平台依靠的就是那些看似自由，实则"霸王条款"的数据让渡规则，收集汇总个人数据，形成个人"数字肖像"，通过定向推送的信息、广告等专属服务来影响个人决策，进而获得数字权力。换言之，"塑造了更深层次的人身强制"[1]。

第五，数字权力成为影响国际政治格局的关键变量。在数字时代，传统的国家间关系，以及国家和跨国企业的关系也在发生相应变化。2021年4月，美国国家情报委员会发布《全球趋势2040：一个竞争更加激烈的世界》报告认为，新技术的快速更迭重塑了权力的本质，并加剧了全球科技领导权的国家间

---

[1] 付文军：《数字资本主义的政治经济学批判》，《江汉论坛》2021年第8期。

竞争。[1] 霸权国希望借助自身数字权力来护持自身霸权，拉大与崛起国及其他国家之间的实力差距；而新兴市场国家则希望借助数字权力来推动全球治理体系改革，提升自身在全球治理中的话语权。同时，平台企业借助数字权力的提升，已从传统意义上政治属性较弱的跨国公司，转变为举足轻重的地缘政治行为体，在国际政治中扮演至关重要的角色。在富可敌国的平台企业面前，实力较弱的国家往往缺乏议价权，甚至部分国家的国家主权也遭到侵蚀。而霸权国则可借助本国的平台企业，实现一部分自身政治议程。[2]

第六，数字权力与行政权力之间存在复杂博弈。从物理世界到数字世界，政治权力的作用方式和力量对比发生了显著变化，这导致一国内部和国际场域的权力对比发生重大调整。在国家层面，以行政权力为代表的政治权力面临的挑战增大。随着数字技术的发展，国家治理对数字技术的依赖程度日益加深。除了政府自身的数字能力建设，国家治理中的很大一部分事务被委托给相应的平台企业，使得平台企业在公共事务上的话语权上升。数据的生产要素性质注定了市场行为是收集和处理数据的更为有效的途径。随着数据的迅速增长，政府对平台企业的依赖性增加，平台企业所获得的权力也就相应上升。尽管政府仍然主导国家治理进程，但行政权力的流散也十分明显，甚至可能面临被平台企业裹挟的风险。

## （二）数字权力与全球经济治理结构变化

如前所述，数字权力在发展和形成的初期阶段往往具有去中心化特征。但随着时间的推移，特别是从当前全球产业结构和发展特征来看，主要大国在数字经济发展中不仅占有先发优势，还体现出明显的规模效益，进一步拉大了与其他国家之间的数字鸿沟。此外，在既有的全球经济治理制度中，主要大国会

---

1　NIC, *Global Tends 2040: A More Contested World*, Washington D. C.：NIC, 2021.
2　庞金友：《当代欧美数字巨头权力崛起的逻辑与影响》，《人民论坛》2022 年第 15 期。

巩固其在人才培养、资本运转、技术研发、监管体制等多个方面的优势。因此，从长期宏观趋势来看，数字权力会导致产业发展的去中心化与产业集群中心化并立的局面，即产业集群扩散与少数国家集中获益并存的情况。[1]

### 1. 数字经济发展与治理去中心化

去中心化进程指两种情况，即从原先的"中心—边缘"结构，发展到多中心多节点形态；以及在多中心多节点的发展过程中，新节点取代原始中心，进而展现出一种"再中心化"的过程。在现实中，这两种情况在微观时间、空间和内容上往往呈现出交替发展的趋势。同时，在供给端和需求端，数字权力均呈现去中心化特征。

在供给端，需要考虑产业发展的集群效应，即资本、技术等高流动性生产要素与劳动力、地理空间等相对长期的生产要素之间的结合。[2] 长短期生产要素在供给端的去中心化进程体现在数字权力在创新、运用、转换等方面高度不确定，各种要素的变化都会对数字权力的分布产生影响。数字创新权力本身高度集中化，体现在全球有能力实现多元创新的科研单位、企业和社会环境集中在中、美、欧等少数工业化国家和地区。在新技术的落地发展过程中，人类社会高度多样化又使得即便是追随这套创新体系的其他国家和地区也能在应用层面实现二次创新，进而重新定义数字权力本身在特定范围和节点内的作用，客观层面上呈现去中心化特征。[3] 数字权力在数字产业结构发展初期，从少数实验室的尖端技术转化为应用成果的过程来看，体现出由中心化到去中心化的特征。技术扩散本身就是一个高度去中心化的过程。一方面，数字权力需要创新

---

[1] David B. Audretsch and Maryann P. Feldman, "Innovative Clusters and The Industry Life Cycle", *Review of Industrial Organization*, Vol. 11, No. 2, 1996, pp. 253–273.

[2] Harpreet Singh, "Big Data, Industry 4.0 and Cyber-Physical Systems Integration: A Smart Industry Context", *Materials Today: Proceedings*, Vol. 46, 2021, pp. 157–162.

[3] Antony Potter and H. Doug Watts, "Evolutionary Agglomeration Theory: Increasing Returns, Diminishing Returns, and the Industry Life Cycle", *Journal of Economic Geography*, Vol. 11, No. 3, May 2011, pp. 417–455.

手段来具体实现；另一方面，应用成果总体高度分散，技术权力节点也高度异化。

在需求端，要考虑技术应用与市场发展的空间，因而市场的变化也会对数字权力的内涵产生影响，进而对去中心化的进程产生影响。在 Web 2.0 时代后，随着更多用户参与网络，大量新活动会赋能产品，将产品"平台化"，进而重新定义数字权力。因此，考察全球数字经济治理还要考虑数字权力在时间维度上的变化。数字权力在社交层面具有建构性和解构性两个方面。一方面，新兴的数字经济创造出新的社交互动场景，催生了新的公私领域，对其中的监管和其他保障提出了新的要求；另一方面，数字经济又在事实上解构并重构了大量传统社交互动场景，对原有秩序下的权力结构构成挑战。[1]

当数字权力下沉到市场底部时，各类用户群体会通过新技术重新赋能传统领域，开拓新的应用场景和手段。例如，在传媒领域，当 ChatGPT 等大型语言模型结合 AI 图像和视频生成技术时，将对原有短视频新闻媒体产生巨大影响，引发从内容到媒介等不同维度上的变革。新技术在赋能包括法律监管、公共治理、高等教育等方面的同时，也为这些领域的传统权力带来挑战。

除产品化和平台化两个方向之外，数字经济还会在方案化上进行努力，即将单一的产品或技术路线集成为一个有机整体，为市场提供更高价值。方案化在横向上会提供全产品链等更多带有垄断性特质的数字权力属性，在纵向上更会延伸原产品服务范围，加深用户对其原产品的依赖。

总体而言，从数字经济的供给端和需求端来看，数字经济在赋能传统产业、提升生产效率的同时，也大幅提升了政治—经济环境中的不确定性，在加速产业供给端和市场需求端变化的同时，更对传统治理结构，特别是跨区域、跨领

---

1 Jonathan Smith, Belinda Hewitt and Zlatko Skrbiš, "Digital Socialization: Young People's Changing Value Orientations Towards Internet Use Between Adolescence and Early Adulthood", *Information, Communication & Society*, Vol. 18, No. 9, 2015, pp. 1022-1038.

域、跨部门治理带来了更为直接的挑战。去中心化不只是经济行业部门的演化方向，更是全球治理领域在组织变革、监管流程、规则制定等众多方向上改革的大趋势。从这个意义上看，数字权力的发展加剧了全球治理的去中心化进程。

然而值得注意的是，由于数字权力具有持续的扩张性。在全球治理去中心化的进程中，数字权力的垄断性扩张本能会推动新的中心的形成。如前文所讨论的，由于数字经济依赖"数据+技术"这一稀缺资源，数字权力最终仍然会掌握在政府、平台企业及知识精英的手中。这也是为什么数字经济在推动全球治理的去中心化进程后，有可能催生治理结构的"再中心化"。

### 2. 数字权力的武器化

数字技术已具备成为武器的能力，为全球带来更多风险及不确定性。数字权力"武器化"指的是政府、公司或社会组织，以制度设计为核心，通过运用技术封锁、人员管控、物资禁运等方式，将某项数字权力转化为具备伤害性的工具，从而迫使对方不得不作出回应的一个过程。更进一步说，数字权力的武器化是传统霸权体系在数字治理领域的延伸。

在当前时代，各国意识到数字空间在大国竞争中的重要意义，致力于将数字资源和技术持续投入军事安全领域。各国寻求将数据塑造为削弱地缘政治对手的重要工具，并确保自身的数据不被对手获取。数字权力"武器化"危及各国的关键基础设施和政治社会环境。近年来，全球围绕数据篡改、破坏和干扰的网络攻击居高不下，各国数字政务系统均遭受了不同程度的网络攻击，大量民众数据被窃取或删除。同时，各国开始研发以操纵和扭曲数据为关键的"信息战"，通过控制信息流动来影响对象国的政策或社会议题，甚至左右选举结果。国际舆论斗争在这种背景下愈演愈烈。整体而言，数字权力的武器化体现在四个方面，即霸权延伸、官僚扩张、规范力量和数字治理的内在矛盾。

从宏观环境层面来看，在传统国际体系未发生颠覆性改革的情况下，部分国家凭借其在原有体系中的优势会天然获得额外权力。以美欧国家为例，这种数字权力的武器化是已客观存在的，包括诸如 SWIFT、以美元为核心的布雷顿森林体系延伸下的数字货币体系等一系列国际安排。尽管制度本身并不展现出明显的排他性，但美国事实上已经通过其全球霸权体系完成了对现有国际经济体系的掌控，并在其中完成了武器化的前期制度部署。[1] 此外，当下数字治理本身处于起步阶段，全球仅有中、美、欧等主要行为体有能力就相关问题作出有影响力的制度性安排，其中任何一方的选择和偏好都势必会影响到全球和其他区域利益相关方的决策。因此，这种针对数字权力规制产生的外部性会带来各类直接或潜在的影响，而其中传统霸权国家利用既有规则体系，迫使他人展开行动则延续了此前制度武器化的传统。[2]

从中观组织层面来看，数字经济带来的社会转型并未对组织发展产生颠覆性影响。特别是在高度依赖传统规则和循例秩序的公共管理部门领域中，数字政府（e-government）可能会加强而非削弱原有的官僚科层组织体系。[3] 就传统科层制组织而言，将既有制度武器化并加以运用既是文化传统，又是寻求权力扩张，扩大行政执法范围，进一步攫取行政资源的理性选择。在监管实践中，数字权力一方面展现出一定的"武器化"形态，否则无法实现其在行为和价值上的强制力；另一方面，部门、行业或利益集团利用官僚体系打压竞争对手，裹挟公众利益。因而在中观层面来讲，数字权力武器化本身就是官僚机构向监管体系和其他市场—社会体系的蔓延，利用信息、知识、权力、价值等制造壁垒，将数字权力作为工具，实现对成员的管控。

---

[1] Julius Sen, *The Weaponisation of the Dollar: Policy Options for Small Countries*, LSE Research Online Documents on Economics, No. 107797, 2019, LSE Library.

[2] Henry Farrell and Abraham L. Newman, "Weaponized Interdependence: How Global Economic Networks Shape State Coercion", *International Security*, Vol. 44, No. 1, 2019, pp. 42-79.

[3] Antonio Cordella and Niccolò Tempini, "E-Government and Organizational Change: Reappraising the Role of ICT and Bureaucracy in Public Service Delivery", *Government Information Quarterly*, Vol. 32, No. 3, 2015, pp. 279-286.

从微观操作层面来看，一些数字经济先发国家更是会形成规范力量（normative power），对后发国家在相关方向上的行为和价值产生规制。[1] 不可否认，这种规制在法治建设、制度优化、标准设立等方面存在积极因素，但在进行决策的过程中，部分国家和地区的高标准不但会对其他国家造成立法权上的压制，更会对在这些已立法国家和地区从事商业活动的社会成员产生规范性压力。包括《通用数据保护条例》等在内的一整套监管体系实际上是一套嵌入既有社会网络中的复杂网络节点，盲目模仿不但会落入话语陷阱，更会忽视现阶段改革和发展的重点。具体而言，欧盟的数字权力运行和监管标准不适用于美国，不仅仅是因为标准内容本身，而且是因为欧盟成熟的成文法治规则与美国信奉的判例法体系完全相反，并且两方对数字权力的理解本身就不同。[2] 相比较更强调平等公平的欧洲，美国对效率的追求使得其对数字权力武器化的容忍度更低，在全球交往活动中也会显得更具攻击性。反之，欧洲更清晰的规则特别有利于监管部门的政策落实，在法治过程中通过规则体系的武器化形成对他国的有效规制。

数字权力本身的特质使其不可避免地具有武器化倾向。在全球范围内，有能力收集、制造或解读数据的国家不可避免地会获得话语权的优势甚至垄断地位，使得后来者被迫遵循一套既有思维价值体系，形成价值观上的武器化。[3] 例如在欧洲，法律框架下对数据和算法透明性的需求与隐私保护之间天然存在矛盾；[4] 在美国，受新自由主义理念的影响，算法、算力等数据资源必然会向

---

[1] Michelle Goddard, "The EU General Data Protection Regulation (GDPR): European Regulation that Has a Global Impact", *International Journal of Market Research*, Vol. 59, No. 6, 2017, pp. 703-705.

[2] Jessica Shurson, "Data Protection and Law Enforcement Access to Digital Evidence: Resolving the Reciprocal Conflicts Between EU and US Law", *International Journal of Law and Information Technology*, Vol. 28, No. 2, 2020, pp. 167-184.

[3] Karen E. C. Levy and David M. Johns, "When Open Data is a Trojan Horse: The Weaponization of Transparency in Science and Governance", *Big Data & Society*, Vol. 3, No. 1, 2016, pp. 1-6.

[4] Orla Lynskey, "Deconstructing Data protection: the 'Added-value' of a Right to Data Protection in the EU Legal Order", *International & Comparative Law Quarterly*, Vol. 63, No. 3, 2014, pp. 569-597.

少数资本权力集中，进而威胁公共利益。[1] 美欧关于跨境数据流动的矛盾凸显了数字权力这种隐性的武器化倾向。

对广大发展中国家而言，新数字经济本身就是一种对既有社会秩序造成冲击的潜在武器，如新媒体扩散带来了全新的社会动员机制。即便某种数字权力不构成武器，但只要具备成为武器的潜力，就会被大国之间视作必须争夺的目标对象，进而在争夺过程中形成武器化的效果。

### （三）数字权力与全球经济治理制度博弈

在不存在世界政府的国际无政府状态下，国际制度是全球经济治理体系的重要载体。在数字领域，由于通行的国际规则仍在建设，国家层面的数字立法和司法便具有重要意义。一方面，国家的数字立法能够为其他国家制定数字规则提供示范，并通过国内规则的溢出影响全球数字规则的形成；另一方面，国家在数字领域的执法司法可以规范和管控国内外实体在数字领域的行为，以维护自身利益和打击竞争对手。因此，在数字领域，全球经济治理的制度博弈既反映在国内层面，也反映在国际层面。有关数字的国内和国际制度的不断构建，以及各国围绕制度制定和实施的竞争，构成了数字时代全球经济治理体系的底层逻辑，并不断推动全球经济治理结构的重塑。

#### 1. 数字立法、执法和司法的博弈

在立法方面，全球主要国家和地区都出台了关于数字技术、数据流动、数字权益、数字经济等领域的法律法规。美国是全球信息与数字技术的发源地，在数字领域拥有先发优势，相关领域的立法起步早、数量多、内容庞杂、覆盖

---

[1] Juliana Son, "Weaponization of Data for Governmentality", *CUNY Academic Works*, 2018, https://academicworks.cuny.edu/gc_etds/2712.

面宽。早在20世纪70年代，美国政府就出台了《联邦计算机系统保护法案》（Federal Computer Systems Protection Act of 1978），首次将计算机系统纳入法律保护；1984年，美国国会通过《1984年伪造接入设备及计算机欺诈与滥用法》，首次将侵入美国特定部门或专用计算机系统窃取涉密信息的行为界定为犯罪。此后近40年间，美国政府出台的信息和网络安全领域的法案共计200余项。拜登政府上台以来，为了维护美国数字霸权，美国国会推出了《美国创新与竞争法案》、《下一代电信法案》（Next Generation Telecommunications Act）、《加强美国网络安全法案》（Strengthening American Cybersecurity Act of 2022）等一系列科技和网络安全法案，并发布了美国第一部获两党支持的综合性数据保护法案——《美国数据隐私和保护法案》（American Data Privacy and Protection Act）草案。近年来，欧盟陆续出台《通用数据保护条例》、《数字市场法》、《数字服务法》等一系列政策文件和法律框架，大大增加了数字领域的管辖范围。中国政府于2015年通过的《中华人民共和国国家安全法》首次将数据安全列入其中，此后又制定《中华人民共和国网络安全法》《中华人民共和国国家情报法》《中华人民共和国数据安全法》《关键信息基础设施安全保护条例》《中华人民共和国个人信息保护法》《网络数据安全管理条例》等重要法律法规，并初步形成数字领域的法律体系。值得注意的是，由于对数字主权和数字利益的认知存在分歧，各国法条存在很多相互冲突之处，围绕立法展开的斗争也一直未曾停止。

在执法和司法上，一些大国将国内管辖权适用于外国实体的现象愈演愈烈。在数字相关法案的执法和司法实践上，近年来美欧对外竞争与博弈日益激烈。在2018年《出口管制改革法》颁布生效后，美国出口管制对象从聚焦军事安全领域扩大到经济与科技安全，将半导体、通信、人工智能、人脸识别、无人机、监控、网络安全、云计算、超算等领域列入"新兴和基础技术清单"，以服务于经济和科技领域的大国博弈。美国还以《国际紧急经济权力法》、《澄清域外合法使用数据法》等法案为法律依据，打压其他国家数字科技企业和产业的发展空间。例如，2019年美国政府以其关键通信基础设施和数字经济安全受到灾难性影响为由对华为及其在美国本土以外的68家子公司实施制裁，此后列入制裁清单的中国数字科技企业不断增加，包括微信国际版（WeChat）、抖音国际版（TikTok）、支付宝、腾讯等知名数字科技企业。美国制定的《外国情报监视法》将数字监控范围扩大到全球，并赋予美国国家安全局和联邦调查局在海外大规模搜集和窃取数据的权力。为了强化"数字主权"，欧盟也加强了数字领域的执法和司法，不断扩大监管力度和范围。即便美欧存在同盟关系，但在数字领域的竞争从未减退。自2008年对微软的市场垄断和压制竞争对手问题开出21.6亿欧元罚单起，欧盟开出的5亿欧元以上的罚单都给了美国数字科技公司，其中对苹果的一笔罚单高达130亿欧元。[1] 根据英国欧华律师事务所（DLA Piper）的调查，2022年欧洲数据监管机构针对《通用数据保护条例》违规的罚款额为29亿欧元，创历史最高纪录，为2021年的两倍。其中，爱尔兰数据保护委员会对美国Meta公司开出了高达4.05亿欧元的年度最高罚款。[2]

### 2. 数字技术标准与数字经济规则的博弈

当前，国际数字技术标准体系与数字经济规则体系仍不健全。为提升数字领域的国际制度性话语权，世界各国在加强国内立法的同时，还积极参与国际数字标准与规则的制定。在国际数字技术标准上，发达经济体仍占主导地位，但中国等新兴市场国家参与的国际标准也加速增长。截至2020年，在国际标准化组织（ISO）成员中，美国、英国、德国、法国、日本等少数发达

---

[1] 朱兆一、陈欣：《美国"数字霸权"语境下的中美欧"数字博弈"分析》，《国际论坛》2022年第3期。
[2] 驻爱尔兰大使馆经济商务处：《2022年欧盟数据违规罚款总额翻倍至29亿欧元》，2023年2月15日，http://ie.mofcom.gov.cn/article/jmxw/202302/20230203385050.shtml。

经济体制定的国际标准数量约占全球标准总额的九成，主持和主导的国际标准数量占到全球标准数量的90%—95%，中国占比不到2%。在2000年前，中国制定的国际标准数量只有13项，2001—2015年累计达到182项，但2015—2020年累计超过800项，其中与数字相关领域的技术标准占比最高。[1]

在国际数字经济规则上，很多国家及区域和多边机制发挥了重要推动作用。例如，2016年9月，中国作为G20主席国在杭州峰会提出《G20数字经济发展与合作倡议》，首次将"数字经济"纳入G20创新增长蓝图；2020年9月，中国提出全球数据安全倡议，呼吁各国支持并通过双边或地区协议等形式确认对倡议的承诺，推动国际社会在普遍参与的基础上就此达成国际协议；2024年11月，中国发布《全球数据跨境流动合作倡议》，关注跨境数据流动与国家政策目标之间的平衡，强调加强全球跨境数据流动合作、创造高效数据流通环境、保障平等数据使用权利。在区域层面，2018年12月生效的《全面与进步跨太平洋伙伴关系协定》（CPTPP）和2022年1月生效的《区域全面经济伙伴关系协定》（RCEP）等区域贸易协定都纳入了数字经济规则，2021年1月生效的《数字经济伙伴关系协定》（DEPA）更是成为全球首个专注于促进数字贸易的国际协定。在多边领域，世界贸易组织也启动了电子商务谈判。截至2022年，87个谈判参加方已就大多数议题达成共识。

值得关注的是，随着新兴市场和发展中经济体数字技术和数字经济的发展，以美国为代表的发达经济体在强化相互合作的同时还加大了对新兴市场国家的围堵，试图构筑一个将主要新兴市场和发展中经济体排除在外的数字技术与经济"平行体系"。在拜登政府上台后，美国与欧盟成立贸易和技术委员会，组建美日印澳"四方安全对话"（QUAD），并成立关键和新兴技术工作组及四方高级网络小组，启动印太经济框架（IPEF）等，以加强与盟友在数字技术和经

---

[1]《习近平总书记指引推动构建网络空间命运共同体纪实》，《中国网信》2022年第9期。

济领域的合作与协调，并引领以数字规则为主要内容的新一轮国际规则制定。对此，新兴市场和发展中经济体要进一步加强网络空间国际合作，积极开展数字经济标准国际协调和数字经济治理合作，不断深化政府间数字经济政策交流对话，努力构建多边数字经济合作伙伴关系等，从而推动数字时代全球经济治理体系朝着稳定、均衡的方向发展。

## 四 市场视角：数字市场与全球经济治理

21世纪以来，互联网、大数据、云计算、人工智能、区块链等技术加速创新，并日益融入经济社会发展各领域、全过程。尤其新冠疫情暴发后，数字经济快速发展，辐射范围和影响程度前所未有。数字市场的不断发展和完善，已成为重组全球要素资源、重塑全球经济结构、改变全球竞争格局的关键力量。

### （一）全球数字经济发展态势

作为一种新的经济形态，数字经济既包括将数据或数字化的知识与信息作为关键生产要素的经济，也包括以云计算、大数据、物联网、人工智能、区块链等数字技术为手段的经济。未来，数字经济发展持续"提速换挡"，不仅将继续向各个产业部门渗透，也将在元宇宙、虚拟孪生等新型虚拟环境交互理念的指引下呈现更多的新模式新业态。

#### 1. 产业数字化

数字产业化和产业数字化是数字经济的主要表现形式。数字产业化是将信息的生产与使用规模化，主要涉及电子信息设备、数据传输、云计算、物联网和人工智能等方面的硬件和软件制造、销售和服务。产业数字化是将数字技术广泛应用于传统产业部门的生产、经营和管理等各个环节，并通过数字技术与传统产业之间的相互融合实现产出增加。在数字经济发展的起步阶段，数字产业化往往在数字经济总量中占据较高比重。随着产业数字化进程的推进，数字产业化的占比逐步下降，而产业数字化则相应地构成数字经济的重要组成部分。

当前，产业数字化已成为数字经济发展的主引擎，并在未来发挥更加重要的作用。这不仅契合了传统产业在疫情背景下摆脱现实发展困境的需要，也是传统产业把握数字时代机遇实现创新发展的必然选择。根据2021年8月中国信息通信研究院发布的《全球数字经济白皮书》，2020年，纳入测算的47个国家数字经济增加值规模达到32.6万亿美元，占GDP比重为43.7%。其中，产业数字化占数字经济比重为84.4%。分产业来看，第一、第二和第三产业数字经济占行业增加值的比重分别为8.0%、24.1%和43.9%。由此可见，第三产业在产业数字化融合渗透方面发挥了引领作用。

无论未来疫情走势如何，人们生活日益依赖数字的趋势不会发生逆转，各个产业部门搭乘数字技术发展快车的意愿和行动仍将有增无减。2022年，人们仍将见证数字经济与产业发展迈向更加深入的融合，并为数字经济新模式新业态创造更大发展空间。数字经济在国民经济中占比还将进一步提升。

### 2. 元宇宙经济

元宇宙是数字与物理世界融通作用的沉浸式互联空间，是新一代信息技术集成创新和应用的未来产业，是数字经济与实体经济融合的高级形态。[1]尽管元宇宙（Metaverse）并非一个新的概念，但在2021年一系列事件的推动

---

[1] 工业和信息化部等：《元宇宙产业创新发展三年行动计划（2023—2025年）》，2023年8月29日，https://www.miit.gov.cn/zwgk/zcwj/wjfb/tz/art/2023/art_e715a9d4611742d5a5f7a4f36ea74974.html。

下,它已成为科技领域和资本市场最火爆的概念之一。元宇宙也因此成为数字经济最活跃、发展前景最广阔的部分。

2021年3月,罗布乐思(Roblox)在美国纽约证券交易所正式上市,在资本市场打响了元宇宙概念第一枪。根据罗布乐思上市招股书,元宇宙拥有八个特征:身份(Identity)、朋友(Friends)、沉浸感(Immersive)、随地(Anywhere)、低延迟(Low Friction)、内容多样性(Variety of Content)、经济(Economy)、安全(Safety)。2021年第三季度,罗布乐思日活跃用户数达4730万,较2020年年末增加45.1%。前三季度,罗布乐思累计收入为13.5亿美元,同比增长120.0%;实现毛利10.06亿美元,同比增长122.2%。上市后,罗布乐思股价上涨幅度最高达到214.7%。5月,社交媒体巨头"脸书"表示将在5年内转型为一家元宇宙公司;10月,"脸书"创始人马克·扎克伯格正式宣布公司将更名为"Meta"。这些现象和行动既点燃了市场对元宇宙的热情,更象征着一个数字经济新时代的到来。

当前,作为数字经济的有机组成部分,元宇宙正掀起新一轮互联网经济竞逐的热潮,也让人们更加意识到数字经济实体化与虚拟现实"双循环"进化的发展趋势。随着虚拟现实(VR)、增强现实(AR)、混合现实(MR)、扩展现实(XR)及全身追踪、全身传感等交互技术的成熟,元宇宙将进一步引发商业模式的深刻变革,为未来数字经济带来无限想象和发展空间。尽管元宇宙经济所需的技术支撑和面临的技术难题在短期内难以解决,但未来几年仍将是元宇宙发展显露生机、值得期待的时期。

### 3. 中国数字经济

作为数字经济大国,中国数字经济规模稳居世界第二,并处于快速增长轨道,数字产业引领发展的态势显著。据2024年8月中国信息通信研究院发布的《中国数字经济发展研究报告(2024年)》,2023年,中国数字经济实现 7.39% 的高速增长，高于同期国内生产总值名义增速 2.76 个百分点，成为稳定经济增长的有效支撑。据 2024 年 5 月国家数据局发布的《数字中国发展报告（2023年）》，2023 年，数字经济核心产业增加值估计超过 12 万亿元，GDP 占比达 10%，以云计算、大数据、物联网等为代表的新兴业务收入逐年攀升，占电信业务总收入的比重从 2019 年的 10.5% 提升至 2023 年的 21.2%，信息通信产品生产和电子元器件生产领域快速发展。其中，云计算、大数据业务收入较 2022 年增长 37.5%，物联网业务收入较 2022 年增长 20.3%。

在顶层设计上，中国政府高度重视数字经济发展，不断优化加快数字经济发展的政策环境和加大支持力度。2021 年 10 月 18 日，习近平总书记在主持中共中央政治局就推动我国数字经济健康发展进行第三十四次集体学习时强调："要站在统筹中华民族伟大复兴战略全局和世界百年未有之大变局的高度，统筹国内国际两个大局、发展安全两件大事，充分发挥海量数据和丰富应用场景优势，促进数字技术与实体经济深度融合，赋能传统产业转型升级，催生新产业新业态新模式，不断做强做优做大我国数字经济。"[1] 此后，党的二十大、党的二十届三中全会进一步加快对数字经济的战略部署，推动其成为发展新质生产力、实现中国式现代化的关键引擎。

随着中央和各地方一系列数字经济发展规划逐步落实，中国数字经济发展将会展现许多新的亮点，数字技术将全面赋能生产、投资、消费、贸易复苏增长，数字经济引领中国经济转型升级的新动能作用将得到持续增强。

## （二）数据要素与全球数字经济规则构建

当前，数据已成为影响全球竞争和科技创新的关键战略性资源。如何理

---

[1] 习近平：《不断做强做优做大我国数字经济》，《求是》2022 年第 2 期。

解作为生产要素的数据,并构建相应的治理规则,是当前全球数字经济治理所需解决的一个重点议题。

### 1. 数据要素

随着信息技术的不断发展,人类生活、生产和交往等行为都被编织进一张由数据织成的网中。然而,数据并非天然具有价值,而是在数字平台加工并获得利润的过程中获得价值。

一般而言,数据指的是用户在平台上留下的各类信息,绝大多数的信息都能够以数字化的形式被表达、存储和使用。蔡翠红和王远志认为,数据指的是"伴随人类生产、生活等各种行为产生并以某种方式记录下来的原始记录"[1]。文本、声音、图像、视频等都是数据,网页浏览量、股票指数、影视剧播放量等也都是数据。随着信息技术和数字经济的快速发展,全球数据爆发式增长。然而,若仅从作为信息记录的功能来看,数据在一定程度上只具有使用价值,而很难说其具有价值。

从数据到大数据是数据获得价值的关键过程。"大数据"指的是大规模数据的集合形成的一种数据形态,[2] 其内涵在于对原始数据进行了再加工,使其能够提升劳动生产率,促进经济发展。尼克·斯尔尼塞克将数据比作石油,意在凸显其能够被提炼和加工,进而获得价值的属性。但这一比喻并非完全恰当。相较于石油的不可再生性,数据可被不同平台企业和多样化的技术手段所利用,进而为经济创新提供永续动力。

根据中国信息通信研究院发布的《数据要素白皮书(2022年)》,数据要素区别于土地、资本等传统生产要素的独特性在于其虚拟性、低成本复制性和主体多元性。虚拟性指的是,相较于土地、劳动力等看得见形态的传统

---

[1] 蔡翠红、王远志:《全球数据治理:挑战与应对》,《国际问题研究》2020年第6期。
[2] 蔡翠红、王远志:《全球数据治理:挑战与应对》,《国际问题研究》2020年第6期。

生产要素，数据是一种存在于数字空间中的虚拟资源。低成本复制性指的是数据能够在数字空间中借助技术实现较低成本的转移，并被应用于不同场景，凸显出数据的非竞争性。主体多元性指的是数据的生产、收集、加工等各个环节都可能涉及多个参与主体。[1] 数据要素主要通过业务贯通、数字智能决策和流动赋能三条途径来实现自身价值。[2]

数据要素为数字市场扩张奠定了基础。数据价值化直接推动网络化、智能化的数字技术向其他产业扩张，导致传统的农业、工业和服务业之间的界限逐渐模糊，形成了以数据为链接的三大产业交互渗透的发展态势。数据流动能够推动工业部门之间的信息共享和效率提升，促进工业互联网等先进制造业发展，满足客户定制化生产需求和库存有效调配。而且通过数字渠道，可以实现农产品从初级形态到加工形态的一条龙管理，并与最终的消费端进行对接，提升农产品的价值。

随着数据成为最为关键的生产要素，关于数据及其相关业态的治理已成为重要议题。尤其是数据要素市场的建立迫在眉睫。主要经济体加快数据战略布局，挖掘和释放数据要素潜能。2012 年以来，美国大力推动大数据前沿技术发展和科学工程领域发明创造，发布《联邦数据战略与 2021 年行动计划》（Federal Data Strategy 2021 Action Plan），强化数据治理、规划和基础设施建设。2020 年，欧盟发布《欧盟数据战略》（The European Data Strategy），提出到 2030 年建成数据敏捷型经济体。英国也发布了《国家数据战略》（National Data Strategy），着力促进社会各界对数据资源的应用，充分释放数据价值。2020 年，数据作为一种新型生产要素被写入中国官方文件（《关于构建更加完善的要素市场化配置体制机制的意见》）。此外，《中华人民共和国国民经济和社会发展第十四个五年规划和二〇三五年远景目标纲要》《数字中

---

[1] 中国信息通信研究院：《数据要素白皮书（2022 年）》，2023 年 1 月，第 3—4 页，http://www.caict.ac.cn/kxyj/qwfb/bps/202301/P020230107392254519512.pdf。

[2] 中国信息通信研究院：《数据要素白皮书（2022 年）》，2023 年 1 月，第 8—12 页，http://www.caict.ac.cn/kxyj/qwfb/bps/202301/P020230107392254519512.pdf。

国建设整体布局规划》进一步对大数据发展作出重要部署。

随着数据成为最有价值的新型资源，数据价值化带来数据产权由谁所有、由谁管理、怎么管理等一系列问题，且这些问题在全球层面缺乏统一的治理规则。例如，在公民个人数据跨境流动问题上，现有的欧洲模式和美国模式之间就存在明显冲突，多边框架的建立在缺乏共识的情况下举步维艰。同时，大部分国家内部尚未建立起数据要素市场和数据定价规则，相关标准体系也在逐步完善的进程中。由此可见，全球数字治理规则远远落后于世界经济的数字化进程，新的治理规则亟待建立。

**2. 数字经济规则**

斯劳特（Matthew J. Slaughter）和麦考米克（David H. McCormick）在《数据即权力》一文中提到，创立于75年前的传统国际贸易体系已经不适应数字经济时代的新要求，世界需要一套崭新的国际规则。现有的制度框架和国际惯例无法解决数据剧增产生的治理断层问题，主张绕过零散模糊的各国数据治理规则，建构国际公认的数据治理规则框架。[1] 伴随着数字经济的高速发展，全球主要国家在数字经济规则构建上主要聚焦于跨境数据流动如何构建更加公正合理的数字经济规则，以及网络安全等核心议题。部分议题已取得积极进展，尤其是在数字贸易规则和跨境数据流动规则方面。

在数字贸易方面，得益于国际机构和主要国家的积极推动，规则构建取得重要进展。在全球层面，WTO启动了电子商务诸边谈判。2021年，WTO电子商务谈判文本出台，包含促进电子商务发展、电子商务开放等主要内容，覆盖了数字贸易各环节，涉及贸易便利化、非歧视待遇、信息和数据流动、关税减免、网络和数据接入、消费者保护、个人信息保护、源代码和密码技

---

1　Matthew J. Slaughter and David H. McCormick, "Data Is Power: Washington Needs to Craft New Rules for the Digital Age", *Foreign Affairs*, Vol. 100, No. 3, 2021, pp. 54-62.

术保护、国内监管政策合作与透明度、网络安全、能力建设、电信服务规则、网络设施产品及市场准入等主要议题，总计50余项条款，体现了WTO公平、发展、协作的治理目标。[1] 2021年12月，86个WTO成员宣布在电子商务谈判方面取得实质性进展；2024年7月，91个WTO成员达成《电子商务协议》，为全球性的数字贸易规则构建奠定了框架基础。在区域层面，区域多边机制已成为全球数字经贸规则的重要补充。目前，RCEP和CPTPP等区域贸易协定均对数字贸易政策进行了详细规定。但是通过比较RCEP、CPTPP和《美国—墨西哥—加拿大协议》（USMCA）等自贸协定中的数字经贸条款后可以发现，当前的国际数字贸易规则在部分区域已趋于完善，以美国为代表的发达国家在其中占据主导地位。[2] 相较美国主导的贸易协定，欧盟《数字市场法》于2022年11月正式生效，限制了平台企业滥用市场支配地位的可能性，并明确规定了企业不得将采集的用户数据移作他用等。欧盟《数字市场法》的实施，促进了"欧盟规则"在世界范围内推广，增强了欧盟参与全球网络监管事务的话语权。

相较于综合性贸易协定，由新加坡、智利和新西兰三国发起的DEPA则尝试建立专门的数字经济规则体系。伴随数字经济的快速发展，中国也深度参与全球数字规则的制定，中国决定申请加入CPTPP和DEPA，彰显了中国积极参与全球高标准数字经济规则、稳步推进制度型开放的坚定态度。

同时，全球主要国家也在积极推动制定跨境数据流动规则。跨境数据流动是推动数字经济增长的主要因素。全球数据流动规模大幅增长。据世界银行2021年报告估算，2022年，全球数据流动量将超过每秒150000GB，是

---

[1] 中国信息通信研究院：《全球数字经贸规则年度观察报告（2022年）》，2022年7月，第11—12页，http://www.caict.ac.cn/kxyj/qwfb/bps/202207/P020220729550446286663.pdf。

[2] 白洁、张达、王悦：《数字贸易规则的演进与中国应对》，《亚太经济》2021年第5期。

2002年的近1000倍。[1] 全球数据流动对经济增长有明显的拉动效应，预计到2025年，全球数据流动对经济增长的贡献将达到11万亿美元。[2] 尽管数据跨境流动有利于国家经济增长和市场繁荣，但由于安全风险，当前主要国家开始寻求独占或控制本国数据，为此推行各类监管机制和数据保护法规。自2008年以来，G20国家已先后推行超过6600项数据保护措施。根据统计显示，当前全球194个主权国家中已有137个出台各类"数据主权"相关立法，占比高达71%。[3]

但是，全球主要国家在数据跨境流动的基本理念和个人隐私保护方面一直存在较大分歧。美国积极推动跨境数据自由流动，宣扬信息和数据自由的立场，明确反对数字存储本地化。欧盟则对跨境数据的自由流动较为审慎，注重对个人隐私和国家安全的维护。[4] 最终，美国的企业也不得不屈服于欧盟的规则，包括谷歌、脸书、微软、网飞、优步等在内的美国公司修改了自身章程以符合欧盟的规则。欧盟对隐私和数据保护的立场也得到大多数国家的支持，《通用数据保护条例》公布之后被其他国家纷纷效仿，在通过了隐私保护法规的全球近120个国家中，大多数国家的法规与欧盟的《通用数据保护条例》接近。[5]

近年来，主要国家和国际组织高度关注跨境数据流动治理。二十国集团于2019年在日本大阪通过《二十国集团关于贸易和数字经济的部长声明》，

---

1 World Bank Group, "World Development Report 2021: Crossing Borders", Washington, D. C., https://wdr2021.worldbank.org/stories/crossing-borders/.
2 中国信息通信研究院：《全球数字经贸规则年度观察报告（2022年）》，2022年7月，第20页，http://www.caict.ac.cn/kxyj/qwfb/bps/202207/P020220729550446286663.pdf.
3 UNCTAD, "Data Protection and Privacy Legislation Worldwide", https://unctad.org/page/data-protection-and-privacy-legislation-worldwide.
4 刘晨哲、宾建成：《数字贸易国际规则的新进展》，《中国社会科学报》2021年8月11日。
5 A. Bradford, "When It Comes to Markets, Europe Is No Fading Power", *Foreign Affairs*, February 3, 2020.

提出"可信任的数据自由流动"原则。[1] 七国集团（G7）贸易部长会议提出了可信数据流动的若干原则，美欧主要国家就数字贸易和跨境数据使用原则上达成一致。[2] 对七国集团提出的原则，二十国集团成员和经合组织成员可能给予积极回应，全球有望在跨境数据流动规则上达成新的共识。

## （三）大型科技公司地位与角色

在经济全球化时代，跨国公司在国际舞台上始终扮演着重要角色。随着大国博弈日趋激烈，跨国公司尤其是巨头企业日益成为舆论关注的焦点，并深刻影响国际关系格局及其未来走向。理解当今时代的全球经济治理，越来越不可忽视跨国公司在国际博弈中的特殊角色。

### 1. 跨国公司与经济全球化进程

经济全球化源于资本主义生产方式的对外扩张和延伸。早在170多年前，马克思、恩格斯就在《共产党宣言》中指出："在全球的各个角落，充斥着资产阶级对产品市场不断扩张的需求。它必然到处安家筑巢，到处建立联系。"由于资本的逐利性，只要技术等条件成熟，资本就会推动世界性的生产和交换活动，并从中获取经济利益。随着资本积累的逐步增加和资本输出的快速增长，跨国公司应运而生。因此，跨国公司是资本主义发展的必然，也是资产阶级通过支持和参与对外扩张来获取财富的一种组织方式。资本主义国家建立跨国公司，在主观上拥有在参与全球经济活动时攫取利益的强烈动

---

[1] G20, "G20 Ministerial Statement on Trade and Digital Economy", June 8-9, 2019, https://www.g20.org/content/dam/gtwenty/about_g20/previous_summit_documents/2019/Ministerial_Statement_on_Trade_and_Digital_Economy.pdf.

[2] 中国信息通信研究院：《全球数字经济白皮书（2022年）》，2022年12月，第22页，http://www.caict.ac.cn/kxyj/qwfb/bps/202212/P020221207397428021671.pdf。

机，但在客观上也推动了要素资源在全球范围内更为有效的配置，从而提升了全球经济发展的效率。

当今时代，跨国公司已不再表现为赤裸裸的资本扩张，而是成为经济全球化的重要载体。一方面，跨国公司是世界市场的开拓者。跨国公司将开放的市场经济理念和先进的组织管理模式扩散到世界各地，让市场机制成为配置社会资源的基本手段，从而将拥有不同资源禀赋的国家和地区纳入全球大市场中并使其有机地联系在一起，推动建立了高度相互依存的全球供应链、产业链和价值链。另一方面，跨国公司是国内国际市场对接的桥梁。跨国公司通过推动各个国家和地区市场之间的深度对接和融合，加强了各国同国外市场之间的联系，从而有力推动了国际贸易与投资的自由化、便利化，特别是加速了不发达国家的经济开放。作为经济全球化的微观主体，跨国公司已成为经济全球化的重要参与者。2024年《财富》杂志世界500强企业统计数据显示，上榜企业在2023年的总营业收入约为41万亿美元，相当于当年全球国内生产GDP的1/3。

近年来，一些国家保护主义盛行，经济全球化遭遇逆流，跨国公司的海外生产经营活动有所收缩，其在海外的资产、营业额均有所下降。根据UNCTAD发布的《世界投资报告2024》显示，2023年全球前100名最大的非金融类跨国公司的资产总额为20.895万亿美元，其中海外子公司资产为10.23万亿美元，占比约为49%，比2021年下降5个百分点；总营业额为13.562万亿美元，其中海外子公司营业额为6.965万亿美元，占比约为51%，比2021年下降7个百分点。[1] 跨国公司的运行与发展情况日益成为国际博弈的"晴雨表"。

---

[1] UNCTAD, *World Investment Report 2024: Investment Facilitation and Digital Government*, New York: United Nations Publications, 2024, p.36.

## 2. 跨国公司与世界经济实力结构演进

跨国公司实力是国家经济实力的重要反映。在跨国公司发展过程中，发达国家在投资区位和品牌塑造等方面占据先发优势。相对于发展中国家，发达国家的跨国公司在技术、产品和服务方面长期拥有较强的竞争力，甚至在很多行业和产品上拥有无可替代的垄断地位。而在发展中国家，跨国公司的发展起步晚，并且还受到已有跨国公司的制约和阻碍。这在总体上反映了发达国家和发展中国家在全球经济中的地位和权力结构的基本特征。

长期以来，发达国家的跨国公司在数量和规模上长期占据绝对优势。1955年，美国《财富》杂志推出500强排行榜，由于主要跨国公司均在美国，因此当时上榜企业仅限于美国。随着其他国家跨国公司实力的不断提升，《财富》杂志自1995年开始推出包含美国和其他各国公司的世界500强企业排行榜。但是，上榜企业绝大多数来自发达国家。在1996年的榜单中，美、日、法、德、英等七个发达工业国家的上榜企业数量占比超过85%，而只有少数几个企业来自发展中国家。其中，美国和日本的上榜企业的数量最多，分别为153家和141家，反映了两国在世界经济中分列前两大经济体的重要地位。而中国境内的上榜企业仅有3家，分别为中国银行、中粮集团和中国石油。

进入21世纪后，随着新兴市场和发展中国家经济的迅速崛起，全球跨国公司的分布格局也发生了重大变化。一大批来自新兴市场和发展中国家的跨国公司不断发展壮大，并在国际经贸合作中发挥日益重要的作用。根据2021年《财富》杂志发布的世界500强排行榜，中国大陆上榜企业135家，比上年增加11家，总数蝉联榜首；美国上榜企业122家，比上年增加1家，总数名列第二。但在前50强中，美国上榜企业最多，总数为23家；中国上榜企业14家，总数名列第二。同时，在体现现代高新技术发展水平的信息和通信技术（ICT）产业领域，美国有 19 家企业上榜世界 500 强，而中国上榜企业为 9 家。这既反映了在中美经济实力对比中中国经济规模的快速提升，也反映了美国在创新领域仍居世界首位的现实。跨国公司不仅是世界经济实力结构变化的投射，同时它们的跨国经营活动也在不断推动世界经济格局的发展演进。

### 3. 跨国公司与国际博弈

作为世界市场的主要行为体，跨国公司之间的竞争能够促进生产要素的合理流动和优化配置，给世界经济创造活力。因此，现代市场体系鼓励和保护各种经济主体的公平竞争。但是，跨国公司之间的竞争并不必然带来世界市场的稳定和有序发展。跨国公司为了在全球范围内获取尽可能多的投资回报，往往通过逃避国家的"约束"和"治理"来减少应尽的责任和义务。同时，巨型企业还往往利用其强大的经济实力和对大量财富及资源的控制权，推动全球经济权力乃至一部分政治权力从主权国家向世界市场转移。这使得跨国公司与主权国家更加紧密地结合在一起，越来越多地参与国际博弈。

为了打压竞争对手，近年来美国等发达国家对外大肆推行经济制裁，将跨国公司作为参与国际博弈的工具，联合或迫使本国的跨国公司服务于国家战略目标。跨国公司在国际博弈中的工具化趋势日益明显。一方面，跨国公司成为一些国家打压和制裁竞争对手的工具；另一方面，打压竞争对手的跨国公司通过削弱对方的力量获得竞争优势。当前，国际经济制裁名目繁多，制定制裁政策的机构十分广泛，并且制裁措施的最终实施往往由跨国公司承担。以美国为例，制裁机构及制裁名单主要有：美国商务部工业与安全局的被拒绝人名单、未核实名单（也称未经验证名单）、实体名单、"最终军事用户"名单，美国财政部海外资产控制办公室的特别指定国民（SDN）清单、代理行和通汇账户制裁名单、外国制裁规避者名单、行业制裁识别名单，美国国务院国防贸易管制局的军备出口管制法禁止名单，美国国务院国际安全暨防核武扩散局的防扩散名单，美国国防部和财政部海外资产控制办公室的非 SDN 中国军事公司名单等。

在被列入经济制裁名单后，相关跨国公司的业务将受到严格限制，同时本国跨国公司也不得与其开展相关业务。随着国际经济制裁的盛行，跨国公司日益站在国际博弈的前沿阵地。此外，跨国公司基于自身利益诉求，在全球范围内同他国跨国公司展开激烈竞争，这也成为当今时代世界经济的重要特征之一。

## 五 安全视角：数字安全与全球经济治理

随着数字技术的发展和应用，数字经济对全球经济增长的贡献不断上升，在全球财富的比重不断扩大。与之相伴，数字安全也日益成为全球性的风险挑战，造成了全球经济发展的新问题，加剧了全球经济治理赤字。本节对数字安全与全球经济治理关系的探究分为三个部分：首先，分析数字时代全球安全的变化，从安全环境的研判、安全内容的认知及安全手段的使用等角度探讨数字技术对全球安全态势及安全观念的影响；其次，辨析数字安全与全球经济发展间的辩证关系，归纳二者相互联系、相互依赖、相互影响的特点；最后，总结数字时代全球经济治理赤字的表现，并尝试为未来全球经济治理的发展提供政策性建议。

### （一）数字时代全球安全形势变化

相比以往，数字时代全球安全形势发生了影响深远的重大变化。这可以从全球安全环境的复杂性、大国安全认知的调整、数字技术的应用对全球安全互动的影响三个方面展开分析。[1]

### 1. 全球安全环境变化

数字时代对全球安全环境最直接的影响在于安全领域和内容的扩展。历史的发展表明，安全包含的客体，以及人们对安全的认知会随着时代的发展而变化，尤其是会受到新技术的影响。例如，在核武器出现之前全球是不存在核安全问题的；而进入核时代后，阻止核战争的爆发、防止核扩散、核能的和平安全利用等成为全球安全治理中的热点问题。进入数字时代后，一方面，随着数字技术的广泛应用、经济生产过程中数字化水平的不断提高，数据本身，以及与数据收集、储存、使用等相关的一系列数字技术的安全成为安全领域的新课题。例如，巴西、秘鲁、阿根廷、厄瓜多尔等多个南美洲国家外交部门曾遭受"潮虫"（Sowbug）黑客组织攻击，造成了上述国家在东南亚地区外交情报的泄露。[2] 另一方面，全球网络犯罪、网络渗透、网络攻击等危害活动不断涌现，此类以数字化攻击手段为特征的活动对一国内部及全球经济、政治、军事、文化等多个安全领域的危害日益凸显。其中突出的危害是对个人隐私与权利的侵蚀，以及对一国政权安全的冲击。数字时代大量的个人数据被收集和利用，引发了隐私保护和个人权利的重要问题。值得注意的是，个人隐私的侵犯和滥用不仅威胁到个人的安全，也对全球社会稳定和人权产生影响。同时，在数字时代，各国政府部门也面临网络攻击和信息操纵的风险。网络攻击者可能试图入侵政府机构的计算机系统，窃取敏感信息或破坏关键基础设施，或者制造和散播虚假消息，以期改变目标国的政策甚至影响该国政权的更迭。例如，在最近两次的美国大选中，社交媒体与

---

[1] 凌胜利、杨帆：《新中国 70 年国家安全观的演变：认知、内涵与应对》，《国际安全研究》2019 年第 6 期。

[2] 刘子夜：《论网络胁迫成功的条件》，《国际政治科学》2020 年第 2 期。

舆论对选举结果都发挥了重大影响。两次选举中关于选举结果受到外国政府干涉的怀疑持续不断。[1]

### 2. 大国安全认知调整

随着数字化进程的加速，数据被视为一种战略资源，数字领域已经代替领土、资源、意识形态等成为大国间战略竞争的主战场。

第一，美国试图维护其数字优势以进行霸权护持。2023年3月，美国拜登政府公布《美国国家网络安全战略》(The National Cybersecurity Strategy)，提出了改善全国数字安全的整体方法，旨在帮助美国准备和应对新出现的网络威胁。在该报告中，拜登政府强调了网络空间的重要性，以及美国对维护网络数字安全的重视：网络空间被定义为以反映美国价值观的方式实现自身目标的工具；网络攻击将被视为对美国国家安全的威胁而非仅仅是犯罪活动，美国将对此类攻击进行报复。基于此，对内美国首次把"监管"纳入其网络安全战略，声称将使用"国家权力工具"来维护网络安全。例如美国出台《芯片与科学法案》，给予其国内芯片企业大规模的政府补贴以增强其市场竞争力。对外则联合盟友与安全伙伴封锁、打压、遏制地缘竞争对手，阻止竞争对手获得和开发高新数字技术。例如美国于2020年提出了"清洁网络"计划，试图以此排除与中国有关的数字技术和设备，并要求各国避免使用华为等中国企业的5G设备，阻止中国应用程序进入美国市场。

第二，数字时代，制定数字技术标准和规则对一个国家或地区在相关领域取得技术引领和竞争优势至关重要，因此数字技术的标准与规则制定权成为大国间安全竞争的核心关切。例如，美国在5G技术标准的制定上同中国开展了激烈竞争。美国商务部将华为列入"实体清单"，限制其与美国企业进

---

[1] 阎学通：《国际政治倒退的时代》，《世界经济与政治》2023年第2期。

行技术交流和合作，此举对华为参与5G技术标准的制定造成了重大冲击。欧盟则试图在法律规范层面引领全球数字安全的标准。2018年，欧洲颁布《通用数据保护条例》，旨在加强个人数据的保护，并规范数据处理和跨境数据传输。这一法规对全球科技公司的业务产生了深远影响，并成为全球数据保护的参考指南。2023年3月14日，欧盟网络安全局发布《人工智能网络安全和标准化》（Cybersecurity of AI and Standardisation），旨在通过梳理人工智能标准化前景和主要标准制定组织的相关工作，分析现有人工智能国际标准覆盖范围及差异。在以ChatGPT为代表的生成式人工智能蓬勃发展的背景下，欧盟此举抢占先机、为新领域确定标准的意图十分明显。

**3. 数字技术与安全互动**

数字手段既可能是破坏全球安全的工具，也可能是维护全球安全的手段。伴随数字技术越来越多地被应用在安全场景中，既有的全球安全互动模式随之动摇。

第一，数字时代的威胁和攻击往往超越了传统的国界限制。网络攻击可以瞬间跨越国界，极大地增加了追踪和打击这些威胁的难度。这种跨国界挑战使得全球安全合作和协调变得更加迫切和复杂。

第二，数字技术使得"弱势群体"发动冲突的能力大幅提升。在前数字时代，冲突主要发生在物理空间。这对冲突发起者的军事实力和资源的要求较高，因此冲突的发起者往往是强势一方。但数字技术的应用削弱了传统经济军事实力的重要性，弱势一方虽然无法对强势一方发动军事打击，但完全有可能通过操纵舆论、影响社交媒体、散布虚假信息、实施网络渗透与攻击等方式对强势方进行数字打击。俄乌冲突的进展也表明，数字技术的运用对提升弱国在冲突中的地位具有显著作用。

第三，数字技术的应用造成全球安全主体和监管责任的缺失。数字技术的应用使得信息传播更加便捷和匿名化，导致在网络空间中的攻击行为往往难以溯源。这使得攻击者可以通过网络渠道实施各种恶意行为而难以追究其责任，包括网络攻击、网络诈骗、虚假信息传播等。缺乏清晰的责任追溯机制导致全球安全主体无法有效承担责任。并且，数字技术的复杂性程度较高，技术供应方、运营方、用户、社交媒体、国家组织等各个安全主体之间存在责任转嫁和推卸的现象。

## （二）数字安全与经济发展的辩证关系

数字时代安全与发展的联动更加紧密。一方面，数字领域是全球经济的新增长点，数字安全构成了全球经济发展的保障。另一方面，关注数字安全是全球经济发展的内在要求，而全球经济的发展又为提高数字安全提供物质和技术基础。

同时，数字时代面临着日益复杂和严峻的安全挑战。网络安全、隐私保护、数据泄露和网络犯罪等问题备受关注。随着数字化程度的提高，保护个人和机构的数据安全成为一项紧迫的任务。

### 1. 数字安全是实现全球经济发展的前提保障

数字时代的显著特征是信息和数据的数字化。大量的信息和数据被转化为数字形式，通过计算机和互联网进行存储、处理、传输和共享。数字化使得信息的获取、交流和利用更加便捷和高效。同时，数字时代人与人、人与物、物与物之间的连接性显著增强。互联网和移动通信技术的发展使得全球范围内的人们可以实时、无缝地进行交流和互动。社交媒体、在线平台和移动应用程序的普及加强了人们之间的连接，促进了信息的流动和共享。只有在数据安全得到保证的基础上，与之相关的生产消费等经济活动才能有序开展。

数字安全是保障商业和金融交易安全的基础。在数字化经济中，企业和个人通过互联网进行交易和合作，包括电子支付、电子商务和在线金融服务等。数字安全措施的有效实施可以防止欺诈、数据泄露和网络攻击，确保交易的安全性和可靠性。

数字安全保护知识产权和商业机密、降低损失与风险。数字化经济依赖知识产权和商业机密的保护。许多企业依靠技术创新和独特的商业模式来获得竞争优势，而这些创新和机密信息往往以数字形式存在。数字安全的保护可以防止知识产权被窃取、商业机密遭泄露，持续提升企业创新力和竞争力。此外，数字安全的保障可以降低经济活动中的损失和风险。网络攻击、数据泄露和信息盗窃等数字安全威胁可能导致企业的财务损失、声誉损害和经济活动的中断。通过建立强大的数字安全防护体系，可以减少经济活动中的潜在损失，提高经济的稳定性和可持续性。

数字安全是促进跨境贸易和国际合作的关键要素。随着全球经济的全面数字化，跨境贸易和数据流动变得日益频繁。数字安全的保护可以深化不同国家之间的互信和合作，为跨境贸易和数据传输提供安全保障，推动全球经济的发展和繁荣。

**2. 全球经济发展是提高数字安全的物质基础**

全球经济的发展为提高数字安全提供了资金和人力资源支持。只有在经济保持稳定增长的环境下，才能保证有充足的资金和人力资源用于数字技术的开发。全球经济的发展促进了数字技术的研发和创新，为数字安全提供了先进的技术工具和解决方案。随着经济的增长，企业和机构在数字安全方面的投入也相应增加，将提供更多的资源用于开发安全技术、加强网络防御和应对威胁。而全球经济尤其是数字经济的发展也将带动数字领域人才的培养和专业知识的积累。这些人才和专业知识的积累为加强数字安全提供了重要的人力资源支持。

全球经济发展能够促进技术创新，为加强全球数字安全提供技术支持。全球经济的发展推动了科技创新和技术进步，包括数字领域的技术创新。新兴的数字技术和解决方案不断涌现，为数字安全提供了新的工具和手段。例如，人工智能、区块链和云计算等技术的发展为数字安全提供了更强大的防护能力。

全球经济发展可以促进数字安全的国际合作和协调。全球经济的发展带来了更广阔的市场规模，有助于数字安全技术和解决方案的应用和推广。全球经济的发展促进了国际合作和协调，为加强数字安全提供了平台和机制。各国在数字安全领域进行信息共享、经验交流、联合演习等形式的合作，共同应对跨国界的网络威胁和挑战。在这一过程中，国际组织和多边机构也发挥着重要的协调和指导作用，促进全球范围内的数字安全合作。

### （三）数字时代全球经济治理发展方向

#### 1. 数字时代全球经济治理赤字的表现

第一，全球"数字鸿沟"的扩大。数字技术发展不平衡导致数字资源的不平等分配。一些发达国家和地区在数字基础设施、互联网普及率和数字技术应用方面处于领先地位，而一些发展中国家和地区则面临数字落后和数字鸿沟扩大的挑战。数字鸿沟严重限制了全球经济的包容性和可持续发展。

第二，数据跨境流动受限。随着数字化经济的发展，跨境数据流动对全球经济的重要性不断凸显。然而，一些国家采取的保护主义措施限制了数据的跨境流动，对全球经济治理产生了负面影响。数据局限性不仅阻碍了创新、商业合作和经济发展，而且导致信息孤岛和经济壁垒的形成。全球经济治理需要加强国家间的合作与协调，制定开放、透明和公正的数据流动规则，促进跨境数据的自由流动。

第三,全球经济治理也面临着大国之间的竞争和地缘政治的影响。一些大国在数字经济领域展开竞争,争夺数字技术创新和产业发展的优势地位。这种竞争可能导致技术壁垒、市场壁垒和标准竞争等问题,对全球经济治理的有效开展形成掣肘。国际社会需要通过对话、合作和协商,推动公平竞争和共赢的合作模式,避免数字经济领域的负面竞争对全球经济造成不利影响。

**2. 未来全球经济治理发展方向**

第一,推动数字经济包容性发展。提供技术援助和资源支持,帮助发展中国家建设数字基础设施。例如,国际组织和发达国家可以向发展中国家提供资金和技术支持,帮助其建设高速互联网接入设施和数据中心。促进数字技术培训和教育,提升数字技能。例如,各国可以合作开展培训计划,为发展中国家的人才提供数字技术培训,提高其在数字经济中的参与能力。

第二,建立开放的数据流动机制,推动跨境数据流动的法律和政策框架。例如,欧盟的《通用数据保护条例》为欧洲内外的数据流动提供了一套统一的法律框架,促进了跨境数据的安全和合规。

第三,推动建立跨国合作机构或平台,强化国际合作与多边机制。建立跨国信息共享机制用于分享关于网络威胁和安全漏洞的信息,以提高对数字安全威胁的应对能力。推动公平竞争与合作,制定反垄断和反竞争政策,例如,欧盟对数字巨头实施了反垄断调查和处罚,以维护市场的竞争环境,促进公平竞争。建立数字经济合作伙伴关系。例如,东盟成员国在数字经济领域建立了东盟数字经济伙伴关系,旨在推动数字经济的发展和合作,促进成员国之间的技术创新和数字贸易。

## （四）全球经济问题的数字化治理

数字技术的发展不仅带来了全球经济治理领域的拓展，还带来了治理手段的创新。数字技术并非单一技术领域，而是一系列领域相关技术组成的新技术体系。例如，数字资源的利用主要依托大数据技术、数字设备依托云计算技术、数字传输依托物联网技术、数字信息依托区块链技术，以及数字智能依托人工智能技术等。这些数字技术不仅使得过去无法实现的治理分析路径成为可能，而且在信息爆炸的时代背景下，这种路径创新显得尤为必要。在数字时代的全球经济治理中，全球经济信息交换、经济风险防范、经济危机应对和政策效能评估等过程将因数字技术而发生深刻变化。

### 1. 全球经济信息交换的数字化

经济信息交换构成了全球经济治理的基础和前提，是推动协同治理的重要动力。在宏观经济政策协调方面，通过大数据获取和加工海量数据，能更深入地了解宏观经济运行图景，进一步汇集各方信息资源优势，打破信息不对称的障碍，促进各方间的宏观政策目标协调及贸易等经济活动，为全球经济治理注入新的活力。

数字技术的发展推动了全球贸易、产业和可持续发展治理等细分领域的信息交换，为全球经济治理注入了新活力。在全球贸易治理中，通过对海关边界的货物和运输工具等数据实施电子信息交换，可以有效提升通关效率并增强贸易数据的可靠性。此外，利用数据分析进行稽核比对，能够精确识别并打击低报货值等违规申报行为。在产业治理中，以区块链技术、大数据为代表的数字技术能够应对全球化背景下新产品的快速推出，以及物流和分销碎片化带来的产业链运营压力。对这两类数字技术的结合，能够对产业链数据、市场需求信息进行实时存储、历史追溯、深度挖掘和其他多维度分析，从而在全球生产体系内更加准确地实现资源配置、更加灵活地安排市场投放、更加及时地掌握产业发展动态。[1]

### 2. 全球经济风险防范的数字化

防范经济风险是全球经济治理的应有之义。一方面，全球风险的产生往往与当时全球治理制度安排的内生性和滞后性有关；另一方面，风险的防范也助推着全球经济治理的发展与变迁。[2] 在数字时代，防范经济风险更具挑战性，但也拥有了新的有利条件。

数字技术能够更加及时准确地对全球经济风险进行监测和预警。金融领域的治理更需要依托数字技术的应用。一方面，金融领域本身具有高度数字化特点，市场的交易产品本身就具有虚拟性，数字信息技术的发展和渗透对其影响更加明显；另一方面，金融市场波动大、影响广泛、风险溢出效应更为显著。传统金融分析手段存在数据不完整、数据之间联系性不强及未能清洗劣质信息等缺陷，难以生成具有决策价值和预警价值的防范信息。数字技术的出现有助于破解传统情报分析的局限性，其原因主要包括以下三个方面：一是由于数据具有不可篡改和可追溯等特征，区块链能够确保交易数据的真实性和可靠性；二是大数据使得数据和信息更加丰富、完整，且具有更高的时效性；三是人工智能使得解决传统金融分析和情报分析难以攻克的问题成为可能。[3]

2008年国际金融危机的爆发也在一定程度上反映出数据分析不充分等问

---

[1] 陈伟光、袁静：《区块链技术融入全球经济治理：范式革新与监管挑战》，《天津社会科学》2020年第6期。

[2] 郭威、刘晓阳：《风险防范视阈下的全球经济治理变革——变迁历程、演进逻辑与中国定位》，《经济学家》2021年第10期。

[3] 丁晓蔚、苏新宁：《基于区块链可信大数据人工智能的金融安全情报分析》，《情报学报》2019年第12期。

题。例如，有学者指出，这场危机中存在的不利于风险防范的因素包括"缺乏完整数据和信息，没有达到预警所要求的足够充分的数据量，数据和信息系统支离破碎，已掌握的数据和信息质量不高、不甚可信和可靠，结果导致基于数据和信息构建而成的模型出现严重问题"[1]。因而，借助大数据等技术协助金融监管体制也已成为国际金融危机后全球金融改革的基本方向之一。例如，美国金融与稳定监督委员会致力于推动数据收集和共享，旨在提前察觉并降低风险；包括中国在内的世界主要经济体普遍建立了基于大数据技术的金融业综合统计体系，以实现信息共享，提高监管部门对金融形势的把握和分析能力，防范系统性风险。[2]

### 3. 全球经济危机应对的数字化

应对经济危机带来的负面影响，是全球经济治理的重要内容之一。经济危机具有突发性和严重的破坏性，并且会产生很强的溢出效应。一国的经济危机不仅会波及联系紧密的所在地区成员，还往往会对全球经济产生冲击。因此，应对经济危机不能仅靠一国或少数几个国家的力量。联合国大会第63/303号决议就指出，"全球要实现公平的复苏，需要所有国家充分参与制定应对危机的适当措施"[3]。

数字技术的发展为全球经济危机应对提供了新的手段。数据驱动的危机应对是人类进步和未来福祉发展的重要路径之一，在全球经济危机的应对过程中，基于区块链可信大数据和可信人工智能等技术的应用，有助于解决危机中的"数据孤岛""信息孤岛"等问题。在国际金融危机中，国际大投行

---

[1] 丁晓蔚、苏新宁：《基于区块链可信大数据人工智能的金融安全情报分析》，《情报学报》2019年第12期。

[2] 李伟：《大数据与金融监管》，《中国金融》2018年第22期。

[3] 联合国：《世界金融和经济危机及其对发展的影响问题会议成果》，2022年2月16日，https://www.un.org/zh/documents/treaty/files/A-RES-63-303.shtml。

信息系统掌握的数据相互割裂，各个治理主体掌握的数据既不全面又以邻为壑，使得数据间的关系难以被发现和贯通，导致危机进一步加深。[1] 受益于区块链、大数据和人工智能等技术，不仅可供应对危机的数据量剧增，而且信息之间的联系也更加紧密，有利于人们更为全面地掌握危机状况并给出更科学及时的应对方案。

在金融领域的治理中，大数据情报分析也能为消除金融危机的负面影响提供便利。基于算法和一系列技术支撑的量化投资软件程序可以用于大数据情报分析，更加精准地发现和分析风险管控中的干扰性因素，能够较为全面地覆盖已设定的交易软件中的程序无法完成的部分。同时，在进行实时捕捉和监测的基础上，大数据情报分析能够及时挖掘有助于处理动态变化的干扰因素，从而为诱发国际金融危机的各种漏洞打上补丁。[2]

### 4. 全球经济政策效能评估的数字化

经济政策的效能评估是全球经济治理的重要一环。2009 年，G20 匹兹堡峰会针对实现全球再平衡提出设立宏观政策相互评估程序（MAP），由国际货币基金组织（IMF）提供分析报告，以评估全球关键的失衡情况、成员的政策如何配合，以及成员能否集体实现 G20 目标等内容。MAP 机制是经济政策协调的最高级别论坛机制之一，曾在推动实现强劲、可持续和平衡增长的全球合作方面取得了重要的进展。然而，在分析和经济建模能力方面，它仍有待提高。在这一机制运行初期就有研究指出，"如果对全球经济的相互依存关系没有一个清晰而细致的理解，政策协调将是不足的"[3]。大数据等数字技

---

1　丁晓蔚、苏新宁：《基于区块链可信大数据人工智能的金融安全情报分析》，《情报学报》2019 年第 12 期。

2　丁晓蔚：《金融大数据情报分析：以量化投资为例》，《江苏社会科学》2020 年第 3 期。

3　Kevin English, Xenia Menzies and Jacob Muirhead, et al. , "A Map for Strengthening the G20 Mutual Assessment Process", *CIGI Junior Fellows Policy Brief Series*, No. 2, September, 2012, pp. 6-9.

术因其自身所具备的属性特征能够使得政策评估结果更加科学化、民主化和客观化，有益于类似 MAP 的机制更好发挥作用。

以大数据为代表的数字技术通过对包括非结构化数据在内的海量数据进行分析，使得政策评估更接近现实情况。通过容忍、接受大数据的混杂性、不精确性，并运用分类或聚类等方法分析混杂数据，可以实现政策效能的快速判断。[1] 尤其是面临具有紧迫性的危机情景时，由于不同成员面对危机的脆弱性程度不同，有效的信息共享和政策协调等集体行动不仅对危机管理至关重要，也反映出成员间的信任和集体行动的决心。在对细分领域的政策评估中，数字技术也发挥着重要作用。在金融政策的事后评估中，可以通过大数据评估市场各类主体对政策出台后的反应。通过对监管对象的动态监控，获取政策变动后的最新数据，并与原有数据或目标数据进行对比来了解监管对象对政策的反应，以便后续进行政策调整。英国在实施新的房地产限制政策中，就应用了英格兰银行建立的一个包括抵押贷款在内的大型数据库。[2]

---

[1] 魏航、王建冬、童楠楠：《基于大数据的公共政策评估研究：回顾与建议》，《电子政务》2016 年第 1 期。
[2] 李伟：《大数据与金融监管》，《中国金融》2018 年第 22 期。

# 第二章
# 现实问题：全球数字经济治理体系的构成要素

全球治理通常被理解为国家建立正式机构来处理超越地理边界的事务。第二次世界大战后建立的 IMF、世界银行和 WTO 等全球机制是其中重要代表。随着数据跨境流动成为数字时代世界经济运行的重要微观基础，数字技术正在改变生产方式，从而引发国际产业分工格局重塑与国际贸易新趋势。在数字技术冲击下，全球经济治理的客体、手段及主体的内涵发生了深刻变化。[1] 随着全球化进程的深入，全球治理范式转变为两大趋势。一方面，全球治理的主要参与者从国家和政府间组织向包括企业、协会、非政府组织和分散社区在内的多方利益相关者拓展。全球数字经济的指数级增长和跨国数字平台公司的快速扩张加剧了各国之间的数字税收冲突。美国联邦政府反对其他国家对谷歌和 Meta 等全球数字巨头征税，而爱尔兰和北欧国家等也反对全球税收监管，因为它们倾向于以低税率来吸引高科技公司的投资。另一方面，随着全球数字化进程不断加快，涉及互联网、跨境数据流、数字税收、跨国数字平台、数字货币、人工智能等议题的国际治理冲突日益加剧。鉴于各领域的异质性，全球治理机制已经从政府间谈判的正式规则发展到不同领域的制度复合体。受 2013 年斯诺登事件、西方民

---

[1] 马飒、黄建锋：《数字技术冲击下的全球经济治理与中国的战略选择》，《经济学家》2022 年第 5 期。

粹主义等因素影响，全球范围内支持数据本地化政策的改革明显加快，如何加强和重塑全球数字经济治理成为 G20、WTO 和其他国际机构面临的主要现实问题。

## 一　治理主体：国家与市场的博弈

数字经济已经成为世界各国经济发展的重要引擎，其在促进经济增长、市场创新、民众就业等方面起着重要作用。作为数字经济治理的主体，国家与市场在推进数字经济发展的道路上发挥着不可或缺的作用。一方面，数字经济的长足发展有赖于稳定、可靠的法律法规和政府的扶持，国家对数字经济的战略规划、技术研发、产业政策、数据管理等方面的重点领域的标准化、监管和治理作用也逐步显现。另一方面，市场则是数字经济发展的主要驱动力，其资源配置能力有效提升了数字经济治理系统的效率、质量和创新性。国家与市场在数字经济治理方面并非统一和谐的关系，无论在美欧发达国家还是中国、印度等发展中国家，均存在着政府监管与市场竞争之间的张力，需要在新形势下进一步寻求博弈与合作的平衡。

### （一）数字时代政府角色及其博弈

数字技术给各国经济社会发展带来两种显著变化。一是经济发展的头部效应，微软、苹果、谷歌、亚马逊等大型互联网公司成为技术改进和产业运营的主要驱动力，财富加速向这些数字巨头聚集；二是社会发展的网络效应，数字技术让信息交流变得更便捷、更广泛，使国家、市场和民众更紧密地联系在一起，强化了各主体之间的关系复杂性，进而导致传统问题异化、新问题频现，对政府部门事务治理提出更为严苛的要求与标准。[1] 在数字时代，世界各国纷纷加大对大数据和人工智能等前沿技术的研发投入，旨在推动数字经济的科学治理和可持续发展；同时，数字经济的快速发展也给国家治理和市场调控带来了新的挑战，各国从维护国家主权、推动市场创新和促进社会发展等角度出发，推出了一系列不同的治理法规、标准，催生了不同的治理和博弈模式。

### 1. 美国宽松监管模式

长期以来，美国政府一直在积极提升本国的产业竞争力，并试图追求和巩固本国在重要产业中的领导地位。而美国互联网公司之所以能利用先发优势成为全球市场上最具竞争力的企业，与美国政府构建的科技创新体系密不可分。由于第二次世界大战期间的战争需求，以及冷战时期美苏争霸的考量，美国联邦政府在科技创新方面的投入大幅增加，无论是增量还是存量都曾达到其他国家无可比拟的程度。第二次世界大战期间，美国在各类武器和其他科技研发方面投入巨额资金，使美国成为包括电子技术在内的许多先进行业的领先者。在冷战时期，苏联成功发射了人类历史上第一颗人造地球卫星"斯普特尼克1号"，这一事件引发了美国的"斯普特尼克时刻"（Sputnik moment），使美国感受到了前所未有的危机和挑战。作为回应，美国的研究与发展经费大幅上升：1957—1967年，美国科研经费平均以每年15%的速度大幅增长，10年间增长了近4倍，总额达到150亿美元；美国科学技术发展进入所谓的10年黄金期，科技成果和科技人才大量涌现。[2] 这种对科学研究的强力支持，特别是其与政府服务和军工产业的紧密结合，巩固了美国的技术领

---

[1] 张腾、蒋伏心：《数字时代的政府治理现代化：现实困境、转换机制与践行路径》，《当代经济管理》2022年第1期。

[2] 樊春良：《美国技术政策的演变》，《中国科学院院刊》2020年第8期；吕景舜、戴阳利：《美国军民一体化政策分析》，《卫星应用》2014年第9期。

先地位，并使其成为关键技术的中心。

美国数字经济产业的发展也经历了类似的发展模式，即联邦政府提供研发支持和产业合同，美国大型互联网公司则作为数字科技创新和数字产业发展的主体。20世纪八九十年代，随着更强大的微处理器、个人联网计算机和对用户更友好的系统软件的出现，互联网产业进入了一个新阶段。许多政策制定者认识到，互联网产业正在成为经济增长和国家竞争力提升的关键驱动力。在历届政府和国会两党的共同支持下，美国采取了一系列措施来刺激互联网产业和数字科技创新，包括放松对宽带电信的管制，开放GPS卫星系统用于商业用途，为无线通信腾出无线电频谱，以及在在线隐私监管方面采取宽松的措施。如《通信规范法》第230条保护互联网公司免于对第三方在其平台上发布的内容承担责任，其应用有效推动了美国互联网产业20多年来的长足发展。[1]

在美国，数字经济的发展长期受益于"宽松的法律框架"，这旨在最大限度地减少政府对互联网的监管，并在很大程度上依赖该行业的自我监管。这种政策甚至被写入了法律，1996年的《电信法案》（Telecommunications Act of 1996）明确指出，美国的政策是"维护目前存在的互联网和其他交互式计算机服务的充满活力、竞争性的自由市场，不受联邦或州监管的约束"[2]。美国并没有一个全面的隐私保护框架。相反，它依赖一些特定行业的法律，这些法律为信用报告和视频租赁等各个行业的消费者提供隐私保护。[3] 这就解释了美国为何没有在国际和区域贸易协定中强制规定个人信息保护的统一规则，而是倾向于在国际层面推动放松管制和信息自由流动，允许协定伙伴国制定

---

[1] 王储：《平台视角中的网络广告法律责任认定——基于美国〈通信规范法〉第230条展开》，《科技传播》2023年第3期。

[2] The United States Congress, "Telecommunication Act of 1996", https：//www. congress. gov/bill/104th-congress/senate-bill/652.

[3] Anupam Chander, The Electronic Silk Road：How the Web Binds the World Together in Commerce, New Haven：Yale University Press, 2013, pp. 57-58.

各自的国内规则。2015年11月,美国进一步明确了发展数字经济的四个方面。一是自由开放的互联网,将数据和服务跨境流动的壁垒限制在最低程度。二是互联网信任和安全,构建一套能够增进全球信任的框架,以及对美国企业公平的国际规则。三是互联网接入和技能。四是创新和新兴技术,如自动驾驶汽车和无人机,在产品生命周期的早期就打破壁垒,解决好长期的政策问题。[1]

在反垄断方面,美国的《谢尔曼反托拉斯法》(Sherman Anti-Trust Act)遵循"消费者福利"原则,在确保竞争的前提下维护大型科技公司的利益。消费者福利原则是指反垄断法的目的是确保价格尽可能低。这是因为市场会通过竞争淘汰任何超竞争力的价格,且大公司往往效率更高,这些效率要么转化为更低的价格,要么能够抵消任何价格上涨对福利的损害。消费者福利原则认为市场具有自我纠正的能力,并不是每一种提高价格的行为都是非法的。相反,只有扭曲市场功能并阻止市场自我纠正的最恶劣形式的反竞争行为(如价格操纵、市场分割)才会受到谴责。基于此,即便一个公司占据了90%的市场份额,但只要该公司提供了比其他公司更好的产品,且未利用垄断扼杀市场竞争,那么这种垄断在美国也是合法的。近年来,随着民粹主义的兴起,美国国内限制包括数字企业在内的大型公司的声音逐渐增加。2020年以来,美国两院出台《平台竞争与机会法案》、《美国创新与选择在线法案》、《终止平台垄断法案》、《美国创新与竞争法案》、《数字平台委员会法案》等一系列涉及数字平台的法案,旨在调整反垄断目标,强化对歧视性、自惠性、反竞争等行为的监督力度。拜登政府也设立白宫竞争委员会并出台"促进美国经济中的竞争"行政令,试图以此强化联邦贸易委员会、司法部等反垄断部门和市场监管机构的监督能力。

---

[1] 闫德利、高晓雨:《美国数字经济战略举措和政策体系解读》,《中国信息化》2018年第9期。

## 2. 欧盟严格监管模式

美国数字科技快速发展的背后是宽松的监管模式和对技术创新的大力支持，相比之下，欧盟则采用了"预防原则"，即由政府、学者、非政府组织与企业代表共同探讨数字技术创新，并制定法律规制这些创新可能带来的各种影响。20世纪末，欧盟曾围绕互联网公司的垄断问题展开了一场激烈的争论。欧洲主流观点认为，经济理论、实证研究及现有的司法和监管机构都与关于数字市场的权力、行为和效率的主流观点相矛盾，数字企业远非自我纠正、促进创造的市场力量。与此同时，现有的反垄断理论和规则在很大程度上是在工业革命时代发展起来的，这使得数字企业很大程度上能够摆脱政府的监管和审查，其垄断行为往往带来显著的效率低下和不公平竞争。[1] 因此，与美国相对宽松的反垄断法律不同，欧盟采取复杂而独特的反垄断策略，旨在保护消费者权益和维护数字市场公平竞争。在保护消费者权益方面，为了增强消费者的信任，主张对隐私、人工智能和其他新兴技术进行严格监管；在维护市场公平竞争方面，主张科技巨头垄断阻碍了数字技术创新，对欧洲本地公司发展构成制约。

欧盟过去主要基于个案审理大型科技公司的垄断问题，2022年3月达成的《数字市场法案》则试图系统性解决欧洲数字市场存在的问题，成为全球有史以来最大的一项旨在平衡数字经济竞争的立法努力。《数字市场法案》将数字经济平台视为"看门人"（goalkeeper），具体认定条件和标准包括：(1) 过去三个财政年度，在欧盟的年营业额等于或高于65亿欧元，或平均市值为650亿欧元；(2) 在至少三个欧盟成员国提供核心平台服务；相关核心平台服务近3年在欧盟拥有4500万月活跃终端用户，年活跃商业用户超过1

---

[1] John M. Newman, "Antitrust in Digital Markets", *Vanderbilt Law Review*, Vol. 72, No. 5, 2019, p. 1497.

万。一旦被欧盟委员会指定为"看门人",《数字市场法案》将对"看门人"平台施加一系列监管义务。例如,欧盟委员会将对违规企业处以罚款,最高可达其全球营业额的10%。[1] 总的来说,《数字市场法案》延续了欧盟在数字经济监管方面的一贯做法。在竞争方面,欧盟委员会负责规范并打击价格卡特尔、反竞争合并等,维护数字市场的公平竞争;在生产和消费方面,要求平台必须对恶意信息、虚假信息、侵犯版权等内容承担更多责任,从而规范数字产品和服务的市场行为。值得注意的是,欧盟在IT和数字经济方面较美国相对落后,欧盟对大型科技公司的严格监管被认为是其中的重要原因。

首先,在规模决定一切的IT行业,欧盟数字监管导致本地公司平均规模较小,这是一个显著的缺陷。美国的《谢尔曼反托拉斯法》对大型科技公司的垄断更为宽容,推动了美国公司的合并和壮大,极大地提高了这些公司的全球竞争力。相比之下,欧洲更关注保护中小企业与大型企业关系的公平性和竞争性,导致了一种限制企业规模的恶性循环:在遏制大型数字公司的同时,向中小企业提供一系列优惠;由于这些优惠与企业规模有关,中小企业倾向于保持现有规模而非向外扩张。尽管欧洲有向"冠军企业"投入巨额资金的悠久历史,但在数字经济领域,"冠军企业"模式并未取得类似的成功,欧洲一直未能出现具有全球竞争力的数字科技品牌。

其次,欧盟对大型科技公司的遏制政策对本地企业的成长作用有限。例如,欧盟倾向于通过征税、监管和罚款来打击美国科技巨头的垄断行为,但由于这些公司在云计算、搜索和社交网络等领域具备了技术产品、规模经济和市场占有等诸多优势,导致本地企业即便在政策扶持之下也很难与美国科技巨头竞争。从企业自身来看,欧洲公司迟迟没有接受"基于生态系统"的商业模式,使其在理念上落后于美国竞争对手。如诺基亚在2006年还是全球

---

[1] European Union, "Digital Markets Act(DMA)", 2022, https://competition-policy.ec.europa.eu/dma_en.

领先的手机制造商,但在短短数年后苹果就占据了主导地位,最终导致诺基亚手机业务的消亡。这一转变在很大程度上是因为苹果能够利用技术,通过产品—服务和基于生态系统的商业模式来创造独特的客户体验。

最后,各国的文化差异和监管碎片化使欧洲企业难以在单一市场内迅速扩张。欧盟当前存在风险投资资金有限、计算机科学高等教育体系相对薄弱,以及规模不足的中小公司数量过多等一系列挑战,其根本原因在于欧洲单一市场未能有效催生和培养出足够数量的本土企业并使其达到全球规模。尽管欧盟自1992年以来在建立单一市场方面取得了相当大的进展,最近又建立了"数字单一市场",但由于各成员国之间在知识产权规则、许可安排和监管执行方面仍然存在分歧,数字单一市场更多的是愿景而非现实,欧盟一直未能依托庞大的内部市场培育出数据驱动的商业模式。

### 3. 东亚产业引导模式

东亚国家在数字技术领域也经历了从模仿到赶超的过程。20世纪后半叶,中国、日本和亚洲"四小龙"通过学习西方先进的技术和思想,发挥本土特色和优势,逐渐在技术创新和自主研发方面取得突破性进展,并最终在全球市场中占据一席之地。正如金麟洙(Linsu Kim)在《从模仿到创新:韩国技术学习的动力》中所写的那样,政府在促进工业技术学习时采取的一系列措施增加了国际竞争能力。[1] 政府的作用主要表现在四个方面:一是吸引外资。通过创造开放的市场环境和优厚的营商环境,如自由贸易区、经济特区等,为外国科技公司提供政策支持,进而为本地区的企业带来技术和市场机遇。二是技术学习。东亚地区的许多科技公司在起步阶段会从发达国家的科技公司中学习技术。在技术的初期阶段,他们借鉴并模仿外国先进技术,

---

[1] [韩] 金麟洙:《从模仿到创新:韩国技术学习的动力》,刘小梅、刘鸿基译,新华出版社,1998,第23页。

随后迅速将其转化为适应本国市场和需求的技术。这种"模仿并优化"的方式使他们在快速增长的全球市场中取得了成功。三是科研投入。各国政府和私人企业非常注重科研投入，这种投入使本土技术的发展更为快速和顺利，例如，日本的"东京圈计划"、中国的"京津冀一体化"、韩国的"创造性经济基础"等，都是旨在加强本地区科技创新和竞争力的倡议。四是产学研相结合。东亚国家的教育系统十分注重科技和工程领域的学习。在这些学校里教育体系更为专业化，教育过程重视理论和实践相结合，培养出众多兼具实用技术技能和创新思维能力的人才。此外，东亚地区的大学和研究机构与企业的直接合作也非常频繁。

日本在20世纪60年代开始学习和引进美国的半导体技术，并从中获得了很多重要经验。之后，日本政府与产业界共同合作，投入大量资源推动本国半导体技术研发，在动态随机存取存储器（DRAM）等领域占据全球领先地位。在20世纪八九十年代，日本的半导体公司曾经占据全球市场的领先地位。但随着韩国和中国等国家半导体产业的崛起，日本的半导体产业逐渐没落。为了重新振兴半导体产业，日本政府采取了一系列措施鼓励投资和技术研发。例如，政府设立了半导体技术研究机构，为半导体产业的创新和升级提供财政支持和税收优惠政策。此外，日本政府还与各大半导体公司合作，共同推进半导体领域的研发和标准制定，力图重新走上全球领先的道路。进入21世纪，韩国的智能手机制造商三星和LG在全球市场内展现出强劲的竞争力，韩国政府的扶持和引导功不可没。韩国公司三星和LG早期可以说是苹果和其他西方公司的模仿者，但此后韩国政府为智能手机制造商提供了财政援助、税收减免、优惠的融资条件及多种形式的技术援助，助力其在全球市场上实现从追随者到领导者的角色转变，成为全球领先的智能手机制造商。另外，韩国政府还积极推动该国的智能手机产业国际化，加强与其他国家的智能手机制造商之间的合作。例如，三星在印度、越南和中国等地均设有工厂，这些举措进一步增强了韩国智能手机产业的全球竞争力。

20世纪80年代初，中国互联网和半导体行业明显落后于欧洲和亚洲四小龙。与其他经济领域采取的"引进来"和"走出去"策略类似，中国在数字经济领域也遵循了政府引导的产业赶超策略。20世纪90年代，中国开始接触互联网技术，尝试与外国公司进行合资或开展技术合作，培训中国本土的高管、科学家和工程师，并借鉴美国和欧洲的互联网模式，建立了属于自己的互联网产业。在之后的数十年，中国重点扶持数字科技企业，逐步转向自主创新发展模式，一个重要的标志是2006年发布的《国家中长期科学和技术发展规划纲要（2006—2020年）》。该规划要求中国掌握402项核心技术，其中包括集成电路和高性能计算机等一系列信息技术。此后，中国又发布了"'十三五'科技规划""'十三五'国家信息化规划""国家网络安全战略""中国制造2025战略""数字中国建设整体布局规划"等国家级信息通信战略，创造出高度多样化和充满活力的移动互联网行业。时至今日，中国出现了华为、联想、中兴、阿里巴巴、腾讯等一批有能力参与国际竞争的数字科技巨头，还在电子商务、移动支付和人工智能等领域取得了重大进展，IT经济规模快速扩大。中国的成功吸引了印度、印度尼西亚、南非等较大的发展中国家的关注，这些国家试图复制中国在发展互联网和其他数字行业方面的成功经验。

## （二）数字时代企业角色及其博弈

数字科技公司能够利用技术优势和创新能力，推动产业链向前发展。首先，在数字时代，科技公司拥有云计算、大数据、人工智能等雄厚的技术实力，能够将不同的技术整合起来建立数字化平台。例如，通过建立云计算平台，为客户提供存储、可扩展计算和资源管理等服务；建立大数据平台，通过数据分析,向客户提供关于市场趋势、客户需求和竞争状况等的数据报告和预测服务;利用自身的人工智能技术,创建智能机器人、自动化服务台等,以提高客户服务效率;建立电子商务平台,为客户提供在线购买、订单管理和在线客服等服务;为客户提供基于虚拟现实技术的解决方案,以提高客户体验。总的来说,科技公司的数字服务依托于数字技术来满足市场需求和提供更为高效、便捷的数字服务,使客户获得更为优质的解决方案。

其次,数字时代的企业角色不仅仅局限于向数字化转型,更需要根据数字化带来的变革与机会,不断引入新技术和新思维以适应并引领市场变化。自20世纪30年代计算机兴起以来,美国在信息技术领域一直处于世界领先地位,孕育出众多领先的公司。美国成功的关键之一就是新的数字公司不断进入,并取代其他公司成为领导者。思科、通用电气、惠普和IBM等曾经占据主导地位的公司,现在的规模都比巅峰时期要小。曾经实力雄厚的美国在线、数字设备公司(DEC)、电子数据系统公司(EDS)、朗讯、摩托罗拉、聚友网(Myspace)、网景、斯佩里兰德、太阳微系统、雅虎等公司不是破产就是被其他公司收购。亚马逊、苹果、脸书、谷歌和微软等美国顶尖的数字公司平均只有31年的历史,其中一些进化性的变革是随着技术的发展而产生的。例如,从大型机和微型计算机到个人计算机的转变,以及互联网的兴起,使得一些现有的企业无法有效地适应,而与此同时,另一些新的进入者不断涌现并蓬勃发展。

最后,数字时代的企业搭建资源共享和开放创新的平台,形成利益共享、共同成长的数字化产业链,强化自身的"头部效应"和财富集聚。科技巨头以技术创新为驱动力,不断提升自身的技术水平和创新能力,与开发者和业界顶尖的技术人才保持紧密联系,分享技术资源和最新的技术成果,并将公司自身的核心能力转化为可供其他人利用的平台,从而提供吸引开发者和用户的工具和技术，促进生态系统不断壮大，提高公司的竞争力和盈利能力。规模对数字公司至关重要，因为它们的固定成本很高（编写代码、设计芯片等），而边际成本则明显较低。这意味着，进入更大的市场给企业带来了关键优势，使它们能够降低成本，并将利润再投资于下一代技术。在大多数企业中，随着销售额的增长，由于学习和经验，最初会产生重要的规模经济，但这些最终会趋于平缓。从经济学角度来看，边际成本等于增加更多人力的平均成本。但软件和网络市场增加一个新用户的边际成本接近于零，这意味着平均成本随着产量的增加而下降，产生规模回报的增加，并倾向于创造高利润、赢家通吃（或几乎全部）的行业结构。

这种"赢家通吃"模式催生了谷歌、脸书和亚马逊等科技巨头，但也使美国社会对科技巨头的反感逐渐加深，主要是由于以下原因。一是数据和隐私。大型科技公司收集和使用个人数据的方式越来越引起公众担忧。虽然这些公司声称它们保护用户隐私，但许多人仍然担心它们滥用这些数据。例如，谷歌被指控在未经用户允许的情况下收集位置数据。脸书的剑桥分析丑闻也引发了巨大的争议，因为该公司被指控未能保护用户数据。二是垄断。科技巨头公司在许多领域拥有垄断地位，例如搜索、社交媒体、电子商务等。这些公司的垄断地位可能导致竞争和创新的缺乏，从而对消费者产生负面影响。三是工作和社会问题。科技公司还面临着有关工作和社会问题的批评，例如工作条件、性别和种族歧视、政治偏见等。四是税收。科技公司被认为存在严重的漏税避税问题，这些公司往往在国外设立公司以避免在美国支付高额的税款。这些问题促使政府和监管机构加强了对这些公司的监管和调查。

## （三）数字时代政府与企业互动关系

数据是一种无限资源，是知识经济时代的一种新型资本。在缺乏数据监管的情况下，全球科技公司寻求扩大其在数据链每一环节的影响力，并利用其市场力量建立垄断。这些企业通过创新驱动、输出科技成果及增强政策影响力，成为数字治理的重要角色。然而，这些数字科技巨头的存在也带来了一系列的治理风险。在平台资本主义下，一种新的商业模式和新的工作秩序已经出现。推动这种商业模式的优步（Uber）、亚马逊（Amazon）和苹果（Apple）等科技巨头拥有前所未有的实力。这种权力掌握在少数人手中，他们通过技术支持的外包和分包实践，远程管理分散的供应链，从而规避了雇佣责任。这引入了一种新的算法控制形式，通过在线平台管理"工人"，间接监测并期望产生可衡量的产出。值得注意的是，这种模式在全球范围内引发了公开抵制，监管这些公司的新方式也正在出现。

近年来，随着西方民粹主义的兴起，包括美国在内的西方国家和广大发展中国家也出现强化数字监管的趋势。自20世纪60年代以来，欧洲国家和部分亚洲国家谨慎看待美国的数字经济领导地位，呼吁维护数字主权、加强对美国科技巨头的监管。迄今为止，尽管建立协调机制和数据监管的倡议众多，但由于参与者之间的矛盾和激烈竞争，数据治理合作高度分散且陷入了僵局。美国、欧盟和中国的监管实践与WTO、G20、G7、经济合作与发展组织（OECD）等国际机构推广的方法之间存在分歧与矛盾，G20关于建立数字经济和数据治理委员会、G7关于塑造全球数字秩序的倡议、OECD关于深化数据治理合作，以及UNCTAD关于建立多层次数据治理机制的建议等治理方案并存，全球数字经济治理前景仍不清晰。

与西方国家政府重点关注科技企业监管不同，东亚数字企业更多的是政府引导企业的发展模式。东亚企业首先通过低端产业分工，收购、吸收和改进拥有成熟外国技术的企业。新加坡、日本、韩国，以及中国台湾地区专注于IT硬件，包括半导体、电脑、消费电子产品（如电视）及最近的智能手机。在日本，日立（Hitachi）、日本电气（NEC）和三菱电机（Mitsubishi Electric）等老牌电子公司都已进入 ICT 生产领域，软银（Softbank）已成为领先的先进 IT 和软件公司控股公司。计算机、电信设备和电子元器件/电路板制造占日本 ICT 行业增加值的近 90%。韩国拥有两家世界领先的半导体生产商三星（Samsung）和 SK 海力士，还有 LG 等电子公司。东亚经济体最初依靠低成本劳动力在许多 IT 部门的价值链低端获得市场份额，这些企业愿意接受较低的利润率，而且往往能够得到政府的财政支持。因此，许多美国科技公司选择将低端市场让渡给这些地区，寻求保留利润更高的高端市场。当然，东亚政府和公司并不满足于一直停留在价值链低端，它们利用这一进入来获得技术诀窍和经验，然后再投资于下一代技术，逐渐沿着价值链向上发展。

在搜索和社交媒体等关键互联网技术方面，美国公司已经取得了先发优势，其他企业由于网络效应往往很难进入；但日本、新加坡、韩国和中国的企业在物联网、人工智能和机器人技术等新兴数字技术方面取得了很大成功。当然，东亚企业也有不少发展的教训，特别是没有充分利用互联网和抓住数字时代机遇。例如，日本最初没有接受互联网时代的全球互操作标准，而是倾向于制定自己的标准，导致"加拉帕戈斯化"（Galapagosization）。[1] 日本针对第二代和第三代（2G 和 3G）移动网络制定并采用了独特的标准，这为包括 NEC、松下和夏普在内的日本领先的移动电话制造商以创新的移动技术和产品主导国内市场作出了重要贡献。但是，也正是由于这些公司采用了日本独有的标准，它们与全球市场隔绝，难以将产品出口到国外市场并获得所需的规模，使得这些早期的领导者很快就被那些选择使用全球标准的企业所超越。

不难看出，国家和市场之间的博弈实际上也是治理效率和公共利益间的

---

[1] 加拉帕戈斯群岛与世隔绝，当地物种自成体系，与其他大陆上的同类物种区分开来，无法离开岛上生存。"加拉帕戈斯群岛综合征"常被用来形容日本手机的发展过程。尽管功能非常强大，但缺少与世界接轨，致使其在海外市场水土不服直至全军覆没。

博弈。数字化技术的不断发展,为政府和企业之间的合作提供了更多的机会和更广阔的空间。在数字化进程中,政府需要完善相关的法治环境,促进企业的创新和发展,并强化对企业合规的监管能力。数字时代的政企互动可以打破传统的信息壁垒和合作框架,促进政府和企业之间的创新合作和互利共赢。政府在数字化时代实行产业政策的方针,调整传统产业结构和推动高新技术产业发展。在这种政策引导下,企业会根据政府意图做出更多符合政策导向的研究投资决策。政府和企业通过数据共享加强合作,实现信息共享和资源整合。通过政府、企业、市场和社会等多方参与者之间的协同,共同推动数字化经济的发展和创新。

## 二 治理领域:传统领域与新兴领域联动

数字经济可分为"数字产业化"和"产业数字化"两个方面。数字产业化是指为产业数字化发展提供数字技术、产品、服务、基础设施和解决方案,以及完全依赖数字技术、数据要素的各类经济活动,包括数字产品制造业、数字产品服务业、数字技术应用业、数字要素驱动业四大类。产业数字化是指应用数字技术和数据资源为传统产业带来的产出增加和效率提升,是数字技术与实体经济的融合,涵盖智慧农业、智能制造、智能交通、智慧物流、数字金融、数字商贸、数字社会、数字政府等数字化应用场景。[1] 数字产业化治理的目标是建立一个公平、开放和平衡的数字环境,以促进数字技术的创新和应用,确保数字产业健康有序发展。产业数字化涉及整个产业链的数字化,包括生产、销售、物流等方面,旨在提高生产效率和产品品质,实现

---

[1] 《数字经济及其核心产业统计分类(2021)》将数字产业化对应于《国民经济行业分类》中的26个大类、68个中类、126个小类;将产业数字化部分对应于《国民经济行业分类》中的91个大类、431个中类、1256个小类。参见国家统计局《数字经济及其核心产业统计分类(2021)》,2021年5月,http://www.stats.gov.cn/sj/tjbz/gjtjbz/202302/t20230213_1902784.html。

产业升级和发展。数字产业化和产业数字化是相互依存、相互促进的动态过程，实现数字产业化和产业数字化之间的平衡，必须从政策、法律、技术、标准等多个维度出发，构建有效的治理机制，推动数字产业化和产业数字化协调发展。

## （一）数字产业化及其治理

数字产业化依托于云计算、物联网、人工智能等数字技术，将数据进行采集、传输、分析、处理、存储、显示、传播，以转化为适应市场需求的数字技术产品，从而实现万物互联和智能化发展。当前，发展较为迅速的数字产业化技术包括：5G技术的商用化将带来更快的网速、更低的延时及更可靠的连接，这将极大地促进大数据、物联网、人工智能等领域的发展和应用；随着人工智能模型训练和推断效率的上升，通过机器学习、深度学习、自然语言处理等技术，人类智能得以模拟和实现，包括图像识别、智能语音交互、机器翻译、机器人等；区块链技术是一种分布式的账本技术，可以记录交易数据、降低信任成本、提升交易效率和安全性，其被广泛应用于金融、物流、供应链等领域，同时针对其可扩展性和安全性提升的新的理论和算法也不断出现。

数字产业化治理可分为政府和社会两个层面。在政府层面，推动数字产业标准的全球对接。由于互联网的全球互联性，数字数据可以很容易地以几乎为零的成本跨境流动。数字经济的跨境运营涉及国家之间的协作，政府通过加强与民间机构和国际组织的合作，实现数字经济的共赢共享，促进数字化、智能化、集约化的高质量发展。各国致力于推进全球数据安全标准的制定、推广和监督，促进数据共享、数据传输和数据处理的安全化，保证数据从源头到终端的全生命周期安全，通过跨国合作、信息分享和协调应对越来越复杂和多样化的网络安全威胁。从理论上看，通过全球数字产业标准和监管规则的对接，可以实现全球数字产业化的高效、普惠发展。

在全球数字化发展史上，数字产业标准的全球对接在起始阶段与理论设想基本一致，不少国家的数据治理机制趋于同质化，以达成统一的全球标准。例如，日本通过修正国内法律，减少了欧盟和日本在数据治理方面的法律差异，促进了数字数据的自由流动。另外，由于文化或历史原因，在各国之间的数据治理制度无法同质化时，可以通过实行制度的互认，确保对外数据得到国内法律的同等保护。相互承认的典型案例是2000年美国与欧盟之间的"安全港"协议。该协议提供了一个框架，在该框架下，欧盟直接与总部位于美国的跨国数字平台签署合同，要求它们遵守欧盟的数据治理规则，而美国联邦贸易委员会则作为监管机构，强制执行合同。虽然欧盟和美国都没有改变国内的数据治理机构，但它们仍然实现了产业标准的对接。

上面讨论的两个案例都说明了欧盟和美国在全球数字经济治理中的优势地位。长期以来，全球跨境数据流动的治理主要基于欧盟和美国等利益相关方所影响的多边和双边协议，而非不同国家共同达成共识的多边协议。鉴于欧盟和美国在谈判过程中的制度性权力，它们被置于权力结构的中心，这将在很大程度上决定跨境数据流全球治理的结果。斯诺登事件爆发揭露了美国政府的数据窃听行为。出于国家安全考虑，其他国家开始限制甚至切断跨境数据流动，慎重看待数字产业标准的全球对接。[1] 由于各国建立了各自的国内数据治理机构，数字产业标准的全球对接受到限制，迫使全球治理必须在国家监管与全球发展之间寻求平衡，数字产业标准的全球对接可能因此面临全球公地悲剧。当然，这并不一定意味着数字产业标准的全球对接注定要失败，因为全球数字产业标准的差异虽然可以确保各自的国家安全，但同时也

---

[1] 方芳、刘宏松：《政策环境、外部冲击与欧盟个人数据保护政策形成》，《世界经济与政治》2023年第5期。

意味着无法享受其他国家放宽跨境数据流动限制的好处，而全球数字产业标准对接和治理则是避免公地悲剧的可行路径。以 2019 年 G20 大阪峰会为例，尽管欧盟、美国、中国、日本和许多其他国家对全球数字产业标准对接达成共识，但印度、印度尼西亚和南非仍然拒绝签署声明。三国关注的主要问题不是技术问题，而是全球数字产业标准对接带来的潜在政治和经济风险。由于缺乏世界政府和有约束力的国际组织，全球数字产业标准对接和治理还没有被技术官僚统治。尽管科学家和工程师社区正在开发先进技术来平衡数据流和数据保护的需求，但 G20 和 WTO 等国际组织能否成功达成共识，在很大程度上取决于其背后的政治进程。

在社会层面，加强数字企业监管和公民隐私保护。数字经济快速发展的同时，也带来了市场垄断和不正当竞争等问题，必须制定相关的法规来规范数字经济市场的秩序。比如监管数字金融、电子商务等数字经济领域的企业和行业，保护消费者和投资者的合法权益。政府应加强对数字经济的宏观调控，根据数字经济的发展趋势和特点制定相应的政策法规，以引导数字产业健康发展。政府监管机构应该加强对数字经济企业和行业的监管，包括加强数据隐私保护、强化网络安全，以及查处市场垄断行为，确保市场公平竞争。政府应优化数字经济发展的行政管理制度，并建设数字化政府，提高信息公开度和透明度。

加强数据隐私保护和数据监管必须保障个人隐私和数字信任，维持数字领域的公平和公正。数字化提高了个人信息的可追溯性，人们在互联网上公开了更多的个人信息。正因如此，数字技术发展对数据安全和隐私保护等问题提出了更高要求。政府在数字化治理中应加强对网络环境的治理，保障公民数字权益，防范网络安全风险和信息泄露等问题，推动大数据应用规范化、透明化。随着互联网上数据的大量产生和频繁流动，数据隐私问题已经成为数字经济中的重要议题。政府需要制定相关法规，建立数据安全保障机制和信息安全管理体系，加强全球数据安全风险管理、数据隐私保护、网络安全等方面的合作，共同维护数字安全、数字治理和数字互信的生态系统。

综上所述，数字产业化治理需要建立起全面、严格的监管机制，对数字产业化的发展进行规范和约束。从软件上看，数字产业化的发展离不开网络安全的保障，要构建符合监管需求和技术要求的监管体系。数字产业化涉及大量的数据处理，保护数据隐私需要建立健全的信息保障机制，在保证数据安全的前提下，赋予个人数据使用和管理的主权，防止数据被非法获取和使用。从硬件上看，可通过建立权责分明的监管机构，提升监管的专业性和全面性，确保数字产业化的发展与社会和谐稳定相契合。例如，建立高速稳定的网络基础设施、建立统一的数字平台体系，实现数字治理的全面化和系统化。

## （二）产业数字化及其治理

随着全球数字化时代的到来，产业数字化已成为全球的热门话题之一。通过数字技术和网络技术，整个产业链上下游的产品、服务、流程、数据等进行数字化重构，从而实现产业升级和优化。在当前全球化趋势下，产业数字化对国际关系的发展和全球治理机制的重构具有重要意义。数字化时代，传统行业的生产方式、组织结构和商业流程都随之发生了翻天覆地的变化。产业数字化不仅推动了传统制造业转型升级，还提高了国家的竞争力和市场份额，推动经济快速发展。当前，全球层面的产业数字化治理仍处于起步阶段，其中以数字贸易治理、数字金融治理最受关注。

数字贸易治理是指在国际合作框架下，针对跨境数字贸易而实施的一系列政策、法规、机制和标准等，其目的在于确保数字贸易的公平、透明、高效和可持续发展。数字贸易涉及的领域包括但不限于电子商务、跨境支付、数字知识产权、数据安全与隐私保护等。数字贸易治理需要在国际上建立统一的标准和规则，在保护国家安全和消费者权益的基础上，鼓励数字经济的创新发展，促进数字贸易的顺畅运行。[1] 数字贸易治理的逻辑是在主要贸易体系中进行数字贸易制度协调，实现数字贸易规则之间的衔接和统一，使不同国家的数字贸易制度兼容，以降低数字贸易的交易成本，推动数字贸易的全球化和发展。

数字贸易治理可分为数字贸易规则化和国际规则协调化两个方面。数字贸易规则化主要围绕着保障数字贸易的公平、自由和安全进行，防止数字贸易中出现信息垄断、信息不对称、产权侵犯等问题，规范数字贸易行为。一是数据安全，包括数据隐私、数据安全标准、数据国际传输等问题。这需要各国制定严格的数据安全法律法规，并加强对企业及个人信息的保护。二是知识产权保护，包括数字知识产权的保护和侵权制度的完善。三是市场准入，包括数字贸易市场的准入和数字贸易服务的准入。这需要各国建立透明、公正、稳定的数字贸易审批机制，避免数字贸易中出现的歧视和保护主义倾向。四是平台治理，包括数字贸易平台的安全和监管问题。这需要加强对平台的监督和管理，防止平台滥用自身优势对其他市场参与者实施不当行为。

国际规则协调化则是在全球范围内，尤其是在主要贸易体系中进行数字贸易制度协调，实现数字贸易规则之间的衔接和统一，使不同国家的数字贸易制度兼容，从而降低数字贸易的交易成本，推动数字贸易的全球化和发展。在全球范围内，尚缺乏一个可行的数字贸易治理机制，各个国家也只是采取了部分的措施来应对这一挑战。数字贸易规则制定涉及多个国际组织和平台。WTO通过《电子商务全球协定》（Global Electronic Commerce）对电子商务做出规范性条款，为跨境电子商务活动创造了基础的法律环境；网络安全和数

---

[1] 易明、郑佳琪、吕康妮:《全球数字治理视域下数字贸易国际规则探究》,《对外经贸实务》2023年第4期。

据隐私由国际标准机构（ISO）等制定。[1] 此外，各国政府和监管机构也积极参与制定数字贸易规则，如通过税收政策、在线平台监管机制对数字贸易业务的合规性进行管控，以保障国家权益和社会公共利益。针对这一现状，应在加强各国对数字贸易管理的基础上，强化国际合作，推动数字贸易的国际协调和规范化。

数字金融是指采用技术手段处理金融业务流程的一种金融形式，关键领域包括支付清算、交易和融资、信用评估、风险管理等，其旨在提高金融服务效率，但需要指出的是，数字金融的高速发展也带来了诸多挑战，数字金融治理需要建立在全球数字金融规则协调的基础之上。数字技术的快速发展和普及已经对传统金融产生了深远的影响。数字金融由于其高效性、便利性和低成本性，已经成为全球重要的金融业务趋势。然而，由于数字金融监管体系的不完备和数字金融跨境运营的复杂性，数字金融治理仍面临重大挑战。

首先，需要明确数字金融的监管边界，确保数字金融运营的合法合规。同时，数字金融企业需要建立完整的内部控制和合规机制，以确保数字金融业务的合法运营。

其次，不同国家和地区对数字金融监管的法律法规有所不同，不同的监管体系之间存在差异。这就需要数字金融治理者们协调各国的数字金融规则，在不同的监管体系之间建立合作机制，确保跨境数字金融合法运营，同时防范网络金融风险。

再次，数字金融治理还需要重视数字金融业务的流动性风险和信用风险。鉴于数字金融业务的特殊性质，其运营涉及硬件、软件、网络技术等多种技术手段。同时，数字金融业务的线上化和去地化也增加了数字金融的信用风险。因此，数字金融治理者需采取相应措施，以消解数字金融业务的风险，

---

[1] 李贞霏：《我国数字贸易治理现状、挑战与应对》，《理论探讨》2022 年第 5 期。

确保数字金融业务的健康发展。[1]

最后,数字金融治理需要积极推动数字金融业务的可持续发展。当前,全球数字金融正处于高速发展阶段,数字金融规模逐年扩大。但与此同时,数字金融业务运营方式的多样化也使得数字金融的社会责任面临较大挑战,如何树立符合数字金融的社会责任理念,进一步推动数字金融业务的可持续发展,已成为亟待关注的重要问题。

## (三) 全球数字经济治理重要议题

数字产业化和产业数字化推动了全球治理机制的更新和发展。在数字化的引领下,新经济业态、新技术和新产业不断涌现,成为推动经济发展的新动力。数字产业化和产业数字化重塑了传统产业的发展模式和商业框架,催生数十亿个智能终端产生海量数据,如何收集、处理、传输、分析这些数据将成为新的世界性难题。全球治理机制需要跨界合作、共商共建、共享资源,制定标准化、统一化、全球性的规则和制度,才能适应数字经济时代的新发展需求。当前,全球数字经济治理的重要议题主要涉及数字基础设施、数字税收、数据和算法治理等多个领域。

### 1. 数字基础设施治理

数字技术的应用是一种基于制度和技术准备的系统安排,应着力开发以数字基础设施为支撑的创新治理工具,以减轻潜在的负面社会经济后果。[2] 数字基础设施治理的基础条件是数字治理框架的构建。该框架需要建立在现

---

[1] Sunio Varsolo, "Generalization of Digital Innovation for Financial Inclusion by Means of Market Creation Through Regulation and Governance", *Global Transitions*, Vol. 5, No. 1, 2023, pp. 29-39.

[2] Zou Yonghua, "Leveraging Digital Infrastructure for Pandemic Governance: Preparation, Praxis, and Paradox", *Public Performance & Management Review*, Vol. 46, No. 1, 2023, pp. 140-164.

有国际法规的基础上，并适时引入新的法律和规范。通过政府、公司与社会的共同参与，在数字平台治理过程中充分考虑数字平台的多元性、公正性、透明度，努力实现数字平台内部的有效协商、讨论与落实等。

随着数字经济活动的实施，全球财富虽然实现了快速增长，但发展不平等问题也日益严重。发展中国家在数字基础设施建设、数字技术使用、数字资源获取、处理和创造等方面远远落后于发达国家，导致全球范围内出现了巨大的数字鸿沟。新冠疫情对全球经济造成的巨大打击，则进一步加剧了全球数字鸿沟。[1] 现阶段，数字鸿沟的现实状况及其影响程度已与过去大不相同，在世界范围内提出了新的挑战。从纵向看，一些发展中国家的数字基础设施确实有所改善，掌握了中低端的数字技术。然而，从横向看，随着宽带技术、第二代互联网和云计算的不断升级，发达国家已经实现了质的飞跃。它们对核心技术的封锁和国际标准的垄断，阻碍了发展中国家数字技术的发展，使得质量差距进一步扩大。数字技术的更新和迭代速度越来越快，但发展中国家的公民由于受教育程度较低，缺乏数字技能培训，在数字技术使用的广度和深度上远远落后于发达国家。随着生产生活数字化进程的加快，他们获取、处理、创造数字资源的能力明显不足。

数字平台治理意在连接每个人，使数十亿人可以将信息和知识重新连接起来。数字平台为人们提供了更多新的机会和可能，但与此同时，数据隐私、网络安全及公平信息传播等问题也随之而来，给社会带来了显著的挑战和负面影响。从有效性看，数字基础设施治理的重点是数据隐私和网络安全，以及保证公平的信息传播。为了解决这些问题，需要创建一套全球性的数字基础设施的治理体系。从公平性看，要努力提升发展中国家数字基础设施水平。可以通过提供数字技术援助和优惠贷款，帮助发展中国家改善数字基础设施，

---

[1] 陈伟光、钟列炀：《全球数字经济治理：要素构成、机制分析与难点突破》，《国际经济评论》2022年第2期。

从而缩小可获得性差距。

### 2. 数字税收治理

全球数字税收治理是近年来国际上争论最激烈的问题之一。数字经济的加速发展从两个方面深刻挑战了传统的全球税收制度。一方面，数字技术的创新和应用使跨国公司可以在网上经营全球业务，而无须在当地设立办事处，这打破了传统的仅对当地机构征税（"联系规则"原则）的税收规则。另一方面，大型跨国数字公司利用全球税收制度的漏洞，通过在低税率或零税率的"避税天堂"国家进行投资，成功地侵蚀了自己的税基。数字企业可以轻易地利用知识产权交易逃避价值创造国的税基，成为全球最大的逃税者。

尽管在数字时代全球面临税收挑战，但要协调利益相关者采取集体行动却并非易事。当其他国家同意在税收政策（如最低税率）上进行合作时，采用较低税率的国家将利用"搭便车"效应。由于每个国家都会担心其他国家的投机行为，没有一个国家会加入全球税收协定，反而竞相设定更低的税率，最终造成"逐底竞争"的后果。因此，全球税收治理是一场典型的"全球公地悲剧"。此外，由于税收主权赋予每个国家独立制定税收政策的权利，即使是税率较低的小国也可能成为全球制度的漏洞，因此全球税收治理的权力结构分散是很自然的。

然而，全球公地悲剧和权力结构分散的特征并不一定意味着全球数字税收治理将不可避免地失败。经合组织近期推动的进展表明，全球数字税收治理合作前景广阔。自21世纪初以来，经合组织就开始处理税收竞争和避税天堂问题，但在数字经济兴起之前收效甚微。2013年，经合组织启动了税基侵蚀和利润转移（BEPS）项目，并发布了15项行动计划，其中第一项计划涉及数字经济的税收挑战。2018—2020年，经合组织每年连续发布三份报告，最终提出了双支柱数字税制改革框架。[1] 第一支柱是税收权利的再分配，以实现数字经济中"关系规则"的现代化；第二支柱是解决逃税问题，特别是跨国数字公司的逃税问题。尽管经合组织为全球数字税收改革提供了一个有希望的技术解决方案，但这并不一定意味着全球数字税收治理遵循了技术官僚的基本原理。相反，是政治进程决定了全球数字税收治理的结果。

全球数字税收治理改革存在两大政治冲突。一方面，低税率国家在实行最低税率规定时，会与其他国家发生冲突。例如，尽管欧盟是全球数字税收改革的积极参与者，但爱尔兰和北欧国家一再反对法国提出的欧盟解决方案，因为法国急于对跨国数字平台征收数字税。另一方面，由于大多数大型数字公司来自美国，数字税改革也反映了美国与其他国家之间的冲突。因此，表面上的税改技术问题实际上是一个需要协商和妥协的政治问题。2016 年，经合组织扩大规模，建立了包容性框架，广泛邀请尽可能多的国家起草并监督该倡议的实施。[2] 截至 2021 年，约有 140 个国家参与了包容性框架，成功吸收了发展中国家的诉求，促成了全球共识的达成，建立了全球数字税收治理制度。

### 3. 数据和算法治理

数据已成为现代社会中不可或缺的资源和生产力。数据作为一种资产，也需要进行有效的治理才能实现其最大的价值。数据治理的过程中需要注意道德问题和社会责任，避免数据被滥用或用于违法犯罪等。同时，也需要尊重数据使用者的隐私权和数据主人的产权，确保数据治理过程与社会伦理和法律规范相符合。在安全性方面，互联网普及使得数据交互的规模和频率不断增加，数据的安全性问题也变得极具现实意义。恶意攻击、信息泄露及其

---

[1] 苍岚、孟凡达、谢雨奇等：《我国数字经济税收主要改革方向及具体举措》，《数字经济》2022 年第 4 期。

[2] 林美辰：《基于 OECD 双支柱框架的我国数字经济税收挑战与应对》，《财政科学》2021 年第 5 期。

他安全问题不仅会导致个人、企业和国家遭受经济损失，还会对社会构成重大风险与威胁。随着数据的增加和应用，人们对数据隐私的保护意识也在不断提高。

在规范性方面，数据的规范化是数据治理的重要环节，需要加强数据的分类、清洗、整合和转换，建立更为统一的数据格式和标准，推进数据的资源共享和交换。不同数据的格式、结构和来源等都存在显著差异，这给数据管理、分析和应用带来了极大的困难。数据治理可以通过规范化、分类、清洗、整合和转换等方式，把数据变得更加规范和易于使用，提高数据的质量和价值。

在数据治理过程中，算法已经成为重要的工具和资源。通过运用大数据和机器学习算法，我们能够构建数据的实时监控、分析和反馈机制，减少出错率和重复工作，提高决策效率。然而，算法在全球治理中也面临着一些治理挑战。首先，算法缺乏透明度和监管。由于算法的"黑盒"特性，普通用户往往很难理解和评估算法的工作原理和产生的结果，这就使得算法的透明度存在一定的问题。而且，由于缺乏监管，算法在某些情况下可能会被用于实现某些不正当的利益。其次，数据的质量和安全问题。算法的输出结果直接依赖输入的数据，数据的质量和安全意味着算法的有效性和稳健性。由于算法需要大量的数据来进行计算和分析，这增加了个人隐私泄露的风险。同时，算法还受到网络攻击和黑客入侵的威胁。数据隐私和安全对用户和社会至关重要，数据窃取和滥用的风险需要得到充分的关注和防范。最后，算法的公正性和偏见问题。算法通常通过对历史数据的分析来进行预测，但是历史数据本身就带有一定的偏见，如果算法没有处理好这些偏见，就会出现歧视现象。[1] 在确定算法的参数和模型时，人的主观意识会对结果产生影响，

---

[1] 刘友华：《算法偏见及其规制路径研究》，《法学杂志》2019年第6期。

缺乏有效的公正性监管和优化算法的标准，可能增加分裂和不平等。面对这些治理挑战，我们需要为算法的开发和应用设立明确的责任要求，并建立健全的算法伦理标准体系和机制。

## 三 治理风险：系统性风险与非系统性风险叠加

由于互联网的价值随着规模呈指数级增长，人工智能和其他新兴技术、隐私保护、互联网的社会和经济监管均是涉及国家技术竞争力和国家安全的问题，假新闻的传播、互联网盗版、网络攻击、就业结构的冲击及跨国数字平台的税收逃避等已成为迫在眉睫的风险。全球数字治理的目标是通过在技术或制度层面实现统一或互操作性，提升国际数字经济市场的规模效应，具体包括跨境数据流动、税收、信息技术和数字竞争力政策、加密和执法访问数据及出口管制，但在现实中，由于全球数字治理难以协调不同利益相关者的行为，跨领域数字化转型的治理风险日趋显著。

### （一）全球数字经济治理系统性风险

国际组织和联合国机构早已关注并试图制定相关规则，但由于技术本身的复杂性和应用领域的多样性，当前全球尚未形成完全开放、透明的国际治理体系，对跨境数据传输行为的法律法规更多出现在国家或地区层面。例如，欧盟制定了《通用数据保护条例》，旨在保障数据主体的权益。美国则通过《隐私盾程序》（Privacy Shield）规定企业进行跨境数据传输的标准和程序。此外，国际组织如联合国、世界贸易组织等也通过制定相关的文件来引导各国在跨境数据传输方面的行为。再如，随着人工智能治理逐渐成为各国共同关注的问题，加拿大、英国和澳大利亚于2018年领导了一个由"五眼联盟"

国家组成的网络安全团队，以协调处理与人工智能相关的安全挑战。

当今世界与第二次世界大战后建立基于规则的体系时的情况大不相同。战后初期，由于美国的霸权地位，经贸规则主要由北大西洋地区主导，美国和欧洲共同体达成妥协基本上就能决定很多有重要影响的全球规则。相比之下，数字经济在多极化背景下发展，考虑到建立全球数据流动基础设施的竞争，事实上的国际数据流动制度将以中国、美国、欧洲数字单一市场等混合政策为基础。在国家安全方面，由于宪法的限制和国会严重的两极分化，美国一直无法采取行动。中国已经开始与这种力量角力，并打击违法企业。印度也开始采取措施限制社交媒体公司在其领土上的权利。欧盟则通过通用数据保护条例制定严格的竞争规则。但总体来看，全球层面的数字经济治理空间仍然巨大。

一是碎片化。随着各国经济全球化、信息技术的不断发展，跨境数据传输的规模不断扩大。企业、政府和个人之间的信息交流越来越频繁，这种信息交流所带来的好处也日益显著。全球互联网治理的目标是保持各国之间的互联网连接，这也是一种典型的"全球公地喜剧"现象，其规模回报呈递增趋势。每一个接受该议定书的国家都将享受到好处，而不会让其他国家付出代价。然而，跨境数据传输也带来了一些风险，其中包括数据泄露、网络攻击等，这些风险不仅可能导致企业和个人的损失，也可能给国家的网络安全带来威胁，引起系统性风险。

与此同时，美国的政治权力进一步受到其他国家的挑战。特别是在2013年斯诺登事件之后，面对国家安全风险，其他国家纷纷以断网、退出互联网为威胁，挑战美国政府对互联网的法律权力，将"全球公地喜剧"变成了"全球公地悲剧"。在斯诺登事件之后，加入或留在互联网上已经成为一种成本而不是收益，因为美国可以利用自己的力量来威胁其他国家的国家安全。这种隐性的权力引发了国际社会对网络安全和主权问题的深刻担忧与重新评估,为了缓解其他国家的担忧、维护互联网的稳定,美国政府最终在2016年保证了跨境数据传输的独立性,这导致全球私人治理模式的兴起,加强了全球互联网治理中分散的权力结构和机制。

二是武器化。各国建立了相应的监管机构来监管跨境数据传输的行为,但其监管机构的监管能力和效果不尽相同。在数字经济空间中,一些大型跨国科技公司通过技术垄断和议程设置形成了数字霸权,这种行为对全球治理和国际关系造成了深远的影响。数字霸权在算法、算力和数据方面的垄断会影响国家的创新能力和市场竞争力,削弱其他国家的数字化发展和产业竞争力。部分数字科技巨头甚至展示出不愿遵守国际规则、协议和标准的态度,试图在全球数字经济中获取更大利益和权力。

由于各个国家和地区在文化、政治等方面存在差异,制定的法律法规也存在很多不同,企业在进行跨境数据传输时不得不遵守多种标准,从而增加了企业的成本和风险。同时,互联网和数字经济逐渐分裂为相互竞争的领域,并为相互依赖武器化提供了土壤。随着安全竞争的加剧,以及数字/人工智能领域军民两用技术的高度流行,数字冷战的可能性日益增加,进一步促成了各区域两极之间其他裂痕的形成。这种技术脱钩带来了很大的风险,不仅加深了国际体系中的结构性对立,还极大地干扰了人类构建公正合理的全球治理体系的努力。

三是竞争化。数字基础设施的安全对各国的国家安全都至关重要。例如,5G技术在全球范围内被认为是数字基础设施的革命性变革,因其高速度、高可靠性和大容量等优点,已经在全球范围内得到广泛应用。同时,5G技术的应用也基于震荡和波动的特性,使其与广泛存在的人工智能技术联系在一起。在美国,这一技术发展引发了巨大的国家安全争议。美国政府担心华为参与5G基础设施建设将会给美国带来"风险","威胁"其关键基础设施和信息安全。再如,数据驱动经济的关键基础设施是海底电缆网络和陆地宽带连接,加密技术可能会限制电缆所有者和管理者的能力。在这一领域,中国的"一带一路"倡议和G7的全球基建倡议被定位为"战略竞争"或"地缘对抗"。

## (二) 全球数字经济治理非系统性风险

随着数字技术的飞速发展,大型科技企业拥有巨额资金和高级技术,掌握全球最大的云计算、人工智能和大数据分析能力,以及全球最庞大的社交网络、电子商务和搜索引擎等平台,已经成为全球经济和社会发展的引领者。根据爱德曼2021年信任晴雨表调查,尽管数字化带来了发展和便利,但在过去十年中,人们对科技行业的信任度持续下降。即使在美国,对科技行业的信任度也从2012年的78%下降到2021年的57%。虽然在数字化进程初期,法律框架通过为创新和言论自由辩护实现对互联网中介机构的广泛豁免,但经过近30年的快速发展,数字平台的社会影响随着其规模的扩大而发生了深刻的变化,目前的保护法律框架是否适合已经受到质疑。

一是政治影响。信息的爆炸性增长和均等化,以及复杂性的加剧,已经侵蚀了大多数国家对公认真理和现实的任何感觉。社交媒体意外地加速了两极分化,放大了志同道合的人之间的"回音室"和闭环,极大地加深了全球许多社会的极端两极分化。在更深层次上,心理学中对扩展思维概念的新理解表明,人类越来越多地将他们的部分思维过程委托给智能手机和它们的算法驱动的建议。当前的数字化世界也越来越多地被用作从外部破坏民主的工具。例如,俄罗斯通过社交媒体活动干预2016年美国总统大选,凸显出不受监管的数字领域可能在多大程度上破坏民主制度。美国在2020年中国台湾地区领导人大选期间在推特和油管(YouTube)等平台上的宣传努力,是不受监管的网络空间可能导致不合理的数字竞选的另一个例子。

像脸书(Facebook)这样的私人公司有能力独自筛选世界上每个国家的

领导人和政治家的信息，这可能是人类历史上的第一次。脸书、推特和其他几家大型营利性数字公司在不到15年的时间里就在美国等世界上大多数国家获得了控制信息、情感、叙事和政治/社会动员的权力，并从这种主导地位中获得不成比例的利润。例如，2016年美国总统选举期间，社交媒体平台上出现了虚假信息、网络欺诈和舆论操作，这对美国选民的理性判断和票选结果产生了重要影响。为了吸引用户，尤其是青少年，假新闻和过滤泡沫不仅加剧了政治两极分化，而且动摇了传统的规范和秩序。据《纽约时报》报道，元公司（Meta）和字母表公司（Alphabet）占新闻出版商推荐流量的近80%。[1] 2017年，它们占到了美国新增在线广告收入的80%左右。Alphabet在全球在线搜索广告收入中占据了高达85%的份额。此外，科技抵制不仅是对大型科技公司的负面反应，更是对技术本身的质疑。这可以从20世纪90年代末建立的广泛的保护性豁免机构向监管治理机构的倒退中窥见。

关于互联网中介平台发展的法律问题主要集中在是否应对第三方的非法内容承担责任，如果承担责任应该承担什么样的责任。在互联网商业化的早期，美国法院遵循"硅谷模式"，对这些问题给出了相对宽松的回答。随着互联网中介，如搜索引擎和社交网络的出现，并以比过时的电脑公告栏更复杂的方式运作，在世纪之交，最终确立了给予它们有限责任甚至豁免的法律框架。法律为互联网中介平台提供了规避连带责任的"安全港"，促成了互联网中介平台的成功。其他国家在遵循"硅谷模式"的同时，也相继建立了类似的保护制度，从而形成了一个对数字平台和数字技术宽容的全球监管环境。言论自由权被用来支持"安全港"治理制度。虽然人们普遍认为互联网的兴起促进了言论自由，但由于担心附带审查，对数字中介平台施加的责任也会抑制言论。即，如果互联网中介机构对在线内容负有责任，它们可能会

---

[1] Marc Tracy, "Google Made ＄4.7 Billion From the News Industry in 2018, Study Says", June 9, 2019, https：//www.nytimes.com/2019/06/09/business/media/google-news-industry-antitrust.html.

"过度删除"第三方的言论，因为它们没有能力区分非法言论和合法言论，从而产生"寒蝉效应"。

二是数据控制。数据正日益成为财富和公共价值创造的来源，而全球绝大多数数据掌握在私营部门手中。谷歌和脸书等公司成功地将这些数据货币化，并将其作为商业模式的核心。包括优步（Uber）和爱彼迎（Airbnb）在内的其他公司则利用数据开发了颠覆行业的平台模式。到目前为止，人们一直愿意免费提供他们的数据，以换取技术服务（例如电子邮件）。数字科技巨头拥有庞大的用户数据，它们能够通过算法、数据分析等技术手段收集和分析用户数据，从而可以在广告定向投放、个性化推荐、行为追踪等方面实现商业利益最大化。

互联网为人们自由获取和传递信息提供了便利，同时也为政治恶意攻击者提供了一个高度匿名性的平台，攻击者可以利用虚假或者不准确的信息攻击政治对手，制造谣言、虚假新闻、不实言论等信息，这些信息会对政治局势产生影响，可能导致一些不必要的冲突和矛盾。在数据时代，还有一些重大问题尚未得到回答。例如，谁目前拥有数据？谁应该拥有数据？是否应该为公民制定一个基本的数据宪章，让他们了解自己的权利和责任？谁负责我们的数据质量和安全？我们如何管理和确保隐私？而且，人们会接受继续生成数据而不因分享数据而得到补偿吗？当前，谷歌、脸书等公司的用户数据泄露事件引发了全球对数字隐私的深切担忧，这种滥用不仅可能会侵害个人隐私权，还可能被用于个人身份识别和网络诈骗。

数字科技巨头的兴起也带来了全球治理方面的挑战。由于它们跨越国界、在全球范围内运营，因此难以通过国家或地区的监管实现有效的全球治理和监管。除此之外，由于这些企业的跨国性质，其税收和就业等社会责任也面临着挑战。国家如何在全球范围内联合起来，实现对这些科技企业的有效治理和监管，从而实现全球公平竞争，已经成为全球治理领域中需要解决的重大问题之一。自2013年斯诺登事件以来，其他国家已经意识到美国利用其数字霸权监视全球数据流的潜在威胁。为了保证国家安全、确保对外数据能够得到与在国内环境中同等程度的隐私保护，越来越多的国家开始主张数字主权，其中数据本地化是一种典型的政策。然而，阻碍甚至禁止数据跨境流动的数字主权政策可能会损害数字经济的全球发展，甚至使数字全球化陷入"巴尔干化"。[1]

三是经济垄断。在数字经济领域中，大型科技企业发挥着极其重要的作用。它们不仅创造了就业机会，还开拓了新市场，提高了劳动生产率和效率，从而促进了经济的发展。随着数字经济的发展，大型科技企业的影响力日益扩大。但是，这种影响力也带来了一系列的风险。例如，金融科技及可能重新定义金融的工具，不仅仅是区块链或加密货币，关键的是，相关平台的条款和条件实际上构成了对公共市场的私人监管，取代或至少挑战了政府职能。这种权力格局及其对社会的影响最近在欧洲、北美和亚洲引发了政治反应。在平台、数据、人工智能的使用，以及军事和政治战略目标方面，全球科技企业的立场和利益存在明显分歧。

科技巨头在数字经济中的影响力可能导致市场的垄断。这些公司拥有独特的技术、数据和网络效应，它们在其所在的市场中可能没有真正的竞争。由于规模经济的影响，大型科技企业有更高的规模效益，这让它们能够在市场上独占鳌头。同时，这些企业还可以通过众多的收购行为来扩大自己的影响力，进一步加强了它们的市场垄断地位。这种垄断状态会使得大型科技企业取得过多的市场份额，有可能对其他市场参与者造成影响，这也可能会导致新进入市场的公司难以存活。总之，数字科技巨头可能会滥用它们的市场地位，限制其他公司的参与度、压缩其他企业的利润。

我们已经看到了一种加强对技术创新者和实施者的监管压力的全球趋势。

---

1 "巴尔干化"原是指较大的主权国家或地区分裂为较小的、通常民族相似的国家或地区，这里表示各国经济关系日益松散，分工、贸易、金融相互联系越来越少的一种趋势。

经济法规，包括针对现有数字平台的反垄断或税收在各国被广泛采用。以反垄断监管为例。长期以来，欧盟一直被认为是针对大型数字平台的反垄断规则现代化的先驱，最近的《数字市场法》和《数字服务法》明确划分了"看门人"标准，并规定如果被判有罪，其罚款上限为全球销售额的10%。自2020年以来，美国还更新了数字行业的反垄断和竞争法。除FTC诉脸书、苹果等有影响力的案例外，众议院司法委员会还在2020年10月提出了四项立法草案，以应对现有数字平台采取的四种主要反竞争策略，包括自我优先、敌意并购、网络效应租赁和用户锁定效应。

## （三）全球数字经济治理风险联动及影响

随着数字服务的普及，对数字治理的需求日益显现，对全球机构设计全球法规的需求也日益增加。全球各国已经采取了针对特定部门的措施（如数字支付）和跨领域的措施（如数据主权规则）来应对数字治理的需求。在某些情况下，政策措施才刚刚出现（如对数字跨国公司征税），而在另一些情况下，法律已经通过立法或司法干预（如隐私）到位。

首先是政治极化问题。互联网的出现使得信息的传播变得更加方便快捷。人们可以通过互联网轻松地获取来自世界各地的信息，而民族主义思想也可以通过互联网迅速传播。全球化的发展深刻改变了人们的生活方式和价值观念，使得一部分人群感到认同危机。为了重申和维护自身的认同，他们往往更加倾向于民族主义的思想。互联网不仅让人们更了解其他国家和民族的文化，也使人们更容易与世界上的其他人进行联系。这一方面可以促进文化交流和理解，而另一方面也可能激发民族主义情绪。对民族主义者来说，互联网是展示他们理念的重要平台。一些民族主义者可以在特定的互联网论坛上发布有关其他民族或外国人的负面消息和"证据"，以引起更多人的注意并推广他们的思想。

互联网的兴起显著降低了地方群体需求满足的门槛，为民族主义情绪更广泛地传播提供了便利。一些政治人物也可能利用这一点来为自己的政治目的服务。互联网的发展使得民族主义者可以通过网络扩大自己的影响力，将自己的观点传播给更广泛的群体。在某些国家，一些政治人物和团体利用互联网来传达其民族主义观点。有些甚至利用互联网来煽动针对其他民族群体的仇恨，可能催化甚至加剧各民族之间的矛盾和紧张关系。

其次，数字经济技术的广泛应用还引发了一系列经济发展问题。例如，人类是否会被取代、数据安全问题、生产力与就业问题等，都需要在全球范围内进行研究和规范。在经济领域，一些国家已经开始通过监管机制和创新政策，支持人工智能技术的发展和应用，同时加强对其使用过程中的监管和规范。在社会领域，必须确保一切人工智能系统在设计、生产、部署和维护过程中都融入了一定程度的社会责任和伦理标准。

数字技术可能会导致工作岗位的消失，特别是在服务和生产领域。随着自动化和机器学习技术的发展，越来越多的工作岗位将被自动化流程、机器及算法所取代。在当前知识产权保护和缺乏再分配的情况下，数字和人工智能创新引发的混乱规模为先行者带来了巨大的赢家通吃利益。与此同时，我们目睹了资本和财富的历史性集聚，以及越来越多衰落行业的失业或下岗工人。相应的社会保障制度还不完善，全球治理也存在诸多空白。现代国家的生存能力同样受到威胁，因为它们的收入基础不断受到侵蚀。

最后，网络犯罪乃至网络战愈演愈烈。随着互联网的不断发展和普及，网络空间已成为信息社会中至关重要的一部分。但同时，网络空间也面临着日益严峻的安全威胁，网络战就是其中之一。网络战是指在政治、经济、军事等各个领域利用计算机、网络和信息技术进行的攻击、防御和利用活动。网络战已成为国家安全不可忽视的威胁，对国家安全产生了深远的影响。网络武器如病毒、恶意软件等可以在网络空间中快速传播，造成大范围的系统瘫痪，引发社会动荡。网络攻击还可以利用假消息、虚假信息等手段破坏国家的政治稳定和社会和谐，对公众信息和媒体信息进行篡改和操纵，从而干扰国家的信息传播和社会管理秩序。未来的冲突可能不再是传统意义上的军事冲突，而是来自 AI 的网络攻击、数据泄露、威胁和信息的扰乱等。

网络犯罪的全球化已成为一个不可忽视的趋势。网络犯罪嫌疑人利用互联网的便捷性和匿名性跨国犯案。网络犯罪分子在技术上不断升级，利用各种新型的计算机病毒、木马程序、黑客攻击等，对网络信息安全构成了更大的威胁。网络犯罪涉及面广，种类多样，涵盖了网络窃取、网络欺诈、网络钓鱼、网络色情等。每天都有新的网络犯罪方式出现，这使得打击网络犯罪变得更加困难。随着互联网应用的普及和便捷性的提升，网络犯罪的规模将不断扩大。传统的犯罪治理模式已经无法应对当前网络犯罪的形势。战略与国际研究中心（CSIS）和迈克菲（McAfee）联合发布的一份报告显示，预估到 2020 年，全球网络犯罪造成的损失将超过 1 万亿美元，占全球 GDP 的 1% 以上。[1]

## 四 治理规则：完善旧规则与创建新规则并行

WTO、G20 等多边机制是数字贸易监管和治理的主要平台。在数字经济治理体系构建方面，WTO 等多边机制倾向于制定一套全球非歧视性规则，支持市场开放和监管透明度，同时严格纪律，以遏制有害行为和代价高昂的经济扭曲。然而，由于 WTO 成员众多，相关规则和体系建设进展缓慢，全球层面的机构仍然以分散和不完整的方式管理数字贸易。为了缩小差距，主要经

---

[1] Z. Smith and E. Lostri, "The Hidden Cost of Cybercrime", Center for Strategic and International Studies and McAfee, USA, December 2020.

济体的政策制定者已将注意力转向区域和双边协议。其原因在于，一方面，这些较小的经济体集团在达成共识和取得进展上并不那么困难；另一方面，一些国家威胁在其关切得不到解决的情况下采取单边行动。

## （一）全球数字经济治理规则演进与现状

当前，数字经济治理分为正式国际机构和非正式国际机制两种平台，前者以 WTO 为核心，后者以 G20、G7、金砖国家等机制为代表。OECD 对国际电子商务相关法律文书的盘点发现，24 个不同机构管理着 52 个不同的文书。最活跃的规则制定机构包括 WTO、OECD、ISO、国际电工委员会（IEC）、联合国欧洲经济委员会（UNECE）及其下属的联合国贸易便利化和电子商务中心（UN/CEFACT）及国际贸易法委员会（UNCITRAL）。在数字贸易事务中特别活跃的其他组织包括世界海关组织（WCO）、世界银行、IMF、APEC 和 ITU。G20、G7 等非正式国际机制虽然没有法律约束力，但对主要经济体的内外政策具有很强的政治影响力，能够影响 OECD、WTO 等国际平台的议程设置。

WTO 是最早探索数字经济治理的多边平台之一。1998 年 5 月，第二届 WTO 部长级会议通过了《全球电子商务宣言》（Global Electronic Commerce），指示总理事会"建立一个全面的工作计划，以审查与全球电子商务有关的所有贸易问题，包括成员确定的问题"。根据该宣言，总理事会于 1998 年 9 月通过了《电子商务工作计划》（Work Programme on E-Commerce，以下简称《工作计划》）。由于电子商务涉及许多不同领域，《工作计划》将工作分配给世贸组织的不同机构，如服务贸易理事会、货物贸易理事会、与贸易有关的知识产权理事会及贸易和发展委员会。这些机构必须定期向总理事会报告其进展情况。此外，总理事会还负责审查与贸易有关的任何跨领域问题，以及有关对电子传输征收关税的工作计划的所有方面。这些机构在开展工作时还需要考虑到其他政府间组织及有关非政府组织的工作。从那时起，WTO 的相关机构就电子商务进行了多次讨论。由于多哈发展议程总体进展缓慢，尽管《工作计划》中设想了雄心勃勃的议程，但就电子商务的实质性纪律并未达成任何决定。WTO 迄今为止就电子商务达成的唯一具体规则是暂停对电子传输征收关税，这一规定首次在 1998 年的宣言中确立，并多次延期。然而，即使是延长暂停期的简单行为，近年来也引起了争议，印度和南非开始质疑暂停，称其对发展中国家产生了潜在的负面影响。

由于 WTO《工作计划》缺乏进展，电子商务谈判的支持者开始探索其他方式来推进谈判。2015 年 12 月内罗毕部长级会议的《部长宣言》（Nairobi Ministerial Declaration）称"在多边谈判中取得有意义的成果需要新的方法"。2016 年 7 月 1 日，美国提交了内罗毕协议后的第一份文件，重申了美国在《服务贸易协定》（TiSA）和 TPP 谈判中的主张，并首次将数据自由流动、禁止数据本地化、强制转让源代码等新问题纳入世贸组织。美国的举措激起了其他成员国的新一波行动，日本、欧盟、巴西、加拿大和新加坡等主要国家都在同一个月内提交了意见书。2017 年 12 月，在布宜诺斯艾利斯举行的第十一届部长级会议上，由澳大利亚、日本和新加坡三个共同召集国领导的 71 个成员发表了一份联合声明，提出"共同启动未来 WTO 电子商务谈判的探索性工作"。2019 年 1 月 25 日，世界经济论坛达沃斯年会期间，包括中国在内的 76 个成员签署《关于电子商务的联合声明》，正式启动与贸易有关的电子商务议题谈判，也称联合声明倡议谈判。

目前，联合声明倡议谈判围绕六大主题：实现数字贸易/电子商务；开放和数字贸易/电子商务；信任和数字贸易/电子商务；跨领域问题，包括发展、透明度和合作；电信；市场准入。六个主题又分为 15 个分主题和 35 个选定议题。此外，联合声明倡议谈判成立了 10 个小组，致力于早期收获的具体问题，如消费者保护、垃圾邮件、电子签名和电子认证、无纸化交易、数字贸易便利化、源代码、公开政府数据、市场准入、电子传输的关税、开放互联网接入。各成员已在对未经请求的商业短信进行清理、电子签名及认证、电子合同、开放政府数据和在线消费者保护等议题上达成共识。在 WTO 缺乏电子商务规则的情况下,美国转而在自由贸易协定中寻求谈判电子商务规则,自 2000 年与约旦签署自由贸易协定以来,美国签署的每一份自由贸易协定中都包含了电子商务章节。继美国之后,许多其他国家也开始在自由贸易协定中加入电子商务章节。

进入 21 世纪,特别是近十年来,G20 等重要国际论坛和组织都将数字经济作为重要议题,体现了与会各国在数字经济治理方面的总体共识和愿景。G20 讨论了数字税收、人工智能、数字基础设施、消费者保护、电子商务等问题,并发表了《G20 数字经济发展与合作倡议》(G20 Digital Economy Development and Cooperation Initiative)、《G20 贸易和数字经济部长声明》(G20 Ministerial Statement on Trade and Digital Econom)、《G20 马塞约全民数字包容部长宣言》(G20 Maceió Ministerial Declaration on Digital Inclusion for All)等联合声明。G20 关于数字问题的讨论始于 2015 年土耳其担任主席国期间,随后在 2016 年中国担任主席国期间提出概念,2017 年德国与数字经济工作组正式启动,印度尼西亚于 2022 年将其升级为一个完整的工作组。中国作为 2016 年主席国发表了《数字经济发展与合作倡议》,并以"创新"为重点,发表了《创新增长蓝图和创新行动计划》。2017 年,德国制定了 G20 数字化议程,主题为"塑造互联互通的世界",更加关注发达经济体感兴趣的数字化问题(如工业 4.0)。当年,G20 发表了《数字化路线图》(A Roadmap for Digitalisation: Policies for a Digital Future)和《G20 数字贸易优先事项》(G20 Priorities on Digital Trade),为数字化工作制定了蓝图,并就数字化制造、标准化、消费者等主题举办了三次大型官方会议。2018 年,阿根廷推广了利用数字经济促进发展的主题。当年,G20 发布了《数字普惠金融高级别原则》(G20

High-Level Principles for Digital Financial Inclusion）和《数字基础设施促进发展》（Digital Public Infrastructure）指导方针。作为发达国家，日本在 2019 年重新回到了数字贸易等"发达国家"问题上，主办了首次贸易部长和数字部长联席会议，并通过了"关于数据自由流动和信任的大阪轨道"，再次聚焦于数据。2020 年以后，G20 的数字经济议程因新冠疫情大流行而受到影响。印度在 2023 年接任 G20 主席国时，提出专注于"数字化促进发展"，尤其是促进发展中国家的普惠发展。2024 年在巴西里约热内卢举办的 G20 峰会在关注数字连接、数字公共基础设施的包容性的同时，将人工智能纳入了讨论范畴。G20、G7 等规模较小的非正式国际机制具有的灵活性等特征，使其在正式机构陷入僵局时仍能取得进展。例如，对数字跨国公司征税首先被提上了 G7 的议程，然后在 2015 年由 OECD 作为税基侵蚀和利润转移的框架提交给 G20，最终在 2021 年达成有 136 个国家和地区同意进行税收制度改革协议。

## （二）全球数字经济治理规则问题与弊端

当前的数字经济治理框架是数十年前由发达国家初步构建的，主要由正式和非正式国际机制运作，与当前地缘政治竞争和多极化趋势的国际背景并不完全适配，无法反映全球数字经济治理政治化、全球数字经济治理机制停滞的现实。与此同时，尽管缺乏数字贸易的集中治理机制，但近年来自由贸易和数字伙伴关系协议所呈现的数字贸易规则的语言和框架越来越相似，表明数字贸易治理在一定程度上趋于同质，为最终构建全球数字经济治理体系打下坚实基础。

长期以来，美国是全球数字经济治理的领导者。在克林顿政府和布什政府期间，美国的政策制定者认为，世界其他地区将效仿美国优越的数字政策体系，它们也将朝着这个目标而努力。但是，中国在信息技术和数字行业取得了前所未有的成功，再加之人们对美国式的数字监管是否可取表示质疑，以及美国科技巨头的权力扩张，美国很难单纯通过说服方式让别国接受自己的治理规则。例如，奥巴马政府将推进全球"开放互联网"作为其全球数字政策的首要目标之一。但在过去10年，尤其是在斯诺登披露了美国情报机构利用数字技术进行监控的程度之后，全球开放的互联网、全球数字经济不仅没有取得进展，反而出现了收缩。特朗普上台后，美国政府基于"美国优先"原则，将美国利益作为其参与全球数字经济治理的首要目标，对WTO、G20等机制的数字经济议程产生了严重的负面影响。

拜登政府上台后，美国重新制定宏大的数字经济发展战略，专注于保持美国在全球数字经济领域的领导地位，同时"约束"中国在技术和产业方面的进步。拜登政府上台后，美国转而支持数据的自由流动、继续扩大《信息技术协定》（ITA）、更新所涵盖产品范围的《信息技术协定-3》（ITA-3）。但美国设想的WTO电子商务协议从战略上考虑应该"鼓励哪些国家参与此类协议"。例如，中国是否留在ITA应符合美国的利益，美国将做好在没有中国的情况下谈判WTO电子商务协议的准备；或只有在协议达成后才让中国加入。拜登政府认为，美国政府必须以各种方式争取"志同道合"的国家来支持美国的利益，同时施加压力迫使其他国家也加入进来。

全球数字治理议程日益艰巨，迫切需要取得实质性进展。跨境数据、人工智能、网络安全、加密货币、网络间谍、数字税收、电子商务和在线内容方面的规则存在显著差异，有时甚至相互矛盾。美国政府认为，包括欧洲和联合国贸易和发展会议成员国在内的许多国家和地区支持数字保护主义，损害了美国科技巨头的全球竞争优势。尽管欧盟和美国在数字经济治理问题上存在分歧，但双方在诸如开展数据跨境转移、数字产品的非歧视、软件源代码保护、网络安全和禁止数据本地化等方面的立场却相当接近。因此，通过各种例外和排除条款，美欧有望达成关于数据传输和个人信息保护的标准规则。由于数字经济和技术的迅猛发展，美国与欧盟难以构建全面稳定的经济联盟，更可能的情形是通过搭建数字经济治理平台，根据时代发展的变化而作出调整。

在数据驱动的经济中，贸易和投资政策中存在地缘经济学和地缘政治因素的潜在有害混合。大数据/机器学习/人工智能的联系是基于技术的战略竞争的核心，这一关键技术领域的经济领导地位被视为国家安全的核心。当今的现实更接近于"没有信任的不自由流动"。例如，欧洲不信任美国的监视，中国对敏感数据提出了跨境许可要求，美国以"国家安全"为由限制中国数字公司，印度排斥中国应用程序，俄罗斯建立自己的国家互联网等。美国鼓吹组建一个由"志同道合的民主国家"组成的经济俱乐部来对抗中国和俄罗斯等"威权经济体"，不惜在底层系统层面使全球成为"分裂互联网"。

在关贸总协定时代，很少有人提出国家安全主张，考虑到"铁幕"之间的贸易有限，这并不令人惊讶。关贸总协定成员国越来越多地使用以权力为基础的手段，如"灰色地带措施""自愿出口限制"，以及美国单方面使用"超级301"工具等。乌拉圭回合在很大程度上禁止了这些工具的使用。近年来，随着 WTO 上诉机构受到美国恶意破坏、欧盟默许美国对钢铁和铝的关税配额安排，全球经济事务开始频繁援引"国家安全"原则，多边数字经济体系陷入停滞。在 WTO 关于俄罗斯过境交通的措施（Russia-Transit）中，专家组认为国家安全例外是可审理的，并发布了一项裁决。但美国辩称，关税及贸易总协定 1994 年第 21 条的文本和谈判历史表明这一规定是不可受理的，也就是说，国家安全例外应留给成员进行判断。

发展中国家对多哈发展议程进展缓慢、无法恢复 WTO 上诉机构感到失望，这削弱了人们对该多边机构作为全球规则制定有效论坛的信心。对发展中国家来说，1995 年建立的世贸组织主导的《服务贸易总协定》（GATS）仍然是指导包括数字服务在内的所有服务的基本框架。然而，自 1995 年以来，发展中国家一直被 GATS 或最近的电子商务联合声明倡议边缘化。这是因为发展中国家对数字服务的要求，以及其对世贸组织单一承诺原则的坚定捍卫，被那些不愿在多哈发展议程以外的未决问题上取得进展的发达国家视为"阻碍"。尽管如此，印度等发展中国家在 WTO 提出了 2016 年服务贸易便利化提案，并拥有在互联网接入等特定领域法规方面作出更实质性贡献的专业知识。

WTO 发起的电子商务谈判是涉及数字经济的国际规则谈判中参与成员最多的谈判，其仍是数字经济治理讨论、谈判、政策审议、贸易统计和解决争端的关键。自 1998 年以来，WTO 成员迄今为止通常通过每两年延长一次的临时暂停来防止征收关税。ITA 赋予大多数电子产品免税待遇，GATS 支持某些市场进入信息和通信技术服务。《WTO 贸易便利化协定》支持一些海关流程的数字化，力图将关于电子商务的联合声明倡议演变为一项"选择加入"协议，以提高程序、监管透明度和促进电子贸易。值得注意的是，WTO 电子商务诸边谈判成员众多，这使得谈判在具备代表性和包容性的同时，也存在立场多元、意见分歧、协调困难、进展缓慢等问题。

随着数字经济的快速发展，各国也在积极寻找"志同道合"的数字经济治理伙伴，谈判缔结区域和双边国际协议，力求突破，达成符合各自需求、契合自身标准的规则。WTO 成员通报了 118 个包含电子商务章节的区域贸易协定，例如，CPTPP 包含了电子商务的专门章节，是一个较为详细的数字经济国际协议。数字贸易的规则正在由贸易协定来界定。道格拉斯·利波尔特比较了 6 项贸易协定——USMCA、CPTPP、DEPA、《欧盟—日本经济伙伴关系协定》、《欧盟—新加坡自由贸易协定》和《美国—日本数字贸易协定》（UJDTA），显示近年来的许多协议都包含了关于数据、知识产权、网络安全、消费者保护和数字支付的条款。[1]

---

1 Douglas Lippoldt, "Mitigating Global Fragmentation in Digital Trade Governance A Case Study", *CIGI Papers*, No. 270, January 2023.

国际数字经济发展规模巨大，但现有多边、区域和双边治理框架仍不一致、不完善。政府、民间社会和企业对跨境数字贸易某些方面的担忧，在激发缩小监管差距、调整相关要求和促进数字贸易兴趣的同时，也力求保持适当的利益平衡。数字贸易的范围、活力和变革潜力迫切需要构建一个更好的监管框架，以实现自由、精简、基于规则的市场准入。这对促进创新和可持续经济增长至关重要。G20等主要国际论坛和组织达成的数字经济相关文件在设定讨论议程、构建共同愿景方面发挥了重要作用，尽管这些倡议和声明通常是在总结经验、凝聚共识的基础上为成员提供建议，而不是制定具有约束力的规则，但其有助于推动参与数字经济的国家和地区就相关议题进行磋商和谈判，并逐步将相关倡议和愿景发展成为具有约束力的国际条约。

### （三）全球数字经济治理规则变革与创新

数字技术的进步和广泛应用推动了数字经济的蓬勃发展，全球经济治理也因此进入新的历史时期。从治理客体上看，数字技术拓展了全球经济治理空间，使全球产业治理、贸易治理、货币金融治理和可持续发展治理的内涵更加丰富。从治理手段上看，数字技术带来了全球经济治理的路径创新，并从全球经济信息交换、风险防范、危机应对和政策效能评估等方面引发了全球治理变革。[1] 建立统一、全面、连贯的数字经济数据体系，覆盖范围应包括数字贸易、国内数字经济活动及相关政策、法规和标准。世贸组织、经合组织、联合国贸易和发展会议及世界银行等现有国际组织应加强协调，更好地了解事态发展，提高政策一致性和改进经济决策，推动构建数字贸易市场开放框架、健康竞争和适当的监管护栏来支持充满活力的数字经济。

---

1 徐秀军、林凯文：《数字时代全球经济治理变革与中国策略》，《国际问题研究》2022年第2期。

鉴于传统治理机制难以适应全球数字经济的快速发展，应推动以区域多边协定为载体、G20 为中心，并向周边辐射的"联盟—网络"治理结构。[1] 首先，应努力维护 WTO 对全球数字经济治理的核心作用。趋同的领域可能包括透明度规定、消费者保护和电子贸易便利化。大多数成员似乎支持对电子传输实行永久免税待遇。WTO 协议的公共政策象征意义将促使各方尽快达成一项协议，面对当前紧张的地缘政治局势，哪怕 WTO 展示的是循序渐进的进展，也将是有益的。在数字贸易方面，各国政府应加入现有的高标准协议，或形成新的区域和双边协议，在自由、精简和监管的保护下推动数字市场的开放。同时，在规定数据自由流动、数字产品不受歧视、隐私保护的知情消费者同意模式和源代码保护等方面积累的额外经验，将有助于建立有关成本和收益的实际事实。这可能改善这些要素最终多边化的前景。

其次，加快推进地区和双边自贸协定对数字经济治理的规则探索。在当前地缘政治条件下，我们可能只能达成一个单薄的全球框架，它只是更大的多层次和部分竞争性的治理能力建设的一部分。一些国家已经找到了在主要国家之间架起桥梁的方法。例如，日本与欧盟签署了一项双边贸易协定，与美国签署了双边数字贸易协定，与中国等区域大国签署了 RCEP；加拿大与美国和墨西哥签订了 USMCA，与欧盟签订了另一项协定，并且成为 CPTPP 的缔约方。日本和加拿大及其他几个国家的经验可能表明，在进一步的谈判中，可能会增加区域贸易协定之间的一致性，甚至将某些条款多边化，更多的高标准协议正在酝酿中。除了上述 CPTPP 等电子商务专章的综合性国际协定，近年来数字经济国际规则制定也呈现专业化趋势，有关国家和地区之间专门针对数字经济治理达成的协议越来越多。在双边层面，2022 年签署的《英国—新加坡数字经济协定》和《美日数字贸易协定》等协议也专门解决了数

---

[1] 陈伟光、钟列炀：《全球数字经济治理：要素构成、机制分析与难点突破》，《国际经济评论》2022 年第 2 期。

字经济问题。这一趋势也表明，数字经济治理在国际经贸关系中发挥着越来越重要的作用，受到各国高度重视和积极推动。

最后，充分发挥 G20 在全球数字经济治理中的规则设计功能。G20 是倡导创建一个新机构的理想场所，有利于让更多声音参与全球治理讨论，这一点在中国、欧盟和美国之间的地缘政治竞争中表现得最为明显。从表面上看，价值观差异背景下的地缘政治紧张似乎会使数字治理合作变得困难。然而，它们之间的差异，以及其他司法管辖区之间的差异，使得任何一家科技公司都无法做到真正的全球化，因为在遵守一个地区的规则的同时不违反其他地区的规则已经变得不可能。这种情况不仅会导致功能失调、交易成本上升，还会损害企业和政府的信誉。全球各国都有理由质疑，这些由"意大利面条碗"（Spaghetti Bowl）[1] 组成的规则和协议是否真的符合他们的利益。无论是数字巨头的发源地美国和中国，还是作为全球重要市场的欧盟，都希望在数字平台的全球治理中形成约束性规则，而不是技术性原则。

面对全球化和数字化的双重进程，全球数字治理的兴起是必然的。可效仿 2008 年国际金融危机后设立的"金融稳定委员会"（FSB），为数字时代的布雷顿森林体系设立"数字稳定委员会"（DSB）。虽然建立 DSB 是否合适还有待商榷，但随着近年来互联网全球治理、数字税、跨境数据流、数字货币、人工智能等热点问题频繁出现，全球数字治理的重要性已无可否认。数字鸿沟、平台垄断和跨境数据流动等问题日益超越传统全球经济治理边界，客观上对全球数字经济治理框架的建立提出要求。

作为数字经济大国，中国近年来也积极参与引领了全球数字经济治理。2016 年 9 月，中国作为 G20 主席国在杭州峰会提出《G20 数字经济发展与合

---

[1] "意大利面条碗"指的是各种贸易协议的优惠待遇和原产地规则各不相同的现象，就像碗里的意大利面条，一根根地绞在一起。

作倡议》，首次将"数字经济"纳入G20创新增长蓝图；2020年9月，中国提出《全球数据安全倡议》，呼吁各国支持并通过双边或地区协议等形式确认倡议的承诺，并推动国际社会在普遍参与的基础上就此达成国际协议；2024年11月，中国发布《全球数据跨境流动合作倡议》，关注全球数据流动存在的困境，强调各国要携手构建高效、便利、安全的数据跨境流动机制，共同打造共赢的国际合作框架。目前，中国已谈判签署了中澳自贸协定、中韩自贸协定（China-Korea FTA）、中国—毛里求斯自贸协定（China-Mauritius FTA）等包含电子商务专门章节和相关规则的国际经贸协定。这些协定规定了各方在电子商务监管框架、电子认证和数字证书、网络消费者保护、网络数据和个人信息保护、无纸化交易、电子商务合作等数字治理领域的权利和义务，反映了中国在数字经济国际规则方面的重点关切和基本做法。与上述双边协议相比，中国于2020年11月15日签署并于2022年1月1日生效的RCEP涵盖了更多数字经济和电子商务领域的前沿议题，例如受公共政策和国家安全考虑影响的数据自由跨境流动，以及不将计算设施非本地化作为原则问题。RCEP的缔结和生效反映出，中国在制定数字经济治理国际规则方面迈出了重要一步。

## 五 治理利益：存量利益与增量利益分配

全球数字经济治理的利益结构可大体分为三个部分。一是美国数字科技和商业发展所带来的"加州效应"[1]。作为世界上科技和经济上的领先者，数字经济巨头要么起源于美国，要么优先考虑美国的监管框架，使得美国长期以来成为数字经济治理的主要规则制定者。二是欧盟推动的数字经济监管制

---

[1] 加利福尼亚州是美国经济和科技最发达的州，在商业领域特别是数字经济领域通常是美国国内事实上的标准制定者。

度,也被称为"布鲁塞尔效应"[1]。作为世界上最大的贸易集团,跨国公司通常会接受欧盟制定的监管要求,通过调整自身的产品或流程以满足欧盟标准。三是以中国、印度为代表的发展中国家治理模式。作为后发的数字经济参与者,发展中国家追求一种平衡的监管方式,既重视产业发展、科技创新,又重视经济安全、社会保护。这意味着政府的创新方式不应由单一的权利或利益(如隐私)来界定,而是需要平衡多种权力和利益。

## (一)全球数字经济治理利益结构

美国拥有全球领先的数字科技公司,并致力于寻求一个深度全球一体化的市场,包括数据流动和互联网开放,以使其公司能够充分受益于扩大的市场。然而,这不仅出于商业动机,也源于政策目标的驱动,是因为大多数美国政策制定者认为,技术创新对全球 GDP 增长和社会进步至关重要,民主价值观、规范和进程对人类福祉的实现同样不可或缺。他们坚信,美国的政策、做法和企业正在将这些利益最大化。

美国推动了互联网和 IT 标准的治理方法,这是基于自愿的、行业和利益相关者主导的、自下而上的标准过程。一方面,美国推行新自由主义的"华盛顿共识"(Washington Consensus)。这是传统的以市场为基础的方法,主张开放市场、国际贸易、减少监管、法治和最小化政府作用。历史上,美国联邦政府在推动许多关键数字技术创新方面发挥了极其重要的作用,包括互联网、半导体、计算、全球定位系统(GPS)等。另一方面,当美国政府倡导

---

[1] 布鲁塞尔是欧盟机构所在地,因此成为制定欧洲经济和贸易规则的主要地点。布鲁塞尔效应是指欧盟凭借市场力量单方面监管全球市场的能力。在无须诉诸国际机构或寻求欧盟外国家合作的情况下,仅凭自身市场力量就足以将欧盟标准转换为全球标准。因为跨国公司为进入欧盟而不得不遵循欧盟的规则和标准,欧盟就可以通过这些公司输出其在食品安全、化学品法规、反托拉斯、环境保护、隐私保护等方面制定的行业标准,从而单方面改变全球市场。

一种主要是自由市场、政府不干涉的方式时，它未能提供一种可接受的替代中国国家指导的模式。这不仅意味着美国对大多数寻求发展数字经济的国家的影响力下降，还导致许多国家与中国走得更近，并效仿政府主导的技术追赶模式。

在所谓的"技术或数字主权"作为基石叙事的幌子下，欧盟委员会（European Commission）计划在未来几年推出更多监管框架，以监管科技公司和新兴技术，包括专门针对人工智能的开发和使用的规则，以加强对工业和个人数据的控制而实施的"欧洲通用数据空间"（Common European Data Spaces），以及大型科技公司的商业模式。如果坚持对美国公司征收数字服务税，美国明确表示将进行报复，要么对在美国开展业务的欧盟公司征收类似的税，要么对从欧盟进口的产品征收关税。它还向欧盟明确表示，正是美国的国防开支使欧盟国家得以在国防支出上保持较低水平，因此欧盟不应攻击美国科技公司，而应联合反击中国的"不公平"的做法。

欧盟委员会和欧盟外交事务部门发表了一份联合声明，建议欧盟和美国建立一个新的战略对话机制，呼吁在网络安全和数字贸易方面加强合作，推动网络世界的民主价值观，并在数字税收、"大科技"和关键技术保护等问题上保持统一立场。欧盟的意图还包括加强与美国的监管联系，包括建立美欧贸易和技术委员会，该委员会将协调共同立场，促进跨大西洋贸易，此外还将成立跨大西洋人工智能联盟。双方在与中国相关的一系列领域开展合作，并在更广泛的 IT 和数字政策合作方面展开合作，包括限制 5G 设备和系统，对中国投资进行审查，联合向 WTO 起诉中国，合作打击网络黑客等知识产权盗窃行为，供应链合作，互惠先进技术战略和项目合作，在涉及大规模补贴或窃取或胁迫的情况下联合阻止中国进口，联合出口管制，在数字经济相关国际论坛上展开合作等。

美欧贸易和技术委员会寻求建立真正实质性的跨大西洋数字对话。美国政府应该寻求能促进美国 IT 和数字创新的多边主义，在一系列数字政策问题上与欧洲妥协，比如被遗忘权、数字服务税、反垄断、隐私和人工智能监管。欧盟官员则需要减少其"数字自主"的言论，因为这只会煽动 IT 和数字保护主义的火焰，并减少其"对美国大型科技公司的战争"。正如《经济学人》所写的那样，美欧贸易和技术委员会"通过一场盛大的技术政治交易，一个与世界其他地区紧密相连的美国将成为真正不可超越的中心"。

尽管近年来数字贸易的全球治理有所加快，但发达国家和发展中国家在关键问题上的观点仍存在很大分歧。由于数字技术和贸易发展的差异，两大集团的利益诉求不同，在许多关键问题上难以达成共识。总体而言，发达经济体更加注重营造开放的数字贸易环境，倡导跨境数据自由流动，重视知识产权保护和技术创新。同时，发展中国家更加重视提升电子商务便利化水平和自身发展需求。它们强调网络安全和国家安全，对开放互联网持怀疑态度。在发展中国家内部，许多问题缺乏共识。在数字贸易规则谈判中，这些国家的发展水平、数字贸易阶段、主张和诉求理论上应该是相似的，但由于治理体系的缺陷和沟通协调的不足，发展中国家难以在谈判中发出有效声音。作为发展中国家的代表，中国应通过"一带一路"等区域合作机制加强与发展中国家的沟通，挖掘发展中国家的共同诉求，为全球数字经济治理凝聚共识。

## （二）发达经济体利益主张与分歧

数字贸易的繁荣催生了越来越多的治理需求，但该领域的规则仍悬而未决。目前，世界贸易组织尚未制定多边协议来规范数字贸易，留下了一个巨大的法律真空。现有规则多向发达国家倾斜，发达国家主导的区域贸易协定纳入了电子商务相关条款，进一步加剧了全球数字贸易治理的碎片化。拜登政府上台后，美国试图从全球和区域层面构建数字经济联盟，其中包含针对中国数字经济发展的动机。

一方面，积极在双边和区域自贸协定中加入数字经济规则。美国在贸易协定中非常积极地促进自由贸易和消除贸易壁垒。这种方法也被延续到了数字时代，美国贸易协定率先将数字贸易问题纳入其中。例如，USMCA保障数据的自由跨境流动，规定"任何缔约方不得禁止或限制通过电子手段跨境转移信息，包括个人信息"；禁止数据本地化要求，规定"任何缔约方不得将被覆盖人员在该缔约方领土内使用或设置计算设施，作为在该缔约方领土内开展业务的条件"。

另一方面，构建地区或跨地区层面的数字治理框架。IPEF致力于促进跨境电子商务合作，打破贸易壁垒，降低数字贸易成本，促进企业间的数字合作，使商品和服务更方便地跨越国界流动。印太经济框架还提出加强在先进技术战略上的合作，以支持私人科技公司与中国领军企业竞争。美国、英国、澳大利亚和"五眼联盟"的其他成员正式在合作中加入了数字贸易部分，以实现集团内部不受限制的跨境数据流动，避免数字服务税，并限制其他破坏创新的监管行动。"五眼联盟"多为澳大利亚、加拿大、新西兰和英国等英联邦国家，这些国家倡导的IT、数字经济和贸易政策通常基于开放规则和规模经济。然而，这些国家偶尔也会效仿欧洲，对美国的数字公司进行反击。例如，澳大利亚已提出立法，要求互联网供应商为链接澳大利亚新闻供应商的网站付费，即使是无意中不遵守新规定的公司也将面临巨额罚款。

与美国和英联邦国家不同，欧盟更加重视隐私保护。《通用数据保护条例》充分体现了这一理念，该条例承认隐私不仅是消费者的权利，也是一项基本人权。《通用数据保护条例》规定，在将个人数据转移到第三国之前，必须事先获得授权，除非欧盟承认该国提供了同等水平的数据保护。欧盟的三个焦点都使其与美国存在明显差异。

一是希望对数字生态系统实施一个基于预防原则的监管框架，不仅在欧洲，而且在世界上所有国家。然而，在全球范围内实现这一框架不仅不利于全球创新，也会损害美国的技术利益。这种观念出现的一个重要原因是欧盟的技术悲观主义，如人工智能和机器人会淘汰工作岗位、虚拟现实令人成瘾、电子商务伤害了小公司、大型科技滋生不平等、互联网公司实行"监视资本主义"等。这些观点不仅抑制了对数字技术创新的兴趣，还产生了反创新政策。

二是欧盟日益抬头的保护主义，表现为对美国科技公司的一系列攻击，对欧盟市场准入的限制，以及不公平地限制欧盟竞争对手的政策。直到最近，欧盟的重点还主要放在刺激其国内创新上，包括试图建立一个数字单一市场。在欧盟官员围绕小企业的重要性制定的大部分议程的叙述中，小企业是大型科技公司的受害者，需要一系列特权和政府救济才能蓬勃发展。他们在没有证据的情况下辩称，小企业是创新和一切美好事物的驱动力，数字政策必须偏向小科技公司。这是给予"小科技"公平和战斗机会的唯一途径。例如，欧盟《数字服务法》提出：不对称规则将增加小型新兴竞争对手的发展机会，在提升数字服务的竞争力、创新和投资的同时，消减大型平台产生的特定危害。欧盟的监管政策没有专注于提高自己的制度环境，也没有推动扩大对美国的出口，而是专注于提高美国科技公司的成本。

三是欧盟出台的《关于扭曲欧盟内部市场的外国补贴条例》可能会赋予它单方面将美国产品排除在欧盟市场之外的权利。这种限制外部竞争的措施将抑制数字领域的创新。同时，这也意味着医疗、交通和教育等关键领域的创新减少。

## （三）新兴经济体利益诉求

发展中国家在全球数字治理中的核心关注是基于不平等和全球数字鸿沟的框架。尤其要求美国应该采取更多措施，通过信息技术和数字技术帮助发展中国家更有效地发展，而不是支持或对损害增长和竞争力的发展中政策视而不见。许多发展中国家都希望以限制技术破坏和增长、扭曲贸易的方式构建市场和数字政策，其中包括削弱知识产权、以市场准入换取强制本地化、限制跨境数据流动，以及制定不利于外国IT和数字公司的法规。许多发展中国家的政策制定者被误导，认为国家可以通过强迫企业在当地存储数据，即所谓的"数据本地化"来最好地服务于其经济利益，而不是足够重视ICT应用、教育、数字基础设施和数据治理政策等有助于最大化数据和数字技术的经济与社会效益所必需的要素。数据本地化和其他政策通常用于解决"数字鸿沟"。这种南北叙事将发达国家视为一种掠夺性的"帝国主义数字巨人"，并将剥削不发达国家视为理所当然。

这些国家还优先考虑中小型企业，包括微型企业和小型非正式企业，部分原因是它们很少有大型企业。这些国家认为，如果能让政策制定者相信中小企业的重要性，就能促使富裕国家做出让步。它们还强调本地内容的要求。例如，联合国贸易和发展会议（UNCTAD）指出：本地内容可以与发展中国家的国内软件生产挂钩。许多国家支持本国电信供应商，限制网飞公司（Netflix）和讯佳普（Skype）等顶级互联网服务的接入，尽管这些公司并不属于实际上对全球科技领先地位至关重要的行业。亚洲四小龙和欧洲等国家如果有强有力的国内政策支持创新，就可以在数字经济领域取得更大的进步，但对大多数新兴经济体来说，这要困难得多，因为它们缺乏必要的技能、创业人才、研究型大学和数字基础设施。联合国贸易和发展会议也主张将关注范围扩大到诸如消费者隐私、个人数据保护、消费者选择、市场结构、转换成本和性别、国家、种族、收入、阶级、专利等问题。

多数发展中国家认为，限制外国互联网公司的数字市场准入是发展本国数字经济的关键途径，印度和印度尼西亚等国就是这种做法的典范。大多数非洲国家都开始关注并制定数据保护、经济和贸易等政策，以应对数据驱动的创新和贸易日益增长的重要性。南非、尼日利亚和肯尼亚是新兴科技中心的所在地。后两个国家的政策制定者认识到拥抱数字技术所带来的机遇，致力于发展和吸引技术投资和人才，并在包括世贸组织在内的全球数据辩论中发挥作用。然而，以南非为首的许多非洲国家通常站在联合国贸易和发展会议的阵营，反对在世贸组织就电子商务谈判新规则做出努力，并倾向于对数字传输征收关税。

在联合国贸易和发展会议成员中，印度的数字政策很值得关注，主要是因其巨大的市场潜力。美国与印度的IT和数字公司紧密相连，这使得印度的数字化一直由公私合作伙伴关系引领。印度国家支付公司（NPCI）是主要的数字支付和结算基础设施，由印度中央银行牵头的一个财团成立，采用"非营利"的运营模式，并由其他56家银行和机构持股。NPCI负责"Rupay"，这是为了与Visa和万事达竞争而推出的国产借记卡、信用卡和预付卡。类似地，印度独特的生物识别身份系统的底层技术——"印度堆栈"（India Stack）是一套"开放应用程序编程接口（API）"。它由一家行业联盟开发，但归政府或使用这些API提供数字储物柜或电子客户验证等公共数字服务的商业实体所有。另一个例子是印度的数据治理方法。该国设立了数据保护委员会（Data Protection Board of India），并任命"独立的数据保管人，他们将在法律上被委托负责确保数据共享，而不是依赖私人合同或政府指令"。印孚瑟斯（Infosys）和塔塔咨询服务公司（Tata Consultancy Services）等印度公司在私人合同的指导下成为值得信赖的外包巨头。印度的数据保护法案在很多方面借鉴了欧盟的《通用数据保护条例》（GDPR），对初创公司和移动应用程序的外国投资，尤其是来自中国的投资进行了更深入的审查。2020年6月，在印度和中国军队发生边界冲突的高峰期，印度政府决定禁止使用59个中国应用程序（一个月后又禁止47个）。这表明地缘政治竞争与对抗可能会蔓延到数字领域。

与欧盟和美国不同，中国传统上对贸易协议中的电子商务持谨慎态度。长期以来，电子商务章节未纳入其参与的区域贸易协议。这种情况在2015年其与澳大利亚和韩国签署自由贸易协定时发生了改变。此外，这两个自贸协定的条款相当温和，主要涉及与贸易便利化有关的问题，如暂停对电子传输征收关税，承认电子认证和电子签名，电子商务中的个人信息保护，无纸化交易，管理电子交易的国内法律框架，需要为使用电子商务的消费者提供与传统商业形式同等水平的保护。2020年11月，中国等15个国家共同签署RCEP，在电子商务领域取得重大突破。在《电子商务章节》中，中国与所有其他RCEP成员一样，同意缔约方不得"要求被覆盖的人员在该缔约方领土内使用或定位计算设施作为在该缔约方领土内开展业务的条件"。

然而，中国已缔结的国际经贸协定中的数字经济规则与中国拟加入的其他国际协定仍存在较大差异。DEPA、CPTPP等协定由数据和电子商务驱动，这促使人们共同推动建立数据治理和电子商务的全球机制。相反，中国现有协定中关于数字经济的规则通常侧重于电子商务便利化、消费者保护等与传统商品和服务贸易密切相关的议题，而不是跨境数据流动、计算设施选址、加密产品和源代码等与"纯"数字经济相关的议题。就某些协定所涉及的跨境数据流动和计算设施非本地化等问题而言，这些规则往往只规定了基本原则，而没有规定可执行的规则，给缔约方留下了很大的自由裁量空间。由于这些差异，在加入 CPTPP 和 DEPA 的过程中，中国可能会面临更大的挑战，以适应这些协议中关于跨境数据流动、数字产品非歧视待遇、计算设施本地化等更为严格的纪律。谈判代表和政策制定者应兼顾安全与效率，兼顾监管机构、企业和消费者利益，与各国共同推动数字经济健康有序发展。

# 第三章
# 全球数字贸易治理体系的中国角色

数字贸易是全球贸易增长的重要驱动力,也是中国推动贸易高质量发展的重要抓手。为推进全球数字贸易发展与治理,中国已成为数字贸易便利化、数字贸易开放、数字贸易信任建设与数字贸易包容性发展的积极推动者。中国将不断创新发展数字贸易,[1] 推动以安全为前提的数字信息互联互通,为数字贸易持续发展提供保障,在推动构建全球数字贸易治理体系方面发挥更加积极作用。

## 一 全球数字贸易发展进程与现状

关于数字贸易的定义,国际社会尚未达成共识。美国商务部经济分析局认为,数字贸易是指可数字化的服务贸易,主要涵盖信息通信技术在跨境贸易中发挥重要作用的服务部门。[2] 美国国际贸易委员会认为数字贸易是通过互联网及智能手机、网络连接传感器等相关设备交付的产品和服务。[3] OECD、WTO 和 IMF 联合发布的《数字贸易测度手册》中,将数字贸易定义

---

[1] 《中共中央关于进一步全面深化改革 推进中国式现代化的决定》,人民出版社,2024,第26页。

[2] Kevin Barefoot, Dave Curtis, William Jolliff, Jessica R. Nicholson, Robert Omohundro, "Defining and Measuring the Digital Economy", *Bureau of Economic Analysis Working Paper*, March 15, 2018, pp. 1-25.

[3] United State International Trade Commission (USITC), "Global Digital Trade 1: Market Opportunities and Key Foreign Trade Restrictions", *USITC Publication*, No. 4716, Washington, D. C.: USITC, 2017.

为所有通过数字订购或数字交付的贸易。[1]《中国数字贸易发展报告（2021）》中则对 OECD—WTO—IMF 框架做了进一步细分，数字订购贸易分为跨境电商贸易的货物与服务，数字交付贸易分为数字技术贸易、数字服务贸易、数字产品贸易及数字贸易。[2] 也有学者认为，数字贸易的内容主要包括版权和许可服务、金融和保险服务、长途电信服务、商业专业和技术服务。[3] 总体来看，数字贸易以数字技术为基础，以数字平台为载体，以数据为关键要素和驱动，并由此催生出一系列不同于传统贸易的数字贸易规则。从贸易数字化的转型类别来看数字贸易，主要包括三种情形，分别是传统贸易转型为电子商务、传统贸易直接转型为数字贸易和电子商务转型为数字贸易。数字贸易包含贸易方式的数字化及贸易对象的数字化，前者指传统价值链贸易的数字化转型，后者指贸易对象囊括了以数字形式存在的要素或服务。数据流动是数字贸易最重要的条件之一，跨境数据流动规制的现状反映出当前数字贸易的主要规则仍处于尚未成熟的探索阶段，世界范围内亟须建立稳定高效的数字贸易治理体系。

## （一）全球数字贸易发展进程

随着新一轮的技术革命和产业变革，世界经济逐渐催生出全新的数字经济形态，这一趋势加速了全球价值链的数字化转型。以互联网、人工智能、云计算为代表的数字技术快速发展，加速了知识与信息的传播和获取，有效推动了全球范围内的生产分工，促进了全球价值链的转型升级。数字经济在

---

[1] OECD, WTO and IMF, "Handbook on Measuring Digital Trade", https://www.oecd.org/sdd/its/Handbook-on-Measuring-Digital-Trade.htm.

[2] 中华人民共和国商务部：《中国数字贸易发展报告（2021）》，https://cif.mofcom.gov.cn/cif/reportHome.fhtml。

[3] 周念利、陈寰琦：《RTAs 框架下美式贸易规则的数字贸易效应研究》，《世界经济》2020 年第 10 期。

生产、分配、流通、消费等环节都产生了重要影响。其中，以数据作为关键生产要素，数字经济通过数字化产业和产业数字化逐渐成为全球经济新的增长源泉。"数字产业化"是指信息技术产业，"产业数字化"则包含了数字化技术进行融合创新后形成的新兴产业和业态。2016年9月，G20杭州峰会发布了数字经济发展与合作倡议，以促进全球的数字经济的发展与创新。G20杭州峰会对数字经济的定义为："以使用数字化的知识和信息作为关键生产要素、以现代信息网络作为重要载体、以信息通信技术的有效使用作为效率提升和经济结构优化的重要推动力的一系列活动。"[1] 时任美国人口普查局代局长托马斯·梅森伯格（Thomas Mesenbourg）将数字经济的识别特征总结为三个方面：第一，通信网络等作为底层支撑的数字化基础设施；第二，使得电子商务得以在网络上组织和实施的过程，例如信息的数字化；第三，电子商务，即数字化知识和信息的在线交易。数字经济作为一种新的经济活动形态，在后疫情时代逐渐成为促进经济企稳回升与构建国内国际双循环新发展格局的重要力量。[2]

数字经济在国际交易中具体表现为电子商务和数字贸易。数字贸易包括数字订购、数字交付等贸易形态，其建立在跨境数据流动的基础之上。数字贸易作为数字经济的延伸和应用，是以作为关键生产要素的数据要素为核心内容，借助现代信息网络进行传输甚至完成交易为特征，最终是以传统经济活动效率提升和经济结构优化为目的的贸易活动。[3] 目前，数字贸易虽然高速发展，但各国在数字贸易是什么、数字贸易应涵盖哪些内容等问题上仍存在较大分歧。联合国、WTO和APEC等世界主要国际组织和机制都相继使用

---

[1] 中华人民共和国国家互联网信息办公室：《二十国集团数字经济发展与合作倡议》，2016年9月29日，http://www.cac.gov.cn/2016-09/29/c_1119648520.htm。

[2] Thomas L. Mesenbourg, "Measuring the Electronic Business", *United States Bureau of the Census*, February 15, 2002, pp. 1-19.

[3] 孙杰：《从数字经济到数字贸易：内涵、特征、规则与影响》，《国际经贸探索》2020年第5期。

了数字贸易这一概念，但均没有对其内涵进行界定。可见，在数字贸易的相关概念上，各国或各经济体尚未能达成共识。对数字贸易基本概念定义的缺失，也一定程度上导致当前各国无法对数字贸易规则的制定达成共识。尤其是在发达国家和发展中国家间，数字贸易规则治理仍存在较大的困境。

目前，在逆全球化、保护主义、单边主义浪潮兴起的背景下，新一轮科技革命和产业升级加速推进。以数字经济为特征的新一轮全球化保持高速增长，推动全球产业链、供应链、价值链变革，维持世界经济的发展与增长。数字贸易越发呈现出超越传统贸易的态势，成为国际贸易增长的新引擎。越来越多的服务贸易和货物贸易实现数字化，数字产品贸易、数字技术贸易等均出现高速增长态势。世界各国正围绕发展数字贸易及其规则框架加速布局，数字贸易正逐渐成为大国和地区博弈的新领域。

不同国家和地区的数字经济和数字贸易的发展程度存在显著差异。美国是目前数字经济规模最大的国家，无论是数字服务规模还是数字技术、数字产业，都保持着绝对优势，在全球数字贸易领域中占据绝对主导地位；部分发达经济体，如英国、德国等，在数字服务领域处于第二梯队，而新兴经济体在数字经济和数字贸易发展上存在明显落后，加快经济数字化成为发展中国家，特别是新兴经济体发展自身经济，积极融入全球化的重要途径。2022年，从规模看，美国数字经济规模蝉联世界第一，达17.2万亿美元，中国位居第二，为7.5万亿美元；从占比看，英国、德国、美国数字经济占GDP比重均超过65%；从增速看，沙特阿拉伯、挪威、俄罗斯数字经济增长速度位列全球前三位，增速均在20%以上。其中，中国数字经济规模仅次于美国，拥有全球最大的数字市场，数字经济顶层设计日益完善，数据资源领先全球，数字产业创新活跃，数字中国建设成效显著。[1]

---

[1] 中国信息通信研究院：《全球数字经济白皮书（2023年）》，2024年1月，http://www.caict.ac.cn/english/research/whitepapers/202404/P020240430470269289042.pdf。

数字贸易新业态在成为推动经济发展的重要引擎的同时，也带来了诸多新的问题和挑战，并突出表现在三个方面：一是在数字化时代下衍生出的数字贸易治理规则缺失等问题。这主要源于各个国家和地区数字经济发展水平存在较大差异，对数字贸易规则的核心诉求不同，数字贸易协定难以推进。二是作为全球公共产品，数字贸易治理的供需两端严重失衡，"治理赤字"困境越发凸显。三是在跨境数据流动层面，出于对国家安全及个人隐私等方面的考量，诸如数据本地化处理与存储、有条件的数据传输、数据传输行为准则等保护主义倾向的规制手段限制了数据自由流动，从而在一定程度上阻碍数字贸易的发展。[1] 世界主要国家按照数据流动的自由程度可以划分为数据开放型国家、监管保护型国家及政府管控数据型国家三种类型，[2] 各国由于数字经济的发展程度差异、数据权利保护或数据自由流动的政策偏重不同，统一的跨境数据流动规则难以在较大范围内达成共识，数字贸易在不同类型的国家间难以形成双方都认可并实际执行的协定或准则。

在2021—2023年全球经济低迷情况下，全球数字服务贸易依旧保持了高水平发展。2021年，在全球经济面临下行风险的背景下，跨境数字服务贸易却逆势上扬，同比增长14.3%，在服务贸易中的占比达到63.6%。[3] 2022年，全球数字服务贸易规模为3.82万亿美元，同比增长3.9%，在服务贸易中的占比达到53.7%。[4] 2023年全球数字服务贸易规模达到4.25万亿美元，占服

---

[1] Lillyana Daza Jaller, Simon Gaillard, and Martín Molinuevo, "The Regulation of Digital Trade: Key Polices and International Trends", World Bank Group, January 2020.

[2] Martina Francesca Ferracane and Erik van der Marel, "Regulating Personal Data: Data Models and Digital Services Trade", Policy Research Working Paper, No. 9596, March 2021.

[3] 中国信息通信研究院：《全球数字经贸规则年度观察报告（2022年）》，2022年7月，http://www.caict.ac.cn/kxyj/qwfb/bps/202207/t20220729_406686.htm。

[4] Joshua P. Meltzer, "Governing Digital Trade", World Trade Review, Vol. 18, No. S1, 2019, pp. 23-48. Shamel Azmeh, Christopher Foster and Jaime Echavarri, "The International Trade Regime and the Quest for Free Digital Trade", International Studies Review, Vol. 22, No. 3, 2020, pp. 671–692.

务贸易的54.3%。[1] 2015—2023年全球数字服务贸易出口总额占服务贸易出口总额的比重已超过50%，尤其是在2020年新冠疫情肆虐并对世界各国的经济造成了严重冲击的叠加背景下，2020年和2021年全球数字服务贸易出口总额占服务贸易出口总额的比重不降反升并已超过60%，由此可见全球数字服务贸易搭乘着数字技术的快车实现了对传统服务贸易的弯道超车，成为推动全球贸易复苏的重要引擎。

在全球贸易呈现动荡及不稳定的走势背景下，数字贸易提速作用持续发挥，增速高于全球贸易增速。2011—2020年，数字服务贸易复合增长率达4.4%，显著高于服务贸易（1.19%）和货物贸易（-0.4%）。[2] 2023年的数据显示，当年全球货物和服务总出口同比下滑2%，其中全球货物出口同比下降6%，但全球数字服务出口表现出强大的韧性，同比增长9%。由此可见，数字贸易正成为全球贸易增长的重要驱动力，不仅为后疫情时代世界经济复苏注入不竭动力，还是推动中国贸易高质量发展的重要抓手。

为顺应全球数字贸易的迅猛发展，国际社会亟须建立一种数字贸易均衡治理体系。该体系需要包含两个要素：一是新的数字贸易规则，WTO和已经签署的FTA中已存在一些相关规则；二是有效的国际监管合作，在隐私和消费者保护等领域制定标准和相互承认的协议，使国内监管机构相信，即使数据离开其管辖范围也不会破坏国内监管目标的实现。[3] 全球数字贸易治理的途径，一方面是形成国内数字经济治理法律与政策体系，另一方面是创设数字贸易治理国际协定与规则体系。数字贸易治理的核心问题是数据保护与跨

---

[1] 中国信息通信研究院：《全球数字经贸规则年度观察报告（2024年）》，2024年9月，http://www.caict.ac.cn/kxyj/qwfb/bps/202409/P020240926599581820855.pdf。

[2] 中国信息通信研究院：《全球数字经贸规则年度观察报告（2022年）》，2022年7月，http://www.caict.ac.cn/kxyj/qwfb/bps/202207/t20220729_406686.htm。

[3] Joshua P. Meltzer, "Governing Digital Trade", *World Trade Review*, Vol. 18, No. S1, 2019, pp. 23-48. Shamel Azmeh, Christopher Foster and Jaime Echavarri, "The International Trade Regime and the Quest for Free Digital Trade", *International Studies Review*, Vol. 22, No. 3, 2020, pp. 671-692.

境数据流动，实现数字自由与数字监管之间的平衡，同时这也是数字监管的核心争论问题。

在全球数字贸易治理议题中，跨境数据流动正成为数字经贸规则中的焦点议题。数据作为新型生产要素已经成为经济社会发展的重要基础性资源，[1]作为数字贸易对象，数据发挥了流通赋能、价值创造的关键作用，跨境数据流动更是成为新型全球化的重要特征。[2] 目前，全球范围内跨境数据流动规则体系建设仍处于探索阶段，数字经济大国主要依靠区域贸易协定进行具体机制的协调。[3] 国际组织在跨境数据流动规制方面主要表现出以下两个方面的动向。[4]

第一，国际组织推动形成跨境数据流动规则的共识。目前，推动数据流动规则的主要国际组织有 G20、G7、OECD 等。2019 年 6 月，在 G20 大阪峰会上，二十国领导人在数字经济特别会议上签署了《大阪数字经济宣言》，提出建立允许数据跨境自由流动的"数据流通圈"，共同完善数据治理规则，确保数据的安全有序利用；2022 年，G20 召开数字经济工作组会议，将数据跨境流动列为核心议题之一，探讨可信数据自由流动原则；G7 发布《促进可信数据自由流动行动计划》，推进各方在监管合作、数据本地化、政府获取私营部门持有个人数据、国际数据空间知识共享方面的合作落地；OECD 发布《数据本地化措施初步图景》等报告，评估数据流动潜在利益、风险，以及相关政策的挑战与解决方案。

第二，区域贸易协定中的跨境数据流动规则不断演进变化。一方面，跨境数据流动规则形成了"允许数据跨境自由流动+安全例外"的基本模式；

---

[1] 刘洋、董久钰、魏江：《数字创新管理：理论框架与未来研究》，《管理世界》2020 年第 7 期。
[2] 张茉楠：《跨境数据流动：全球态势与中国对策》，《开放导报》2020 年第 2 期。
[3] 余振：《全球数字贸易政策：国别特征、立场分野与发展趋势》，《国外社会科学》2020 年第 4 期。
[4] 中国信息通信研究院：《全球数字治理白皮书（2022 年）》，2023 年 1 月，http://www.caict.ac.cn/kxyj/qwfb/bps/202301/P020230110553626083595.pdf。

另一方面，数据流动和计算设施位置条款向鼓励数据自由流动方向发展。[1] 2022 年 1 月，RCEP 正式生效实施。RCEP 在尊重国家数据主权的基础上允许数据跨境自由流动的同时，设置基本安全例外条款。[2] 近几年，中国相继申请加入 CPTPP 与 DEPA，积极对接国际数字规则，不断推动跨境数据流动监管政策与国际规则接轨。DEPA 承袭了 CPTPP 中关于数据流动的条款，即允许数据跨境自由流动。在多边贸易机制下，高标准的跨境数据流动规制有序推进，数据流动在平衡、安全与开放的前提下持续赋能数字贸易发展，利用数字全球化推动世界经济加快复苏。[3]

## （二）全球数字贸易治理赤字

全球数字贸易治理的目标是实现经济自由与公共利益之间的平衡。但是，由于 WTO 的半缺位状态，以及部分贸易协定的竞争化和碎片化，全球数字贸易治理的公共产品供给相对需求而言，"赤字"有增无减。[4] 特别是自由贸易协定中有关数字经济的非中性规则，给全球数字贸易均衡治理带来较大挑战。当前，全球数字贸易治理赤字主要表现为治理公共产品供求的失衡上，这与数字大国利益博弈密不可分。这种失衡状态一方面体现在数字贸易相关的贸易规则碎片化、数字监管"非中性"供给等现象上，另一方面表现在各国在数字主权和数字基础设施等方面需求的不均衡上。从三种类型的治理公共产品的供求关系看，全球数字贸易治理赤字存在明显扩大趋势，这与全球数字

---

[1] 刘典：《全球数字贸易的格局演进、发展趋势与中国应对——基于跨境数据流动规制的视角》，《学术论坛》2021 年第 1 期。

[2] Henry Gao, "Digital or Trade? The Contrasting Approaches of China and US to Digital Trade", *Journal of International Economic Law*, Vol. 21, No. 2, 2018, pp. 297-321.

[3] UNCTAD, *Digital Economy Report 2021: Cross-border Data Flows and Development*, New York: United Nations Publications, 2021, pp. 7-8.

[4] 肖光恩、冉小东：《全球数字贸易治理"赤字"与中国的对策——基于全球公共品的视角》，《中南民族大学学报》2022 年第 1 期。

大国之间的利益冲突和观念分歧有密切关系，也体现了全球数字大国对贸易治理公共产品的需求偏差。

全球数字大国在全球数字贸易治理体系中的失衡根植于制度非中性。构建普世的相对制度中性的数字贸易全球营商环境，有助于推进数字贸易规则中性化之下全球数字贸易治理体系演进，也能减小由于规则非中性造成的全球数字经济鸿沟。鉴于数字大国利益博弈难以从根本上消除，全球数字贸易治理的革新路径也充满挑战。为更好改革和创新全球数字贸易治理体系，首先需要厘清数字大国之间利益诉求和规则制定话语权的差别，从而找到消弭利益博弈和认知冲突的根源，促进全球数字贸易治理体系建设。

全球数字贸易治理体系是一个综合的国际公共产品"集合"，公共产品的供给与需求影响着数字贸易治理能否向着均衡状态发展。数字贸易均衡治理将为全球经济治理体系创新提供一种更加具象的标的。中国《"十四五"数字经济发展规划》从数字基础设施、数据要素、数字经济治理、数字经济安全及数字经济国际合作等八个方面对中国数字经济发展作出了整体性部署安排。其中，治理、安全与合作议题特别值得重视，这关系到中国与全球数字经济发展的稳定性和可持续性。目前，全球数字贸易治理体系的需求主要包括更加中性的贸易规则和协定、对数字贸易的社会文化包容性等制度型要素，全球数字贸易治理体系的供给主要包含数字技术、数字基础设施等器物型要素。

### 1. 全球数字贸易治理公共产品供给类型

全球数字经济贸易治理是一项国际公共产品。构成数字经济和数字贸易的要素不仅包含器物型的全球数字基础设施和数字技术等，也涵盖影响全球数字贸易治理的制度型数字规则，以及观念型的社会文化和意识形态等公共产品，这些对全球数字贸易治理均能起到创造效应和深刻影响。

（1）器物型公共产品供给

在数字经济背景下，以数据作为基本要素的生产交易形式构成了数字技术的不同发展路径和具体产业模式。由大数据运行所产生的全球数字基础设施也是数字经济和贸易的基本要素，同时数字基础设施的发展也会影响数字贸易的基本形式。

跨境数据流动是数字贸易的重要载体，也是全球数字贸易治理的器物型公共产品供给。跨境数据流动的规制体系包括承诺数据自由流动，数据自由流动还要遵循使用过滤措施，以及明确的禁止任何数据本地化的措施，这些也是数字贸易议程的目标之一。关于数据流动的属性，欧盟认为数据具有国家主权属性，美国则认为数据流动具有全球属性。数据本地化规则分为三种类型：第一种是无数据本地化限制，即可以无条件地跨境数据流动，例如爱尔兰和冰岛等国家，这些国家的数字贸易限制指数较低；第二种是数据本地化较少限制，在国内存储镜像的数据，即有条件的跨境数据流动，例如泰国和澳大利亚等国家，这些国家的数字贸易限制指数略高；第三种是数据本地化高度限制，数据仅在国内存储，严格禁止跨境数据流动，例如俄罗斯、中国和土耳其等国家，这些国家的数字贸易限制指数通常较高。[1] 数据本地化是被采用最多的限制数字贸易的措施，相关法规和对数据流的限制在全球范围内呈上升趋势，集中体现在金融、卫生健康、会计等部门。各国政府管制和限制互联网的类型包括：个人隐私与数据保护、国家安全、政治限制、以道德为基础的互联网限制、知识产权保护和商业限制。国家数字主权是强主权，反映的是国家对本国数据所拥有的治理权，例如政府通过立法决定境内数据能否跨境自由流动等条款。[2]

---

[1] 数字贸易限制指数（DTRI）测度反映了数字贸易壁垒的高低程度。
[2] 马述忠、濮方清、潘钢健：《数字贸易的中国话语体系构建——基于标识性概念界定的探索》，《新文科教育研究》2023年第1期。

同时，全球数字基础设施是数字贸易运营的基础，也是数字贸易治理的器物型公共产品供给。众所周知，数字技术与设施是大国在数字贸易治理中的重要博弈领域。借助已然形成的"数字鸿沟"，数字大国通过数字基础设施和数字产品的出口管制，对给其构成威胁的国家进行数字技术脱钩，以维护其数字大国的地位。目前，全球数字基础设施如海底光缆、云平台等主要由数字大国的跨国公司控制，这是形成数字鸿沟和数字贸易失衡的主要原因之一。

海底光缆和云平台是最具代表性的全球数字基础设施。这些设施也是全球数字贸易治理的器物型供给，所有权主要是由发达国家的企业掌控。美洲、欧洲和亚太地区的海底光缆线路建设最为发达，主要是以谷歌的海底光缆为主。同样，世界上云平台也是以谷歌的云平台为主流。全球著名信息咨询机构高德纳公司（Gartner）估计数据显示，2024年全球公共云服务最终用户支出增长20.4%，达到6754亿美元，高于2023年的5610亿美元。其中，支出金额较大的云应用软件服务（SaaS）约为2060亿美元，云系统基础设施服务（IaaS）支出约为1433亿美元，平台应用基础设施（PaaS）支出约为1429亿美元。[1] 通过上述多种数字基础设施，国家之间不仅可以进行可数字化的服务贸易，还可以通过通信技术与数字方式实现货物商品的交易。

（2）制度型公共产品供给

从《关税与贸易总协定》诞生以来，国际贸易规则经历了以边境间关税减让为主的第一代贸易规则到边境内规则约束为主的第二代贸易规则的演进过程。随着数字技术的不断应用，国际贸易规则正在向以"数字促进贸易"

---

[1] "Gartner Forecasts Worldwide Public Cloud End-User Spending to Surpass ＄675 Billion in 2024", May 20, 2024, https：//www.gartner.com/en/newsroom/press-releases/2024-05-20-gartner-forecasts-worldwide-public-cloud-end-user-spending-to-surpass-675-billion-in-2024.

的第三代国际贸易规则发展演进。[1]

第一，多边贸易体制下的全球数字贸易治理供给。目前的多边贸易体制是在数字贸易处于起步阶段时谈判达成的，尽管在技术上是中立的，但现存的问题是多边贸易规则是否满足全球数字贸易均衡发展的需求。传统意义上的贸易规则是基于确定产品是商品还是服务，以及它们所跨越的边界。但是，数字经济缺乏WTO层面的原则，导致在国际层面很难建立国家级的监管原则，便衍生了大国"各自为政"的数字贸易规则模板，也会产生监管方面的冲突和间隙。假设现行的数字框架允许滞后实施的监管措施，这将使发展中国家能够开发其执行数据监管新措施的能力，并在受WTO规则约束之前建立数字基础设施，当然设定的框架还需要发达国家提供技术支持以弥补其能力的缺失。

数字贸易规则中部分条款是基于自由贸易协定（WTO+）的规则，是对多边机制的补充。例如GATS和GATT的非歧视性待遇、服务贸易模式的再分类、电信服务开放、最低关税减免、贸易便利化（贸易无纸化）等。数字贸易规则的主要条款是基于电子世界贸易平台（e-WTP或者WTO-E）制定的，涉及诸如数据和信息跨境流动传输、跨境税收、技术中性、电子合同和签名、线上消费者保护、未经许可的商业电子信息、个人信息保护、中介平台服务商责任、源代码、计算设施的使用和位置。

第二，区域规则下的全球数字贸易治理供给。随着全球贸易日益向数字领域发展，了解管理数字贸易市场开放度的规则是评估数字贸易发展环境和可能需要关注的领域的重要步骤。在此背景下，现有WTO规则和区域贸易协定的谈判，都有涉及数字贸易方面的内容。但是，数字贸易所包含的议题广

---

[1] 沈玉良等：《是数字贸易规则，还是数字经济规则？——新一代贸易规则的中国取向》，《管理世界》2022年第8期。

泛,从电子传输关税和非歧视性待遇,到国内监管、电子认证、数据保护和无纸化贸易等范畴。现在越来越多的区域贸易协定专门设置了针对"电子商务"或"数字贸易"的特定章节,与数字贸易有关的具体规定也可以在区域贸易协定的其他部分中找到。

大多数区域贸易协定不仅包含一个可行的对电子传输等方面的数字产品的分类和定义,还有一项适用于电子商务贸易规则的共同规定,特别是在跨境服务、金融服务和投资方面。在大多数协议中,国家待遇和最惠国义务也适用于数字产品。许多区域贸易协定将 WTO 的贸易规则应用于电子商务,并且暂停对电子传输征收关税。此外,区域贸易协定承诺不以技术为由进行歧视,以尽量减少监管负担,并使对电子商务行业的国内监管与国际法规保持一致。

第三,DEPA 框架下的全球数字贸易治理供给。2020 年 6 月,DEPA 的签署开创了亚太数字贸易治理规则的新阶段,亚太数字贸易治理的大国博弈将以中美两国为中心,中小国家也会以"联合抱团"来争取某些议题的话语权。[1] 数字贸易规则中的数据存储非强制本地化、跨境数据自由流动,以及数字产品非歧视性待遇这三项条款对研发要素跨境流动具有较强的促进作用,对当前中国申请加入 DEPA 具有重要的启示意义。[2] 中国积极推进加入 DEPA,有利于推动数字贸易领域扩大开放,与成员建立规则相通、标准相容的一体化数字贸易市场,也有利于全球数字贸易治理体系的构建。

同时,在全球数字贸易治理体系构建过程中,数字监管的成本越来越高,国家安全和跨境数据流动之间的界限也变得愈加模糊。目前的相关法规要求企业的数据本地化,其运行流程需要一定的审批或者限制,以此进行相应且合规的网络安全监管,保护消费者的个人隐私和国家的数据安全。所以,以

---

[1] 周念利、吴希贤、焦婕:《基于 DEPA 探究亚太地区数字贸易治理前景》,《长安大学学报》(社会科学版) 2022 年第 2 期。

[2] 刘斌、甄洋:《数字贸易规则与研发要素跨境流动》,《中国工业经济》2022 年第 7 期。

国家安全为导向的数字监管是各国参与数字贸易治理的制度型公共产品供给。数字贸易大国的数字监管模式各不相同。例如，美国的数据由私人部门控制，通过私人数据公司实现增加数据控制的扩张战略。USMCA 指出，免征数字关税有利于数据的跨境自由流动，承诺海关关税不能应用到诸如音乐、书籍、软件、游戏和电影等数字产品上也是数字贸易议程的目标之一。反对数据存储本地化是因为美国的数字企业在全球占据绝对竞争力，在数字技术创新方面也存在显著优势，所以其在数字贸易规则中高度重视数字知识产权保护，包括源代码条款、通信技术条款等一系列内容。

跨境数据流动的相关法规和监管措施既能促进数字贸易也能阻碍数字贸易发展。数字监管措施对数字贸易发挥着三个不同的作用：第一，监管能够为远程交易中的电子文档和签名、电子支付提供基本的监管工具。第二，监管能够改善数字市场的信任条件，主要是确保消费者的信息和隐私得到保护。第三，监管也能给数字贸易发展带来阻碍因素，限制线上交易的货物和服务商品的类型，提高数据转换的成本，或者是增加线上市场、平台和服务提供商的负担，最终会阻碍数字市场商品和服务的提供。[1]

（3）观念型公共产品供给

国家政治文化对全球数字贸易治理的观念有重要塑造作用。一些外国学者对数字经济和人文等要素的研究认为，自由的数据流动应该支持人权、言论自由和民主。[2] 相对于鼓励数据自由流动的国家来说，从现实的国家利益到抽象的观念价值，从整体的社会福利到个人的公民权益，选择数据本地存

---

[1] Lillyana Daza Jaller, Simon Gaillard and Martín Molinuevo, "The Regulation of Digital Trade: Key Policies and International Trends", World Bank Group, 2020.

[2] Bauer, D. J., Howard, A. L., Baldasaro, R. E., Curran, P. J., Hussong, A. M., Chassin, L., et al., "A Trifactor Model for Integrating Ratings Across Multiple Informants", *Psychol Methods*, Vol. 18, No. 2, 2013, pp. 475–493; Anupam Chander and Uyên P. Lê, "Data Nationalism", *Emory Law Journal*, Vol. 64, No. 3, 2015, pp. 679–704.

储的国家往往有更为复杂的目标有待实现。[1] 在具体的数字贸易经验研究方面，国外学者使用美国易贝（eBay）的数据来分析贸易是如何受到社会经济特征、品位和信任的差异影响。经验表明美国各州在文化特征（种族、宗教信仰和政治行为）上的相似性可以预测网上贸易趋势，文化相似性同样可以预测更精细地区之间的贸易，文化与数字贸易的关系在一定程度上是由消费者的偏好决定的。[2]

同时，国家利益集团的诉求也是塑造全球数字贸易治理的观念型公共产品的重要因素。国家利益集团是指在易受影响政策中具有共同利益的国家组成的集合。[3] 在数字经济领域，国家利益集团通过多种手段寻求政治利益的同时，也寻求着经济利益。其中，数字贸易规则是大国维护自身数字权利的重要博弈工具，本质上体现了国家利益集团在数字贸易领域的竞争，抑或说是在全球数字贸易治理体系下大国之间的政治利益博弈。数字经济催生了经贸新规则，越来越多数字贸易相关条款出现在双边、区域贸易协定中，并由此产生了数字贸易规则的"意大利面条碗"效应。在不同国家利益集团的诉求下，全球主要数字大国形成了数字贸易规则的不同模板，如"美式模板""欧式模板""中式模板"等。这也从侧面反映了不同国家利益集团之间的博弈和冲突。

## 2. 全球数字贸易治理公共产品需求偏差

鉴于数字贸易发展水平和利益诉求的不同，数字大国对全球数字贸易治理公共产品的需求也不尽相同。数字大国分别在器物型、制度型和观念型治

---

1　刘金河、崔保国：《数据本地化和数据防御主义的合理性与趋势》，《国际展望》2020 年第 6 期。
2　Daniel W. Elfenbein, Raymond Fisman and Brian McManus, "The Impact of Socioeconomic and Cultural Differences on Online Trade", *NBER Working Paper*, No. 26197, August 2019.
3　[美] G. M. 格罗斯曼、[美] E. 赫尔普曼：《利益集团与贸易政策》，李增刚译，中国人民大学出版社，2005。

理的公共产品需求上产生了较为显著的偏差,这会极大影响全球数字贸易均衡治理的目标,也为消弭数字贸易"治理赤字"制造了障碍。

(1) 器物型公共产品的需求偏差

在器物层面,全球数字贸易治理公共产品的需求偏差既表现在全球主要数字大国对跨境数据流动模式的需求偏差,也表现在全球数据基础设施的需求偏差。

数字贸易的贸易对象和方式有别于传统贸易,导致现有的全球贸易治理规则不能满足数字贸易治理的需求。于是,数字贸易治理体系需要在数字技术、跨境数据流动和数字基础设施等方面加以完善,以满足全球数字贸易治理的需求。

作为全球数字贸易治理需求的跨境数据流动主要以跨境数据转移和国内数据处理模式存在。跨境数据流动和国内数据加工都包含三种模式,即开放的、监管保障的和政府管制的数据流动及加工模式(见表3-1)。以美国为代表的开放模式是私人部门控制数据;以欧盟为代表的监管保障是有条件的流动和加工模式,个人控制数据;以中国为代表的政府管制是有限的流动和加工模式,政府控制数据。无论是跨境数据流动还是国内数据加工,多数发达国家采用公开的或者监管保障模式,发展中国家则多采用政府管制模式。因此,在世界范围形成了具有异质性的跨境数据流动国家群体的数字治理需求。

表3-1　跨境数据流动和国内数据处理模式分类及其对应的地区与国家

| 数据模式 | 跨境数据流动 | 主要地区和国家 | 国内数据处理 | 主要地区和国家 |
| --- | --- | --- | --- | --- |
| OP:开放的转移和加工模式 | 税收的自我认证、自我评估机制;事后问责制;贸易协定和诸边/双边安排作为监管数据转移的唯一方式 | 北美、拉美、大洋洲、非洲和中东等部分国家 | 缺乏全面的数据保护框架;缺乏知情同意权;消费者隐私作为基本权利 | 美国、中东、非洲和东南亚等部分国家 |

续表

| 数据模式 | 跨境数据流动 | 主要地区和国家 | 国内数据处理 | 主要地区和国家 |
| --- | --- | --- | --- | --- |
| RS：监管保障（有条件的转移和加工）模式 | 有条件的事前问责制，包括与欧盟同一水平的接受国，具有约束力的公司规则（BCR）、标准合同条款（SCC）、数据主体许可和行为准则等 | 欧洲、南美、南亚和非洲等部分国家 | 广义数据主体权限；数据主体同意；获得、修改和删除私人数据的权利；建立数据保护机构（DPAs）；隐私权作为基本人权 | 欧洲、加拿大、墨西哥、澳大利亚、南美和非洲等部分国家 |
| GC：政府管制（有限的转移和加工）模式 | 严苛限制，包括禁止跨境转移数据；数据处理本地化；临时授权负责数据转移的政府机构；数字基础设施需求；事前安全评估 | 中国、俄罗斯，以及中亚、东欧、东南亚和非洲等部分国家 | 政府获得私人数据的广泛例外情况；个人隐私、安全和社会秩序之间的权衡 | 中国、俄罗斯、东欧、南亚、东南亚和非洲等部分国家 |

资料来源：根据 Martina Francesca Ferracane and Erik van der Marel, "Regulating Personal Data: Data Models and Digital Services Trade", *Policy Research Working Paper*, No. 9596, March 2021. 的相关内容整理。

同时，为抢占更多数字贸易份额，数字大国不断扩大数字基础设施的服务建设，从而加剧了全球数字贸易治理对数字基础设施需求的失衡。在此背景下，发展中国家可能会沦为全球数字平台的原始数据提供方，其要想获得数字智能则必须付费，尽管这些智能来自它们提供的数据。目前，全球公共云服务方面最大的数字基础设施公司大多来自数字大国，例如亚马逊、微软、谷歌、阿里巴巴、华为。2023年前三大公司所占的全球基础设施服务（IaaS）份额（以美元计的销售额）分别为39%、23%和8.2%，前五大提供商占据了82%的市场份额。中国企业阿里巴巴以7.9%的市场份额位居第四，排名较2022年下降一个名次，华为则以4.3%的市场份额位列第五。[1] 由此可以看出，以阿里巴巴、华为为代表的中国数字交易平台在数字基础设施建设方面

---

[1] "Gartner Says Worldwide IaaS Public Cloud Services Revenue Grew 16.2% in 2023", July 22, 2024, https://www.gartner.com/en/newsroom/press-releases/2024-07-22-gartner-says-worldwide-iaas-public-cloud-services-revenue-grew-16-point-2-percent-in-2023.

的快速需求,与数字大国——美国的跨国平台企业进行着市场份额的竞争。

(2) 制度型公共产品的需求偏差

全球数字贸易治理制度型公共产品的需求偏差首先表现在全球主要数字大国在数字贸易规则上的需求偏差。

在多边贸易规则方面,根据 WTO 电子商务谈判提案的内容,WTO 主要成员国对数字贸易规则的立场与需求是不同的。美国和日本作为开放型成员,主张实现全面的数据开放与数字贸易自由化,推动全球数据与信息高度自由流动,保护源代码和算法等专有信息保护。特别是日本主张对发展中成员尤其是最不发达成员提供技术援助与能力建设支持。欧盟、加拿大、新西兰、新加坡和韩国等国作为弱开放型成员,赞同免征关税和禁止数据本地化与公开源代码,允许有条件的数据流动,强调保留合理的隐私保护与安全例外。欧盟坚持"个人信息和隐私保护""视听与文化例外"。加拿大、新加坡等主张覆盖传统电子商务规则和数字规则,为国内保留一定数字监管政策空间。中国和俄罗斯作为审慎型成员,支持暂停征收关税和促进数字贸易营商环境的贸易促进与便利化规则,但出于宽泛意义的网络安全考虑对跨境数据流动持谨慎态度,重视对"国家安全"和"数字主权"的掌控。印度、印度尼西亚和南非等国作为抵制型成员,反对开放数据流动、要求数据存储本地化甚至不支持永久暂停对电子传输征税。[1]

在区域层面,不同国家和地区所采用的数字模式代表了不同利益集团维护自身数字权利的博弈工具。美国大力推进区域贸易协定框架下美式数字贸易规则的演进升级和扩展适用。一直以来美国是数字贸易大国和强国,也是数字贸易规则制定的引领者之一,但这并不意味着美式数字贸易规则也会渗透到美国未参与的区域贸易协定中。[2] 即便美式模板在推动数字贸易自由化

---

[1] 根据 WTO 电子商务谈判提案整理分析得出。印度和南非缺席了两份 WTO 电子商务联合声明的发表。
[2] 周念利、陈寰琦:《RTAs 框架下美式贸易规则的数字贸易效应研究》,《世界经济》2020 年第 10 期。

方面展现出其"雄心壮志",但它只是体现在美国主导的区域贸易协定范畴之内的"电子商务""数字贸易"和"投资"等章节所涵盖的内容上。所以,在区域层面,美式模板尚未推广并渗透到美国未参加的区域贸易协定中。这也间接体现"欧式模板"和"中式模板"在区域贸易协定数字规则制定中维护自身利益和规则中性的竞争结果。

此外,中国积极申请加入 DEPA,有助于中国在新发展格局下与各成员加强数字经济领域合作、促进创新和可持续发展。2021 年 10 月 30 日,习近平主席在 G20 罗马峰会发表重要讲话,正式宣布中国决定申请加入 DEPA。11 月 1 日,商务部部长王文涛代表中方向 DEPA 保存方新西兰正式提出加入申请。2022 年 8 月 18 日,根据 DEPA 联合委员会的决定,中国加入 DEPA 工作组正式成立,表明中国加入 DEPA 进入实质性谈判阶段。这是继 2021 年 9 月申请加入 CPTPP 后,中国积极加入区域一体化协定、对接国际经贸高标准规则的又一重要决策。这将为中国参与全球数字治理、推动建立全球数字贸易新规则探索新的路径。截至 2024 年 11 月,中国加入 DEPA 工作组已经举行过六次首席谈判代表会议。

同时,全球数字贸易治理制度型公共产品的需求偏差还表现在全球主要数字大国在数字监管措施上的需求偏差。

欧盟采用有条件开放的数字监管模式,以监管为导向的个人控制数据,数据被视为重要的竞争问题,区内的数据自由流动,促进了数据自由流动的贸易政策。欧盟的数据基于价值由个人控制,通过监管领导和合作伙伴关系实现提升数据控制的扩张战略。2016 年 4 月 14 日,欧盟议会通过《通用数据保护条例》;2018 年 5 月 25 日,该条例在欧盟成员国内正式生效实施。该条例的适用范围极为广泛,任何收集、传输、保留或处理涉及欧盟所有成员国内的个人信息的机构和组织均受该条例的约束。比如,即使一个主体不属于欧盟成员国的公司(包括免费服务),只要满足下列两个条件之一就受到

《通用数据保护条例》的管辖：一是为了向欧盟境内可识别的自然人提供商品和服务而收集、处理他们的信息；二是为了监控欧盟境内可识别的自然人的活动而收集、处理他们的信息。自从《通用数据保护条例》生效以来，数据跨境自由流动就与其理想状态变得渐行渐远。个人权利保护与数据利用之间的失衡是《通用数据保护条例》固有的缺陷，虽然各国关于个人信息保护的法律实践不尽相同，但全球数字贸易规则受到《通用数据保护条例》的深刻影响。欧盟的《通用数据保护条例》体系较为健全，虽然取得了长足的进展，但是欧盟也应适度促进数字监管方面的创新。

美国和中国采用与欧盟不同的数字监管模式。美国采用开放的数字监管模式，以市场为导向，私人部门控制数据，数据通常不被视为竞争问题，但是随着反垄断调查和案件的出现，形势发生了变化。从本质上说，美国还没有建立较为全面的监管制度，仅是在一些较大的州，例如在加利福尼亚州进行了一些立法工作，但数字监管力度还不够。中国正在不断推出数字监管体系，主要采用控制的数字监管模式，以强有力的政府干预进行控制数据，并对数据流动实施广泛的限制，通过诸如"数字丝绸之路"等倡议实现数据发展的战略。中国尽管在某种程度上部分借鉴了欧盟的监管模式，但中国完全能够进行更加全面、更高层次的数字监管，建立符合国家安全需要的监管体系。

（3）观念型公共产品的需求偏差

从深层次看，大国数字规则竞争表现为理念博弈。数字主权（digital sovereignty）是大国在数字领域博弈中维护自身权益的利益诉求，特别是在数字经济和数字贸易治理方面尤为突出。国家决策者可以在数字贸易和数字权利的联系之间发挥更好的作用，但更多政府并没有在全球跨境信息流动政策与维护国家安全和数字权利政策之间进行协调。[1] 特别是美国、欧盟、中国等国家或地区对数字贸易过程中遇到的数字贸易壁垒等问题，以及数字贸易规

---

[1] ［美］苏珊·阿里尔·阿伦森：《数字贸易失衡及其对互联网治理的影响》，《信息安全与通信保密》2017年第2期。

则制定还存在不同的观点与争议，导致各国数字贸易规则相互之间无法进行顺利对接。[1] 这也导致全球数字贸易治理的难度加大和由此产生的各国政治博弈领域的扩展。

美国为了推行数字霸权，极力采取"小院高墙"策略。美国拉拢欧盟搞"小圈子"，企图在数字技术领域与中国脱钩，以达到"数字去中国化"的目的。特别是在数字经济和数字技术领域，美国大肆对中国推行出口管制和对外投资审查制度，竭力阻碍中国在相关领域的快速发展。例如，美国不断扰乱中欧数字贸易领域的合作进程，尤其是在中欧跨境数据流动方面，美国以数据本地化、隐私保护和开放政府数据等规则差异加以阻挠。

还应该看到，国家利益集团的对抗是价值观和义利观不同导致的。以中美两国为例，中美之间数字领域的博弈不仅是崛起大国与守成大国之间的对抗，也是两国不同的数字领域价值观和发展模式在全球范围内的势力范围争夺。[2] 在美国看来，如果中国在全球数字经济治理和技术标准的竞争中赢得胜利的话，那么世界将看到所谓的"个人自由受到压制"，同时创新和竞争也将受到影响。[3] 在中国看来，网络安全是国家安全的重要组成部分，同时数据作为国家战略资产需要有效监管来保证国家安全利益和发展利益。因此，中美之间在数字领域的博弈，是技术创新能力的竞争，是规则制定权的争夺，是发展道路的比拼，更是理念架构的全面交锋。

## （三）全球数字贸易的均衡治理

在全球数字贸易治理体系下，各国既要寻求数字自由与数据监管之间的

---

[1] 陈维涛、朱柿颖：《数字贸易理论与规则研究进展》，《经济学动态》2019年第9期。
[2] 李墨丝：《中美欧博弈背景下的中欧跨境数据流动合作》，《欧洲研究》2021年第6期。
[3] Daniel F. Runde and Sundar R. Ramanujam, "Digital Governance: It Is Time for the United States to Lead Again", August 2, 2021, https://www.csis.org/analysis/digital-governance-it-time-united-states-lead-again.

平衡，也要最大限度消弭数字守成国与崛起国、落后国之间的"数字鸿沟"，通过构建多边框架和区域合作层面的中性规则等方式践行全球数字贸易的均衡治理路径。中国作为不断壮大的数字崛起国，在全球数字贸易的多边和区域治理，以及国内自贸试验区数字化开放方面发挥着重要作用。

### 1. 全球数字贸易均衡治理框架

全球数字贸易均衡治理是指一个关于数字贸易治理的全球公共产品供求均衡的状态。结合上文分析的全球数字贸易治理下的三种类型公共产品供求关系，要构建全球数字贸易均衡治理框架，需要在观念、制度和器物层面进行理论建构。

在观念层面，全球数字贸易均衡治理主要体现在包容性理念。构建包容性的全球数字贸易治理的义利观，需要有一个均衡发展的理念。在数字全球化的当前，一些数字大国还试图以"零和博弈"理念在数字贸易过程中获得最大化收益，这已经相悖于传统贸易阶段的国家利益集团攫取收益的观念。在数字时代，数字大国需要摒弃因政治理念差异导致的数字贸易治理理念的偏差，而是要促进构建全球数字贸易包容性治理体系的观念。从传统贸易到数字贸易的全球化演进过程中，只有包容发展才符合当今时代的主流理念，数字经济守成国与崛起国之间已不再是观念的输出方和观念的接受方。

在制度层面，全球数字贸易均衡治理主要体现在规则中性化。制度中性泛指各类包含选择性激励措施的制度。诺斯认为制度是被用来在无序的世界中维系交往的稳定性，提供博弈规则和激励框架。[1] 规则中性是指在同一规则下各利益集团获得的收益基本相同，与之相反的是规则非中性，是在同一制度安排下各利益集团获得各异的收益。在全球数字贸易治理的制度层面，

---

1 ［美］约翰·N. 德勒巴克、［美］约翰·V.C. 奈：《新制度经济学前沿》，张宇燕等译，经济科学出版社，2003，第34页。

数字贸易规则和跨境数据流动规则等制度的制定，要力求做到规则中性。尽管现实当中很难做到制度中性或者规则中性，一是因为制度规则制定较难达到严格意义上的绝对中性，二是由于各利益集团之间博弈力量的不对等。但是，极端的规则（制度）非中性会损害弱势群体的利益，侵蚀制度继续存在的合法性根基。[1] 在制定全球数字贸易规则过程中，相对中性的数字贸易规则更符合大多数参与国家的利益诉求，也有益于构建相对均衡的全球数字贸易治理体系。

在器物层面，全球数字贸易均衡治理主要体现在可持续发展。在全球数字贸易基础设施建设上，数字大国在过去较长时期内占据绝对优势，并通过基础设施所有权掌控着其他国家大量的数据资源。数字基础设施作为全球贸易治理的器物型公共产品，需要具有跨越国际边界的非排他性和非竞争性。[2] 在器物型公共产品的供给上，数字大国尽管在基础设施建设方面投入较大，但是不能以获取其他国家的数据资源为最主要动机，在获得收益的同时应该消弭其他寻租行为的想法，为数字基础设施的可持续发展贡献治理效力。

### 2. 基于规则中性的多边均衡治理路径

单纯考虑自身利益而忽视其他国家利益的治理理念不利于全球数字贸易的健康发展。实现各国的共同利益，需要有一套符合"规则中性"原则的国际规则来支撑。从这个意义上讲，多边数字贸易规则无疑是最好的选择，因为多边框架可以为最多的国家和利益攸关方提供最大透明度和可预见性的协议。[3] 1998 年，WTO 第二届部长级会议将电子商务议题纳入 WTO，部长们通

---

[1] 张宇燕、任琳：《全球治理：一个理论分析框架》，《国际政治科学》2015 年第 3 期。
[2] Oliver Morrissey, Dirk Willete Velde and Adrian Hewitt, "Defining International Public Goods: Conceptual Issues", in M. Ferroni and A. Mody eds., *International Public Goods: Incentives, Measurement, and Financing*, Boston: Kluwer Academic Publishers, 2011, p.31.
[3] Merit E. Janow and Petros C. Mavroidis, "Digital Trade, E-Commerce, the WTO and Regional Frameworks", *World Trade Review*, Vol.18, No.S1, 2019, pp.1-7.

过了《全球电子商务宣言》并同意暂停征收电子传输的关税，并决定在协商一致的基础上每两年延长一次暂定征收计划。1998年9月，在《全球电子商务宣言》的基础上，总理事会制订了"世界贸易组织工作计划"负责审查与全球电子商务有关的所有与贸易有关的问题。尽管如此，WTO却未能产生专门规范电子商务的多边协定，留下了大量监管真空。在此背景下，2017年12月13日，在布宜诺斯艾利斯举行的WTO第十一届部长级会议上，71个成员宣布了一项关于电子商务的联合声明倡议，旨在为后续的WTO与国际贸易有关的电子商务谈判做解释性工作。2019年1月，包括中国在内的76个WTO成员签署了第二版联合声明倡议，共同发起电子商务议题的诸边谈判。截至2024年7月，共有91个WTO成员参与了电子商务谈判，涵盖全球贸易的90%以上，包括38个发达成员、47个发展中成员和6个最不发达成员，参与成员的广泛性反映了全球对制定数字贸易规则的强烈需求。[1]

2020年12月7日，澳大利亚、日本和新加坡作为JSI联合召集人在与会者中发布了一份基于成员提议和2020年谈判进展起草的"合并谈判文本"，包括六个模块及一个关于范围和一般规定的附件。这六个模块反映了成员方提案中的重点关注领域，包括电子商务便利化、开放与电子商务、信任与电子商务、横向议题、电信及市场准入。为了减少各方分歧，谈判采取了针对特定议题进行小组讨论的方式，涉及消费者保护、垃圾邮件、电子签名和电子认证、无纸化贸易、数字贸易便利化、源代码、开放政府数据、市场准入、电子传输关税及开放网络访问共十个领域。从目前的谈判进展看，各方已就"垃圾邮件"议题达成一致，而"消费者保护"和"电子签名和认证"等与电子商务便利化有关的议题也有望达成一致。[2] 根据WTO发布的消息，在

---

[1] 对外经济贸易大学国际经贸规则研究中心、国际经贸规则实验室国际经贸规则量化分析团队：《WTO电子商务谈判达成"稳定协议"》，《国际经贸规则量化分析报告》2024年第7期，https://ciwto.uibe.edu.cn/docs/2024-09/f9e606e4de0d4a238e556706b36b6143.pdf。

[2] CRS, "Digital Trade and U. S. Trade Policy", 2020, https://sgp.fas.org/crs/misc/R44565.pdf.

2023年2月的分组谈判中，各方已就"单一窗口"、数字产品非歧视待遇等数字贸易便利化议题，以及数字包容发展这一横向议题进行了更深层次的讨论，并取得一定进展。但在电子发票、隐私、电信服务及算法等领域仍存在分歧。2024年7月，新加坡、澳大利亚和日本作为JSI的共同召集国宣布，参与者已经达成了稳定的文本（Stabilised Text）。[1] 这是经过五年谈判后的一个重要里程碑。

从小组谈判的议题选择看，尽管跨境数据流动议题被包含在合并谈判文本中（B.2），但是目前JSI并没有将其作为优先谈判领域。[2] 原因在于：一方面，国际规则很少在国内监管和法律制度完善之前出现，[3] 鉴于JSI成员中有很多发展中成员和最不发达成员，其中一些在国内缺乏数据业务和专业知识，[4] 缺乏数字监管的能力和经验，因此将兼具技术性和复杂性的数据流动问题过早纳入谈判，会降低谈判效率。[5] 另一方面，虽然美国屡次施加压力，要求达成雄心勃勃的电子商务协定，但美欧中三方分歧巨大，共识原则决定了WTO不可能成为制定超高标准的合适场所，相比较而言在WTO框架外（比如G7）达成关于跨境数据流动的协议可能更加现实。因此，最务实的选择是在分歧较小的领域率先确立基本的电子商务活动规范，达成一项有限的诸边协定。[6]

---

1 WTO, "Joint Initiative on E-commerce", https：//www.wto.org/english/tratop_e/ecom_e/joint_statement_e.htm.

2 2022年6月，澳大利亚、日本和新加坡就JSI声明表示，会加快推动包括数据流动和数据本地化等在内的关键议题谈判。

3 Merit E. Janow, and Petros C. Mavroidis, "Digital Trade, E-Commerce, the WTO and Regional Frameworks", *World Trade Review*, Vol.18, No.S1, 2019, pp.1-7.

4 Susan Ariel Aaronson and Thomas Struet, "Data is Divisive：A History of Public Communications on E-commerce, 1998-2020", *CIGI Papers Series*, No.274, 2020, pp.1-23.

5 日本和新加坡于2020年11月组织了一次关于数据流动和数据本地化的会议，目的是增进对数据技术及其与贸易之间关系的理解，为参与谈判的代表团提供支持。

6 柯静：《WTO电子商务谈判与全球数字贸易规则走向》，《国际展望》2020年第3期。

### 3. 基于 DEPA 的区域均衡治理路径

纳入更多与电子商务有关的规则成为区域贸易协定发展的重要趋势之一。截至 2021 年，在全球 355 个 FTA 中，有 195 个包含与数字贸易有关的条款，比例达到 55.1%。[1] 区域轨道作为对多边轨道的补充，对国际数字贸易关系的协调发挥了积极作用。但是，美欧中三足鼎立式的全球数字贸易治理格局，不仅会削弱数字贸易规则的治理效果，甚至本身就会对数字贸易造成障碍。[2] 一些国家还在 WTO 框架之外，寻求实现全球数字贸易均衡治理的可能路径，新加坡无疑是这个领域的领军者。

2020 年 6 月，新加坡、智利和新西兰签署了 DEPA。同年 8 月，新加坡和澳大利亚签署了《澳大利亚—新加坡数字经济协定》。以数字经济协定为代表的数字贸易规则的出现，标志着全球数字贸易规则出现了继"美式模板""欧式模板""中式模板"之后又一模板的产生，即"新式模板"。其中，DEPA 是目前能够在志同道合的伙伴之间构建数字监管原则和标准的最先进的区域平台，兼具灵活和可扩展的特征。[3]

DEPA 协定作为全球未来多边和双边数字经济与贸易规则的制定基准，[4] 有望成为实现全球数字贸易均衡治理的可能路径。原因在于：第一，谈判模式的开放性和灵活性。DEPA 强调围绕非约束原则建立共识，给予缔约方较大的灵活性。模块化的文本结构赋予缔约方根据自身数字经济发展情况选择

---

[1] Mira Burri, "Adapting Trade Rules for the Age of Big Data", in Antony Taubman and Jayashree Watal (eds), *Trade in Knowledge: Intellectual Property, Trade and Development in a Transformed Global Economy*, Cambridge University Press, 2022.

[2] 王岚：《数字贸易壁垒的内涵、测度与国际治理》，《国际经贸探索》2021 年第 11 期。

[3] Matthew P. Goodman and Pearl Risberg, "Governing Data in the Asia-Pacific", April 2021, https://www.csis.org/analysis/governing-data-asia-pacific.

[4] 赵旸頔、彭德雷：《全球数字经贸规则的最新发展与比较——基于对〈数字经济伙伴关系协定〉的考察》，《亚太经济》2020 年第 4 期。

最适合的协议元素，可一定程度上打破传统数字贸易大国的规则垄断。[1] 模块化条款不仅符合发达国家的利益诉求，也为发展中国家提供了选择空间，体现出一定的兼容性。[2] 同时，不具约束力的属性使DEPA可以随时应对数字经济发展过程中出现的新问题，而免于陷入冗长的贸易谈判，提升谈判效率。第二，规则标准的折中性。以分歧最为集中的跨境数据流动为例，一方面，DEPA沿用了CPTPP的表述方法，虽然允许缔约方以实现"其合法的公共政策目标"或"保护其基本安全利益"为理由实施跨境数据流动监管。[3] 但与RCEP相比，它留给缔约方采取跨境数据流动限制措施的空间十分有限。另一方面，与美式规则这一议题适用于争端解决不同，DEPA附录1明确"数据跨境传输"和"禁止数据强制本地化"不适用于争端解决，表明DEPA在该议题上的法律约束力弱于美式模板。第三，议题设置的前瞻性和包容性。DEPA更关注人工智能、金融技术创新、供给端数字技术发展、数字经济国际合作安排等涉及发展的议题，有助于将数字贸易规则向数字经济产业跨国合作延伸。[4] 此外，DEPA未涉及"源代码"和"交互式计算机服务"两个议题，反映出对发展中国家数字技术与发达国家存在差距这一事实的考虑。

## 二 中国数字贸易发展进程与现状

中国作为全球重要的数字贸易大国，应不断扩大其在数字贸易规则制定中的影响力。习近平总书记在中国共产党第二十次全国代表大会上的报告中

---

[1] Shamel Azmeh, Christopher Foster and Jaime Echavarri, "The International Trade Regime and the Quest for Free Digital Trade", *International Studies Review*, Vol. 22, No. 3, 2020, pp. 671-692.

[2] 周念利：《基于DEPA探究亚太地区数字贸易治理前景》，《长安大学学报》（社会科学版）2022年第2期。

[3] DEPA Article 4.3: Cross-Border Transfer of Information by Electronic Means.

[4] 裘莹：《DEPA数字贸易规则创新促进中国数字价值链构建与演进研究》，《国际贸易》2021年第12期。

指出：着力构建新发展格局，要推进高水平对外开放，"推动货物贸易优化升级，创新服务贸易发展机制，发展数字贸易，加快建设贸易强国"。中国还要积极参与全球数字贸易治理体系演进，不断提升在该体系的国际地位。

## （一）中国数字贸易发展的进程与现状

《中共中央关于制定国民经济和社会发展第十四个五年规划和二〇三五年远景目标的建议》中提出，中国要实施自由贸易区提升战略，构建面向全球的高标准自由贸易区网络。2020年11月15日，中国、日本、韩国、澳大利亚、新西兰和东盟十国联合签署RCEP。这是目前全球覆盖范围内最大的自由贸易协定。RCEP中贸易规则的章节涉及电子商务、数据跨境流动、信息保护、知识产权等多个数字经济的相关概念。RCEP是中国参与构建全球高标准自由贸易区的新起点，对中国数字经济和数字贸易的发展具有里程碑式的重要意义。

中国为全球数字服务贸易的蓬勃发展贡献了积极的中国力量，《中国数字贸易发展报告（2024）》显示，2023年，中国数字化交付服务进出口总额达3859亿美元，同比增长3.5%，较上年上升0.1个百分点。从国际市场占有率看，2023年，我国数字化交付服务出口占全球总出口5.1%。[1] 中国数字服务贸易的繁荣发展既顺应了全球数字服务贸易的发展浪潮，更受益于中国政府对数字服务贸易发展的政策支持和引导。

在进出口额方面，中国数字服务贸易的进、出口额均呈现出波动上升的势头，按美元计算，2023年，中国数字化交付的服务出口额约2190.4亿美元，同比增长4%；进口额约1668.6亿美元，同比增长2.9%；贸易顺差

---

[1] 商务部：《中国数字贸易发展报告（2024）》，2024年9月，https://fms.mofcom.gov.cn/xxfb/art/2024/art_2af090f44fd44b16b4d281d55dd5a31c.html。

（即净出口）为 521.8 亿美元，出口、进口和净出口体量均达到近年的高峰值。同时，2015—2023 年，中国数字化交付服务贸易的净出口额只有 2017 年为负值，即存在贸易逆差，除此之外均为正值，即存在贸易顺差，且贸易顺差自 2018 年后呈现出稳步上升的趋势，说明中国数字服务贸易获得了大幅度的提升。

在发展增速方面，2018—2023 年，中国数字化交付服务贸易的出口增长率均为正值，说明中国数字服务贸易出口实现了快速增长，外部市场不断扩张。中国数字化交付服务贸易的进口增长率在 2022 年为负值，其余年份均为正值，说明中国数字服务贸易在进口方面也实现了快速增长，内部需求不断扩大。同时，除 2020 年外，2018—2023 年，中国数字化交付服务出口增长率都大于进口增长率，说明增长更多地由外需拉动，充分展现出中国数字服务产业发展迅速，发展水平不断提高，数字服务贸易国际竞争力跃升。

## （二）中国推进全球数字贸易治理的核心诉求

### 1. 数字贸易便利化

中国参与数字贸易的比较优势是以数字方式达成的货物贸易，也即跨境电商。因此，一直以来中国都积极推动包括电子签名和电子认证、无纸化贸易、电子发票等在内的数字贸易便利化议题的生效和实施，以提升数字货物贸易的便利化水平。以联合声明倡议合并谈判文本为例，在其电子交易便利化（A.1）模块所有议题中都能看到中国的贡献。在区域层面，无论是中国早期签署的中韩自由贸易协定（13.4 条和 13.6 条）、中澳自由贸易协定（12.6 条和 12.9 条），还是已经实施的 RCEP（12.5 条和 12.6 条），在电子商务章节都广泛涵盖电子商务或数字贸易便利化议题，可见中国在这一领域的一贯立场。

## 2. 数字贸易开放

一方面，坚持兼顾安全和发展的跨境数据流动。中国对跨境数据流动有两项基本立场：个人信息和重要数据本地存储，跨境数据流动须进行安全评估。[1] 在数据本地化存储领域，2016 年 11 月颁布的《中华人民共和国网络安全法》首次以国家法律形式明确了中国跨境数据流动基本政策。其中，第三十七条规定：关键信息基础设施的运营者在中华人民共和国境内运营中收集和产生的个人信息和重要数据应当在境内存储。在数据跨境流动领域，《中华人民共和国数据安全法》表明了中国积极促进数据跨境安全自由流动的立场，并强调维护中国数据主权。在个人信息跨境流动方面，《中华人民共和国个人信息保护法》要求个人数据跨境流动除个人同意外，要经第三方安全评估。在区域层面，以 RCEP 为代表的 FTA 体现了中国关注数据安全、建立开放包容的数字贸易体制的核心利益诉求。[2] 与 CPTPP、USMCA、UJDTA 等协定相比，RCEP 在跨境数据流动、计算设施位置等议题上均设置了例外条款，并对最不发达国家设置了过渡期。

另一方面，支持对电子传输免关税，强调遵循 WTO 有关原则。1998 年 WTO 成员在《电子商务工作计划》中确定对电子传输暂时免征关税。其后对电子传输的免关税及延期问题在较长时间内并未引起太多关注或争议。但是，自 2018 年起，印度、南非等 WTO 成员开始对电子传输免关税做法表示质疑。[3] 中国在其所签署的自由贸易协定中，都提到每一缔约方应当维持其不对缔约方之间的电子传输征收关税的现行做法，同时强调这一要求是根据

---

[1] 王中美：《跨境数据流动的全球治理框架：分歧与妥协》，《国际经贸探索》2021 年第 4 期。

[2] 张茉楠等：《全球数字贸易规则博弈与"中国方案"》，《全球化》2022 年第 2 期。

[3] WTO,"Work Programme on Electronic Commerce", WT/GC/W/74, July 13, 2018, https://docs.wto.org/dol2fe/Pages/SS/directdoc.aspx? filename=q:/WT/GC/W747.pdf&Open=True.

2017 年 WTO 第十一次部长级会议关于电子商务工作计划的部长决定[1] 做出的,并保留了根据 WTO 部长会议就电子传输关税做出的任何决定进行调整的空间。[2]

### 3. 数字贸易信任

在消费者信任领域,中国支持打造安全、值得信赖的电子商务市场环境。[3] 在消费者保护领域,中国主张各国应以适当方式向使用电子商务的消费者提供保护。在个人信息保护领域,中国认为各国应采取他们认为适当和必要的措施,以保护电子商务用户的个人信息和资料,同时应采取措施防范、制止利用网络侵害个人信息的行为,反对滥用信息技术从事针对他国的大规模监控、非法采集他国公民个人信息。[4] 在垃圾邮件领域,中国支持非应邀电子商业讯息的提供者不得故意发送隐藏或伪造的电子讯息,亦不得未经收件人同意而发送电子商业讯息。在网络安全领域,中国强调各国应尊重互联网主权,交流最佳实践,加强电子商务安全,深化合作,维护网络安全。在商业信任领域,出于国家安全考虑,中国在谈判中对数字知识产权保护议题采取审慎态度。截至 2024 年,中国未在 WTO 电子商务提案中就源代码和算法保护议题表明立场。即便是在数字贸易上取得较大进展的 RCEP 电子商务章节,亦未引入该议题。从中国申请加入 CPTPP 的动向,以及国内现有法规来看,中国就这一议题仍存在谈判空间。[5]

---

[1] Ministerial Conference, Work Programme on Electronic Commerce, Ministerial Decision on 13 December 2017, WT/MIN (17) /65, December 18, 2017.
[2] RCEP 第 12.11.3 条,同时这一原则也作为中国提案被包含在合并谈判文本的 B.3.2 条的第 3 款中。
[3] WTO, "Joint Statement on Electronic Commerce Communication from China", 2019, INF/ECOM/19, https://docs.wto.org/dol2fe/Pages/FE_Search/ExportFile.aspx?id=253560&filename=q/INF/ECOM/19.pdf.
[4] 中华人民共和国中央人民政府:《全球数据安全倡议》,2020 年 9 月 8 日,http://www.gov.cn/xinwen/2020-09/08/content_5541579.htm。
[5] 陈寰琦:《国际数字贸易规则博弈背景下的融合趋向——基于中国、美国和欧盟的视角》,《国际商务研究》2022 年第 3 期。

### 4. 数字贸易包容性发展

2018年，APEC将"把握包容性机遇，拥抱数字化未来"设为主题，表明了数字包容性在实现数字经济可持续发展中的重要作用。[1] ITU发布的《2023年事实和数字》显示，全球互联网连接稳步提升但发展并不均衡。2023年，高收入国家互联网的使用比例小幅上升至93%，低收入国家仅有27%的人口使用互联网，通常低收入国家的互联网还存在下载速度慢、上网资费高的问题。在低收入国家，入门级移动宽带套餐的价格相当于平均收入的9%，这一比例比高收入国家高20倍。该报告还首次显示，高收入国家89%的人口实现了5G覆盖，而在低收入国家，只有1%的人口得到覆盖，3G仍然是最贫穷国家最普遍的移动宽带技术。在新的数字经济形态下，发展中国家可能会沦为全球数字平台的原始数据提供方，处于全球数据价值链的低端。因此，由数字基础设施和数字技术差距带来的"数字鸿沟"，使得发展中国家尤其是最不发达国家面临着在数字经济浪潮中被边缘化的风险。

作为全球规模第二大数字经济国家，同时也是最大的发展中国家，中国一直关注数字贸易包容性发展。数字贸易包容性发展旨在让尽可能多的群体从数字贸易中获益，避免数字经济进一步加剧不同国家和不同群体之间的收入差距。在JSI的合并谈判文本中，只有几个提案在改善贸易政策、提供贸易便利和支持服务、单窗口数据交换、交互式计算机服务、合作、隐私和序言部分体现了对中小微企业数字贸易发展特殊利益的关切，中国就是这少数几个提案的贡献者之一。在支持发展中国家和最不发达国家的能力建设和技术援助方面，只有中国和印度尼西亚提交了相关条款的文本提案。此外，中国是唯一提出解决"数字鸿沟"的成员，鼓励成员"采取有助于改善发展中成

---

[1] 周念利：《基于DEPA探究亚太地区数字贸易治理前景》，《长安大学学报》（社会科学版）2022年第2期。

员电子商务基础设施和技术条件的建议和实际措施,帮助企业和公民实现数字化转型"。

## (三) 中国在全球数字贸易治理体系的地位

随着数字贸易的迅猛发展,传统贸易治理体系越来越难以解决数字贸易带来的新问题、新挑战。在全球范围内,数字贸易治理体系正在加速构建中,但尚未形成大部分国家或地区达成共识的一套数字贸易治理规则。数字贸易治理更多依托部分地区或国家间的贸易协定,如 CPTPP、USMCA、RCEP 协定等。中国正处于由高速发展期转向高质量发展期的关键阶段,应加快数字贸易的发展和数字贸易治理体系的构建,积极推动对外开放,在"双循环"新发展格局下,提升在全球数字贸易治理体系中的国际地位,早日建成数字贸易强国。

当前,全球数字贸易治理体系主要由美欧主导的区域贸易协定规则主导,中国在数字贸易治理体系中的地位尚需提升。数字贸易的国际治理体系尚未成熟,十分有必要尽快完善全球数字贸易治理体系,推动数字经济和数字贸易蓬勃发展。并且,一些区域贸易协定的数字贸易规则成为全球数字贸易治理的主要依托。

美国、墨西哥、加拿大三方签署的 USMCA 于 2020 年 7 月 1 日正式生效。USMCA 的签署提升了国际贸易规则水平,但也体现了美国的单边主义、霸权主义倾向。USMCA 中涉及数字经济和数字贸易的章节有很多,包括第 15 章跨境服务贸易、第 19 章数字贸易、第 20 章知识产权等。USMCA 充分体现了特朗普在第一任总统任期的"美国优先"思想。美国因自身占据数字技术和数字经济规模的绝对优势,以及准入严格、监管松弛的有关政策,使其在 USMCA 中极力推动数字贸易自由化和便利化,其中包括免征数字关税、数据跨境自由流动，反对数据存储本地化、数字知识产权保护等。相关主张和思想在 TPP 中也有所涉及。具体来说，免征数字关税有利于数据的跨境自由流动，而反对数据存储本地化是因为美国的数字企业在全球的绝对竞争力；美国在数字技术创新方面也存在显著优势，所以在数字贸易规则中高度重视数字知识产权保护，包括源代码条款、通信技术条款等一系列内容。

相比于美国，欧盟对数字贸易治理规则的态度则偏为保守。欧盟在数字治理方面更强调隐私权，即所谓人权的保护，包括跨境数据监管、个人信息保护等。在《欧盟基本权利宪章》中，隐私权是人权条款中的组成部分。欧盟主张，对个人隐私权的保护是任何数据跨境流动的前提，这一点是当前美欧在数字贸易治理上的主要分歧，也是在全球范围内迟迟不能构建统一数字贸易治理体系的原因之一；此外，欧盟还通过《通用数据保护条例》等法律法规形式对跨境数据流动和个人信息保护加以规制，[1] 这不仅体现了欧盟人权至上的价值观，也反映了其试图构建自身数字贸易规则体系的诉求。

综上所述，在数字贸易治理领域美、欧、中三足鼎立的格局业已形成，中国在全球数字贸易治理体系的地位还难与美欧等国家抗衡。三方出于国家利益、产业利益、风险控制三者之间的动态平衡选择符合自身利益的数字贸易治理模式，在观念型、制度型和器物型公共产品等方面展开多维度的博弈，导致全球数字贸易治理体系呈现"碎片化""单边化"和"俱乐部化"趋势，数字贸易治理公共产品供求处于失衡状态。作为西方民主阵营的两大力量，美欧在治理过程中呈现出既竞争又相互融合的双重进路。[2] 尽管美欧的数字治理理念差异显著，但美欧关系的紧密程度胜于中美和中欧关系。但也要认识到，中欧在数字治理领域合作具有广阔前景和良好基础。中国要把握欧洲

---

[1] 陈颖：《数字服务贸易国际规则研究——基于 CPTPP、EU-JAPAN EPA、USMCA 和 RCEP 的比较分析》，《全球化》2021 年第 6 期。
[2] 阙天舒、王子玥：《美欧跨境数据流动治理范式及中国的进路》，《国际关系研究》2021 年第 6 期。

打造数字主权的核心诉求，利用美欧之间在跨境数据流动等领域的巨大分歧，努力将欧洲争取成为数字治理的合作伙伴，为自身赢得更多的发展空间。

## 三 中国参与全球数字贸易治理的机遇与挑战

在全球经济数字化背景下，数字贸易蓬勃发展，深刻改变了传统国际贸易体系和全球价值链分工格局。尤其在后疫情时代，数字贸易作为国际贸易全新业态，为世界经济复苏注入了强大活力。数据作为一种新型生产要素，在生产过程中扮演了越来越重要的角色。中国应积极把握住全球数字贸易治理体系演进的历史机遇，并应对好与其他数字大国博弈带来的挑战。

### （一）中国参与全球数字贸易治理的机遇

在经济学研究中，数据要素的价值释放路径仍不清晰，学界对价值创造机理仍处于探索阶段。厘清数据要素在数字贸易领域的价值演进过程与价值释放路径，能更有针对性地完善全球数字贸易治理规则体系，也有助于数据要素价值化的跨境数据流动规制体系的构建。

#### 1. 跨境数据流动与数据要素价值化

尽管跨境数据流动这一议题在国家安全、数字主权、个人隐私等方面讨论甚多，但鲜有人探究数据作为新型生产要素在数字贸易价值创造中的作用。数据是数字贸易的基础性要素禀赋，跨境数据流动及相关服务是全球数字贸易价值流动的核心媒介。流动的数据才能释放价值、创造价值。跨境数据流动客观上推动了数据在贸易各参与主体间的传递，促进静态数据向动态数据资产转变，在使数据具备了生产要素属性的同时，为数据价值开辟了释放路径，使数据要素得以与其他生产要素结合，在数字贸易中发挥引领性作用并不断创造新的经济价值。数字经济的发展推动了全球价值链加速向数据价值链转变。数据作为生产要素，通过数字平台整合利用、要素市场交易流通、融合其他生产要素、多场景应用等多种方式释放其价值，深刻改变全球价值链的结构与属性。跨境数据流动规制作为数字贸易治理中规范数据利用的主要手段，在维护国家数据主权和保护数据隐私的同时，也在协调数据共享、数据开放、数据交易等多方面对数据要素价值化产生影响。在推进跨境数据流动与数据要素价值化方面，中国政府采取了一系列措施，并发挥了重要作用。

2019年，党的十九届四中全会通过的《中共中央关于坚持和完善中国特色社会主义制度推进国家治理体系和治理能力现代化若干重大问题的决定》中提出"健全劳动、资本、土地、知识、技术、管理、数据等生产要素由市场评价贡献、按贡献决定报酬的机制"，将数据列为国民经济的主要生产要素。数字化时代，数据是以数字化手段存储的信息，其本身并不具备生产要素的属性。数据在经过数字技术的整合、提炼、加工后，初步形成可被利用于生产过程的数据资源，此时数据初步具备生产要素的属性，称作数据要素。数据是否成为一种生产要素，取决于它是否具备潜在价值，以及是否可以持续释放价值、实现在生产过程中价值倍增。

2022年12月，中共中央和国务院印发了《关于构建数据基础制度更好发挥数据要素作用的意见》，为最大化释放数据要素价值、构建成熟数据要素市场指明了发展方向。2023年2月，中共中央和国务院印发了《数字中国建设整体布局规划》，提出到2025年，"数据资源规模和质量加快提升，数据要素价值有效释放，数字经济发展质量效益大幅增强"，"高质量搭建数字领域开放合作新平台，积极参与数据跨境流动等相关国际规则构建"。考虑到数据产权制度不明晰、数据要素市场尚未成熟、数据要素收益分配制度尚未建立的现状，中国仍需加强数据要素在数字贸易中价值实现机制的研究，同时加快构建以实现数据要素价值化为导向的治理体系，探索数据作为新型生产要素背景下的全新治理模式，以有效激活数据要素，使其与传统要素融合并产生边际经济效益，提升中国在全球数据价值链中的地位，推动中国数字贸易和新发展格局的构建。

2023年12月底，国家数据局制定《"数据要素×"三年行动计划（2024—2026年）》，目的是充分发挥数据要素乘数效应，赋能经济社会发展，解决数据供给质量不高、流通机制不畅、应用潜力释放不够等问题。该计划的目标是到2026年年底，数据要素应用广度和深度大幅拓展，在经济发展领域数据要素乘数效应得到显现，打造300个以上示范性强、显示度高、带动性广的典型应用场景，涌现出一批成效明显的数据要素应用示范地区，培育一批创新能力强、成长性好的数据商和第三方专业服务机构，形成相对完善的数据产业生态，数据产品和服务质量效益明显提升，数据产业年均增速超过20%，场内交易与场外交易协调发展，数据交易规模倍增，推动数据要素价值创造的新业态成为经济增长新动力，数据赋能经济提质增效作用更加凸显，成为高质量发展的重要驱动力量。

**2. 数据要素价值化的机遇**

数字贸易中的数据要素创造价值是以5G、云计算、人工智能、物联网等为技术基础，以跨国数字平台为载体，以数据生产要素为核心要素融合、驱动其他传统生产要素，在贸易方式与贸易对象数字化的演变趋势中，通过各参与主体的数字化交互优化资源配置、改善生产过程，从而进行价值创造的过程。数据要素的价值演进过程就是数据逐步转变价值形态，最终成为数据资本，并使其投入生产的资本运营，持续实现价值增值的过程。数据要素价值化的演进过程可以概括为：碎片化数据→数据资源→数据资产→数据资本。[1]

首先，流动在数字贸易各阶段的碎片化数据通过数字技术的汇聚、整合、凝练，形成对贸易参与主体具有潜在经济价值的数据资源。碎片化数据是指企业或者个人在数字经贸活动中产生的未经技术加工的数据信息。一方面，碎片化数据呈现零散无序的状态，由于缺乏劳动或资本等传统生产要素的投入，往往不能直接利用；另一方面，数据中所包含的信息对改善生产过程、提升生产效率、优化资源配置具有关键作用。[2] 借助5G、大数据、云计算等新兴数字技术，数据可以极低的成本、极高的效率完成收集整合。通过数字技术（如人工智能、机器学习等）的信息挖掘与技术解析，参与主体可将零散、低价值的数据信息过滤，提炼出对其有潜在经济价值的数据资源。

中国的数据资源化进程与产业数字化进程密切相关。产业数字化指传统产业应用数字技术所带来的产出增加和效率提升部分，包括但不限于工业互联网、智能制造、平台经济等融合型新产业新模式新业态，亦得益于创新演进的数字技术与实体经济的融合。产业数字化使传统行业的信息数据凭借现代互联网优势以更高效率、更低成本地被汇集，通过数据基础设施的进一步加工改造，以大型数字平台为依托，为中国大规模提炼数据资源奠定基础，确保了数据价值化的可能性，不断催生出诸如数字产品制造业、数字产品服务等与数据资源相关的新产业与新商业模式。在数字贸易中，大型数字平台基于数据边际成本递减和边际效用递增的基本属性，凭借互联网优势、规模效应等加速数据聚集，从而获取市场支配地位。不同数字平台基于收集数据渠道、数据分析技术、数据组织方式上的比较优势以不同方法获取数据资源，促进数据资源在贸易中的多元应用，如简化贸易流程、提升贸易效率、创新

---

1 李海舰、赵丽：《数据成为生产要素：特征、机制与价值形态演进》，《上海经济研究》2021年第8期。
2 Frederik von Briel, Per Davidsson and Jan Recker, "Digital Technologies as External Enablers of New Venture Creation in the IT Hardware Sector", *Entrepreneurship Theory and Practice*, Vol. 42, No. 1, 2018, pp. 47–69.

贸易模式等。碎片化数据转化为数据资源，是实现数据价值的第一步。通过劳动与技术的前期投入，使本来无用的数据初步具备了释放价值的潜能。实际上，数据转化为数据资源的过程，就是数据经过高度加工转换为数据要素的过程。一方面，从生产要素的条件来看，数据能够与传统生产要素结合，减少传统生产要素投入，降低生产成本，提升生产效率，通过与其他生产要素的交叉融合，实现价值创造的乘数效应；另一方面，从实际社会生产活动来看，数据事实上正成为推动经济高质量发展、发挥经济价值的关键生产资源。将数据列为生产要素的原因在于它对推动生产力发展已显现出突出价值。[1] 可以说，数据转化为数据资源，进而成为生产要素是时代演进的必然。

其次，数据资源通过数据要素市场这一媒介，经过充分流通、交易、确权后，形成在各参与主体间可交易及重复使用的数据资产，并融入各传统要素生产过程。具备价值潜能的数据资源，需要进一步与传统生产要素交叉融合，才能释放数据价值，其部分机理在于：数据要素优化和升级传统产业，催生出以数据为核心的新业态，提高了相关产业的生产效率，并创造出全新的数据产品与服务，实现了原有产业的价值增值。数据产品与服务在数据要素市场中参与流通与交易，各参与主体通过市场化的数据要素不断优化、创新生产过程，使得数据要素的价值不断实现，数据资源转化为数据资产。数据资产化的重要前提是数据要具备流通与交易的属性，只有数据资源从供给侧流通到更能激发其价值潜能的需求侧，才能释放数据要素价值。数据要素流通与交易需要具备两个条件：一是解决数据定价权、数据归属权、数据使用权等一系列数据确权问题；二是培育成熟的数据要素市场，构建完善的数据流通交易制度、配套的数据流通治理体系。

世界上的数字大国都在不同程度上探索数据确权规则及数据要素市场交

---

[1] 中国信息通信研究院：《数据要素白皮书（2022年）》，2023年1月，http：//www.caict.ac.cn/kxyj/qwfb/bps/202301/t20230107_413788.htm。

易流通制度，稳步推进数据要素化、资产化、价值化进程。美国的数据交易体系最为完善，数据交易模式多元化，并发展 C2B 分销、B2B 集中销售等多元数据交易模式。欧盟注重在数据权属确立方面的顶层设计，建立《通用数据保护条例》，着重在隐私层面保护数据所有者权利。日本政府于 2021 年 9 月 1 日正式成立日本数字厅，创新"数据银行"交易模式，释放个人数据交易价值。韩国推出 Mydata 交易模式，由消费者授权后将数据上传至 Mydata 完成后续交易。中国也在不断完善数据要素市场化改革的体制机制及配套制度。2020 年，中共中央和国务院印发了《关于构建更加完善的要素市场化配置体制机制的意见》，首次提出培育数据要素市场。2022 年，《关于构建数据基础制度更好发挥数据要素作用的意见》明确提出要"建立保障权益、合规使用的数据产权制度"，"建立合规高效、场内外结合的数据要素流通和交易制度"。由于数据具有产权模糊、产权主体多样的特点，中国对数据资产权利的定义与划分、数据流通交易具体的方法和规则尚不明确，亟须探索数据确权与定价规则，开展数据确权及定价服务试验，培育规范的数据市场主体和数据交易平台。

  数字贸易中，数据资产交易与流通的前提是安全有序、相对自由的跨境数据流动。经济数字化时代下，具有商业价值的数据要素在跨境流动过程中推动商业模式创新发展，使国际贸易新业态不断涌现。在此背景下，数据本身即可作为贸易的产品与服务参与到数字化全球贸易中，流通至各贸易参与主体并进一步参与到各生产过程不断创造价值。随着跨国数据交易相关技术、产业和制度的完善，数据要素的商业价值在数字贸易中不断释放。中国也在不断探索跨境数据交易的方法，积极发展相关数字技术并构建跨境数据流动治理体系。2021 年 3 月 31 日，北京国际大数据交易所宣布成立。作为首个拥有区块链和隐私计算技术支持的大数据交易服务体系，其在围绕数据价值评估、交易的探索方面做出了重要贡献。交易所通过数字技术初步解决了数据确权的问题：运用隐私加密计算技术，将数据所有权与使用权分离，为供需双方提供可信的数据融合环境；搭建价值评估定价模型，构建高效的交易服务流程，搭建区块链数据产品交易系统等。[1] 2022年11月15日，深圳数据交易所正式揭牌成立，此前的5月11日成功实现了国内首单场内跨境数据交易，为探索跨境数据流通交易迈出了坚实一步。2024年5月，在国家数据局推动下，24家数据交易机构在数字中国建设峰会上联合发布《数据交易机构互认互通倡议》，推动进一步提升数据流通交易效率，激发数据要素市场活力，推动全国数据互联互通。下一步，中国需要积极对接国际上相关的跨境数据流动规则及其内含的数字贸易规则，深入研究数据的法律权属和使用权等问题，构建有效的制度体系保障数据安全有序地跨境流动；同时深入研究数字技术在保障数据安全、维护数据隐私等方面的前沿应用场景，扎实推进建设成熟的数据要素市场，促进数据资产化、市场化、产品化，实现数据进一步价值释放。

最后，数据资产经过市场化交易后融入多场景应用中，在数字技术加持下优化提效各阶段生产，为数据所有者创造经济价值，实现价值倍增，最终形成数据资本。数据资本是参与主体利用自身已有或在数据要素市场上取得的市场化的数据资产，结合数字技术和运营决策后进行多场景应用，最终实现价值增值的具有要素性质的数据财产。数据资本化的过程使得参与主体能够利用数据提高生产力，优化资源配置，降低收入成本并获得超额收益。数据要素资本化本质是按照市场化手段对数据要素进行投入产出管理，是释放数据要素活力、提升数据要素价值的重要路径。[2] 一方面，数字贸易中的数据资本化可以表现为通过大数据、云计算等数字技术优化市场营销和经营策略，利用人工智能、区块链等数字技术开发高附加值产品与服务，通过与传

---

[1] 东青：《北京国际大数据交易所　探索数据交易新范式》，《数据》2021年第4期。
[2] 杜庆昊：《数据要素资本化的实现路径》，《中国金融》2020年第22期。

统产业融合实现相关产业数字化,如线上娱乐、线上教育等;另一方面,数字贸易为数据资本化提供了广阔的市场和商业机会,使企业能够更好地利用数据来创造价值和实现商业目标。

综上所述,数据转化为生产要素,最终实现资本化得以持续释放价值的演进过程为:由个人、企业等贸易参与者在贸易数字化背景下生产出的碎片化数据经大型数字平台利用新兴数字技术加工、整合、提炼形成初步具备经济价值的数据资源,数据资源经过数据要素市场下的充分流通与交易形成可被各参与主体投入生产过程中的数据资产,数据资产经由参与主体在多场景应用后转化为可以持续实现价值倍增的数据资本,由此实现数据要素价值化。碎片化数据转化为数据资源的关键在于完善的数字基础设施与成熟的新兴数字技术;数据资源转化为数据资产的关键在于成熟的跨国数据要素市场与配套的数据跨境流动及交易规则;数据资产转化为数据资本的关键在于贸易数字化的新业态下探索使数据要素在多场景应用下价值倍增的全新路径。在碎片化数据转化为数据资本的过程中,数据要素价值不断被释放,经济价值不断显现。

## (二) 中国参与全球数字贸易治理的挑战

随着数字技术、数字经济对经济社会发展和全球治理体系的影响越来越深入,美、欧、中三方数字博弈将成为国际竞争的主战场。中美在数字领域的对抗已成一种新的常态,美欧呈现出竞争与合作的复杂互动现状,中欧数字关系也处于变化之中。[1] 于是,中国参与全球数字贸易治理体系演进面临着与其他数字大国的博弈挑战。

### 1. 政治化的中美博弈

在特朗普首任总统执政时期,美国在多个领域开始对华施压,其中数字

---

[1] 李墨丝:《中美欧博弈背景下的中欧跨境数据流动合作》,《欧洲研究》2021年第6期。

和科技领域成为其关注的重中之重。2019年年初，美国国家安全局和国土安全部等多个部门的负责人陆续表态，将中国视为美国在数字领域的最主要对手。拜登政府认为，中国是当今世界唯一一个能够在经济、外交、军事和科技等诸多领域对美国构成全方位挑战的竞争者。[1] 美国试图打击中国取代美国成为世界超级科技大国，遏制中国在数字领域的崛起成为两党共识（bipartisan common ground）。在数字化转型背景下，中美战略竞争将主要围绕数字要素、数字理念与数字治理三个方面展开，[2] 同时涉及器物型、观念型及制度型公共品三个维度。在美国看来，中国所倡导的网络主权模式与美国所倡导的数据自由流动模式形成强烈反差，[3] 为此美国必须夺回数据治理和规则制定的国际主导权。[4] 因此，中美数字贸易治理分歧的根源在于数字理念的差别，进而外溢到数字治理和数字要素的全面竞争，涵盖数字贸易、供应链、数字基础设施及技术多个维度。

数字理念作为观念型公共产品的重要维度，决定了各国数字治理的价值取向，并显著依赖各国数字技术和数字要素规模质量等器物型公共产品。中美在数字理念上的分歧集中体现在两国所参与的RTAs在"数据跨境流动"及"禁止数据强制本地化"两个议题上的承诺水平上。美国主导或参与的包括数字贸易规则的RTAs都要求不得限制跨境数据流动，禁止强制将数据存储在东道国。其中，USMCA还对普遍差别对待且相对敏感的金融部门做出了相同承诺，可见美国极力推动数据跨境自由流动的坚定立场。而中国参与的RCEP对数据跨境自由流动和数据非强制本地化设置了更多的例外，这无疑给缔约方留下了更加宽松的国内政策空间。这体现出中国促进数据依法有序

---

[1] White House, "Interim National Security Strategic Guidance", March 3, 2021, p. 8, https：//www.whitehouse.gov/briefing-room/statements-releases/2021/03/03/interim-national-security-strategic-guidance/.

[2] 王栋、高丹：《数字全球化与中美战略竞争》，《当代美国评论》2022年第2期。

[3] UNCTAD, *Digital Economy Report 2021*：*Cross-border Data Flows and Development*, New York：United Nations Pulications, 2021, pp.7-8.

[4] 杨楠：《美国数据战略：背景、内涵与挑战》，《当代美国评论》2021年第3期。

自由流动，同时强调数据主权、司法管辖权，以及对数据的安全管理权的基本立场。[1]

对数据价值来源的认知差异，以及在全球数据价值链上的地位不同也是导致中美数字理念差异的重要因素。全球数据价值链是指在数字经济中将数据这一重要资源或要素从单纯的信息转化为数字智能并通过商业用途货币化使其具有经济价值的全球性价值创造链条，[2] 其核心是数据价值的创造和获取。数据和数字平台作为全球数据价值链中数字价值的两个重要来源，前者是数据价值创造的驱动力，后者是数据价值创造的中心。当前全球数据价值链中，以美国为代表的发达国家拥有大量的数字平台，凭借自身数字技术或数字服务提供能力，换取来自发展中国家的海量原始数据，并将原始数据资产化和资本化，使其成为具有经济价值的数据产品。发展中国家往往作为原始数据的出口国和数据产品的进口国，处于数据价值链的中低端位置。全球数据价值链的不平等分工格局，导致了发展中国家面临着来自大型数字平台企业的"数字殖民主义"[3]。为了避免发达国家以损害东道国利益为由从跨境数据流动中获益，中国和印度等很多发展中国家更加注重对本国数据所有权的控制，对从本国获取数据的跨境流动采取有效监管，以确保本国公民隐私和国家安全。美国作为世界主要数字平台的母国，其获取数字贸易利益集中于数字加工和处理环节，其更加看重如何通过取消数据跨境流动限制实现更大范围的数据获取，从而创造更多的数据价值。

在制度型公共产品领域，IPEF 将成为美国输出美式数字贸易规则的重要

---

[1] 中华人民共和国外交部：《中国关于全球数字治理有关问题的立场》，2023 年 5 月 25 日，http://newyork.fmprc.gov.cn/web/wjb_673085/zzjg_673183/jks_674633/zclc_674645/qt_674659/202305/t20230525_11083602.shtml。

[2] 盛斌、张子萌：《全球数据价值链：新分工、新创造与新风险》，《国际商务研究》2020 年第 6 期。

[3] Renata Ávila Pinto, "Digital Sovereignty or Digital Colonialism?", *International Journal on Human Rights*, Vol. 15, No. 27, 2018, pp. 15 - 27; Renata Ávila Pinto, "Against Digital Colonialism", 2020, https://autonomy.work/wp-content/uploads/2020/09/Avila.pdf; M. Kwet, "Digital Colonialism: US empire and the New Imperialism in the Global South", *Race & Class*, Vol. 60, No. 4, 2019, pp. 3-26.

工具。自特朗普上台宣布美国退出《跨太平洋伙伴关系协定》之后，美国在印太地区的经济管辖一直处于缺位状态，限制了美国塑造贸易规则的能力。为了补齐该地区的经济短板，在2021年10月举行的东亚峰会上，拜登宣布发起IPEF。作为IPEF的核心领域，数字经济受到广泛关注。拜登政府推动了达成一项由美国主导的印太数字贸易协定，欲在印太地区推行美国数字贸易治理的核心诉求和一贯立场：一是禁止跨境数据流动限制及数据本地化要求（也适用于金融服务）；二是确保对数字产品的非歧视待遇；三是对电子方式传输的数字产品免征关税；四是禁止强制转让计算机源代码和算法；五是数字贸易环境下的个人信息保护，确保个人信息跨境流动符合强有力的隐私原则；六是允许使用电子认证和电子签名，同时要保护个人和企业的机密信息；七是促进由政府产生的公共数据可以被中小企业获取；八是推动隐私规则及其相关监管措施的互操作性，同时尊重美国联邦或各州的隐私法律和监管措施。[1] 同时，美国在印太地区的数字经济外交体现出了明显的排华性和遏华性，[2] 作为美国印太战略的重要组成部分，[3] IPEF在数字领域必将延续美国遏制中国改变准则和规范[4]的尝试和努力，在印太地区率先推行美式数字贸易规则，以巩固其在数字领域的领导力。

在器物型公共产品领域，数字基础设施、供应链及技术标准成为中美博弈焦点。在数字基础设施领域，2021年6月，美国总统拜登与七国集团领导人共同提出"重建美好世界"倡议。该倡议旨在满足其在全球中低收入国家巨大的数字基础设施建设需求，以对冲中国的"数字丝绸之路"计划。美国

---

[1] Matthew P. Goodman and William A. Reinsch, "Filling in the Indo-Pacific Economic Framework", January 26, 2022, https://www.csis.org/analysis/filling-indo-pacific-economic-framework.
[2] 李莉：《美国的印太数字经济外交：推进与前景》，《印度洋经济体研究》2022年第2期。
[3] 2022年2月，拜登政府发布《美国印太战略》（Indo-Pacific Strategy of the United States）。报告声称，"印太地区正面临日益增长的挑战，尤其是来自中国的挑战"，"美国不再寻求改变中国，而是要塑造中国所处的战略环境，在世界上建立一个对美国、我们的盟友和伙伴以及共同的利益和价值观最有利的影响力平衡"。
[4] White House, "Indo-Pacific Strategy of the United States", February 2022, p.5, https://www.whitehouse.gov/wp-content/uploads/2022/02/U.S.-Indo-Pacific-Strategy.pdf.

印太战略还强调美国将"推动安全和值得信任的数字基础设施",特别是云和电信供应商的多元性,并推广开放式无线电接入网技术。[1] 在供应链领域,2022年8月9日拜登签署《芯片与科学法案》,旨在通过补贴实现芯片及其关联产业的"在美投资、在美研发、在美生产",促使芯片供应链回流美国。同时,该法案明确提出要避免接受资助的企业将芯片生产转移到中国及其他关切国家来确保产业链安全。在技术标准领域,拜登政府认为,美国必须牢固掌握科技发展的主动权,而且不能与中国等国家"分享"人工智能、半导体芯片、5G技术、生物技术、量子计算等数字科技领域的成果。[2] 2021年6月,美国国会参议院通过《美国创新与竞争法案》,推动实施系统化和法制化的制华举措。该法案明确提出美国必须在为关键数字化技术制定治理规范和规则的国际机构中发挥领导作用,以确保这些技术在自由、安全、可互操作和稳定的数字化环境中运行。

### 2. 外部化的美欧竞合

在欧洲看来,数字技术领域外国企业对市场的主导,[3] 限制了欧盟数字经济和创新的发展,提高了欧盟减少对外部技术依赖的迫切性。同时,欧盟还担心大量数据被美国互联网平台企业收集、获取和使用,威胁到了欧盟公民对个人数据的控制能力,影响了欧盟及其成员国在数字环境中的立法和执法能力,从而面临着使用外国技术带来的安全风险。欧盟十分注重打造数字领域的战略自主,并于2020年7月提出"数字主权"理念。[4] 此后,欧盟委员

---

[1] White House, "Indo-Pacific Strategy of the United States", February 2022, p. 12, https://www.whitehouse.gov/wp-content/uploads/2022/02/U.S.-Indo-Pacific-Strategy.pdf.
[2] 赵刚、谢祥:《拜登政府科技政策及其对华科技竞争》,《当代美国评论》2021年第3期。
[3] 欧盟的数字技术发展远远落后于美国和中国,中美占全球70个最大数字平台市值的90%,而欧洲所占份额仅为4%(UNCTAD, 2019)。
[4] 2020年7月,欧盟议会研究服务局发布了报告《欧洲的数字主权》。European Parliament, "Digital sovereignty for Europe", July 2020, https://www.europarl.europa.eu/RegData/etudes/BRIE/2020/651992/EPRS_BRI(2020)651992_EN.pdf.

会陆续发布了《塑造欧洲的数字未来》《人工智能白皮书》和《欧洲数据战略》三份重要的数字战略文件，将数字主权理念制度化。

个人数据保护机制和数字单一市场是欧盟维护数字主权的重要工具。[1] 欧盟实施的《通用数据保护条例》制定了个人数据从欧盟内部流向外部所需要满足的一系列要求，明确只有当欧盟居民的个人隐私权得到充分保护时，个人数据才能传输至境外并在境外加工。同时，《通用数据保护条例》制定了确保个人隐私权得到充分保护的条件，其中最为重要的是充分性认定。这意味着只有那些被欧盟认为对个人隐私提供了与《通用数据保护条例》同等保护水平，获得欧盟充分性认定的国家，[2] 才被允许与欧盟进行个人数据自动跨境传输。除此之外，《通用数据保护条例》还规定了在没有获得充分性的情况下将个人数据传输至非欧盟国家的其他途径，包括标准合同条款（standard contractual clauses）、约束性公司规则（binding corporate rules）、认证机制、行为准则、减损的使用等。简言之，欧盟以充分性认定制度作为约束他国的条件，强化其在国际经贸谈判及利益博弈中的地位；或者以一系列标准合同或行为准则作为约束他国市场主体的机制，强化其规则的不可规避性。[3] 这种规制的外部性，造成了所谓的"布鲁塞尔效应"，欧盟正在借此实现其输出数字监管框架的战略目标。

个人数据跨境流动领域是美欧最为核心的分歧。与美国坚定推动数据跨境自由流动不同，欧盟参与的区域贸易协定对"数据跨境流动"及"禁止数据强制本地化"两个议题的处理方式是要么不涉及（如欧盟与加拿大签署的

---

[1] 洪延青：《数据竞争的美欧战略立场及中国因应——基于国内立法与经贸协定谈判双重视角》，《国际法研究》2021年第6期。

[2] 截至2024年，获得欧盟充分性认定的国家包括：安道尔、阿根廷、加拿大（商业组织）、法罗群岛、根西岛、以色列、曼岛（英属）、日本、泽西岛、新西兰、韩国、瑞士、英国、美国（参与欧美数据隐私框架的商业组织）和乌拉圭，https：//commission.europa.eu/law/law-topic/data-protection/international-dimension-data-protection/adequacy-decisions_en。

[3] 熊鸿儒、田杰棠：《突出重围：数据跨境流动规则的"中国方案"》，《人民论坛·学术前沿》2021年第9期。

《全面经济贸易协定》），要么采用占位符式（placeholder clause）的处理方法，[1] 承诺协定生效三年内再讨论这一议题（如《欧盟—日本经济伙伴关系协定》），或仅承诺就该问题保持对话和沟通（如《欧盟—新加坡自由贸易协定》）。这体现出欧盟在严格限制与非成员经济体之间的数据跨境流动尤其是个人数据跨境流动的同时，通过取消成员国之间的数据流动限制推动本土产业发展和保护用户数据安全，[2] 并推行自身的监管框架的立场。美欧在数据跨境流动上的分歧在很大程度上源于欧洲对美国强大数字创新和数据增值能力的忌惮，源于植根于文化和价值观的强烈的隐私保护意识，还源于大国数字领域竞合关系的不断演化。双方在跨境数据流动规则上的博弈一直处于胶着状态。2016年双方达成《隐私盾协议》（privacy shield framework），替代原有的安全港计划（safe harbor scheme）。[3] 按照该协议，企业可以自我认证符合《通用数据保护条例》规则，可以将个人数据从欧盟转移到美国。但是，2020年7月16日欧盟法院作出判决，认定美国未能提供实质上等同于《通用数据保护条例》的保护水平，《隐私盾协议》无效。由此，美欧之间针对个人数据跨境流动机制再一次处于真空状态。

尽管在数字治理上分歧明显，但就数字合作而言，美欧有明显的共同利益，也具备合作的基础。其中，技术标准、安全、供应链等器物型公共产品是合作的重点领域。在2021年7月举行的美欧峰会上，美国与欧盟宣布联合组建美欧贸易和技术委员会，宣称将基于共同的"民主价值观"，扩大并深化双方的贸易与投资关系、调整技术与标准方面的关键政策。

组建贸易和技术委员会的目标是多维度的：一是增强美欧在全球贸易和

---

[1] UNCTAD, *Digital Economy Report 2021: Cross-border Data Flows and Development*, New York: United Nations Publications, 2021, pp.7-8.

[2] 陈寰琦:《国际数字贸易规则博弈背景下的融合趋向——基于中国、美国和欧盟的视角》,《国际商务研究》2022年第3期。

[3] 受"斯诺登事件"影响，欧盟法院于2015年10月6日作出判决，推翻了"安全港计划"关于美国可以为欧盟个人数据提供充分保护的认定，该计划由此归于无效。

技术方面的领导力。贸易和技术委员会的目标包括扩大与深化双边贸易及投资，避免新的技术贸易壁垒；在数字技术及供应链等关键政策上提供合作平台，助力合作研究、合作开发国际化兼容标准；促进监管政策与执法合作，以及推动欧盟与美国企业的创新力和领导力。二是联合遏制中国在人工智能和网络安全等领域的领先势头。在贸易和技术委员会框架下，美国将与欧盟协调人工智能、量子计算和生物技术等领域的标准制定、供应链韧性和出口管制等优先领域事宜，目的是限制中国在人工智能和网络安全等领域带来的数字挑战。三是以西方的民主价值观推动贸易和技术委员会成员的一致行动，目的是推广数字治理的"民主模式"，以加强美国和欧盟各自的供应链安全。因此，贸易和技术委员会表面是一个积极寻求洽谈、标准兼容的"新大西洋技术联盟"，本质上带有清晰的地缘政治色彩和产业竞争意图。但最终目标是确保数字技术和数字治理遵循西方的民主价值观，本质还是数字治理规则制定权的争夺。

### 3. 受干扰的中欧合作

欧盟在一些信息通信技术的关键领域拥有战略优势，包括重要设备供应商，以及各种关键集成电路设计者的所在地。[1] 但其在 5G 市场规模、工业应用场景、物联网、云计算等应用开发方面劣势明显。中国则拥有巨大应用市场、关键技术开发等优势。2023 年，中国对欧盟信息传输/软件和信息技术服务业直接投资存量为 61.7 亿美元，占中国对欧盟直接投资存量的 6%，在所有行业中排第五。[2] 鉴于在人工智能、大数据、云计算、区块链等领域扩大市场开放的巨大需求，《中欧全面投资协定》降低了数字领域的投资准入

---

[1] 崔宏伟：《"数字技术政治化"与中欧关系未来发展》，《国际关系研究》2020 年第 5 期。
[2] 中华人民共和国商务部等编：《2023 年度中国对外直接投资统计公报》，中国商务出版社，2024，第 34、35 页。

壁垒，中国对欧盟开放云计算等数字服务市场。[1] 中国拥有雄厚的市场储备、充足的资金保障，无疑对欧盟形成巨大的吸引力。中欧双方深化数字合作有利于优势互补，增强整体实力，实现互利共赢。

一方面，欧盟对华政策调整为中欧数字合作蒙上阴影。2021年9月，欧洲议会表决通过《新欧中战略报告》。报告指出，"中国作为经济大国和外交政策参与者在全球扮演着越发重要的角色，这对欧盟构成了严重的政治、经济、安全和技术挑战"，"中国是欧盟的合作伙伴和谈判伙伴，同时也在越来越多的领域已经成为欧盟的经济竞争者和制度型对手"[2]。欧盟对华认知的变化导致欧盟与中国合作的意愿降低，相互竞争的意识增强。[3] 数字合作作为欧中关系的重要组成部分，自然会受到欧中总体关系走向的影响。为了打造数字主权，欧盟围绕数字领域提出了一系列保障战略自主的措施。针对中国，欧盟提出要在芯片、半导体、云计算及电信技术领域打造自主产业政策来降低欧盟对中国的依赖度。同时，欧盟也强调要加强与志同道合者一同打造符合所谓民主价值观的新一代数字技术标准，将无法满足安全标准的企业排除在5G和6G网络之外，这在很大程度上会降低欧中数字合作的互信程度。

另一方面，大国数字博弈挤压了中欧数字合作空间。随着数字领域的战略价值不断凸显，美欧中三方博弈的主要矛盾将是中美竞争。因此，中国和美国都将欧洲市场作为巩固其全球数字技术和数字产业影响力的重要战场。长期以来，欧盟的数字经济发展一直落后于美国和中国。[4] 特别是在数字平台、人工智能等基于网络的数字服务领域，欧洲严重依赖美国和中国，欧盟面临较大的国际竞争压力。[5] 尽管欧盟不愿在美中之间"选边站队"，但实际

---

1　EU-China Comprehensive Agreement on Investment（CAI）-Schedule of China, Annex I Entry 12.
2　European Parliament, *European Parliament Resolution of 16 September 2021 on a New EU-China Strategy*, September 2021, https：//www.europarl.europa.eu/doceo/document/TA-9-2021-0382_EN.html.
3　姜志达：《欧盟构建"数字主权"的逻辑与中欧数字合作》，《国际论坛》2021年第4期。
4　中美所拥有的数字平台占全球70个最大数字平台市值的近90%。
5　宫云牧：《数字时代主权概念的回归与欧盟数字治理》，《欧洲研究》2022年第3期。

上已经不可避免地"卷入战火"。面对美国战略压力升级，欧盟在中美数字技术方面的模糊立场可能将不得不清晰化。[1] 应该看到，欧盟与美国在保持与增强技术竞争力，以及对华经济与科技战略"规锁"方面存在一定程度的默契。同时，美欧盟友在打造符合西方民主价值观的数字贸易治理体系上有着相同的根本利益。

## 四　全球数字贸易治理体系演进的中国路径

数字技术驱动的新一轮科技革命和产业变革正在以前所未有的方式展开，国际贸易作为全球经济活动中配置要素与资源的关键环节，也正在经历数字化的深刻变革。作为数字经济与数字贸易发展大国，中国应做全球数字贸易治理体系的建设者和引领者，不断推动全球数字贸易高质量发展。

### （一）中国推动构建全球数字贸易治理体系的目标

针对全球数字贸易的现存问题与挑战，中国推动构建全球数字贸易治理体系的目标主要包括如下方面。

第一，完善顶层设计，积极推动国内外达成一系列配套的数字贸易规则与监管治理体系。国际上，积极对接高标准数字贸易规则，构建系统的数字贸易制度框架。中国于2021年9月正式申请加入CPTPP，于2021年11月正式申请加入DEPA，这充分表明中国主动对接国际高标准贸易协定的决心。下一步，中国要积极推动新兴议题的数字贸易规则构建，例如数字贸易便利化、数据要素市场准入、跨境数据流动标准等，在多边协商机制下积极推动

---

[1] 崔宏伟：《"数字技术政治化"与中欧关系未来发展》，《国际关系研究》2020年第5期。

谈判进程，促进传统贸易规则数字化转型升级；在国内积极完善数字贸易治理体系，在新发展格局下推动数字贸易高质量发展。构建系统的跨境数据流动规制体系，以《中华人民共和国网络安全法》《中华人民共和国数据安全法》为指引，推动数据跨境传输标准及制度的完善，针对数字贸易中跨境电商、跨境支付、供应链管理、服务外包等典型应用场景，探索安全规范的数据跨境流动方式；完善数据产权制度，建立公共数据、企业数据、个人数据的分类分级管理制度与确权体系，为激活数据要素价值创造和价值实现提供基础性制度保障。

第二，在遵循技术先进、安全可靠、自主可控等原则的基础上，加快数字基础设施建设，夯实数字贸易持续发展的物质基础。重点致力于加快 5G 网络与千兆光网协同建设，提高碎片数据收集整合能力，提升数据要素生成效率；推进移动物联网全面发展，推动数字技术与实体经济深度融合，使数据资源得到充分合理的配置；系统优化算力基础设施布局，促进东西部算力高效互补和协同联动，引导通用数据中心、超算中心、智能计算中心、边缘数据中心等合理梯次布局；[1] 弥合"数字鸿沟"，加强发展中国家基础设施投资建设，缩小发展中国家与发达国家的数字经济发展差距，发挥数字技术对现代化生产与服务的支撑作用，推动构建网络空间命运共同体。

第三，加快推进产业数字化和数字产业化进程，建设现代化产业体系，以具有独特竞争优势的数字产业集群为依托，推动数字贸易做优做强。建设现代化产业体系是实现产业数字化和数字产业化的关键步骤，发展数字产业集群可以提高整个数字产业链的创新和竞争能力，是实现数字产业化、数据价值化的关键一步。推动构建大数据、人工智能、物联网等新兴技术与各类传统产业深度融合，形成新型产业体系，不断增强产业创新力和竞争力，努

---

[1] 中共中央和国务院：《数字中国建设整体布局规划》，2023 年 2 月，http：// www. gov. cn/xinwen/2023-02/27/content_5743484. htm。

力实现在全球价值链上位势的攀升；要促进产、学、研深度融合，统筹利用国内各个数据要素交易平台，加快构建全国统一数据大市场，建立安全可靠、自主可控的数据产业链、价值链、生态链，为数字贸易可持续发展提供产业基础；利用好中国数字经济发展优势，逐步扩大数字服务业开放力度，如减少数据本地化限制以促进跨境数据自由流动、提升互联网服务开放水平、放宽市场准入等，夯实数字贸易发展制度与政策基础，以促进贸易便利化、智能化、普惠化。

第四，加快弥补数据资源开发利用等一系列制度空白，制定数据权益保护、数据分级分类管理、数据交易、跨境数据流动、数据收益分配等环节的全过程配套政策，以制度为依托逐步释放数据要素价值。制定数据隐私保护法律法规、加强个人数据保护和安全措施、建立数据使用许可和访问权限等机制，以有效防止数据滥用和侵权行为，维护数据主体的合法权益；建立数据分类标准和管理机制，对不同类别的数据进行相应的安全防护和使用限制，以有效降低数据泄露和滥用的风险，同时促进数据的合理流动和有效利用；开展数据资产计价研究，以数据交易平台为依托，畅通国内国际市场的数据资源大循环。积极创新数据交易规则与交易生态，采用机器学习等技术，支撑数据使用权交易；依托区块链、大数据等底层技术架构，实现数据存证、计算合约等交易行为确权，为供需双方提供可信的数据交易融合环境；结合数据要素特征，优化数据要素价值分配结构，健全数据要素由市场评价贡献、按贡献决定报酬机制。

第五，推动各地开展国际高水平自由贸易协定规则对接先行先试，建设与国际接轨的高水平数字贸易开放体系，打造数字贸易示范区。各地要把握RCEP和高水平自贸协定重要机遇，积极推动相关经贸协定有效实施，构建以数字贸易为驱动的高水平开放新格局。以建设数字贸易示范区为契机，在数字市场开放、跨境数据流动规则构建、数字平台监管等方面开展政策先行先试，以降低数据流动壁垒、打破数字跨境贸易及数字产业投资等相关制度壁垒，积极探索中国数字贸易发展制度体系。各示范区要因地制宜，根据自身基础条件和发展需求，构建适合自身的数字贸易发展环境；积极在示范区培养数字产业市场主体，在国际合作、营商环境、数字贸易测算体系等方面加强探索，打造国际化数字贸易枢纽；探索构建数字贸易新场景，包括数字应用场景、数字制造场景、贸易数字化场景、展览数字化场景等，为数据要素释放价值助推数字贸易持续发展提供动能。

## （二）中国参与全球数字贸易治理的数据价值化路径

经济数字化背景下，传统国际贸易在数字技术推动下，在业态模式、贸易方式、价值链分工等方面发生深刻变革。这一方面是由于数字技术对产业链升级的促进作用，另一方面也得益于数据要素对传统生产过程的提质增效。据WTO的相关预测，到2030年，世界贸易将因数字技术的高度运用而增长34%。[1] 2022年1月，北京国际大数据交易所建立数字经济中介产业体系。其中的数据托管体系包含数据资源拥有方、授权运营方、安全保障方、合规处理方等多角色，以共同实现数据要素的合规存储、授权管理和市场应用，使数据要素在国际交易与流通中发挥价值。因此，面对数字贸易治理赤字、数据要素价值化存在明显的规则提升空间，以数据要素的价值形态演进为线索可以看到，全球数字贸易治理的实现路径主要包括三个方面。

### 1. 从碎片化数据到数据资源：对全球数字基础设施及数字平台的治理

要实现数据要素在全球数字贸易中释放最大价值，将数字化贸易全流程中产生的碎片化资源加工整合为具备价值释放潜能的数据资源是关键前提。为此，数字贸易治理可从以下三方面着手。

---

[1] WTO, *World Trade Report 2018*: *The Future of World Trade*: *How Digital Technologies Are Transforming Global Commerce*, Geneva: WTO, 2018, p. 3.

第一，加强全球数字基础设施建设，促进数字基础设施互联互通，以提高碎片化数据收集效率。数字基础设施是数字贸易的基石，是各贸易参与主体将经济活动产生的信息转化为数据的重要驱动力，是统筹凝练数据资源的前置条件。推进5G、工业互联网、物联网等数字基础设施在全球范围内加速建设，向全覆盖、高速率方向发展，提升数据收集能力；进一步加强数字标准体系建设，完善数据传输格式的标准与规范，提升数字基础设施对数据价值传递和资源整合的效率；强化基础设施共建共享，构建全球数字基础设施新生态，促进国家间信息互联互通，提高数据流动整合规模与效率，着力弥合发达国家与发展中国家、数字贸易先发国家与后发国家间的"数字鸿沟"。

第二，大力发展相关数字技术，推动相关数字技术在全球范围内的普及与应用，完善数据加工整合能力。数字技术已经成为推动全球发展的变革性力量，各国应大力推动数字技术创新突破，进一步提升数据提取、数据加工、数据甄别、数据整合、数据提炼能力，推动碎片化数据向要素化数据资源高效转换，提升数据利用价值。聚焦网络通信、关键软件、人工智能、大数据、区块链等前沿领域，加强创新成果向应用转化能力；在平等互信的基础上，开展全球数字技术合作交流，促进技术资源流动共享，更好惠及数字贸易后发国家；鼓励更多经济体加入全球技术创新网络，推动实现更高水平、红利共享的全球性技术创新等。

第三，完善跨国数字平台监管体系，加强数据"反垄断"规制，着力改善"平台极化"现状。据统计，大多数跨国科技公司都在运营自身的基于数字技术的数字平台，并在不同程度上参与到跨国数字贸易活动中，如微软、苹果、亚马逊、阿里巴巴等。[1] 当前，数字贸易承载主体——跨国数字平台对数据的开发与利用占有极大的权利。数字平台对数据的垄断往往导致信息互联

---

[1] UNCTAD, *Digital Economy Report 2019*: *Value Creation and Capture*: *Implications for Developing Countries*, New York: United Nations Publications, 2019, pp. 83–84.

与数据流动的低效率,引发数据市场的不公平竞争。强化数字平台反垄断规制,有利于改善数据来源与流向"单极"现状,促进数据多方向多领域畅通流动,加快数据资源整合效率。2022年6月,中国修改《中华人民共和国反垄断法》,增加作为第九条:"经营者不得利用数据和算法、技术、资本优势以及平台规则等从事本法禁止的垄断行为"[1];美国、英国等国家也相继出台鼓励数字市场公平竞争的法案,意在规范数字平台经营秩序,完善现有竞争规则,降低垄断及不公平竞争对数据利用及数字经济与数字贸易的影响。

**2. 从数据资源到数据资产:构建数据要素市场及规范跨境数据流动**

数字贸易以数据跨境流动为关键驱动手段,基于数据驱动模式的数字平台在数据不断流通与交换中开展跨国业务,为不同经济主体之间开展数字贸易创造有利环境。要素化的数据资源需经过数据要素市场中充分的交易流通,才能流动到其最能发挥价值的地方,成为持续创造价值的数据资产。为此,亟须构建成熟的数据要素市场,并进一步对数据跨境流动加以规范。

第一,加速构建跨国数据要素市场,建设区域内共享"数据圈",为数据资源的流通与交易创造良好条件。跨国数据要素市场可以显著解决各经济主体间数据流通不畅的问题,推动要素在市场化条件下充分交换,以满足各方需求。建立统一的跨国数据要素交易平台,完善数据准入监管机制,制定数据要素定价、交易规则,使数据资源能够畅通流动、自由转移;建立多边或双边数据共享机制,建设区域内共享"数据圈",拓宽国际数据联通渠道,平衡数据要素市场的开放性与安全性。

第二,平衡数据流动带来的经济收益与安全风险,构建跨境数据流动规制体系,制定一系列具有广泛共识的数字贸易国际规则和标准。从全球范围来看,

---

1 《全国人民代表大会常务委员会关于修改〈中华人民共和国反垄断法〉的决定》,新华社,2022年6月24日,http://www.gov.cn/xinwen/2022-06/25/content_5697697.htm。

专门针对数字贸易制定的贸易协定甚少，更多的是在原有贸易协定基础上增设数字和电子条款。DEPA 是跨越亚洲、大洋洲和南美洲的三个国家发起的全球第一个专门针对数字经济的贸易协定，其中对数据跨境流动、计算设施位置、政府数据开放、个人信息保护等议题给出了明确治理细则，[1] 并且 DEPA 的模块化设置为世界各国就是否接受该规定提供了自由化选择，这也是 DEPA 作为一种全新数字贸易制度安排的创新性和灵活性所在，为后续达成更广泛的国际数字贸易协定提供参考。

第三，完善数据要素相关政策，尤其是开展数据确权的探索，开发数据资产高效的价值释放路径。在数据确权、数据空间、数据潜能开发方面，世界主要经济体都展开了积极探索。2022 年 2 月 23 日，欧盟公布《数据法案》草案，在原有《通用数据保护条例》基础上，提供了适用于所有数据的更宽泛的条例；对个人数据相关权利作了更详细的界定，进一步明确数据主体的权利和义务；国际上，各方着力打造构建可信数据空间，为数据要素市场参与各方提供信任的技术契约。中国国家发展和改革委员会在《加快构建中国特色数据基础制度体系促进全体人民共享数字经济发展红利》中指出："通过建立数据资源持有权、数据加工使用权、数据产品经营权'三权分置'，强化数据加工使用权，放活数据产品经营权，加快数据产权登记制度体系建设，为推动数据有序流转、鼓励数据开发利用、引导数据产品交易、释放数据要素价值提供制度保障。"

第四，加强制度创新，着力构建数字贸易背景下的数据产权制度、数据交易流通制度、数据安全制度，打造全面、完善、系统的数据治理体系。数字贸易时代，数据作为生产要素融入生产生活各个阶段是系统性的，因而需从全局出发构建一整套适应数据作为新质生产力的制度体系。世界主要国家都在不断

---

[1] 裘莹、袁红林、戴明辉：《DEPA 数字贸易规则创新促进中国数字价值链构建与演进研究》，《中国经贸》2021 年第 12 期。

推动完善数字贸易治理，但彼此之间的治理理念与方式存在较大差异，全球数字贸易治理制度也因此呈现碎片化状态，国际社会未能形成较为统一的数字贸易规则体系。为此，各国要坚定维护多边贸易体制，加强新兴数字领域监管治理国际协调和规则制定，为数字贸易参与各方营造一个开放、公平、可持续的发展环境，不断推动建设开放型数字贸易格局。

**3. 从数据资产到数据资本：促进数据要素多场景价值释放、明确数据资本收益分配**

数据资产成为数据资本的关键是数据要素持续保值增值。数据要素与劳动、资本、技术等传统生产要素融合，使得数据要素得以被盘活，成为可以持续增值的数据资产，经过多场景应用及价值释放后，通过资本运营完成数据要素资本化。换言之，数据要素只有转化为数据资产并进入经济社会领域，通过市场化经营和运作产生增值效益，才能转化为数据资本。在数字贸易背景下，创新数据要素投资运营模式，拓宽数据要素价值释放形式，制定合理的数据资本收益分配制度是首要目标。

第一，推动传统价值链向数据价值链转型，促进数据资本积极参与全球分工。数据价值链是以数字产业为核心，经数字技术与数据要素结合生产出数字产品与服务，将其作为中间品参与到传统产业的各个环节，从而产生价值增值和生产效率提升的全链条价值传递过程。伴随数据要素在传统价值链中的嵌入与流动，数据要素可以与传统要素相融合，以传统价值链为载体，以推动产业数字化的形式进一步释放要素价值。要鼓励跨境数据驱动型创新，带动全球数据价值链的创新升级，进一步提高产业数字化水平；鼓励要素化、资本化的数据资源与资产积极投入数字化生产中，积极发挥数据资本提升生产效率、优化生产过程的协助作用，使数据价值持续释放；探索数据资本在数字贸易中的引领作用，以数据资本为指引，探索其在优化商业模式、扩大贸易规模等方面的作用，推动数据资本更好地为数字贸易服务。

第二，建立健全数据资本收益分配制度，探索兼具效率与公平的数据合作共享机制。数据要素历经碎片化数据、数据资源、数据资产、数据资本等几个价值形态的演进，其中包含了复杂的生产过程、流通过程及交换过程，使得完善的资本收益分配制度难以建立。数据要素收益分配的问题，本质上还是数据的所有权问题。值得关注的是，跨国数字平台与提供原始数据的消费者及数据的小生产者间存在严重的权利不对等问题，例如：消费者接入数字平台时必须与平台签订协议，协议签订后，平台就可以无偿地记录和使用这些原始的碎片数据。数据资本所有者攫取了数据要素带来的大部分数字红利，而提供数据原料的用户、维护平台正常运行的劳动者和保持平台活力的小生产者反而处于一种被支配的地位，这有违分配的公平性。下一步，亟须在完善数据权利确属的基础上，建立兼具公平与效率的数据资本收益分配制度。例如：结合数据要素特征，优化分配结构，构建公平、高效、激励与规范相结合的数据价值分配机制；探索个人、企业、公共数据分享价值收益的方式，建立健全更加合理的市场评价机制；推动数据要素收益向数据价值和使用价值的创造者合理倾斜，确保在开发挖掘数据价值各环节的投入有相应回报，强化基于数据价值创造和价值实现的激励导向等。[1]

第三，丰富数据资本多场景应用，真正激活数据资本价值增值的功能，加强数据资本多元共治体系建设，推动其在诸如数字货币、金融科技、跨境电商、服务贸易等多领域的创新应用。数据资本只有借助数字技术与实体经济深度融合，才能发挥其独特价值。加强数据资本的创新驱动应用，推动创新要素在全球范围内的投入与均衡配置；以大数据、区块链等技术为基础，探索数据资本在生产、存储、传输、加工等各方面的通用技术水平与应用能力；在数字贸易

---

[1] 《中共中央 国务院关于构建数据基础制度更好发挥数据要素作用的意见（2022年12月2日）》，新华社，2022年12月19日，http://www.gov.cn/zhengce/2022-12/19/content_5732695.htm。

方面，深入研究数据资本对传统产业数字化、网络化、智能化转型带来的影响，持续推进数字技术在制造业贸易领域的应用，加大在智能制造等领域的研究和发展；利用数据资本的信息化和智能化优势，推动数字化服务贸易创新发展，利用数字技术与数字平台的优势，积极推动平台经济、数字教育、数字娱乐、数字医疗等服务贸易新业态的培育，使要素化的数据资本在产业数字化背景下实现多场景应用，以完成价值释放与价值增值。

### （三）中国推动构建全球数字贸易治理体系演进的策略

数字技术驱动的新一轮科技革命和产业变革正在以前所未有的方式展开，国际贸易作为经济活动中配置资源的关键环节，也正在经历数字化的深刻变革。一方面，数字贸易在国际贸易中的地位越来越重要，数字贸易所衍生出的数据价值链正在成为全新的价值传递载体，数据要素成为价值释放的新型生产要素，持续推动世界经济复苏；另一方面，数字贸易伴生的贸易新业态、新模式正对以传统货物和服务贸易为基础的现行贸易制度框架提出挑战，数字贸易配套的治理体系严重缺失。[1] 基于数据要素价值化的视角，并针对全球数字贸易的现存问题与挑战可以看到，全球数字贸易实践的"中国方案"主要包括如下内容。

第一，加大数字基础设施投入，大力推进数字产业化及产业数字化进程，推动以安全为前提的数字信息互联互通，为数字贸易持续发展提供保障。数字基础设施是数据要素生产、流通、应用的前提，是赋能产业数字化的重要工具。主要措施包括：整体提升应用基础设施水平，加强传统基础设施数字化、智能

---

[1] 熊鸿儒等：《数字贸易规则：关键议题、现实挑战与构建策略》，《改革》2021年第1期。

化改造等;[1] 加强数字基础设施安全保障,防止数据泄露、"信息擦除"等情况的发生;发挥高质量共建"一带一路"的优势,加强数字技术、数字贸易相关合作,推动"一带一路"共建国家基础设施互联互通,降低数据流通成本;积极促进国内、国际数据信息互联互通,发展"数字丝绸之路""丝路电商"等数字合作新模式,充分挖掘数据资源的潜在价值;积极探索前沿信息基础设施,构建数字生态系统,推动数字创新、应用服务、数字经济高速发展,以推动发展中国家数字化转型等。

第二,加强数据交易平台、跨国数字平台的建设,利用好国内现有的跨境大数据交易所,构建产权明晰的数据要素市场,形成国内数据交易市场畅通、跨境数据要素市场互联互通的双循环体系,同时加强反垄断规则制定,着力应对"平台极化"问题,构建开放共赢的数字贸易国际合作格局。数据交易平台是数据价值评估、交易、流通的主要场所,在整合数据资源、配置数据资产方面发挥关键作用,要开展数据资产计价研究,加快建立数据产权制度,以数据交易平台为依托,畅通国内国际市场的数据资源大循环。积极创新数据交易规则与交易生态,采用多方安全计算、机器学习等技术,支撑数据使用权交易;依托区块链、大数据等底层技术架构,实现数据存证、计算合约等交易行为确权,为供需双方提供可信的数据交易融合环境;结合数据要素特征,优化数据要素价值分配结构,健全数据要素由市场评价贡献、按贡献决定报酬机制。积极参与多边框架下数字合作平台的构建,与联合国、WTO、G20、APEC、金砖国家、上海合作组织等国际组织开展广泛合作,高质量搭建数字领域开放合作新平台,加快世界范围内数据资源整合与配置,赋能世界经济复苏与发展;强化平台的反垄断监管,维护公平有序的数字市场竞争秩序,防范平台极化等垄断现象发生;持续完善平台治理规则,强化数字技术在治理中的应用以降低治

---

[1] 《中共中央 国务院印发〈数字中国建设整体布局规划〉》,新华社,2023年2月27日,http://www.gov.cn/xinwen/2023-02/27/content_5743484.htm。

理成本，提高治理效率，促进公共数字平台与可信数据空间有效结合，共同优化数据资源供给格局，推动数据资源交易流通，维持安全、合理、可信的数据流通架构。

第三，在平衡效率、安全与公平的原则下，积极参与构建跨境数据流动等相关国际规则，完善全球数据安全治理体系，形成不同于美式模板和欧式模板的中国特色数据流动规则范式。积极完善并落实现有数字贸易协定的条款，并构建具有国际统一标准的新型数字贸易规则，推动数据保护和数据流动之间的平衡。现有的 CPTPP、DEPA、RCEP 等贸易协定在明确规定禁止数据本地化的同时，也为缔约国设定了不同程度的例外条款。这种强调"数据自由流动+安全例外"的规则模板正为大多数贸易协定所采纳，其原因在于发达国家与发展中国家、数字贸易先发国家与后发国家间的数字经济发展水平存在明显差异，因此有着不同的对数字贸易的基本诉求。[1] 在数字贸易开放立场方面：发达国家极力主张推进全球数字贸易自由化，主张市场开放，积极推动数字贸易规则的构建。发展中国家对数字贸易自由化立场相对保守，以保证国家安全与主权作为最优先的选项。作为数字贸易大国，中国应积极推动建设全球数字治理体系，构建发展、安全、责任、利益共同体。要秉持平等、开放、包容的精神。一方面，对欧美等发达国家，要在多边框架下推动各方积极合作，反对一切形式的单边主义，践行真正的多边主义，在尊重各国数字主权与数据安全的前提下开展数字贸易活动；另一方面，对数字发展水平较差的发展中国家，持续推动数字经济伙伴关系、数字贸易合作关系走深、走实，扩大上合组织在数据和信息安全领域合作，积极共建"数字丝绸之路"等，塑造全球发展新引擎。

第四，积极培育数字贸易新业态新模式，利用好完善的数字基础设施，统筹国内庞大的消费市场，加强数据资本国内外联动应用，着力推动数据资本价

---

[1] UNCTAD, *Digital Economy Report 2019: Value Creation and Capture: Implications for Developing Countries*, New York: United Nations Publications, 2019, pp. 136-137.

值实现，同时完善数据要素价值释放路径，进一步释放数据要素价值潜能。数据资产与数据资本只有投入实际应用中，与其他生产要素深度融合发挥要素的倍增效应与乘数效应才能发挥数据价值，创造经济效益，因此要积极拓展数据资本的多场景应用渠道，增强数据资本价值变现的方法与手段，加强数据资本在数字贸易领域的应用和实践，实现数据要素价值化的根本目标。以跨境电商为抓手，运用互联网和数字技术，推动传统贸易公司进行跨境电商转型升级，积极融入数据价值链，降低贸易成本，提升贸易效率，不断创造贸易增加值；全面推动贸易相关产业的数字化转型，加速5G、大数据、云计算、人工智能、区块链等与农业、制造业、服务业及医疗、教育等公共服务部门的融合，不断提升数字产业化和产业数字化水平。

第五，积极推动多边数字贸易治理规则的形成。积极支持WTO对现有与数字贸易有关的条款与规则进行解释澄清、升级、扩充，推动有较好共识基础的区域数字贸易规则多边化。一方面，推动WTO在货物贸易、服务贸易、贸易便利化和知识产权领域形成对全球数字贸易治理的适应性改进。加快推动各方就永久免除电子传输关税、明确数字服务的适用承诺、扩充《与贸易有关的知识产权协定》以完备数字贸易知识产权保护体系等重点领域达成共识。另一方面，推动联合声明倡议电子商务便利化模块尽快完成谈判。尽管在数字跨境传输领域，美欧中分歧巨大，但在电子商务便利化领域，如电子认证和电子签名、取消数字传输的关税、在线消费者保护、非应邀商业电子信息及合作等议题上，美欧中拥有较好的共识基础。美欧中作为数字贸易大国应合力将上述规则作为实现区域数字贸易规则多边化的优先领域，以实现早期收获。同时，坚持统筹发展和安全，坚持发展和安全并重，实现保障国家安全与跨境数据自由流动之间的平衡。从中国签署的贸易协定来看，电子商务条款的核心仍在货物贸易领域。在跨境数据流动领域，中国在RCEP做出了原则性承诺，同时通过例外方式保留了采取数据跨境流动监管的国内政策空间。这些做法显然与美欧主张的数据跨境流动监管理念和具体措施存在很大差距。不可否认，跨境数据流动给国家安全带来诸多挑战，但从中国进一步融入全球数字经济的前景来看，如何在确保安全的前提下保障发展利益是不可回避的问题。中国需要在未来谈判中，倡导适用多边框架下鼓励发展原则，充分考虑发展中国家在数字技术和数字监管能力上的差距，通过引入过渡性条款或例外条款，保留为合法的公共政策而采取必要监管措施的空间。同时，中国需要加快提升数字监管能力及数字风险化解能力，完善国内法律体系，形成中国式的数字贸易监管模式，为发展中国家提供借鉴。

第六，以加入 CPTPP 和 DEPA 为契机积极参与区域数字贸易治理。对 CPTPP 和 DEPA 中的规则进行梳理，制定对标优先级和路线图。CPTPP 和 DEPA 在无纸化贸易、取消数字产品和电子交易的关税、电子认证和签名、电子发票，建立相互认可的国内电子交易框架，保护网上消费者、个人信息和隐私等，与 WTO 联合声明和中国的主张基本一致，中国可以直接接受。尽管现阶段中国的法律法规和对外签署的自由贸易协定都没有涵盖人工智能、新兴技术、数字身份和数字包容等议题，但与中国强调包容性和发展导向的数字治理的理念并不矛盾，同时为中国不断完善数字经济监管框架提供了有力的补充，中国接受的难度并不大。对跨境数据流动、数据存储非强制本地规则、数字产品的非歧视性待遇等对接难度较大的领域，中国需要主动增加与其他国家的交流合作，基于国内已有实践，吸收其先进经验，发展出一套适合发展中国家的高标准数字安全治理框架。同时，中国政府不断提高政策透明度，增强与"关键少数"国家的数字合作互信。加速与 CPTPP、DEPA 成员国形成相互信赖的数字环境。利用中国在数字货币、电子支付、电子商务等方面的领先经验，提供最佳实践案例。发挥中国数字基础设施建设的优势，推动电子发票等系统的建设，促进跨境互操作性，为 DEPA 发挥效力做出实质性的贡献。新加坡已成为亚太区域数字贸易协定的"枢纽"。可利用"新式模板"灵活性和包容性的特征，搭建桥梁，弥合分歧，提高与其他国家、其他协定之间的"可协调"和"可兼容"性。通过这一窗口，将中国数字治理理念、中国主张嵌入更广泛的范畴，提高"中国方案"的吸引力。

第七，以自由贸易试验区为载体寻求跨境数据流动的"中国方案"，推动安全审慎前提下的跨境数据自由流动。一方面，中国要以《中华人民共和国数据安全法》为框架，强化与《通用数据保护条例》《跨境隐私保护规则》等国际规则对接，分场景完善数据出境安全管理制度，有序推进政府数据公开，通过制定跨境数据流动标准格式合同、签署跨境数据流动安全协议等手段，探索建立安全有序的跨境数据流动体系。另一方面，强化数据安全保护。中国可在上海数据交易所、《浙江省数字经济促进条例》等基础上，探索数据分级分类分区域监管新模式，推动完善数据流动能力认证、流通审查、风险评估、隐患治理、事故处理、激励考核等数据安全管理机制，构建内外畅通的安全体系，为全球提供数据立法、数据交易的"中国方案"。

第八，探索建立"一带一路"共建国家的跨境数据流动监管合作机制。探索建立数据分类负面清单管理制度，以个人隐私和国家安全为两个主要准则细分数据类型，根据数据的安全属性进行梯度性管理，对未列入负面清单的数据则默认可以自由跨境流动。以数据出境评估为先导，推进数据安全保护能力认证体系建设。重点发挥广西、云南等自由贸易试验区的区位优势，以及北京自由贸易试验区的产业和制度优势，加快构建与东盟、日韩、新加坡等"一带一路"共建国家的跨境数据流动监管合作机制。以"粤港澳大湾区"战略为契机，发挥广东自由贸易试验区区位优势，率先尝试打造跨境数据流动的"粤港通"，为后续跨境数据流动监管积累经验。

# 第四章
# 全球数字金融治理体系的中国角色

数字金融的快速发展,带来了全球金融治理内容和形式的显著变化,有力推进了绿色低碳转型、产业结构升级、资金配置效率提升和全球贫困治理。作为在数字金融市场规模大、应用场景丰富、技术研发水平较高的国家,中国在数字互联网领域的深耕和实践,积累了数字金融发展与治理的丰富实践经验,有能力参与引领全球数字金融治理体系改革与创新。中国将推动建立多中心、强信任的全球数字金融治理体系,实现公正、高效、安全、普惠的全球金融治理。

## 一 全球数字金融发展进程与现状

"数字金融"作为新兴事物,目前国内外对其概念尚未达成共识。在文献中,"互联网金融""金融科技"是比"数字金融"出现更早的两个概念,与数字金融具有相近的内涵。"互联网金融"是国内较为常用的概念,根据2015年中国人民银行等十部委的定义,互联网金融是传统金融机构与互联网企业利用互联网技术和信息通信技术实现资金融通、支付、投资和信息中介服务的新型金融业务模式。在一些国际治理机构的研究报告中,"金融科技"则更为常见。金融稳定理事会将"金融科技"定义为由技术推动而产生的,新的业务模式、应用、流程或产品等金融服务创新。[1] 最近几年,"数字金融"才开始逐渐出现

---

[1] FSB, "Financial Stability Implications from Fintech: Supervisory and Regulatory Issues that Merit Authorities' Attention", June 27, 2017, p. 7.

在文献中。黄益平和黄卓描述了金融行业的数字化，即传统金融机构通过科技公司的数字技术，实现金融部门的支付、投资等金融服务和业务。[1] 彼得·贡贝尔（Peter Gomber）等人从更全面的视角给出了数字金融的概念并指出，数字金融概括地描述了金融行业的数字化，包含数字金融业务、数字金融技术和数字金融机构三个维度。[2] 在业务维度，数字金融主要包括互联网和移动支付、网络借贷、数字货币等内容；在技术维度，数字金融主要由人工智能、大数据、云计算、区块链等关键技术驱动；在机构维度，数字金融既涉及提供技术方案的科技公司，也覆盖与科技公司开展合作的传统金融机构。这三个维度相互作用，形成一个有机整体；一旦创新产生新的技术或者业务，那么数字金融的内涵就会相应扩展。

## （一）全球数字金融发展进程

在金融业发展的过程中，技术是推动行业发展的关键变量。从技术对金融业产生变革性影响的角度，可将全球数字金融发展的进程归纳为四个阶段。

一是通信金融阶段（1866—1967年）。与金融有关的技术创新可以追溯到19世纪，这一时期金融业的发展得益于通信技术的快速发展。自1838年摩尔斯发明电报，人们开始使用电报传输信息；此后，1866年第一条跨大西洋电缆得以成功建造，1876年贝尔发明了电话，1956年第一条跨大西洋的电话电缆开通。在此阶段，电报、电话等技术初步推动了金融全球化，金融业务涉及的机构和客户均以大型金融机构为主，技术发展使得金融服务能够即时进行，并且产生了跨区域性的金融服务。[3]

---

[1] 黄益平、黄卓：《中国的数字金融发展：现在与未来》，《经济学（季刊）》2018年第4期。

[2] Peter Gomber, Jascha-Alexander Koch and Michael Siering, "Digital Finance and FinTech: Current Research and Future Research directions", *Journal of Business Economics*, Vol. 87, No. 5, 2017, pp. 540-553.

[3] 姜睿：《我国金融科技演进逻辑、阶段特征与提升路径》，《经济体制改革》2020年第6期。

二是电子金融阶段（1967—1996 年）。金融行业开始利用 IT 技术来实现金融业务和办公的电子化和信息化，用以提高办公效率。这一阶段开始的标志是 1967 年 6 月 27 日由约翰·巴伦发明的第一台自动取款机（ATM）正式投入使用，随后收银机（包括不断升级的 POS 机）也陆续应用于金融行业。与此同时，全球的银行开始建立跨区域的交易结算系统等金融基础设施，如 1973 年丁比利时布鲁塞尔建立的 SWIFT。

三是互联网金融阶段（1996—2008 年）。金融机构开始利用互联网技术开发在线的金融服务平台，通过终端与用户相联系，变革了传统的金融渠道，利用互联网推出新型金融服务，达到信息共享、提高业务效率、降低成本的目的。金融业务的客户范围得以扩大，中小客户也可获得多样化的金融服务；业务范围也不再局限于重要的、大型的商业交易活动，可以更多满足日常化、生活化的需求。代表性的业务有第三方支付、互联网理财、P2P 网络借贷等。[1] 此阶段开始的标志是 1996 年全球第一家第三方支付公司 PayPal 的诞生。这意味着金融业涉及的交易范围迅速扩大；2005 年全球第一家互联网 P2P 公司 Zopa 在英国上线，标志着互联网金融平台的出现。[2]

四是数字金融阶段（2009 年以来）。自 2009 年 1 月比特币诞生以来，分布式账本（区块链）技术、人工智能和机器学习、大数据、云计算等技术陆续开始与金融业相结合，对数字货币、移动支付、普惠金融、金融监管等领域产生了冲击性的影响，解决了许多传统金融的痛点。[3]

分布式账本（Distributed Ledger Technology）技术被认为是一项可能对行

---

[1] 巴曙松、白海峰：《金融科技的发展历程与核心技术应用场景探索》，《清华金融评论》2016 年第 11 期。

[2] 陶娅娜：《互联网金融发展研究》，《金融发展评论》2013 年第 11 期。

[3] 巴曙松、白海峰：《金融科技的发展历程与核心技术应用场景探索》，《清华金融评论》2016 年第 11 期。

业产生深远影响的技术，而区块链（Block Chain）是该技术中应用最广泛的一种。区块链技术凭借去中心化、加密安全性等特点，在数字货币、加密资产、资金清算等领域均有应用。2009年比特币的问世标志着区块链技术的诞生，随后稳定币USD Coin、Libra（后改为Diem）项目的推出，以及全球各大央行数字货币的研究提上日程，使得数字货币对传统金融造成了强烈冲击。根据CoinGecko提供的实时数据，截至2024年，全球有超过16340种不同的加密资产代币在流通，加密资产的市值达到约3.5万亿美元。[1] 在交易结算方面，区块链利用点对点交易特性可以简化结算和清算流程。2015年10月，纳斯达克区块链技术公司Chain合作开发用于私募股权交易的区块链平台——Linq，避免了人工清算可能带来的错误，降低了成本，提高了交易效率，使得纳斯达克的私募股权交易结算时间从3天缩短到10分钟，还让结算风险降低了99%。[2]

人工智能技术的发展，特别是在智能客服、智能投顾和交易预测与风险评估等领域日趋成熟的应用，给金融行业带来了巨大的变革。在智能服务领域，机构可利用人脸识别技术进行客户的身份认证，或是利用自然语言处理、语音识别等技术，实现为客户提供个性化的服务，如交通银行于2015年在国内率先推出的智能网点机器人"娇娇"[3]。在智能投顾领域，金融机构可为客户提供基于一系列智能算法的在线投资顾问和资产管理服务。目前世界最著名的两大智能投资顾问公司分别是位于美国的Wealthfront和Betterment。截至2023年8月，Wealthfront为超过70万名用户服务，其资产管理规模已超过

---

[1] "Cryptocurrency Prices, Charts, and Crypto Market Cap", *Coin Gecko*, https://www.coingecko.com/.

[2] 中国证券业协会"美国金融科技与监管"培训组：《金融科技在美国资本市场的运用实践——美国金融科技发展与监管培训报告摘要》，中国证券业协会编：《创新与发展：中国证券业2019年论文集》，中国财政经济出版社，2020，第1040页。

[3] 麻斯亮、魏福义：《人工智能技术在金融领域的应用：主要难点与对策建议》，《南方金融》2018年第3期。

500亿美元；[1] Betterment管理资产规模已达450亿美元，网站活跃账户超过100万个。[2] 在交易预测与风险评估方面，人工智能的机器学习技术可以根据大数据为客户进行信用评分或分析评估市场风险，全球首个以纯人工智能驱动的基金Rebellion曾成功预测了2008年股市崩盘。[3]

大数据技术是数字金融时代的技术基础，无论是与区块链、人工智能的结合，还是在风控、定价、监管等方面，大数据都扮演着不可或缺的角色。美国信用评分公司ZestFinance是以客户的信息和数据为基础，结合机器学习技术，对消费者进行信用评分。中国的蚂蚁金服集团凭借积累的庞大的消费者和中小企业数据，应用大数据、云计算等技术，为小微企业提供贷款的同时降低信贷风险，提高融资效率，达到了风险管控的智能化。[4] 此外，监管部门也可以利用大数据技术对股票、市场进行分析，达到防范系统性风险的目的。

2020年新型冠状病毒的流行更是加速了数字技术在金融领域的应用趋势，大量的经济活动开始依赖技术，推动了数字金融的加速发展。譬如，美国和欧盟都更强调数字支付的重要性，原本对央行数字货币的谨慎态度开始转变，还出台了欧盟新数字金融一揽子计划、欧洲区块链服务基础架构（EB-SI）、美国《人工智能应用的监管指南》等政策，促进人工智能、大数据等技术在金融行业中使用。

---

1　Wealthfront, "Wealthfront Now Oversees More Than ＄50 Billion in Client Assets and is on Track to Grow Revenue by Over 140% in 2023", *PR Newswire*, November 16, 2023, https：//www.prnewswire.com/news-releases/wealthfront-now-oversees-more-than-50-billion-in-client-assets-and-is-on-track-to-grow-revenue-by-over-140-in-2023-301990087.html.

2　Toni Nasr & Franklin Silva, "Betterment Statistics 2025：Assets Under Management（AUM）, number of users, Revenue, & More", December 13, 2024, https：//investingintheweb.com/brokers/betterment-statistics/.

3　中国人民银行武汉分行办公室课题组：《人工智能在金融领域的应用及应对》，《武汉金融》2016年第7期。

4　张璐昱、王永茂：《电商大数据金融下小微企业融资模式研究——基于蚂蚁金服与京东金融的比较》，《西南金融》2018年第7期。

## (二) 全球主要经济体数字金融发展

### 1. 欧盟数字金融发展现状

消费者习惯的改变成为推动欧洲数字金融行业发展的重要动因。根据欧洲中央银行（以下简称"欧央行"）和各成员央行对欧元区消费者支付态度（SPACE）的一项研究，现在欧元区几乎一半人更喜欢数字支付，电子支付在总支付中的份额正在增加，在部分欧盟国家尤其明显。以德国为例，2017年公众在消费时以现金支付的方式约占德国所有支付方式的74%，[1] 而在2023年，这个比例下降到了51%。[2] 虽然在欧洲大部分地区支付仍使用现金，但其占比正在快速下降，并因新冠疫情等极端事件的发生进一步导致电子支付的扩散和加速。与此同时，欧洲各国在支付方式方面存在较大差异，现有的支付方式——现金、信用卡、信用卡转账、直接借记和电子货币——都不能同时满足所有要求，这使人们不得不同时使用多种支付工具，数字化、非接触式支付也并非在所有地方都可以被接受[3]。

消费者需求的变化推动了欧洲的金融科技创新。许多银行正在利用第三方解决方案，通过与金融科技公司签订协议来扩大其数字服务范围，进行数字化转型，如德国的N26。许多金融科技公司采用了数据驱动的商业模式，免费提供支付服务以换取个人数据，从而可以利用大数据技术迎合客户需求。大型科技公司正在彻底改变欧洲金融业，尤其是在支付领域。鉴于监管要求，

---

1 Burkhard Balz, "The Impact of Digitalisation on the Financial System", *Executive Board of the Deutsche Bundesbank*, April 29, 2022, https：//www.bis.org/review/r220502b.htm.

2 Deutsche Bundesbank, "Payment Behaviour in Germany in 2023", *Deutsche Bundesbank*, July 1, 2024, https：//www.bundesbank.de/en/press/press-releases/payment-behaviour-in-germany-in-2023-934894.

3 Fabio Panetta, "From the Payments Revolution to the Reinvention of Money", *Executive Board of the ECB*, April 8, 2022, https：//www.ecb.europa.eu/press/key/date/2020/html/ecb.sp201127~a781c4e0fc.en.html.

大型科技公司没有直接进入资本市场的金融产品或服务。然而，凭借庞大的客户群、实时数据，以及对商业和经济活动关键基础设施（从在线市场到社交媒体和移动技术）的控制，这些公司在行业中的影响正在显著增加。[1]

与此同时，欧盟也开始加速推进数字欧元的开发。2020年以前，欧盟对数字欧元态度谨慎，欧洲仅英国、瑞典等少数国家启动了对央行数字货币（CBDC）的研究。然而，自2019年11月，克里斯蒂娜·拉加德（Christine Lagarde）即任欧央行行长以来，欧盟对CBDC的态度发生了重要变化。2020年5月，法国央行宣布成功完成有关数字欧元的首次测试；2020年10月，欧央行发布数字欧元报告；2021年7月，欧央行宣布启动数字欧元项目。[2] 根据欧央行发布的《数字欧元报告》，数字欧元的发行包括：支持欧洲经济的数字化发展和欧盟的战略独立、应对现金支付的减少、保护欧洲的货币主权、增加欧央行应对经济波动的手段、降低支付服务中断的风险、增强欧元的国际作用，以及支持改善货币和支付系统等。报告强调，数字欧元后端基础设施必须由欧央行控制，但其他部分可以采用分布式账本技术（DLT），将部分责任分散给用户或受监督的中介机构，提供不记名数字欧元。[3]

欧盟对数字金融创新非常重视，因此区域性数字金融计划的重心在于促进数字金融发展并鼓励试错。2018年3月，欧盟委员会通过了金融科技行动计划，旨在使金融部门能够利用区块链、人工智能和云服务等新技术快速发展，力求让新参与者更安全、更容易进入市场。[4] 2020年9月，欧盟委员会通过了新数字金融一揽子计划，包括数字金融战略、零售支付策略、加密资产和数字弹性（Digital Resilience）的立法提案。该计划将提升欧洲在金融领

---

[1] AFME, PWC, "Technology and Innovation in Europe's Capital Markets: A Renewed Imperative for the Future of the Industry", November 2020, pp. 24-25.
[2] 姚前：《国际央行数字货币研发态势与启示》，《新金融评论工作论文》2022年第9期。
[3] European Central Bank, Report on A Digital Euro, October 2, 2020, pp. 10-11.
[4] European Commission, "FinTech: Commission Takes Action for A More Competitive and Innovative Financial Market", March 8, 2018, https://ec.europa.eu/commission/presscorner/detail/en/IP_18_1403.

域的竞争力和创新力，在金融服务和现代支付方面为消费者提供更多选择和机会，同时保护消费者权益和金融稳定性。[1]

欧盟数字金融监管的难点在于各成员国数字金融发展参差不齐，各成员国在监管方法、标准和定义上存在显著分歧。不同辖区监管机构和企业的不同解释可能会在欧盟造成不一致和碎片化，例如，欧盟层面缺乏关于数字运营弹性的详细和全面的规则，导致各成员国提出了许多不同的监管举措和监管方法（如解决数字、信息和通信技术的第三方依赖关系）。不协调的国家举措造成了政策重叠和不一致，造成了高昂的行政成本，也为跨境金融实体带来了较高的运营成本。针对上述现象，欧洲议会和委员会已于2020年9月提出关于金融部门数字运营弹性的法规提案和修订法规的提案，尝试在欧盟一级建立一个全面的有关数字运营弹性的监管框架。[2]

在国际方面，欧盟积极参与国际规则的协商和制定，努力保持在数字金融治理中的国际话语权，极力维护区域金融安全利益。2018年，欧洲议会、欧洲理事会、欧洲经济和社会委员会、地区委员会和欧洲投资银行联合发布了《欧亚互联互通——欧盟战略的重要要素》文件，强调加强欧洲与亚洲的数字互联互通，将酌情在亚洲推行"四代数字发展战略"，弥合数字鸿沟。[3]此外，欧盟与美国在2021年宣布建立贸易和技术理事会，力图探索基于价值观的数字化转型。[4] 在全球监管规则的制定层面，2018年5月正式生效的

---

[1] European Commission, "Digital Finance Package: Commission Sets Out New, Ambitious Approach to Encourage Responsible Innovation to Benefit Consumers and Businesses", September 24, 2020, https://ec.europa.eu/commission/presscorner/detail/en/ip_20_1684.

[2] European Union, "Proposal for a Regulation of the European Parliament and of the Council on Digital Operational Resilience for the Financial Sector and Amending Regulations (EC) No 1060/2009, (EU) No 648/2012, (EU) No 600/2014 and (EU) No 909/2014", 2020, https://eur-lex.europa.eu/legal-content/EN/TXT/?uri=CELEX%3A52020PC0595.

[3] The European Parliament, the Council, the European Economic and Social Committee, the Committee of the Regions and the European Investment Bank, Connecting Europe and Asia-Building blocks for an EU Strategy, Luxembourg: Luxembourg: Publications Office of the European Union, 2018, pp.5-6.

[4] 邱静：《欧美数字治理合作的影响因素及前景分析》，《国际论坛》2022年第1期。

《通用数据保护条例》被认为是最严格的个人数据隐私保护条例，使得欧盟在加强数据安全和保护个人隐私方面走在了世界前列。但是，欧盟在参与全球金融治理时也面临挑战。譬如，在《通用数据保护条例》严格的数据隐私标准限制下的数据跨境流动，事实上在个人隐私保护领域设置了壁垒，这种在个人隐私保护方面的缺乏全球共识的区域性"监管"做法，可能与全球数字金融监管标准存在不统一性。[1]

在数字货币方面，欧央行也在积极开展双边、多边合作。早在2016年12月，欧央行与日本央行就启动了联合研究项目Stella，旨在探讨基于分布式账本技术的批发CBDC系统的应用前景。该项目已进行四个阶段，涉及流动性节约机制、券款对付（DvP）、跨境支付应用，以及结算资产的保密性和可审计性等方面。[2] 欧洲央行也是G7与国际清算银行（BIS）成立的CBDC研发合作小组的成员之一，已共同发布了三份报告，涉及零售CBDC的基本原则与核心特征、系统设计与互操作性、用户需求与采用等方面。欧央行行长拉加德作为该CBDC合作中负责报告的中央银行行长小组主席，指出："在数字时代，央行有责任确保公民获得最安全的货币形式——央行货币。工作小组的报告证明，政策制定者正通过国际合作加强国内项目，就最佳技术创新交流想法，以在21世纪提供快速、简单和安全的支付方式。"

### 2. 美国数字金融发展现状

美国在数字金融领域具有显著的创新优势，数字金融行业在全球占据领先地位。根据毕马威（KMPG）的报告，2021年全球对数字金融的投资金额

---

[1] 张茉楠：《全球数字治理：分歧、挑战及中国对策》，《开放导报》2021年第6期。
[2] European Central Bank, "Innovation in Market Infrastructure and Payments", https://www.ecb.europa.eu/paym/integration/innovation/html/index.en.html.

为2265亿美元，其中美国就达到了918亿美元；2023年全球对数字金融的投资金额降至1137亿美元，其中美国吸收了735亿美元。[1] 尽管全球数字金融行业近两年大幅缩水，但美国的垄断地位不降反增。除了居于全球垄断地位的谷歌、亚马逊等科技巨头，美国的金融科技初创公司的领先优势也不遑多让。根据Statista的统计数据，美国共有10412家金融科技初创公司，使其成为全球初创公司最多的地区，其中的105家独角兽企业占全球金融科技独角兽企业的近45%。[2]

在一些领域，美国虽然具有先发优势，但是如今也面临着进一步提升的空间。如在数字支付领域，目前美国大多数支付依赖银行间支付服务，如美国自动清算系统（Automated Clearing House，ACH）和Wire Transfer电汇系统。现有支付系统总体上是高效的，但是仍有许多美国人无法获得数字银行和支付服务，一些支付服务仍然缓慢且成本高昂。超过5%的家庭（约700万）还未开设银行账户，[3] 近20%的美国人仍依赖汇票、支票等传统金融服务。[4] 在跨境支付方面，美国也面临着速度慢、费用高和可访问性有限等问题。2023年7月，美联储推出银行间即时支付系统FedNow以改善支付问题。

同时，各种公私部门合作也在推进中，例如亚特兰大联邦储备银行于2021年5月12日成立的支付包容性特别委员会，致力于促进金融包容性，为弱势群体提供数字支付服务。

在数字货币领域，美国一直引领私人数字货币创新，但是对CBDC态度

---

[1] KMPG,"Pulse of Fintech H1'21", August 2021, p.5; KMPG,"Pulse of Fintech H1'22", September 2022, p.34; KMPG,"Pulse of Fintech H2'23", February 2024, p.2.

[2] Statista,"Number of fintech companies in the United States from 2012 to 2024", November 9, 2024, https://www.statista.com/statistics/1476784/us-number-of-fintechs/.

[3] Mark Kutzbach, Alicia Lloro, Jeffrey Weinstein and Karyen Chu,"How America Banks: Household Use of Banking and Financial Services", *Federal Deposit Insurance Corporation*, October 2020, https://www.fdic.gov/analysis/household-survey/.

[4] Meghan Greene, Hannah Gdalman, Elaine Golden, Stephen Arves and Necati Celik,"FinHealth Spend Report 2021", *Financial Health Network*, June 11, 2021, https://finhealthnetwork.org/research/finhealth-spend-report-2021/.

谨慎。美国是私人数字货币创新的大本营，全球市值排名前列的加密货币几乎均由美国公司开发，如以太坊、瑞波币等。2019年6月，美国互联网巨头脸书公司宣布将开发适用于跨境支付的数字稳定币——天秤币（Libra），由此带动稳定币在美国的蓬勃发展。迄今为止，全球已先后出现过约200种稳定币，其中90%以上采用以法币为抵押的稳定机制，而这类稳定币中锚定美元的占比高达99%。[1] 2019年2月14日，摩根大通发布锚定美元的数字货币JPM Coin，该稳定币基于区块链技术，可以大大缩短结算时间；[2] 2021年4月28日，摩根大通、新加坡星展银行和淡马锡集团宣布合作推出基于区块链的支付、贸易和外汇结算平台Partior，旨在数字化M1货币，在跨境支付中实现7×24小时无摩擦延迟交换。然而，美国在CBDC领域却动作迟缓。2020年8月，波士顿联邦储备委员会才联合麻省理工学院（MIT），宣布共同启动名为"汉密尔顿"（Hamilton）的央行数字货币合作研究项目。直到2022年2月，该项目才发布了第一阶段白皮书——"为CBDC设计的高性能支付处理系统"，从系统模型、交易设计等方面作出说明。[3]

为了适应和鼓励数字金融发展，美国采取了创新的和有针对性的监管措施。2018年6月，美国财政部建议在联邦和州层面探索监管沙盒的使用，使用金融科技特许状，为金融创新产品服务提供灵活的监管试验空间。2018年8月，美国首个金融科技监管沙盒项目在亚利桑那州正式开放申请。同时，美国根据金融科技公司业务涉及的领域确定监管权，按其功能纳入现有金融监管体系中进行统一监管，如对P2P信贷平台，均统一界定为放贷机构，要求其获取

---

[1] Sponsored, "Stablecoins: Bridging the Network Gap Between Traditional Money and Digital Value", *The Block Research*, March 10, 2021, https://www.theblock.co/post/97769/stablecoins-bridging-the-network-gap-between-traditional-money-and-digital-value-brought-to-you-by-gmo-trust.

[2] J. P. Morgan, "J. P. Morgan Creates Digital Coin for Payments", February 14, 2019, https://www.jpmorgan.com/solutions/cib/news/jpmorgan-creates-digital-coin-for-payments.

[3] Federal Reserve Bank of Boston and Massachusetts Institute of Technology Digital Currency Initiative, "Project Hamilton Phase 1: A High Performance Payment Processing System Designed for Central Bank Digital Currencies", February 3, 2022.

贷款业务许可证，并纳入金融消费者保护局（Consumer Financial Protection Bureau，CFPB）监管。总体来讲，美国政府对数字金融采取的是审慎宽松的功能性监管模式。特朗普在公开场合多次提及加密货币及宽松数字金融监管。[1] 在其重回白宫后提名了数字资产拥护者、资深金融监管人士保罗·阿特金斯（Paul Atkins）担任美国证券交易委员会（SEC）主席。在特朗普第二任期内，美国政府对数字金融、加密货币的监管相对拜登政府时期更加宽松。

面对新兴的数字金融行业，美国政府还在研究现有法规的适用性，并考虑新规则的制定。2022年3月，时任美国总统拜登签署《关于确保数字资产负责任发展的行政命令》（以下简称"行政令"），首次以行政令的方式针对"数字资产"的发展和监管提出系统性的政府倡议，旨在保护美国数字资产的消费者和企业，维护国家安全和金融稳定，并鼓励推进数字货币的发展。行政令表示，虽然许多数字资产活动都在美国现有的监管框架之内，但数字金融和相关创新不断增长，一些数字资产交易平台和服务提供商的规模和复杂性迅速增加，可能不受或不符合特定的法规或监管，这些机构需要找到应对风险的监管方法，需要美国政府对数字资产的监管策略进行演变和调整。[2] 在2022年5月的一场听证会上，美国金融稳定监管委员会（FSOC）指出，投机正在驱动数字资产领域的大部分活动，算法稳定币TerraUSD（UST）的崩溃，引发了数字资产导致金融不稳定的担忧，相关部门应当考虑采取针对稳定币的立法措施。[3] 2022年9月16日，美国白宫在行政令的基础上，发布

---

1 例如，在2024年世界比特币大会上，特朗普提及"比特币战略储备"。此概念引用自美国怀俄明州参议员辛西亚·卢米斯（Cynthia Lummis）提出的《通过优化投资促进创新、技术和竞争力法案》（又称《2024比特币战略储备法案》，BITCOIN Act of 2024），该计划通过建立比特币战略储备，推动美元增值并偿还国家债务。

2 The White House, "Executive Order on Ensuring Responsible Development of Digital Assets", March 9, 2022, https：// www. whitehouse. gov/briefing‐room/presidential‐actions/2022/03/09/executive‐order‐on‐ensuring-responsible-development-of-digital-assets/.

3 U. S. House Committee, "The Annual Report of the Financial Stability Oversight Council", May 12, 2022, https：//www. govinfo. gov/content/pkg/CHRG‐117hhrg47651/html/CHRG‐117hhrg47651. htm.

了首个负责任开发数字资产的综合框架（以下简称"框架"），从保护消费者权益、维护金融安全及发展美国央行数字货币等7个方面提出意见。框架指出，美国政府认识到美国CBDC的潜在好处和风险，鼓励美联储继续其正在进行的CBDC研究、试验和评估，并将建立由财政部领导的跨部门工作组，以帮助美联储的研发工作。[1]

在数字金融的全球治理方面，美国开展了一系列国际合作，并积极参与国际组织的治理活动。譬如，在数字货币领域，美国积极参与了FSB、国际清算银行支付与市场基础设施委员会（CPMI）、金融行动特别工作组（FATF）等国际机构关于加密货币和数字稳定币的治理工作，并联合G7其他国家和BIS成立CBDC合作研究小组，共同探讨CBDC的设计基础；在数字治理方面，微软、谷歌等美国的大型科技公司依靠自己的影响力积极参与并不断推动数字治理的相关国际规则和标准的制定，围绕美式数字规则向全球推广。[2] 凭借先进的监管经验，美国在微观金融数据标准制定和金融科技创新方面拥有较大的话语权和影响力。在美国的主导下，G20历次会议和FSB致力于从金融机构识别和金融产品识别两个方面构建全球性的标准化数据信息系统，而这项基础建设于2017年已经取得重大进展。上述工作确保了美国在全球数字金融治理领域的优势。[3]

### 3. 新兴与发展中经济体数字金融发展现状

新兴与发展中经济体的数字金融发展水平参差不齐，地区之间和地区内部具有异质性。撒哈拉以南非洲曾是移动货币创新应用的积极实践地区；亚

---

[1] The White House, "Fact Sheet: White House Releases First-Ever Comprehensive Framework for Responsible Development of Digital Assets", September 16, 2022, https://www.whitehouse.gov/briefing-room/statements-releases/2022/09/16/fact-sheet-white-house-releases-first-ever-comprehensive-framework-for-responsible-development-of-digital-assets/.

[2] 张茉楠：《全球数字治理：分歧、挑战及中国对策》，《开放导报》2021年第6期。

[3] 王达：《论全球金融科技创新的竞争格局与中国创新战略》，《国际金融研究》2018年第12期。

洲和太平洋地区内部也存在发展的不平衡，但其数字金融行业在多个方面处于领先地位；中东、中亚、拉丁美洲和加勒比海地区的数字金融起步较晚、进展缓慢，且这些地区内的金融科技初创公司大多只局限于数字支付和转账服务以促进普惠金融发展。[1]

新兴与发展中经济体存在大量未被满足的数字金融市场需求。首先，这些国家的城市化和识字率相对较低，传统银行和金融机构在偏远地区建立分支机构的成本较高，普惠金融较为落后，因此数字金融具有很高的实用价值。线上电子银行、移动支付的发展，将有助于覆盖"没有银行的人口"和"没有人口的银行"的地区。其次，新兴与发展中经济体的许多家庭依赖国外工作家庭成员的跨境汇款，高效率、低成本的数字跨境支付网络深受欢迎。基于区块链的新型跨境支付系统只需一天甚至几分钟，就可以近乎零成本地完成跨境支付。

强劲的需求推动新兴经济体数字金融行业和技术的快速发展。新兴经济体电子商务市场的持续加速增长，使数字支付取得长足进展。一些新兴经济体的现金/GDP比例逐渐下降，如在中国现金可能不久后将失去核心地位。[2] 撒哈拉以南非洲地区是全球移动货币领域规模最大且增长最快的地区。该地区在人均移动货币账户、移动货币网点和交易量方面领先世界，如肯尼亚在2023年移动货币用户数量达3870万，占总人口的75%，数字支付交易额达到了72亿美元，这使得该地区的金融普惠性得以促进。[3] 在一些亚洲国家，数字金融的应用也超过了支付的范畴，扩展到了保险、贷款、投资等领域。

---

[1] IMF, "Fintech: The Experience So Far", *Policy Paper*, No. 2019/024, June 27, 2019, pp. 44 - 55, https://www.imf.org/en/Publications/Policy-Papers/Issues/2019/06/27/Fintech-The-Experience-So-Far-47056.

[2] BIS, "CBDCs in Emerging Market Economies", No. 123, April 14, 2022, pp. 1 - 2. https://www.bis.org/publ/bppdf/bispap123.pdf.

[3] Techpoint, "Kenya's mobile money subscribers rise following Airtel code removal", June 26, 2024, https://techpoint.africa/2024/06/26/kenyas-mobile-money-subscribers-rise-airtel/.

如中国在小额信贷、数字财富管理和信用评级等方面具有成熟的应用，基于大数据和技术的替代性贷款模式在南亚也已经投入应用，如印度在2018年11月推出的PSB59已成为该国最大的在线贷款平台。[1]

在新兴经济体，私人数字货币的发展大多受到限制，CBDC却取得了不少进展。促进普惠金融和提升支付效率是许多国家CBDC发展的主要原因。2020年10月，巴哈马央行推出"沙元"（Sand Dollar），成为全世界首个正式推出央行数字货币的国家。"沙元"是基于区块链技术通过移动数字钱包发行的代币，与现金、现有电子支付工具形成补充，能够增强支付市场的竞争性，提升普惠金融水平。[2] 2021年4月，东加勒比中央银行（ECCB）启动了其CBDC项目DCash，覆盖了安提瓜和巴布达、格林纳达、圣基茨和尼维斯、圣卢西亚四个国家。2021年10月，尼日利亚中央银行发行的数字货币e-Naira上线，成为非洲第一个推出数字货币的国家。

多数新兴与发展中经济体支持数字金融发展，出台政策为推动数字金融服务创造有利环境。在亚洲地区，许多国家正在努力推动数字金融生态系统的发展，印度的政府正在通过India Stack和JAM Trinity系统支持数字化支付，尼泊尔通过了"数字2020倡议"以加快数字金融包容性。一些中东和中亚地区的国家的政府还提供了激励措施和基础设施，以支持大型科技公司的金融服务活动的增长，譬如，沙特阿拉伯、阿联酋和突尼斯等国家通过了针对大型科技公司的机构支持项目，对高速语音和数据通信网络等基础设施的投资增加了数字技术的渗透，[3] 以推动金融服务的数字化发展。

---

[1] IMF, "Fintech: The Experience So Far", *Policy Paper*, No. 2019/024, June 27, 2019, pp. 46–47, https://www.imf.org/en/Publications/Policy-Papers/Issues/2019/06/27/Fintech-The-Experience-So-Far-47056.

[2] 平安证券：《海外数字货币的发展》，2022年5月21日。

[3] IMF, "Fintech: The Experience So Far", *Policy Paper*, No. 2019/024, June 27, 2019, pp. 44–55, https://www.imf.org/en/Publications/Policy-Papers/Issues/2019/06/27/Fintech-The-Experience-So-Far-47056.

在监管框架层面，绝大多数发展中国家和新兴经济体针对数字支付、数字借贷和网络安全等领域建立起监管框架。譬如，肯尼亚央行针对金融部门发布了一份关于银行业网络安全的指导说明及 PSP 网络安全指南，马来西亚、泰国等亚洲国家已经颁布了关于数字借贷和股票众筹的法规。在反洗钱/反恐怖主义融资（AML/CFT）方面，多数国家都予以高度重视。一些国家出台了政府数字身份系统（肯尼亚）、基于 Aadhaar 的 e-KYC 认证等措施。在数据保护领域，多数新兴经济体拥有监管框架。例如，老挝通过了《电子数据保护法》，土耳其、巴林分别成立了数据保护委员会和数据保护中心。[1]

新兴和发展中经济体监管框架的建立也面临阻碍和挑战，如技术因素、机构协调和监管权责界定等问题都给监管部门带来挑战。首先，技术常常被新兴经济体的政府部门视为阻碍监管框架建立的主要因素，新兴市场的国家和监管机构可能缺乏资源或者技术能力来进行监管，网络安全和数据保护的重要性增加了监管机构内部对技术的需求。其次，在跨地区机构的协调方面，跨越多个国家和地区提供服务的金融科技公司可能会加大监管漏洞的风险，这需要越来越多的机构和部门进行跨区域的有效合作。东盟的一些国家正在尝试进行跨地区的政策协调，成立了非营利实体东盟金融创新网络（AFIN）。[2] 最后，金融科技公司提供的数字技术可能应用于多个行业或业务中，造成监管部门之间权责界定不清晰，从而导致监管漏洞或者重复监管导致的额外成本。此外，大型科技公司进入金融服务领域也促使发展中国家政府修改现有监管框架，这些科技巨头可以凭借极大的规模与极高的客户口碑

---

[1] Cambridge Judge Business School Centre for Alternative Finance, "Fintech Regulation in Sub-Saharan Africa", 2021; Cambridge Judge Business School Centre for Alternative Finance, "Fintech Regulation in Asia Pacific", 2022; Cambridge Judge Business School Centre for Alternative Finance, "Fintech Regulation in Middle East and North Africa", 2022.

[2] IMF, "Fintech: The Experience So Far", Policy Paper, No. 2019/024, June 27, 2019, p. 48, https://www.imf.org/en/Publications/Policy-Papers/Issues/2019/06/27/Fintech-The-Experience-So-Far-47056.

在与该地区的监管部门的谈判中拥有一定的议价资本。例如，墨西哥和巴西先后在2018年、2019年为大型科技公司提出开放式银行倡议而修改监管框架，允许这些科技巨头通过程序编程接口（API）与银行共享客户数据。[1]

### 4. 主要经济体数字金融发展比较

各个主要经济体数字金融在各个领域的发展程度有所不同，在监管和参与全球治理的策略和态度方面也各有其特点。

不同经济体在数字金融不同领域的发展程度有巨大差异，部分新兴与发展中经济体在数字金融服务的应用方面发展速度较快，而以美欧为首的发达经济体在金融科技创新和数字金融监管方面具有领先优势。在数字时代来临之际，受制于经济发展不均衡和科技发展相对落后的现实，新兴与发展中经济体在传统金融机构和市场建设方面存在劣势，这些国家对金融普惠性的强烈需求促使数字货币、移动支付、数字借贷等服务得以快速生长。在发达经济体，由于科技发展水平较高，以及宽松的政策环境支持，金融科技公司和科技巨头的数量及投资额占全球的比重占据高位，人工智能、大数据、云计算和区块链等技术的发展也处于领先地位；同时，美欧国家对数字金融的相关监管措施也走在全球前列，例如美国对微观数据标准的制定和欧盟的《通用数据条例》。

在数字货币的研发和应用方面，各国态度不同。很多新兴和发展中经济体的央行和政府积极促进央行数字货币的研发和使用，以期利用央行数字货币来增加金融普惠性、提升支付效率并提高货币政策的执行效力；发达经济体大多积极参与数字货币的研发与探索，美国鼓励私人数字货币的研发，英

---

[1] FSB, "BigTech Firms in Finance in Emerging Market and Developing Economies Market Developments and Potential Financial Stability Implications", October 12, 2020, p. 13, https：// www. fsb. org/2020/10/bigtech-firms-in-finance-in-emerging-market-and-developing-economies/.

国早在 2016 年就与日本央行合作启动了 Stella 项目,但在央行数字货币的发行和应用方面,美欧日等经济体的态度谨慎。

在数字金融监管方面,各经济体的策略有所不同。美国对数字金融发展的监管模式采取了审慎宽松的功能性监管模式,即对数字金融发展持鼓励态度,对不同监管领域按照一定的标准进行分类,归入现有的金融监管框架之中进行统一管理;欧盟注重欧洲数字一体化的进程,各成员国采取监管沙盒和创新枢纽等监管工具,对欧盟层面进行统一的立法监管;[1] 而发展中国家和新兴经济体地区在监管科技的发展水平,以及监管规则的制定方面均落后于发达国家,监管体系尚不完善,因此其策略倾向于保护和促进国内数字金融市场的发展,在数据安全和数字治理等方面整体存在保守的倾向。

在对全球治理的参与方面,各个经济体的态度差异很大。美国在数字金融的技术创新和标准制定等层面领先世界,倾向于维护其数字金融创新的先发优势,通过推动其国内大型金融科技公司在全球的市场份额,增加在全球数字治理中的话语权;不同于美国在科技和市场方面的优势,欧盟积极参与全球数字金融治理和多方合作,倾向于将欧盟层面数字金融监管的立法和标准在全球推行;其他发达国家在探索自己的监管框架的同时,致力于与欧美的治理模式进行兼容和对接(如日本);而新兴经济体在全球数字金融治理的合作中话语权较少,处在被动地位。[2]

## (三)数字金融发展与治理体系变革

### 1. 跨境支付

跨境支付是国际货币金融体系的关键基础设施,数字货币和区块链技术

---

[1] 巴曙松:《欧盟监管科技的发展现状研究》,《国外社会科学》2020 年第 5 期。
[2] 张茉楠:《全球数字治理:分歧、挑战及中国对策》,《开放导报》2021 年第 6 期。

在跨境支付中的应用，可以打破现有全球跨境支付体系的高度中心化模式，削弱美国的金融霸权，形成更加公正、高效、安全和多元的跨境支付网络，从而对全球金融治理产生重要影响。

首先，分布式的跨境支付网络可以实现集成、即时和点到点的支付结算过程，促进经济效率。在这种模式下，跨境支付不再需要代理行链条来承载信息传输和资金结算，还可以通过自动跟踪支付、优化流动性和风险管理使合规更易实现，[1] 从而大幅降低跨境支付的传输时间和交易成本。其次，分布式跨境支付网络扁平化、松散化的组织关系，还能打破传统跨境支付体系的垄断格局。数字货币交易所和钱包提供商将成为新进入者，与传统服务提供商竞争客户；后台部门固定投入等成本的下降，将削弱规模经济门槛，刺激更多新型服务提供商进入；分布式跨境支付合规解决方案的新进入者，也会在吸引客户、支付和结算环节与现有服务提供商合作。再次，分布式跨境支付网络有可能颠覆 SWIFT 和 CHIPS 的垄断地位。基于代币的（token-based）跨境支付网络能够实现资金和信息的同时转移，无须 SWIFT 提供专门的报文服务，新的系统提供商将获得机会；一些国家（地区）的央行正在尝试的分布式银行间跨境支付系统，也会给以 CHIPS 为代表的中心化清算模式带来挑战。最后，分布式跨境支付网络还可能推动国际货币体系的多元化改革。在中短期内，基于可互操作的 CBDC 或法币抵押型稳定币建设新型跨境支付网络，可为除美元以外的其他主权货币在国际上发挥交易媒介的功能创造机遇。[2] 在长期，若能基于一篮子货币打造超主权数字货币（如 eSDR），且由 IMF 等全球金融治理机构负责建立和管理该跨境支付网络，将更加显示出国际货币体系的公平性和权威性。

---

[1] Dong He, et al., "Fintech and Financial Services: Initial Considerations", *IMF Staff Discussion Notes*, No. 2017/005, June 19, 2017, https://www.imf.org/en/Publications/Staff-Discussion-Notes/Issues/2017/06/16/Fintech-and-Financial-Services-Initial-Considerations-44985.

[2] 刘东民、宋爽：《数字货币、跨境支付与国际货币体系变革》，《金融论坛》2020 年第 11 期。

基于数字货币和分布式账本技术打造跨境支付网络，也可能会面临一系列宏观和微观风险。在宏观层面，将数字货币用于跨境支付可能加剧货币替代、危及金融稳定，还可能使国际储备的货币结构更加集中。数字货币的跨境使用可能降低获得、存储外币的成本，使已经具有广泛网络效应的国际货币更具吸引力，从而产生更强的货币替代效应。当货币替代使一国央行可控的货币流动性减少，货币政策的独立性可能会受到破坏。若数字货币发行国和使用国处于不同生命周期，后者货币政策调控的有效性将会下降、通胀波动将会上升。货币替代还会削弱数字货币使用国央行作为最后贷款人的能力，增加国内银行的挤兑速度和风险，并使国内家庭和企业的外汇风险敞口增加，从而给金融稳定带来负面效应。另外，数字美元（美元稳定币）凭借更低的成本和更广泛的用户基础，可能在储备货币中占据更大份额。[1] 在微观层面，数字货币的跨境使用还可能带来操作风险、网络安全、消费者保护等问题。设计和操作不当的支付系统可能成为系统性风险的来源，对实体经济产生不利影响。如果管理不当，支付系统的问题可能会导致或加剧金融冲击，如流动性失调或信贷损失，从而更广泛地影响金融系统的稳定性。此外，一些数字货币交易平台已被证实容易受到欺诈、盗窃或其他网络事件的影响，给用户造成重大损失。考虑到数字货币安排的新颖性和复杂性，广大零售用户可能无法完全理解风险。在一些稳定币安排的设计中，指定做市商等代理商可能具有很强的市场力量和决定稳定价格的能力，以致造成市场滥用。稳定币发行机构还可能披露不真实信息，或在一些关键职能上误导客户，如管理抵押资产的方式，从而造成定价错误和市场失灵。由于一个实体可能在生态系统中同时发挥做市商、交易平台和保管钱包等多重作用，其不当行为的风险和影响可能被进一步放大。[2]

---

1 CPMI, BIS Innovation Hub, IMF and World Bank Group, "Central Bank Digital Currencies for Cross-border Payments: Report to the G20", July 9, 2021, https://www.bis.org/publ/othp38.htm.

2 G7, IMF and CPMI, "Investigating the Impact of Global Stablecoins", October 18, 2019, https://www.bis.org/cpmi/publ/d187.htm.

在跨境支付领域，全球层面的治理协调对实现跨境支付体系的完整性和公平性、避免各种宏观和微观风险非常重要。2020 年，G20 领导人峰会将改进全球跨境支付安排设为议题，要求 FSB 与其他国际组织、标准制定机构共同开展"G20 加强跨境支付路线图"工作。这项工作分为三个阶段：首先由 FSB 评估现有跨境支付安排及其挑战，其次由 CPMI 确定加强全球跨境支付安排的工作模块，最后由 FSB 与 CPMI 及其他国际机构一起制定跨境支付国际合作的路线图。在第二阶段报告中，CPMI 构建了一个以五个领域和 19 个模块为基础的跨境支付系统架构。其中，第五个领域为新支付基础设施和安排，包括三个模块：新型多边跨境支付平台和安排的可行性、促进全球稳定币安排的稳健性、在 CBDC 设计中纳入国际维度。[1] 在第三阶段报告中，FSB 确定了前述领域和模块的具体行动计划和时间表。[2] 2021 年，FSB 为应对跨境支付在成本、速度、可得性和透明度四方面的挑战设定了量化目标。[3] IMF 则重点考查数字货币跨境使用的宏观影响，在 2020 年针对全球稳定币和 CBDC 的跨境使用展开研究，在 2021 年又联合 BIS 下属 CPMI、创新中心和世界银行共同向 G20 提交了 CBDC 在跨境支付中应用的报告。BIS 创新中心则与各国央行合作开展了一系列基于 CBDC 的跨境支付合作项目。例如，BIS 香港创新中心、香港金管局、泰国央行、中国人民银行数字货币研究所和阿联酋央行合作的多边央行数字货币桥（mBridge）项目；BIS 瑞士创新中心同瑞士国家银行和金融基础设施运营商 SIX 联合开展的海尔维蒂项目（Project Helvetia）；BIS 新加坡创新中心与澳大利亚储备银行、马来西亚中央银行、新加坡金融管

---

[1] CPMI, "Enhancing Cross-border Payments: Building Blocks of a Global Roadmap, Stage 2 Report to the G20", July 13, 2020, https://www.bis.org/cpmi/publ/d193.htm.

[2] FSB, "Enhancing Cross-border Payments: Stage 3 report to the G20", October 13, 2020, https://www.fsb.org/2020/10/enhancing-cross-border-payments-stage-3-roadmap/.

[3] FSB, "Targets for Addressing the Four Challenges of Cross-Border Payments: Final Report", October 13, 2021, https://www.fsb.org/2021/10/targets-for-addressing-the-four-challenges-of-cross-border-payments-final-report/.

理局和南非储备银行合作开展的邓巴项目（Project Dunbar）等。

**2. 数据安全**

随着数字技术的不断发展，金融系统的数据安全治理的"双重作用"日益凸显。它既可以促进和改善数据安全治理，也可能对数据安全造成威胁。如何在促进数字金融发展的同时，保护各个国家、企业与个人的数据安全，是全球金融治理面临的一项挑战。

区块链技术具有分布式存储、多中心、强信任三大特点，可以解决数字金融发展过程中存在的部分数据安全问题。区块链系统的治理，存在无中心、多中心和单中心三种模式，分别对应于区块链当中的公有链、联盟链和私有链。其中，无中心和多中心模式都能够增强数据安全。特别是以联盟链为技术架构的多中心治理模式，能够兼顾决策与运行的高效率和数据的安全性。首先，联盟链系统内的所有节点都记录数据（即分布式存储），任一节点被攻击都不会影响整个区块链系统的正常运转，保证了系统整体的数据安全性和运行稳定性。其次，由于有多个核心节点负责监管与决策，避免了单中心模式下中心节点盗用其他节点数据及内部人员控制的问题。最后，整个区块链系统的交易数据和信息是公开的，系统运行依靠智能合约，实现了"代码规则"，系统的可靠性摆脱了对中心化机构和个人的依赖，大大提升了系统的可信任程度，可以保护所有参与者的数据安全和个人隐私。

然而，大数据、人工智能等数字技术的发展也为金融系统的数据安全带来了潜在风险。在个人隐私层面，由消费者在金融活动所创造的数据及其蕴含的商业价值可能导致个人隐私泄露。大型科技公司掌控的数字平台有时存在利用人工智能技术过度采集消费者个人数据的行为，公司可以利用消费者的个人数据谋取利益，从而对消费者的数据安全造成威胁。此外，随着技术的不断发展和应用,人工智能形成的"用户画像"让数字平台获取消费者数据的方式更加隐秘,技术对数据的高度依赖性引发了数据与个人隐私的矛盾[1]。在数据开放和共享层面,存在"数字孤岛"的现象,数据并不能被有效地使用和控制。由于不同主体在数据治理的协作、技术发展水平等方面存在差异,新创建的数据通常以不兼容的格式存储在数字平台中,使消费者或其他平台难以访问和使用这些数据,形成"数字孤岛"[2],而数字平台可以借此形成对数据的垄断地位,进一步攫取消费者的权益。在国家安全层面,数据的跨境流动也形成了威胁数据安全的潜在风险。数据的跨境流动将造成数据所有者与控制者、管辖权与治理权界限的模糊,从而造成数据来源地与存储地在治理层面的矛盾。同时,由于不同国家监管不统一、技术水平有限等原因,数据流向保护水平较低的地区可能会导致数据安全泄露的风险。此外,以美国为首的数据霸权主义国家在数据的跨境流动中使用"长臂管辖"的政策,将损害其他数据主权国家的数据安全及利益,[3] 甚至利用这些数据对他国实施金融制裁。

金融体系的数据安全治理已经被各个主权国家和国际组织提上日程,但现行的治理措施并未形成全球共识的治理体系。在国际组织方面,OCED 是最早进行全球数据安全治理探索的国际组织,其于 2019 年提出《关于数字安全和关键活动的建议》,倡导加强国际合作的及时性,减少国家之间的差异,并就国内数字安全治理机制提出建议;[4] CPTPP 在 TPP 的基础上,保留了各成员国在必要时可制定限制性数据政策的自由,并鼓励各方之间的善意协商,为

---

[1] 阙天舒、张纪腾:《人工智能时代背景下的国家安全治理:应用范式、风险识别与路径选择》,《国际安全研究》2020 年第 1 期。

[2] Siddharth Tiwari, Sharad Sharma, Siddharth Shetty and Frank Packer, "The Design of A data Governance System", *BIS Paper*, No. 124, May 5, 2022, pp. 7-8, https://www.bis.org/publ/bppdf/bispap124.pdf.

[3] 阙天舒、王子玥:《数字经济时代的全球数据安全治理与中国策略》,《国际安全研究》2022 年第 1 期。

[4] OECD Legal Instruments, "Recommendation of the Council on Digital Security of Critical Activities", December 2019, https://legalinstruments.oecd.org/en/instruments/OECD-LEGAL-0456.

全球数据治理创造了新的尝试；[1] 日本提出了"可信任的数据自由流动（Data Free Flow with Trust，DFFT）"的构想，旨在让全球数据自由流通，促成全球数据治理协调的框架，该构想在 2019 年的 G20 大阪峰会上得到了 G20 成员的认可。[2] 此后，各国一直努力建立符合 DFFT 构想的数据安全规则，例如 G7 数字和技术部长在 G20 的基础上，确定了数据本地化、监管合作、政府对数据的可获得性及优先部门的数据共享四个合作领域，以促进信任下的数据自由流动。[3] 但由于各国对数据安全有不同的理解和界定，因此该框架的推行仍然存在挑战。上述全球数据治理的各项活动并未单独针对金融体系。金融数据不论对国家、企业还是个人，都是至关重要的数据，甚至关系到国家安全、企业安全和个人安全，所以金融体系数据安全的全球治理，面临的挑战更为严峻。

尽管各个国家意识到全球数据安全治理的必要性，并积极参与全球数据安全治理的讨论和协作，但各个国家出于本国的利益诉求，日益呈现出"新数字孤立主义"的倾向。美国采用较为宽松的数据保护策略，依托"长臂管辖"政策，强调数据的自由流动，反对数字流动壁垒，以期保护美国企业对全球数据的掌控，来试图争夺全球数据规则制定的主导权。[4] 而欧盟则强调严格保护的数据安全治理策略，出台了《通用数据保护条例》，该条例以保护个人数据隐私为核心，要求在对数据高标准要求的情况下实施数据的自由流动，其目的在于将欧盟的数据安全保护标准推行为全球数据治理的通用标准。这种主权国家之间数据安全治理模式的不兼容性，一定程度上阻碍了全球数据安全治理的发展。[5]

---

1　Thomas Streinz, "RCEP's Contribution to Global Data Governance", April 19, 2021, https://www.afronomicslaw.org/category/analysis/rceps-contribution-global-data-governance-0.

2　G20 Information Centre, "G20 Ministerial Statement on Trade and Digital Economy", June 9, 2019, https://www.g20.utoronto.ca/2019/2019-g20-trade.html.

3　G7 Information Centre, "G7 Roadmap for Cooperation on Data Free Flow with Trust", December 1, 2023, https://www.g7.utoronto.ca/ict/2023-statement-dfft.html.

4　张茉楠：《全球数字治理：分歧、挑战及中国对策》，《开放导报》2021 年第 6 期。

5　阙天舒、王子玥：《数字经济时代的全球数据安全治理与中国策略》，《国际安全研究》2022 年第 1 期。

### 3. 普惠金融

通过数字金融的发展促进普惠金融，这是全球金融治理变革的重要环节。根据 2016 年 G20 普惠金融全球合作伙伴（GPFI）的定义，"数字普惠金融"是指一切通过数字金融服务以促进普惠金融的行动，即运用数字技术为无法获得或缺乏金融服务的群体提供金融服务。[1] 区块链、大数据和人工智能等数字技术的快速发展和广泛应用，可以解决传统金融的痛点，增加面向低收入群体的金融包容性。首先，以区块链和近距离无线通信技术（NFC）为核心的数字货币、移动支付的快速发展，极大地扩展了金融服务的范围，大幅提升了支付和交易的效率。在偏远地区的人们可以通过手机等移动设备来进行转账汇款、生活缴费、线上购物等业务，降低了交易成本，使金融服务有效地惠及了低收入群体。其次，区块链技术的发展有助于移动银行的应用，使普惠金融业务经营成本最小化。商业银行可以利用区块链技术建立数字普惠金融平台，通过共识机制建立点对点自治网络，通过互联网将金融服务覆盖到新兴经济体的低收入地区，节约了传统金融实体的建立和运营成本，同时简化了金融服务的流程，提高了金融业务的效率。再次，区块链技术具有强信任的特点，可以解决普惠金融服务中的信息不对称的问题。普惠金融服务的对象为低收入弱势群体，这些群体往往数据缺失、金融需求分散且信息的获取成本较高。区块链能够建立多中心、强信任的金融系统，通过"代码规则"进行运营，摆脱了对传统中心化机构和人类道德的依赖，确保交易的安全性、可靠性和内部透明性，提升金融系统的可信任程度。最后，人工智能技术的发展有助于普惠金融服务对象的信用评级和征信管理，使得金融服务更加精准。人工智能和大数据可以实现对消费者行为的自动化评估，帮

---

1 GPFI, "Global Standard-Setting Bodies and Financial Inclusion: The Evolving Landscape", March 2016, https://www.gpfi.org/sites/gpfi/files/documents/GPFI_WhitePaper_Mar2016.pdf.

助低收入群体的贷款人和信用评级机构验证其偿还贷款的能力，提高风险识别能力和金融服务的效率，同时提供储蓄和投资建议。

数字技术的发展同样也为金融普惠的发展带来一系列安全挑战和风险。在消费者层面，可能会出现数字普惠金融服务的接受性较差、客户安全意识薄弱等问题。普惠金融面向的群体多为新兴市场国家、发展中地区的低收入、老年人等弱势群体，其受教育水平相对落后，金融知识相对欠缺，在生活习惯和消费观念上对数字技术的新应用的接受程度较低，由此导致的对业务操作流程的生疏、金融防范意识的欠缺等问题可能会成为影响金融安全的一个重要因素。[1] 在新兴技术的安全应用层面，数字技术对金融服务的促进使得普惠金融对信息和数据产生依赖，数据的加密和存储也就成为普惠金融安全的重中之重，个人隐私数据安全、资金安全和生物识别特征的泄露等风险将会成为影响金融稳定性的新的挑战。在市场层面，由数字技术推动的新兴市场地区的网络信贷有盲目扩张的风险。由于低收入群体的金融需求参差不齐，信用情况难以有效评估，监管机构无法利用传统的金融监管框架对数字金融风险进行有效监管，普惠金融的发展可能会导致网络信贷在低收入群体中的快速扩张，由此可能会引发系统性金融风险。[2]

普惠金融是全球发展议程的主要支柱之一，各个国家都重视并积极参与全球普惠金融治理。GPFI 于 2010 年在国际金融危机的背景下成立，旨在应对危机以实现持续、包容性增长，会议强调了在加强对话和信息共享、促进中小微企业融资、支持私营部门建设金融基础设施三个领域的工作。在 2014 年 G20 布里斯班峰会上，全球普惠金融倡议扩大了其重点范围，增加了其执行伙伴的数量，制定了新的普惠金融数据标准及金融普惠的指标，强调金融

---

[1] 吴善东：《数字普惠金融的风险问题、监管挑战及发展建议》，《技术经济与管理研究》2019 年第 1 期。

[2] 卫晓锋：《数字普惠金融的风险与监管》，《金融理论与实践》2019 年第 6 期。

教育和消费者保护，并从包容性角度支持妇女的经济权利。两年之后的 2016 年 G20 杭州峰会通过了《G20 数字普惠金融高级原则》，首次提出了利用数字技术的方法实现金融普惠性和包容性的目标。在 2020 年的 G20 利亚德峰会上，GPFI 提出《2020 年全球普惠金融行动计划》，继续支持 2030 年全球议程，以提供政策分析和指导原则、根据 G20 金融普惠指标监控金融普惠发展情况、倡导在全球范围内促进金融普惠、促进 GPFI 成员和全球机构之间的协调为总体目标。同时，该计划以增强数字金融包容性和支持中小企业融资为优先事项，其中数字普惠金融的目标涉及如下四个方面：一是部署安全和负责任的数字化服务；二是扩大可持续、正规金融服务的覆盖率；三是将金融教育和消费者保护视为保护弱势群体的关键因素；四是处理数字技术带来的潜在风险，包括数据保护和隐私问题、网络安全、洗钱、恐怖主义扩散融资、欺诈和其他非法金融风险。[1]

## 二 中国数字金融发展进程与现状

近年来，随着金融科技的不断普及，"数字化赋能金融"在中国掀起了热潮。北京大学数字金融研究中心和蚂蚁集团研究院利用蚂蚁集团数字金融的海量数据，编制"数字普惠金融指数"对中国的数字普惠金融实践进行定量刻画，旨在提供反映数字普惠金融发展现状和演变趋势的工具性数据。2011—2023 年，该数字金融指数平均每年增长 22.51%，中位值从 2011 年的 33.6 增长到 2023 年的 384.24，[2] 体现出数字金融的覆盖广度、使用深度和数

---

[1] GPFI, "G20 2020 Financial Inclusion Action Plan", October 2020, pp. 7–12, https://www.gpfi.org/publications/g20-2020-financial-inclusion-action-plan.

[2] Guo Feng, et al., "Measuring China's Digital Financial Inclusion: Index Compilation and Spatial Characteristics", *China Economic Quarterly*, Vol. 19, No. 4, 2020, pp. 1401–1418.

字化程度均处于不断上升的阶段。[1] 中国在数字金融领域发展迅速,以蚂蚁集团、腾讯、京东金融、兴业数金等为代表的中国顶尖科技公司不断向世界展示其优秀的金融科技产品,中国已然成为具有全球最具活力的数字金融市场之一。

## (一) 中国数字金融发展进程

从历史来看,新中国数字金融的演变呈现出通信金融、电子金融、互联网金融和数字金融四个阶段。第一阶段,从新中国成立到1978年的通信金融时期,中国在此阶段并没有建立商业银行体系,银行业务单一,资本市场基本不存在,通信金融十分简单。第二阶段,从改革开放至21世纪初的电子金融时期。随着计算机、互联网及各式电子产品的发展,中国的传统金融逐渐向电子化、信息化的模式转变,但金融服务的内核仍未发生质变,金融机构传统的经营模式还在延续。第三阶段为2010—2015年的互联网金融时期。2012年之后伴随互联网用户群体的进一步增加,以P2P、P2B、互联网小微贷为首的新型金融模式如雨后春笋般出现,蚂蚁金服、陆金所、微众银行等优秀的互联网金融公司逐渐开始崭露头角,一阵互联网金融的热潮正席卷中国,各种互联网金融创新产品也逐渐走进普通老百姓的生活中。然而,借助互联网平台的借贷存在准入门槛不明确、征信体系不健全、行业规范缺失等问题。2015年,随着部分P2P平台暴雷,网贷问题平台数量不断增加,行业淘汰率高达40%。至此,中国开始寻求更安全、规范的数字金融行业发展。第四阶段为2015年至今的数字金融时期。当前,中国金融市场借助金融科技的不断发展,以科技赋能金融,激发金融市场活力。中国进入了利用大数据、

---

[1] 李涛、彭东蔓:《数字金融减贫:研究热点综述及展望》,《财会月刊》2022年第8期。

云计算、人工智能、区块链等手段，扩大金融行业的数字化规模、改善当前业务形态的新发展阶段。

数字金融在中国的蓬勃发展，具有高效、透明和包容三个基本特征。

首先，数字金融促进了金融服务的高效率。数字金融模式能够通过大数据、云计算和人工智能等方式对金融产品进行升级，进一步优化服务流程，使得客户能够更为高效地办理金融业务。[1] 在数字金融的生态体系下，传统金融机构和大型互联网平台强强联手，中国五大国有银行与百度、阿里、腾讯、京东等平台企业建立深度合作伙伴关系，在金融产品系统、渠道建设等方面进行数字化改造，极大提升金融服务的效率，优化资源配置的同时也降低了银行的经营成本。

其次，数字金融使信息更为透明化。大数据技术的普及能够显著降低金融机构与客户之间的信息不对称，对金融机构而言可以更好地评估客户的基本情况，降低信贷风险，对客户而言也能够更为全面地了解层出不穷的金融产品，从而做出最优的选择。例如"中小融"平台是广东省数字政府改革建设成果在金融场景的创新应用，是全国首个以大数据应用为底层技术的数字金融平台。该平台的诞生使得金融信息更加透明公开，有效地推动了金融服务对实体经济的支持。

最后，数字金融的发展提升了金融包容性。数字金融的兴起极大降低了金融机构处理信息的成本，以银行为首的金融机构正从"传统线下信贷业务为主的业务模式"向"数字化银行"进行转型，运营成本的削减、信贷风险的降低使得银行更有动力推出覆盖面更广、品类更丰富的金融产品，从而满足更多客户的需求，为各地区、各类人群提供先进的金融服务。同时，数字支付作为数字金融的重要基础设施，其交易规模的逐渐增长也更好地提升了

---

[1] 田利辉：《开启我国数字金融的璀璨未来》，《群言》2022年第4期。

金融服务的包容性。中国人民银行《支付体系总体运行情况》的数据表明，2014—2023 年商业银行移动支付规模由 22.6 万亿元急速增长至 555.3 万亿元，年均增长达 42.7%；2015—2023 年中国第三方网络支付交易规模的年均增长率达到 57.14%。一方面，数字支付能够极为便捷地使用线上汇款、转账等服务，降低边远地区人群金融服务的使用成本；另一方面，数字支付能够通过支付场景的丰富化来降低信息不对称，减少交易成本，有助于普惠金融发展。

## （二）中国数字金融发展政策

为推动数字金融发展并保障金融安全，中国政府制定了一系列激励与监管政策。

### 1. 规范数字金融行业标准

自 2013 年起，互联网的发展进入了快车道，为中国传统金融业注入了新的活力。金融业借助互联网发展浪潮，开展一系列结构重塑，并形成"互联网金融"的新发展模式。2014 年的《政府工作报告》首次提出应促进互联网金融健康发展，完善金融监管协调机制；2015 年的《促进互联网金融健康发展指导意见》明确将互联网金融定义为一种新型的金融模式，中国金融领域也正式出现了区别于传统金融业态的另一条赛道。

随着数字经济的概念不断完善，金融领域正式进入数字化时代。2017 年，"数字经济"首次出现在《政府工作报告》中，并且在 2019—2022 年连续 4 年写入《政府工作报告》。伴随着 5G 技术、工业互联网、人工智能产业化的发展，"加快数字化发展、建设数字中国"成为中国建设整体布局中最为关键的一环。金融作为实体经济发展背后的推手，实现金融产业的数字化显得尤为重要。2021年7月，国务院金融稳定发展委员会召开会议，要求加强对金融领域战略性、针对性等问题的研究，围绕一系列重大课题开展攻关，在这其中首次提及"数字金融"。2022年，《"十四五"数字经济发展规划》正式出台，指出应将加快金融领域数字化转型列入重点行业数字化转型提升工程，再一次拔高了数字金融的战略地位。

中国就大数据、云计算、人工智能等新兴前沿技术在传统金融业中的应用制定了详细的发展规划。金融科技发展速度加快，数字技术不断进步，加速了传统金融服务和业务的改造和创新，产生新兴金融产品、金融服务或金融模式。2019年8月，央行印发《金融科技（FinTech）发展规划（2019—2021年）》，明确金融科技发展方向和任务、路径和边界。随着5G时代到来，万物互联将改变金融产品和服务，重构金融业务模式，金融与科技机构将进一步深化合作，推动云计算的深入应用和大数据的跨界融合。

中国还就银行、保险等重点金融行业的数字化转型制定了具体的发展规划。中国保险行业协会在2021年12月发布了《保险科技"十四五"发展规划》、中国银保监会在2022年1月印发了《关于银行业保险业数字化转型的指导意见》，分别针对保险业、银行业的数字化转型提供了思路，强调金融机构在数字化转型的过程中应该强化顶层设计，加强规范，利用数字技术为市场提供"个性化、差异化、定制化产品"，显著提高金融服务质量和效率。资本市场数字化建设方面，2022年2月人民银行、市场监管总局、银保监会、证监会联合印发《金融标准化"十四五"发展规划》，其中提出要大力推进资本市场基础数据标准和监管数据标准制定，研究构建资本市场数据标准体系，提升证券期货业数据治理水平，并着重强调了标准化引领金融业数字生态建设，为中国数字金融的规范化发展提供了思路。2022年，银保监会出台的关于银行业保险业数字化转型的首份专门文件——《关于银行业保险业数字化转型的指导意见》，在机制、方法等方面对银行业保险业数字化转型予以规范和指导。未来，金融机构将从原来的信用中介转变为信用中介和信息中介并重，银行业务从传统的货币业务转变为货币业务和数据业务并重，从原有的资产驱动转型为资产和数据共同驱动。可以说，数字金融开拓了金融未来发展的一片新蓝海。

### 2. 保障数字金融安全

数字技术发展在推动金融工具和手段创新的同时，也带来新的安全隐患。为保障用户隐私、维护数据安全、确保金融市场稳定，2021年6月10日，全国人大第二十九次会议通过《中华人民共和国数据安全法》，建立中国数据领域的法律基础，明确数据安全的管理和开发利用要求，维护数字金融健康的发展环境。与此同时，金融领域数字化转型目前还是一个全新的领域，其中所存在的金融科技伦理问题也值得关注。无论是《关于加强科技伦理治理的意见》还是《金融科技发展规划（2022—2025年）》，均强调应重视金融科技伦理问题，健全多方参与、协同共治的金融科技伦理规范体系。

## （三）中国数字金融发展主体与业务模式

### 1. 科技公司与新型便捷的数字金融供给

金融科技公司通过技术升级，完善金融产品和服务，丰富了金融体系。随着数字技术的发展，数字金融的业态不断丰富，互联网支付、网络借贷、数字保险、网络众筹和互联网理财等金融服务逐渐活跃。首先，金融科技公司利用互联网方便、快捷、效率高等优势，使客户随时随地都能获取基本的金融服务。其次，高科技企业能汇聚海量客户的信息数据，基于这些数据结合用户特色并深度挖掘客户需求，为其提供定制的个性化金融产品或服务，以满足客户多元化的金融需求，不断丰富金融产品和服务内容。例如，针对客户的金融科技营销，大数据可以针对不同的数据采集、计算、分析出客户个性数据，并加以挖掘，从而实现金融产品的柔性化营销，个性化服务，促进业务增长。最后，数字金融的发展和运用能够提高金融服务的安全性和稳定性。大数据、云计算、指纹识别、面部识别等技术，能够保障客户在使用金融产品时的资金和信息安全。例如在风控领域，大数据可以借助人工智能模型，帮助银行、保险、证券等金融行业识别用户的各种非法行为，降低洗钱、诈骗等风险。

金融科技公司通过整合信息流、现金流等信息来改善客户的信息不对称问题，提高金融配置效率。在大数据和人工智能的背景下，用户的背景资料、消费偏好、兴趣社交等行为都可以运用数字技术加以处理和分析，客户的需求可以被精准划分和整合，利用这些数据可以针对不同的客户提供定制化的金融产品或服务。相对于传统金融模式，数字金融可以降低金融服务门槛，使中低收入群体也能获取到相应的金融服务，提高社会整体的金融资源配置。

相比较传统金融公司，金融科技公司借助数字金融技术能够显著降低交易成本，提升信息的使用效率，降低信息的不对称性。首先，金融科技公司利用大数据、云计算等数字技术，搜集大量的用户信息、产品信息和公司信息，尤其是一些没有公开披露义务的信息，可以降低金融交易中的信息搜寻成本。其次，利用数字技术对用户的信息进行处理和分析，能更具针对性地满足信息需求，对不同客户营销定制化的产品或服务，可以大大节省决策成本。最后，基于搜寻的用户信息数据，利用数字技术观测消费者行为的动态变化，可以大幅度降低贷款全流程的实时监控成本和风险成本。

### 2. 商业银行与数字金融生态

数字科技公司在金融领域具备先天的信息化技术优势，以及用户运营的经验，对商业银行的经营发展造成一定的竞争压力。其一，互联网金融平台极大冲击了商业银行的资产业务。互联网金融平台凭借大数据及人工智能技术，极大提高了放款审批效率，降低了借款人获取信贷服务的门槛。此外，数字技术的应用能够提高信贷的透明度、可信度，优化贷款的信用结构和期限结构，并且能兼顾商业银行未能触及的长尾客群，这对商业银行的贷款业务造成了较大冲击。其二，互联网金融平台在负债端能够给传统商业银行业务发展造成压力。以余额宝为代表的互联网金融产品能够为客户提供更为专业化、个性化的理财服务，并能做到随时取用，较之于银行低息的存款利率更高且更加灵活，即兼顾了用户的收益需求与流动性需求，这相比银行传统的存款业务而言具备较大的优势。其三，互联网金融平台的出现进一步挤压了商业银行中间业务的发展空间。以往，商业银行凭借其较大的体量规模，以及在信息资源方面的优势，不断开拓中间业务，这也为商业银行带来了大量的非利息收入。随着数字金融的不断发展，第三方支付业务可以基于其数据存量大，数据分析能力强的特点，利用场景化优势实现存储、线下消费支付为一体的便捷化服务，从而极大威胁了商业银行中间业务的发展。

不过数字金融的快速发展也给商业银行业务发展带来了极强的技术溢出效应，对传统商业银行的运营模式、投资效率、创新能力产生了正向影响。首先，数字金融降低了商业银行的运营成本。一方面，大数据、云计算等先进数字化技术的应用能够使商业银行在海量数据中迅速提取有用的信息，大大提升了信息搜索及传递的效率；另一方面，商业银行数字化技术的引入也能够极大优化其运营流程，减少不必要的人力物力支出，从而提升日常业务的运营效率。例如商业银行能够引入智能风控技术，从而提升其信贷审批效率。数字金融边际成本趋零的特征在降低运营成本的基础上促使商业银行由数额型规模经济转型为数量型规模经济，大幅提高了服务的覆盖率，使得商业银行为中小企业及长尾客群提供服务的同时提质增效。其次，数字金融提升了商业银行的投资效率。数字金融通过精准化的用户画像、精细化的风险定价、集约化的业务流程，能够有效提升传统商业银行的投资效率。大数据技术的应用使得商业银行能够更为快捷高效地获取企业的经营数据及信用情况，从而将传统的金融属性数据与非金融属性数据相结合，将宏观行业基本面数据与微观企业运营数据相结合，全方位对用户画像进行评判与实时更新，强化商业银行信贷风险的预警和防范能力，提高投资效率。例如，京东"蓝鲸"大数据征信依托多维度企业数据与丰富的场景经验，搭建了不同场景的风控模型，能够实现风险因素的实时追踪与经营指标趋势的预测分析，有利于银行动态授信，提高商业银行投资效率。[1] 最后，数字金融促进了商业银行的创新能力。随着数字化技术的不断普及，各种互联网金融产品如雨后春笋般出现，这些产品相比传统的金融服务产品往往具备低成本、高效快捷的特性，从而能够吸引更多的用户群体，数字化时代激烈的市场竞争也促使商业银行进行技术创新，走数字化发展道路。当前，商业银行发展创新主要体现在移动支付、网络信贷、智能理财等领域，依托自身体量优势，商业银行迅速建立起以数字化技术为架构的支付清算平台、信贷平台、理财平台，通过改变以往的发展模式，提高创新的广度与深度，以顺应数字化、信息化发展趋势。

传统业务的全面数字化转型势必对商业银行的运营效率带来影响。首先，数字金融的发展能够显著提升商业银行的电子化程度，极大促进运营效率。一方面，以大数据、人工智能为代表的金融科技手段的引入能够有效提升商业银行的金融基础设施、服务平台、服务场景，促进银行服务的智能化、高效化，有利于解决商业银行在渠道普及、客户筛选和服务、风险评估和控制等方面的难题，进而优化运营成本，提升运营效率。[2] 另一方面，数字金融

---

[1] 王子冉：《数字金融对商业银行的影响研究》，《现代商业》2022年第10期。
[2] 张正平、刘云华：《数字金融发展对农村商业银行运营效率的影响——基于2014—2018年非平衡面板数据的实证研究》，《农业技术经济》2022年第4期。

时代商业银行能够与互联网科技公司开展深度合作，借助数字化技术在组织管理与渠道拓展等方面进行全面升级，在合作过程中也能够不断提高自身的创新能力，并且也带动了银行业和 IT 行业之间的人才流动，提高了银行员工的整体技术素养，进而提升了银行的运营管理效率。其次，数字金融的普及在一定程度上增加了商业银行的风险承担，进而对其运营效率的提升带来负面影响。数字金融时代，金融创新层出不穷，中国商业银行整体金融科技水平还处于发展阶段，中小商业银行无论在金融基础设施还是在科技人才方面都处于劣势，可能会在初期无法适应业务的数字化转型。就农商行而言，其风控水平本来就相对较低，存在风险识别信息不充分、识别方法不恰当、管理人员素质不足等问题，缺乏对风险发生过程的跟踪监控，很难应对大数据时代的风险变化，从而造成运营效率的降低。

### 3. 其他金融机构数字化服务

目前在县级区域，金融机构体系不再是单一的各类银行机构。2006 年中国银行业监督管理委员会发布《关于调整放宽农村地区银行业金融机构准入政策更好支持社会主义新农村建设的意见》（银监发〔2006〕90 号）后，在新意见的指导下，县级区域范围内出现新型金融机构，包括村镇银行、小额贷款公司与农村资金互助社等。这些新型金融机构扎根于县级区域，服务当地住户及微型企业，与传统金融机构不同的是机构资金规模普遍较小，根据银保监会的数据，截至 2024 年 6 月，全国共有 1620 家村镇银行、1577 家农村商业银行和 483 家农村信用社。[1]

新型金融机构资金规模小、区域服务性以及客户不稳定性等特点，就更加需要依靠信息技术手段来降低金融服务成本，减少客户的道德风险，以及

---

[1] 国家金融监督管理总局：《银行业金融机构法人名单（截至 2024 年 6 月末）》，2024 年 9 月 4 日。

避免逆向选择。一方面，县域地区居民密集度大，新型金融机构往往规模较小，在提供金融服务的过程中会面临金融基础设施不足、金融服务工作人员人手紧缺的困境。金融科技手段的使用能够极大提升新型金融机构的服务效率，数字金融交易跨时空、跨平台的特性能够显著减轻金融机构的服务压力，大数据技术的应用也能够更好地匹配用户画像，能够为当地居民办理金融业务提供更为针对性的服务。另一方面，县域地区居民收入水平低，更愿意申请和使用金融科技公司提供的移动支付、互联网消费信贷等金融产品，这也为数字金融的发展普及提供较大的空间。[1] 因此，新型金融机构应加大在数字金融方面的投入，提升县域金融服务的效率。

### 4. 央行监管数字化

数字金融正在促进和强化中国央行的金融监管。首先，数字金融加速了央行监管制度的变革。人工智能、数字科技与金融的融合，不断衍生出新型金融形态，在数字化背景下，人们的生活与数字金融相互交叉，数字金融已成为人们生活中不可或缺的一部分，过往为保证金融监管的连续性使得中国金融监管制度变革较慢，但新型金融形态出现的不可逆转性及发展性，必然会出现新的监管问题，为保证金融监管的有效性及准确性，中国央行正在将监管制度与数字金融相结合，从而推动传统金融监管制度的变革。[2] 其次，数字金融为中国央行的金融监管提供了有效工具。数字金融作为金融与科技结合的产物，能够借助科技手段实时监测金融数据的运行，针对异常数据提前进行排查并做好防范工作，同时做好数据存储保密工作。此外，还可以根据大数据推算用户画像，减少客户端可能产生的风险，这有助于实现金融监

---

[1] 宋科、家琳、李宙甲：《县域金融可得性与数字普惠金融——基于新型金融机构视角》，《财贸经济》2022年第4期。

[2] 王景利：《数字金融给金融监管带来的机遇与挑战》，《金融理论与教学》2022年第2期。

管的智能化、立体化升级。"网联平台"是其中的一个典型案例。此前，以支付宝和财付通为代表的大量第三方支付机构绕开银联，形成了直连银行的模式，这种直连模式避开了央行的清算系统，使央行、商业银行无法掌握具体的交易信息及资金流向，导致央行对资金流通的监管存在盲点，这给反洗钱、金融监管、货币政策调节、金融数据分析等各项金融工作带来了困难。央行清算总中心、财付通、支付宝、银联商务、汇元银通、联动优势等在内的45家机构和公司签署协议书，共同发起设立"网联清算有限公司"，并要求从2018年6月30日起，支付宝、财付通等第三方支付公司受理的涉及银行账户的网络支付业务必须通过"网联支付平台"处理。这样，一方面网联平台充当了第三方支付平台与商业银行间的"中介+监管"机构，阻断了第三方平台与商业银行之间自由和直接对接，消除了对资金变动的监管盲点。网联平台的建立，有助于纠正支付机构从事跨行清算的违规行为，央行能够从网联平台获得金融大数据，结束"数据寡头"垄断，从而高效监测支付机构业务，规范互联网金融行业的发展。另一方面，网联平台的监管并没有限制第三方支付机构的发展，网联平台清算集中化使得成本降低且效率提高，且网联平台的建立也改变了银行在支付结算领域独大的局面，这促进了中国第三方支付体系更加可持续发展，助力中国建成世界上最成功的第三方支付体系。

中国人民银行正在积极研发、推动数字人民币的应用，这使得中国的央行也成为数字金融的重要创新者和参与主体。数字货币在全球的发展过程中，实现了从完全匿名到可控匿名、从在线到离线、从单银行数字货币系统到多银行数字货币系统的演变。2020年暴发的新冠疫情加速了全球数字经济发展，凸显了数据、技术、产业、商业、制度等协同发展的重要性，而数字货币基于节点网络和数字加密算法，是为了满足数字经济发展需要，形成了新的货币形态。与私人数字货币缺乏统一标准框架、缺少资产支撑、价格波动剧烈、难以有效监管、容易滋生洗钱非法交易相比，央行数字货币属于法定货币，是中央银行直接发行的法币的数字形式，具有法偿性。[1] 数字人民币是数字形式的法定货币，并且与纸钞和硬币等价，主要定位于现金类支付凭证（M0）。[2]

对中国的央行而言，未来数字人民币将发挥国家信用背书的核心竞争优势，探索易使用、可持续的支付渠道，推动更大规模的应用场景落地，赋能实体经济高质量发展。中央层面上，2020年11月中共中央发布《关于制定国民经济和社会发展第十四个五年规划和二〇三五年远景目标》提出要完善货币供应调控机制，稳妥推进数字货币研发；《中国数字人民币的研发进展白皮书》阐释了数字人民币体系的研发背景、目标愿景、设计框架及相关政策考虑；2022年1月《"十四五"数字经济发展规划》提出"稳妥推进数字人民币研发，有序开展可控试点"。地方层面上，浙江、海南、上海等地的"十四五"规划均提出要争取数字人民币的应用试点，提升金融服务的便利性和普惠性。

数字人民币将与实物人民币长期并存，主要用于满足公众对数字形态现金的需求。首先，央行数字货币的发行使货币流通速度的可测量度有所提升，大数据分析的基础更为扎实，有助于更好地计算货币总量、分析货币结构。[3] 同时，央行数字货币发行有助于中央银行通过分析数字货币金融账户，对特定行业、企业和特定区域个人实施差别化政策措施，使得中央银行货币政策更加精准，并为其他非常规货币政策工具的创新打开了窗口。其次，央行数字货币的发行有利于增强利率作为中国货币政策中介目标的适用性。在可测性方面，央行数字货币发行加快各种金融资产转换的速度，使利率水平能够

---

[1] 杜永善、高洁：《央行数字货币发行对我国货币政策框架的影响》，《企业经济》2022年第4期。
[2] 姚前：《中央银行数字货币原型系统实验研究》，《软件学报》2018年第9期。
[3] 范一飞：《中国法定数字货币的理论依据和架构选择》，《中国金融》2016年第17期。

真实反映市场资金供求关系。在可控性方面,央行数字货币的发行,有利于中央银行及时掌握银行机构新发放贷款应用 LPR 的情况,提高 LPR 对信贷利率影响的时效性,强化政策利率对市场利率的传导效率。[1]

## (四) 中国数字金融与高质量发展

### 1. 数字金融与绿色低碳转型

数字金融能够实现居民消费模式的绿色化,助力于家庭层面的低碳转型。一方面,数字金融能够基于支付手段变革和打破消费时空"壁垒",在降低购物成本和支付难度的同时减少碳排放。居民可以不出门使用手机支付完成购物,减少了出行及外出购物产生的碳排放量。[2] 另一方面,数字金融具备平台化、共享化的特征。平台经济建立用户与生产者之间的连接,将数据作为新的生产要素投入碳减排领域,更精准、及时地把握消费者需求,快速识别出有效需求,提高交易效率,降低资源投入和消耗。同时,数字金融能够依托数字技术打造绿色环保信息共享平台,提升了绿色环保产品、节能环保活动的曝光度,促进消费者对低碳环保产品的购买,提升居民绿色低碳行动的参与度,推动消费产业的绿色低碳转型。[3]

数字金融对企业和金融机构实现"碳中和"产生积极效应。首先,数字技术的广泛使用能够有效升级企业和金融机构的传统运营机制。目前,许多企业和金融机构已将绿色可持续发展理念融入日常运营之中,逐步探索实现业务流程的数字化和无纸化,并尝试从根源上实现绿色环保。其次,数字金

---

[1] 张伟、董伟、张丰麒:《中央银行数字货币对支付、货币政策和金融稳定的影响》,《上海金融》2019 年第 1 期。

[2] 王军、王杰、李治国:《数字金融发展与家庭消费碳排放》,《财经科学》2022 年第 4 期。

[3] 张平淡:《绿色金融的探索与发展》,《中国高校社会科学》2018 年第 1 期。

融的普惠性提升了企业的融资效率及金融可得性，推动更多大型企业增加对绿色能源项目的投资建设，助力实现"双碳"目标。最后，数字金融在数据挖掘、信息处理方面的独特优势能够有效地为环保型中小企业获得资金来源，推动绿色低碳产业的发展，为建设环境友好型社会打下坚实的基础。[1]

### 2. 数字金融与产业结构升级

数字金融能够有效降低金融交易成本，提升资金的再分配效率，促进产业结构的升级。"十四五"规划提出"充分发挥海量数据和丰富应用场景优势，促进数字技术与实体经济深度融合，赋能传统产业转型升级，催生新产业新业态新模式，壮大经济发展新引擎"。大数据、人工智能的不断应用能够大幅降低金融市场的信息不对称，通过建立系统完善的"用户画像"从而提升金融机构的信用审批效率，降低金融交易成本，加速资金在金融市场的流通。同时，数字金融在某些领域的去中心化特征能够形成庞大的点对点、点对面、面对点的交易网络，从而提升交易双方的决策效率和执行效率。[2] 数字金融时代，各种社会资金能够高速流通，通过金融投资的方式由经济效益低的部门流向经济效益高的部门，快速、高效地满足企业资金需求，加速产业结构的调整升级。

数字金融能够拓宽企业直接融资渠道，增强小微企业的资金可得性，推动产业结构的升级。在传统金融的模式下，创新能力强的中小微企业或高科技导向的创业公司往往面临"融资难、融资慢"的问题，难以达到银行贷款的准入门槛。数字技术创新增强了数字金融普惠"降本"能力，移动互联网、移动终端的普及，以及金融科技软件的开发，拓宽了直接融资渠道，"长尾"中小微企业能够通过网络平台实现便捷融资，直接降低了资金供需双方

---

[1] 聂秀华：《数字金融促进中小企业技术创新的路径与异质性研究》，《西部论坛》2020年第4期。
[2] 牟晓伟、盛志君、赵天唯：《我国数字金融发展对产业结构优化升级的影响》，《经济问题》2022年第5期。

搜寻、匹配成本，更好地满足产业转型升级的资金需求，有效助力了中国产业结构的转型升级。

金融科技创新赋能产业转型升级，对产业转型升级"引导"作用提升。数字技术正全面赋能金融服务，加速金融业务在场景中的渗透，产业数字金融在产业转型升级中引导作用逐步提升。金融科技有效促进了实体经济的融资效率，依托于产业生态协同体系中的物流、信息流、资金流、商品流，运用数字技术强化金融服务"高新绿"中小微企业的能力，实现资金直达实体经济。在国内国际双循环发展格局下，数字金融模式创新将由消费金融向产业金融迁移，小微金融、供应链金融及"三农"金融等领域，将成为数字金融商业模式创新的主阵地。服务实体经济将成为数字金融发展的重要方向，其中"＋金融"的数字金融模式将引导资金的合理配置，助力产业转型升级。

### 3. 数字金融与资金配置效率及违约风险

数字金融能够在提升金融机构运行效率的同时有效降低企业的债务违约风险。从需求侧来看，数字金融借助大数据技术能够快速识别企业的风险状况，有利于缓解金融机构与企业之间的信息不对称问题，提升金融的融资效率。[1]蚂蚁金服的小额贷款数据表明，金融科技的运用使得传统银行信贷审批发放的流程从数月降低到3秒，极大降低了企业的融资成本。因此，数字金融通过金融科技与传统金融业务的深度融合，更好地促进资金分配，提升企业投融资效率，降低企业债务违约的风险。从供给侧来看，一方面，数字金融"跨时空"的特性能够降低企业的信息搜索成本，提升企业的金融可得性；另一方面，互联网金融平台进入市场增加了同业竞争，挤压传统商业银行利润空间，进而倒逼金融机构加强贷前审查、贷中监督和贷后管理，对企业资

---

[1] 李春涛、闫续文、宋敏、杨威：《金融科技与企业创新——新三板上市公司的证据》，《中国工业经济》2020年第1期。

质严格把关，降低债务违约风险。[1]

数字金融发展能够帮助商业银行防范金融风险。商业银行作为金融体系的主体，其风险承担对金融稳定和经济高质量发展发挥着重要作用。从主动风险承担的角度来看，数字金融作为一种新兴的金融业态，加速了利率市场化进程。受数字金融的冲击，商业银行锐化了对风险危险度的感知，主动调整其风险资产组合，降低高风险资产占比，降低主动风险承担。[2] 从被动风险承担的角度来看，数字金融凭借其在场景、信息和数据等方面的技术优势，满足长尾客户的融资需求，扩大普惠金融覆盖面，有效提升了企业的融资效率。据《中国金融稳定报告2023》显示，截至2023年年末，中国商业银行不良贷款余额为3.2万亿元，同比增加2000亿元，不良贷款率为1.59%，较上年下降0.4个百分点。[3] 数字金融发展有望优化银行支付清算效率和审贷程序，减少了信贷资源错配现象，降低银行不良贷款率，抑制银行被动风险承担。

### 4. 数字金融与金融减贫

数字金融能够延展金融服务的覆盖面积，促进金融资源的配置效率，在扶贫领域具有显著优势。党的十九届四中全会明确指出，要"坚决打赢脱贫攻坚战，巩固脱贫攻坚成果，建立解决相对贫困的长效机制"。这意味着中国未来将持续开展解决相对贫困的"持久战"，在这其中金融扶贫的普惠性将发挥巨大的作用，而数字金融作为普惠金融领域的"利器"，将成为解决中国相对贫困问题的关键驱动力。数字金融实现数字科技与传统金融的深度融合，从而能够通过智能搜索及精准定位来覆盖到长尾人群，进而针对中西部和农村地区的相对贫困群体，重点实施资金和能力帮扶，更深层次地聚焦于

---

[1] 俞毛毛、马文婷、钱金娥：《数字金融发展对企业债务违约风险的影响》，《金融与经济》2022年第3期。

[2] 孙志红、琚望静：《数字金融的结构性效应：风险抑制还是推助？》，《产业经济研究》2022年第2期。

[3] 金融监管总局：《2023年四季度银行业保险业主要监管指标数据情况》，中国政府网，2024年2月23日，https://www.gov.cn/lianbo/bumen/202402/content_6933551.htm。

相对贫困问题。

金融减贫经历了传统金融减贫、普惠金融减贫、数字金融减贫三个阶段。[1] 在最初的传统金融减贫阶段，金融机构虽然能够为实体产业的发展提供资金支持，但缺乏完善的服务机制，金融机构往往从高收益、低风险的角度考虑，难以满足长尾客户的金融需求和触及金融减贫的核心。在普惠金融减贫阶段，金融机构虽然可以通过内部设立的普惠金融事业群来为广泛下沉地区的居民及各小微企业提供基本的信贷服务，但所达到的金融减贫深度还远远不够，自身也存在业务结构单一、信息不对称等内生性的问题。进入到数字金融减贫阶段，金融扶贫增效的核心动力得以释放，金融机构能够有效解决以前普惠金融所面临的痛点，显著提升金融服务的触达能力，同时通过引入大数据风控技术来缓解普惠金融所面临的信息不对称问题，大幅提升金融服务质量和金融服务效率，达成资金供给方和需求方的双重平衡，并降低违约风险。

数字金融减贫能实现对原有金融减贫模式的重构，最大化金融市场扶贫的效益。第一，数字金融依靠大数据、人工智能的算力分析，数字金融能够针对长尾人群以往的交易、消费等记录进行数据挖掘，构建该人群的"精准画像"，对其风险承受能力进行准确量化与评估，从而使得金融机构能够精准对接长尾群体的资金需求，在不损害银行资产的情况下准确投放信贷。第二，数字金融减贫能够创新金融服务方式，助力中国乡村振兴。在数字金融时代，网络支付、网络理财、网络信贷等各种各样的金融创新产品层出不穷，偏远地区的消费者可以有更多的投资理财选择。截至2022年年末，中国农户生产经营贷款余额7.83亿元，同比增长14.5%[2]；农业保险保障金额5.36万亿元，同比增加14.23%[3]。第三，数字金融减贫能够简化交易流程，降低金融

---

[1] 李涛、彭东蔓：《数字金融减贫：研究热点综述及展望》，《财会月刊》2022年第8期。
[2] 中国人民银行：《2022年金融机构贷款投向统计报告》，2023年2月。
[3] 李忠峰：《我国农业保险提供风险保障逾五万亿元》，《中国财经报》2023年2月9日第1版。

服务成本。金融科技的工具价值能够节约信用审批的成本、克服业务实地办理的空间局限、实现金融扶贫主体间的信息共享,有效解决金融服务的交易成本问题。第四,数字金融能够有效拓宽融资渠道,助力中小微企业发展。一方面,金融科技公司通过互联网平台推出多样性的金融服务产品,有效降低小微企业的申贷流程。如微众银行作为全国首家互联网银行,致力于打造"互联网+金融"小微融资新样板。[1] 另一方面,数字金融平台拥有完备的信用评估模型,能够有效披露小微企业的经营情况,有助于中小投资者快速获取企业信息,更好地与具有融资需求的企业相匹配。

**5. 数字金融与地区发展及"双循环"**

国内国际双循环新格局的构建需要金融部门的支撑,但目前传统金融部门仍存在资源配置不合理的问题,无法有效打通生产、分配、流通、消费过程中的梗阻点,在一定程度上阻碍双循环经济。数字金融作为科技与金融结合的新产物可在一定程度上解决传统金融部门所存在的问题。

一方面,数字金融通过提升金融资源配置效率促进双循环。数字金融具有覆盖面广、应用程度深、数字支付业务便利等优势,其信息获取和筛选能力超越传统金融。金融机构利用数字金融不仅可以实时监控和记录金融数据,还可以获取如用户的社交网络等其他数据,为信贷风险评估提供有效的数据支持。数字金融还通过以往金融数据有效预测企业未来发展并甄别优质企业,有效地捕捉具有良好发展潜力和高成长性的项目,尤其给予充满活力的中小企业以优质的金融服务。数字信贷产品可以很大程度上降低企业信用门槛,让处于生存困境中的企业获得新发展机遇,拓展了融资通道,有效满足市场融资需求,缓解流动性约束,达到提高流通效益、畅通境内国际双循环的作

---

[1] 张文娟、张正平:《数字普惠金融与数字乡村融合发展研究》,《农村金融研究》2022 年第 4 期。

用。金融机构和企业通过数字信息化建设，整合管理资金流、物流和信息流，并通过金融数据的监测解决企业全面控制风险难的问题。数字金融还可以打通国内外市场，为企业提供高效的跨境金融服务，促进双循环。

另一方面，数字金融推动传统商业模式重构促进双循环。电商的蓬勃发展使消费者和商家能够突破时间、地域的限制在线完成交易，通过双方及时沟通与售后，更好地打通了生产、交换、消费主要市场环节。此外，线上交易处理和交易数据存储对云计算、大数据甚至人工智能等尖端技术提出了更高要求，推动未来产品改进以及目标群体的有效瞄准，起到促进要素和商品的流通、推动国内大循环效率提升、畅通国内国际双循环的作用。[1]

## 三 中国参与全球数字金融治理的机遇与挑战

全球数字金融治理体系尚未形成，因此难以用量化指标来衡量各国在全球数字金融治理领域的影响力。根据中国社会科学院世界经济与政治研究所发布的《全球金融竞争力报告2022》，中国在"全球金融治理能力"分指标和"金融科技竞争力"分指标分别排在世界第8位和第5位，这可以为评估中国在全球数字金融治理领域的影响力提供参考。[2]

### （一）中国参与全球数字金融治理的机遇

#### 1. 全球金融治理的中国地位

世界正经历百年未有之大变局，改革开放以来中国迅速发展，创造了经

---

[1] 胡汉辉、申杰：《数字金融能畅通国内国际双循环吗——基于国内大循环为主的效率提升视角》，《财经科学》2022年第4期。
[2] 全球金融竞争力课题组等：《全球金融竞争力报告2022》，中国社会科学出版社，2023。

济增长的奇迹，中国有能力参与全球数字金融治理体系演进。近年来，人民币国际化取得重要进展，积极主导和参与新型国际金融机构的创建，在区域金融治理的影响力显著提升。中国已经积累了较好的全球金融治理实践经验，有较高的能力参与全球数字金融治理体系演进。

（1）人民币国际化进展

2008年，国际金融危机爆发，以美元为中心的国际货币体系暴露了它长期以来固有的缺陷和风险——"特里芬悖论"，即储备货币发行国无法在确保货币币值稳定的同时向世界提供足够的流动性。因此，2008年以后，中国推动利率、汇率市场化改革，陆续颁布资本账户开放和离岸人民币市场建设等改革措施，对人民币国际化起到了良好的推动作用。

2016年10月，人民币正式加入特别提款权（SDR）篮子，标志着人民币国际化进程进入了新阶段。人民币"入篮"使得SDR篮子相比之前更加多样化且更具代表性，改善了全球国际货币体系的结构，提高了中国在全球金融治理当中的影响力。2022年5月，IMF完成了对特别提款权的五年期定值审查，决定将人民币在SDR货币篮子中的权重从10.92%上调至12.28%，这是人民币国际化的又一次重要进展，不仅意味着国际社会对近年来中国的经济发展与金融开放给予认同，更是为进一步的人民币国际化提供了助力。

值得注意的是，"一带一路"建设在促进人民币国际化方面发挥了重要作用。"一带一路"与人民币国际化之间具有目标一致性，两者相辅相成。一方面人民币国际化可以带动"一带一路"的融资，为其提供便利和保证。另一方面，"一带一路"通过共建国家和地区的贸易投资，基础设施建设和金融合作等渠道为人民币国际化提供强有力的支持和促进。两者之间的相互促进已经在现实中有所体现。

在跨境结算领域，"一带一路"共建国家和地区如东南亚和东北亚等周边地区已经为人民币流通奠定了良好的基础。根据中国人民银行的数据，2023

年中国与"一带一路"共建国家的人民币跨境收付金额为9.1万亿元，占同期人民币跨境收付总额的17.4%，同比增长27.8%。[1]

"一带一路"人民币金融基础设施的建设取得了长足的发展。经过多年的发展，"一带一路"地区初步建成了基于人民币的跨境支付系统、人民币清算中心、银行及其他金融分支机构的清算网络。中国的银行在"一带一路"共建国家的分支金融机构数量稳步增加。截至2023年6月底，共有13家中资银行在50个共建国家设立145家一级机构，131个共建国家的1770万家商户开通银联卡业务，74个共建国家开通银联移动支付服务。[2] 在跨境贸易和投资方面，越来越多的"一带一路"共建国家正在使用人民币作为货币以规避汇率风险。

"一带一路"共建国家是中国开展货币互换合作的重要对象。自共建"一带一路"倡议提出以来，中国与共建国家之间的货币互换规模呈跨越式增长。截至2024年8月末，中国已与31个"一带一路"共建国家签署双边本币互换协议，在19个"一带一路"共建国家建立人民币清算安排。[3]

"一带一路"为人民币国际化提供了更广阔的发展空间。"一带一路"实施后，人民币结算比例稳步增长，形成了众多以人民币为主要结算单位的贸易区域。在"一带一路"推进过程中，中国金融机构陆续在战略辐射地区设立分支机构，为人民币国际化创造了更多的投资和融资机会。人民币的影响力也将从邻国东亚和东南亚扩展到欧洲和非洲，从而进一步扩大了人民币结算网络。可以预见，随着共建"一带一路"进一步发展，人民币国际化将实现进一步突破。

（2）中国与新型国际金融机构创建

自2008年国际金融危机以来，中国陆续主导建立了亚洲基础设施投资银

---

[1] 中国人民银行：《2024年人民币国际化报告》，2024年9月30日。
[2] 中华人民共和国国务院新闻办公室：《共建"一带一路"：构建人类命运共同体的重大实践》，《人民日报》2023年10月11日。
[3] 中国人民银行：《2024年人民币国际化报告》，2024年9月30日。

行（AIIB）、金砖国家新开发银行（NDB）、金砖国家应急储备、丝路基金、上海合作组织金融合作机制等国际金融治理新机构和新机制，充分彰显了中国捍卫多边主义和多边体制的鲜明立场，积极推动全球金融治理体系改革，向全球金融治理注入了新鲜血液。从全球公共产品供给的视角看，这些新机制、新变化提供了不同于既往美国中心治理模式的新的原则和范式，打破了传统全球金融治理格局"中心—外围"模式，增加了全球金融公共产品的有序供给。[1]

AIIB 是由中国倡议成立的政府间性质的区域多边开发机构，是亚洲第一个专注于基础设施建设与发展的新型多边开发银行。2014 年 10 月 24 日，包括中国、印度、新加坡等在内的 21 个首批意向创始成员国在北京签约，共同决定成立 AIIB。截至 2024 年，AIIB 从最初 57 个创始成员，发展为如今拥有来自亚洲、欧洲、非洲、北美洲、南美洲、大洋洲六大洲的 110 个成员，已成为仅次于世界银行的全球第二大多边开发银行。包括标准普尔、穆迪和惠誉在内的三大国际信用评级机构一直以来都给予了 AIIB 最高信用评级及稳定的评级展望，展现了其较高的国际公信度。同时，AIIB 还被联合国大会授予了"永久观察员"地位。AIIB 具有强大吸引力和公信力，原因有以下两方面。

其一，从 AIIB 诞生之时的国际背景来看，在 AIIB 成立前，国际金融体系中的多边机构提供的基础设施建设资金要求较为苛刻，发展中国家获得援助存在一定困难。同时 2008 年国际金融危机后，全球经济复苏缓慢，尽管基础设施建设是带动经济增长的重要领域，但它要求的投资规模大、回报周期长且回报率较低。AIIB 的诞生正逢其时，既适应了各国寻求经济复苏增长的愿景，又弥补了国际金融体系的不足。此外，AIIB 在新冠疫情后经济复苏中也发挥了重要的作用，在新冠疫情给新兴经济体造成经济损失之后，AIIB 作为

---

[1] 钱亚平：《金砖银行与全球金融治理体系改革——国际公共产品的视角》，《复旦国际关系评论》2016 年第 1 期。

基础设施建设资金来源的重要性日益提高。

其二，从AIIB的运行和管理来看，尽管AIIB由中国倡议成立，中国是最大的股东，并向AIIB提供了最多的资金，但AIIB始终聚焦各国尤其是发展中国家的发展，成员范围大大超出了亚洲地区。AIIB的资金支持坚持践行多边主义原则，不附加政治条件，可以为急需基础设施投资的发展中国家提供融资支持。

同时，NDB的成立是金砖国家为避免在将来可能发生的金融危机中受到流动性问题的影响，通过发起NDB建立一个成员国共同的金融安全网，当危机发生时通过该资金池获得一部分外汇得以应急。与世界银行将各国分为援助国和受援国不同，NDB则将成员国划分为股东国与借款国，并强调双方之间是一种平等的发展伙伴关系。2015年7月21日，NDB正式开业。它是历史上第一次由新兴市场国家自主合作成立并主导的国际多边开发银行。它的成立标志着金砖国家在金融领域合作由"务虚协商"转变为"机制化合作"[1]。NDB永久总部大楼落户上海浦东新区。作为第一个总部落户上海的国际多边金融机构，NDB"扎根"中国标志着中国参与全球金融治理的能力增强。

(3) 中国的区域金融治理影响力

"清迈倡议多边化"与东盟与中日韩（东盟+3）宏观经济研究办公室（AMRO）的建立，表明中国在区域金融治理的影响力显著上升。"清迈倡议多边化"源自亚洲金融危机时的《清迈倡议》双边货币互换机制。《清迈倡议》逐渐发展为清迈倡议多边化，成为东亚各国防止和应对类似1997—1998年亚洲金融危机的地区金融互助机制。

根据倡议声明的规定，中国和日本出资额分别占总规模的32%，但购买乘数仅为0.5；韩国占总规模的16%，剩下的20%由东盟国家支付，即中国

---

[1] 王哲：《金砖银行　梦想照进现实》，《中国报道》2017年第9期。

与日本各出资384亿美元，韩国出资192亿美元，而东盟十国合计只需出资240亿美元，其中印度尼西亚、泰国、马来西亚、新加坡、菲律宾出资比例在3%—4%，而其借款乘数均为2.5，其他五国出资比例不到1%，有的甚至只有0.02%，但借款乘数却高达5。当遇到金融危机时，各参与方有权在其出资份额与特定借款乘数相乘所得的额度内，用其本币与资金池的美元实施互换。

2011年4月，AMRO在新加坡成立，并于2012年2月29日正式投入运行，由专业人员负责监管和分析地区经济状况，对清迈倡议多边化提供支持。AMRO的作用是加强对地区经济的监管和客观分析，尽早发现金融风险，迅速实施补救措施，有效实行清迈倡议多边化决策。

根据2011年东盟+3财长们达成的协议，AMRO在将来有可能升格为国际机构，并提出自2012年央行行长参加财长会议，扩充为"财长和央行行长会议"。这样，AMRO与10+3财长会都将是具有多边化性质的独立于成员国的常设机构，标志着东亚地区金融合作朝着深度监督迈进取得了实质性进展。

## 2. 中国数字金融市场规模、应用场景与技术水平

数字金融的发展本质上与技术"含科量"密切相关，数字金融实质上依赖科技的赋能。近年来发展迅速的人工智能、大数据、区块链数字货币等技术，使传统金融体系以"信用"为框架转变为以"数据"为基础的数字金融业务模式，推动互联网从"信息互联网"向"价值互联网"转变。中国在数字金融技术领域具有先发优势，积累了大量数据、专利、经验等。疫情发生以来，中国国内由于疫情防控的需要，线上数字和金融服务发展迅速，进一步推动了中国金融数字化发展"提档加速"，并积累了相关数字经济经验。中国在数字互联网领域的深耕和实践，已经积累了数字金融治理体系演进的实践经验。

2013年被称为"中国数字金融元年"。自2013年开始，以蚂蚁金服、腾讯金融等为代表的金融科技企业利用自身的海量用户和数据，结合数字技术优势，提供互联网移动支付、网络借贷、网络消费金融、互联网财富管理、互联网保险等金融服务。中国数字金融自2014年起以每年翻一番的速度增长，技术和产品不断创新升级，并在某些业务领域处于世界领先地位。蚂蚁金服、京东金融、陆金所和众安保险居于全球数字金融公司前列，第三方支付、网络贷款、数字保险及数字货币等业务规模在国际上也有巨大优势。

市场规模方面，中国14多亿人口带来了数字金融市场的巨大优势，且中等收入群体超过4亿人，是世界上中等收入群体规模最大的国家。2023年中国数字金融市场规模达到41.7万亿元人民币，占全球数字金融市场规模的15.6%，预计未来几年内市场规模将继续保持高速增长。[1] 近年来随着金融科技市场的进一步发展，市场主体的来源和类型更加多元化，各类市场主体之间的对接合作不断深化扩展，金融"新基建"加速转型，金融开放程度不断加深。

中国数字金融创新有广阔的应用场景，为大众带来了广泛的便利和更高的金融效率。在C端衣食住行、文娱、教育、就医、旅游，B端消费、贸易、交易、产业、供销、行业服务，G端政务服务、行业管理、公共服务、市场管理、城市治理、农村治理等方面都有深入的应用，更有利用区块链、大数据和人工智能等数字技术而创造的大科技信贷、线上投资、数字供应链、风险管理、财富产品交易等产品和服务体系，依托场景创新带动新技术、新模式迅速扎根金融系统，助力中国经济发展。

中国数字金融专利数量稳步增加，中国算力水平处于全球领先地位，中国数字金融技术水平已经走在了世界前列。国际数据公司（IDC）、浪潮信息、清

---

[1] 中研普华产业研究院：《2024—2028年中国数字金融市场深度调研与投资前景分析报告》，2024年10月。

华大学全球产业研究院联合发布的《2022—2023 全球计算力指数评估报告》显示，全球算力排名美国和中国分列前两位，同处于领跑者位置，且中美两国超大规模数据的优势十分突出，合计体量在 15 个国家中占比超过 50%；追赶者包括日本、德国、英国、法国、新加坡等。[1] 报告还指出，国家计算力指数与GDP 的走势呈现出了显著的正相关——从十五个重点国家的计算力指数看，平均每提高 1 点，数字经济规模和 GDP 将分别增长 3.6‰ 和 1.7‰。

**3. 金融科技发展与全球数字金融治理变革机遇**

建立全球数字金融治理体系将增加全球公共物品供给，扩展全球经济治理的新内容，数字金融的进一步发展有望弥合全球数字鸿沟。全球治理理应是一个典型的多中心强信任的治理结构，中国始终是多边主义的奉行者，主张建立多中心、强信任的全球数字金融治理体系。金融科技的发展为建立公正、安全、高效、普惠的全球数字金融治理变革带来了重大机遇。

区块链和数字货币的出现有可能改变金融架构和金融生态，建立起分布式金融系统，从而推动全球数字金融治理的多元化变革。

分布式金融是指基于区块链和数字货币的新型数字金融系统，其核心特征是实现某种程度的去中心化。未来的分布式金融系统，将是"单中心、多中心、无中心"的结合，形成多元化的治理结构，推动跨境支付体系和货币形态的多元化。

基于区块链和数字货币的分布式支付系统将成为跨境支付的新生力量，与传统支付平台展开竞争。国际上现有跨境支付系统在技术平台与业务运行两个方面都是中心化的。从技术平台来看，传统跨境支付平台均采用中心化

---

[1] 国际数据公司、浪潮信息、清华大学全球产业研究院：《2022—2023 全球计算力指数评估报告》，2023 年 7 月；国际数据公司、浪潮信息、清华大学全球产业研究院：《2021—2022 全球计算力指数评估报告》，2022 年 3 月。

的底层技术架构，信息流和资金流完全分离，依赖批处理模式，缺乏实时处理的控制能力，数据交换和传输及处理的效率偏低。同时，为了增强系统安全性，支付机构还必须在底层平台上叠加开发新的安全平台，造成系统复杂性提升，运营维护成本较高。全球跨境支付最主要的运行模式为"代理行模式"，在这种模式下，通常需要至少四家银行中介来完成一笔跨境支付业务，手续繁复、费用高、效率低，而分布式金融系统较好地解决了这些问题。传统跨境支付交易通常需要3—5天。[1]

区块链与数字货币的"点对点"交易模式则省去了依赖多个中介机构的"代理行链条"，跨境支付可以在一天之内甚至数秒之内到账。美国的商业银行通过代理行网络进行跨境支付的平均成本在25美元至35美元之间，是其国内支付平均成本的10倍多，[2] 而若采用数字货币跨境支付，成本可以降至接近国内支付水平。

基于区块链和数字货币的跨境支付平台，正在以全新的分布式技术架构和治理模式登场，通过区块链的点对点交易，以及信息流与资金流的合一（或者接近于合一），提高跨境支付效率、降低成本，还可以增强信任机制、保护用户隐私、防止内部人操控，有可能在全球范围内建立更加公正、包容、安全、高效的跨境支付体系。

数字经济时代，随着新一代数字技术的发展和应用，中国可以推动建立多中心、强信任的全球数字金融治理体系，让各个国家都有机会共享数字金融技术的成果和经验，让发展中国家能够破解发达国家的数字霸权，打破发达国家的数字技术封锁和壁垒，维护广大发展中国家的利益。在数字金融技术领域具有先发优势的中国能够在建设数字金融命运体过程中推动全球数字金融技术发展，解决全球数字金融治理不平衡的问题。

---

[1] 刘东民、宋爽：《数字货币、跨境支付与国际货币体系变革》，《金融论坛》2020年第11期。
[2] 麦肯锡：《全球银行业报告（2016）》，2016年11月，https://www.mckinsey.com.cn/wp-content/uploads/2016/11/globalreport.pdf。

## (二) 中国参与全球数字金融治理的挑战

美国金融霸权是美国利用其在国际结算和金融基础设施中的特殊地位，攫取其他国家经济发展成果，在危机时转嫁自身风险，并强迫他国服务自身意志的特权。因此，美国金融霸权是全球数字金融治理体系发展演进面临的挑战之源。同时，数字金融发展与监管也是全球金融治理体系演进的重要影响因素。

### 1. 美国金融霸权

任何特权的建立都需要一定的权力基础。美国金融霸权主要来自五个方面：一是美元的国际货币地位；二是国际金融机构中的影响力；三是跨境支付网络；四是国际金融中心与跨国金融机构；五是评级机构。美国凭借其金融霸权试图长期主导全球金融治理。这给中国参与全球金融治理体系建设带来了挑战。

(1) 美元国际货币地位

美元是当前国际货币体系中的核心货币。作为大宗商品定价、国际贸易结算及最主要的外汇储备货币，美元在全球范围内充当着计价单位、交换媒介和价值储藏的全球货币功能。但是，美元并非从诞生开始就扮演着全球货币的角色，在两次世界大战前，美元的全球影响力远低于英镑、法郎等欧洲货币。经过两次世界大战和石油危机对全球政治经济秩序的重铸，美国先后通过美元与黄金和石油绑定，将美元推到了全球货币体系的中心位置。

通过将美元先后绑定黄金和石油，美元取代英镑和法郎，成为全球最重要的储备和结算货币，全球绝大多数的大宗商品定价、国际贸易结算及外汇储备均需依赖美元。但仅仅取得商品的标价权或者说计价权，并不足以使得美国肆意收割全球财富。通过金融改革等措施，美国进一步帮助本国金融机构取得了国际金融市场的定价主导权。

美元作为国际贸易的主要结算货币，美国通过维持贸易逆差向海外输送美元流动性。因而美国可以通过印发美元的形式，购买海外商品和服务，以及进行对外直接或间接投资。美元作为主要的国际储备货币，美国可以通过超发货币推动美元贬值，进而缓解外债偿还压力。

依靠上述机制，美国可以通过超发美元收取全球铸币税。铸币税是一国政府的货币发行部门通过垄断发行的手段，从货币发行中获得的隐性利润。一般来讲，一国政府所发行的主权货币仅能在国内流通，从而仅能收取国内铸币税，但是由于美元还充当着国际储备和结算货币的角色。因而，美国实际上还可以通过发行美元收取全球铸币税。

（2）国际金融机构影响力

通过加权投票制操纵国际货币基金组织和世界银行等，美国在国际金融机构中操纵设定利己规则以攫取金融利益。美国通过份额投票权等方式，事实上控制了具有重要影响力的全球和区域性金融组织，进而构筑起了国际货币金融体系的规则决定权。

在 IMF 中，每个成员国的投票权由其认缴份额决定，凡遇重大事项的决策，须经 85% 以上的投票权份额通过，而在截至 2024 年 12 月的投票权份额中，美国占比约为 16.49%。因而，美国拥有 IMF 重大事项决策的一票否决权，关键决策通过与否在很大程度上取决于美国的意志。

世界银行章程显示，成员国必须是 IMF 成员国，成员国在两个组织中认缴股本份额一般是一致的，而投票权同样与认缴股本相关联。世界银行同样规定重大事项决策需要 85% 以上的投票权份额通过，而截至 2024 年年末的投票权份额中美国占有 15.84%。同时，世界银行成立至今的 13 任行长全部为美国人，高级别官员也多由美国人担任。

在上述两个重要国际金融组织之外，美国在国际清算银行、美洲开发银行、欧洲投资银行、欧洲复兴开发银行、非洲开发银行等全球和区域性金融组织中，均有重要的投票权和影响力。

(3) 跨境支付网络

美国通过控制国际金融基础设施控制了全球跨境支付网络，从而影响全球资本流动。环球同业银行金融电讯协会（SWIFT）作为全球主要的跨境银行间支付信息交互设施，支持全球90多个支付系统的信息交互，覆盖超过200多个国家的11000余家银行间金融机构，是国际收付清算体系最重要的基础设施。SWIFT作为非官方协会组织，采用董事会主导的治理架构。2006年以来，SWIFT董事会主席一直由美国会员单位选派，CEO则由美国和欧洲国家轮流选派。

(4) 国际金融中心与跨国金融机构

一个国家或地区国际金融中心的地位越高，说明该国家或地区金融发展程度越高，在全球范围内配置金融资源和管理风险的能力越强，进而能够更好地服务实体经济。

根据中国社会科学院世界经济与政治研究所《全球金融竞争力报告2022》的测算，美国以纽约为代表在"国际金融中心地位"中排名第一，表明其金融体系聚集全球金融资源丰富度居于全球首位。[1] 美元的国际货币地位造就了美国的国际金融中心地位，美国纽约是世界上最大的经济和金融中心，拥有全球最大的股票交易市场和债券市场、第二大外汇市场、最大的国际银团贷款市场、保险市场，具有国际影响力的花旗银行、摩根士丹利、高盛、摩根大通、美国国际集团等著名国际金融机构都位于纽约。

(5) 评级机构

世界三大评级机构——标准普尔、穆迪和惠誉——中的两家穆迪和标准

---

[1] 全球金融竞争力课题组等：《全球金融竞争力报告2022》，中国社会科学出版社，2023。

普尔是美国公司,另一家惠誉虽然是欧洲公司,但其也是由美国公司控股,受美国控制。《纽约时报》专栏作家托马斯·弗里德曼曾指出:"我们再次生活在两强并立的世界里,一个是美国,一个是穆迪。美国可以用炸弹摧毁一个国家,穆迪则可以用下调债券评级摧毁一个国家。"[1] 国家主权信用评级对一个国家政府的举债和偿债能力具有举足轻重的作用。穆迪、标准普尔和惠誉三大评级机构以权威性和规模性为基础确定了它们的垄断地位,配合美元霸权,成为美国金融霸权的重要组成部分。

**2. 全球数字金融发展分化**

全球数字金融发展呈现明显的不平衡特征,无论是数字支付还是数字稳定币发展方面,各国之间都存在很大差距。这给全球数字金融政策协调和治理框架的建立增加了困难,也给中国参与全球金融治理设置了障碍。

(1) 数字支付差距

作为金融科技的前沿领域,数字支付在疫情与技术等因素驱动下正经历新一轮的全球革命,美国科技巨头、国际卡组织、金融科技创新公司加大力度参与建设全球数字支付网络,新市场主体不断涌现、创新模式层出不穷。

在疫情催化下,海外各地数字支付发展步入"快车道"。受新冠疫情全球大流行影响,海外主要经济体数字化升级速度显著加快,越来越多的当地消费者与小微企业开始使用数字支付服务。比如,在美国,线下使用移动支付的用户数2021年超过1亿,相比2020年增长29%;在英国,非接触支付交易笔数2021年同比增速预计超过100%。同时,在PayPal等众多金融科技公司的推动下,数字钱包、"先买后付"(BNPL)等新兴支付方式在海外渐成主流;预计到2025年,全球数字钱包用户规模有望达到44亿;"先买后付"等创新型消费信贷产品将是全球增长最快的电商支付工具,市场规模到2025

---

[1] Thomas L. Friedman, "Don't Mess With Moody's", *The New York Times*, February 22, 1995, p.19.

年有望增长10—15倍至1万亿美元。

各国加强产业发展顶层设计，发布数字支付战略。欧盟、日本、印度、印度尼西亚等国纷纷在国家层面发布了新的支付战略，以期抓住全球数字支付发展窗口。比如2021年9月欧盟委员会发布了《欧盟零售支付战略》，主要举措包括推出泛欧实时支付解决方案，促进零售支付市场的创新性与竞争程度，提高支付系统等基础设施的效率与互操作性，改善欧盟与非欧盟辖区的跨境支付体系。

各国加强产业发展顶层设计，发布数字支付战略。欧美巨头海外布局相对领先，中国支付产业"走出去"面临的形势较为严峻。美国大型科技公司正加快打造全球支付网络。如谷歌（Google）在2018年推出谷歌支付（Google Pay），服务全球80个地区超过1.5亿用户。Meta也在2019年推出脸书支付（Facebook Pay），期望通过全球海量用户构建支付网络。同时，国际卡组织也在加快全球零售网络的升级转型和开放合作，同时开始兼容数字货币。金融科技创新公司也在借助数字支付浪潮加速模式创新并拓展国际市场。在个人支付领域，PayPal、Revolut等围绕各地消费者开展多样化创新。Square、Stripe则是提供企业对公支付及商家数字化解决方案的佼佼者，国际化发展潜力较大。

（2）数字稳定币发展差距

数字货币可分为无锚定数字货币、数字稳定币和央行数字货币。其中，中国在央行数字货币方面的发展在国际上较为领先；在数字稳定币方面，美国则走在前面。

全球大多数国家进行了数字货币的探索。截至2023年年底，全世界有131个国家正在探索央行数字货币，11个国家已全面推出数字货币。[1] 数字

---

[1] 李卢霞、徐麒钧、林孟贤等：《央行数字货币全球发展态势及展望》，中国工商银行（亚洲）东南亚研究中心2024年1月16日。

人民币是全球进展最快的零售型央行数字货币，是全球试点人数最多，试点区域最大的国家。2014年，时任中国人民银行行长的周小川提出数字人民币项目，后经多次迭代，逐步形成了现有的双层构架——"央行+商业银行"——的数字人民币E-CNY，本质是准备金率为100%的商业银行存款。目前，中国政策对数字人民币持续加码，多类机构参与助推数字人民币应用场景，地方政府联动互联网公司及银行也在客户端加速推广数字人民币。2022年7月23日，"数字人民币产业联盟"成立，37家成员单位包括多家银行机构、华为、银联商务、福州大学等，旨在推动数字人民币新基建创新发展，促进数字人民币产业发展。数字人民币正在重构中国的金融支付生态，并作为C端、B端、G端数字新基建的一部分，成为"十四五"数字经济的支付底座。

数字稳定币是锚定特定资产或一揽子资产从而保持价值稳定的数字货币，一般由非政府的私人机构发行。稳定币的锚定物有三种——法币、大宗商品或其他数字货币。稳定币的著名代表，美国摩根大通公司的稳定币项目JPM Coin将跨境支付作为重要场景，而其打造的区块链银行间信息网络（Interbank Information Network，IIN）已有400多家银行签约。JPM Coin的发行引起较大轰动，是传统老牌金融机构拥抱区块链金融的积极信号，是稳定币在B2B模式下的一种新尝试，标志着数字稳定币"从实验室走向市场化"。根据defillama数据，截至2024年11月，全球总共有203种稳定币，市值超过1000万美元的有67种。其中，排在前五名的分别是：USDT（泰达币）、USDC（USD Coin）、DAI、USDe、FDUSD，它们普遍1∶1锚定美元。从市值来看，USDT排第一，USDC紧随其后。截至2024年11月，根据Coinmarketcap，前三大稳定币市值分别为1266.5亿美元、360.7亿美元、53.6亿美元，其中USDT和USDC位列前十大加密资产。

目前，中国金融监管部门尚不允许私人机构发行稳定币。未来，央行可以授权金融机构运营人民币稳定币业务。当今Web 3.0发展趋势良好，其思路主要表现为去中心化和去平台化，各节点的数据、技术、资源可以产生价值和分享价值，中国可以建立以数字人民币为锚定基础的链上支付系统，可在自主开发的区块链上发行人民币稳定币 CNYC，使数字人民币 DCEP 可上链流通，这有利于实现中国数字经济安全和网络空间安全。

（3）非同质化通证发展

非同质化通证（Non-Fungible Token，NFT）是一种架构在区块链技术上的，不可复制、篡改、分割的加密数字权益证明，是一种去中心化的"虚拟资产或实物资产的数字所有权证书"。从技术层面来看，NFT 以智能合约的形式发行，一份智能合约可以发行一种或多种 NFT 资产，包括实体收藏品、活动门票等实物资产和图像、音乐、游戏道具等虚拟资产。NFT 储存于区块链上，但受到成本影响，其映射的实物资产或数字资产一般不上链，而是储存于其他中心化或非中心化的存储系统中，如 IPFS，并通过哈希值[1]或 URL 映射[2]上链。NFT 的元数据及其交易记录一旦上链就永久保存在区块链上，无法被篡改或删除，这确保了 NFT 的真实性。

NFT 的核心价值在于以下三个方面：一是使数字内容资产化。NFT 的出现拓宽了数字资产的边界，数字资产不再只是数字货币，任何一种独特性资产都可以被铸成 NFT，无论是实体资产还是各式各样的数字内容，如图片、音视频、游戏道具等，提高了数字内容的可交易性。二是依托区块链技术保证资产的唯一性、真实性和永久性，并有效解决确权问题。这有三个方面的优势，第一是去中心化存储保证了资产永久性存在，不会因中心化平台停止运营而消失；第二是为知识产权保护提供了新思路；第三是提高资产交易效率和降低交易成本（如收藏品真伪的鉴定成本），增强资产的流动性。三是

---

[1] 哈希值（Hash Value）是通过哈希函数（Hash Function）将任意长度的输入数据转换为固定长度的输出数据，通常表现为字符串或数字。

[2] URL 映射是将 URL 路径与应用程序中的特定资源或处理程序关联起来的过程。

去中心化的交易模式一定程度上提高了内容创作者的商业地位，减少中心化平台的抽佣分成。通过 NFT 内嵌的智能合约，创作者能从后续的流转中获得持续的版税收益。以 OpenSea 为例，NFT 创作者最高可设立 10% 的版税费用。

近年来，国外非同质化通证交易发展迅速。2017 年 6 月，世界上第一个 NFT 项目 CryptoPunks 正式诞生。同年，CryptoKitties 游戏将 NFT 概念推向高潮。2021 被称为 NFT 元年，NFT 交易额爆发式增长；2021 年 8 月，OpenSea 平台的 NFT 交易金额超过 10 亿美元。[1] 自 2022 年以来，NFT 行业迅速收缩。2024 年 9—12 月，OpenSea 平台的 NFT 交易金额仅为 3.4 亿美元。[2] 但从长远来看，NFT 仍存在广泛应用场景和较大发展空间。目前，中国的 NFT 应用场景和交易平台建设上还处于起步阶段。

### 3. 全球数字金融监管挑战

云计算、大数据、区块链这些技术本质上依托于互联网技术带来的万物互联互通，使得数字金融产品具备虚拟特质，在传统非数字金融体系中不会发生的风险项可能更易发生，而且金融风险能够突破时空限制、行业桎梏进行迅速而大范围的传播，增加了金融风险的发生率和传染性。

运用数字技术搭建数字金融平台也隐藏着诸多的信息安全风险。比如大数据将大量数据集中存储，使得供给获得的潜在收益巨大，一些专门的金融网络犯罪集团针对数字金融的业务特点，攻击手段不断"推陈出新"。一旦数字金融系统存在安全漏洞，将难以有效抵御外部攻击。一旦数据和信息出现泄露，可能会带来巨大的损失。

同时，对个人用户来说，在大数据时代，个人隐私保护存在风险。企业在数据和算法上具有非对称优势，通过算法能够完整记录用户出行、消费、

---

1　张颖：《NFT：用户生态新元素，元宇宙潜在的经济载体》，东方证券，2021 年 9 月 17 日。
2　Dune, "Crosschain NFT Market Overview", https：//dune.com/hildobby/nfts.

就医、工作、教育等方面的记录。随着大数据采集手段的提升，关于用户数据的威胁也会越来越高，如果这些数据不能得到有效的保护，对用户是巨大的风险。此外，一般的金融消费者自身的风险防范意识又相对薄弱，因此极可能出现一些金融欺诈、账户黑客攻击、数据盗窃等事件导致金融消费者利益受到损害。

人工智能也带来了信息安全的相关风险。人工智能"黑箱问题"也带来信息安全方面的挑战。人工智能算法"黑箱"特性导致了算法治理困难，增加了算法被资本利用的可能。人工智能算法通常依赖于数据驱动的方式，其行为不可控、决策机理难解释，带来了安全风险问题。例如，若在金融决策方面应用人工智能，作出决策的依据不一定是正确的，不能判断人工智能的信息的来源真伪和规律过程，这可能会带来严重的金融事故或者重大金融损失。此外，"算法歧视"也威胁着数字金融信息安全，"算法歧视"依赖算法在自动化决策中对特定群体系统的、可重复的不公正对待。算法歧视正在人工智能技术应用的多个场域出现，对受害群体及整个社会有着多重不利影响。

更值得关注的是，全球数字金融监管规则的制定是全球数字金融治理的核心，当下全球数字金融监管规则的制定在数字金融交易监管、区块链数字货币监管、数字金融跨境监管和全球数字金融监管协调等方面面临挑战。

一是数字金融交易的监管。数字金融交易的分散性带来了监管的疏漏，使交易无法完全融入政府或金融机构的监管体系中。数字金融的跨界性质模糊了监管界限，数字金融新兴模式层出不穷，囊括的业务范围宽泛，目前数字金融系统组织和交易的分散性较高，业务范围广，监管的模糊性较高，导致数字金融犯罪发生率高。

二是区块链数字货币的监管。区块链技术所带来的去中心化特征也使得加密数字货币面临监管困境，基于区块链和数字货币的分布式金融系统增加了反洗钱、反非法融资等方面的监管难度。现有的监管技术和监管规则不能有效监管无锚定数字货币和部分稳定币。以比特币为代表的无锚定数字货币，具有分布式存储与发行、交易匿名、加密级别高、难以破解等特点，使得其可以被用于资本外逃、非法洗钱、网络赌博、毒品枪支买卖等用途，此类风险难以被充分追踪和识别，是现有监管体系下存在的一个漏洞。对市场化机构发行的数字稳定币，如果没有纳入政府的严格监管，也存在担保不足、货币超发的问题。

三是数字金融跨境监管。全球数字金融治理涉及跨境资本流动，风险源较多，带来外汇管理、资本流动管理等风险。传统的跨境监管措施从架构和技术两方面尚无法满足对跨境数字金融的监管需要。需要探索适应新要求的监管模式。

四是全球数字金融监管协调存在障碍。数字货币的国际监管协调方面，各国间缺乏有效价值观念的支撑和交叉数字技术融合以解决互操作性问题，这对中国参与数字金融的货币治理体系改革带来了挑战。由于数字货币——无论是央行数字货币，还是单一机构发行的稳定币——在货币发行环节都是高度中心化的（即只有一家发行机构的情形），而在货币流通环节具有点对点交易的去中心化特征。对发行法定数字货币的国家来说，货币的价值尺度设定是一个重大的考验。国际数字货币系统的高效运行需要各国的妥协，若干国际数字货币的议程也存在困难。

## 四　全球数字金融治理体系演进的中国路径

全球数字金融体系正在朝智能化、分布式的方向发展。基于区块链、智能合约、人工智能和大数据等技术建立起来的分布式数字金融系统不仅可以形成具有强执行效力的"代码规则"，还有可能在国际金融架构上打破单中心的治理模式。作为数字经济大国，中国是影响全球数字金融治理体系演进方向的重要变量，在全球数字金融治理体系建设上发挥了难以替代的重要作用。

## （一）中国推动构建全球数字金融治理体系的目标

从自身基础和外部条件来看，推动建立多中心、强信任的全球数字金融治理体系，实现更加公正、安全、高效、普惠的全球金融治理，可以成为中国参与全球数字金融治理体系演进的核心目标。

### 1. 建立多中心的全球金融治理体系

冷战后全球秩序呈"单极时刻"，并逐步走到目前的"一超多强"格局，美国一直位于国际权力体系的中心，这种单中心的国际秩序表现在政治、军事、经济和科技等多个方面。在当前的国际政治体系中，美国拥有主要权力，以美国为核心的西方国家将其全球政治治理模式和治理理念寓于整个国际治理体系当中。第二次世界大战结束后，美国牵头成立联合国，并将联合国总部设立在纽约，在全球各领域的国际规则制定和决策实施过程中扮演举足轻重的角色。同时，强大的军事力量也是维持美国霸权的重要保障。根据SIPRI的军费数据库，2023年美国军费支出共计9160亿美元，占GDP的3.36%，超过世界平均值1.06个百分点，仍保持世界第一的水平。从全球经济治理体系来看，美国主流的自由主义思想是世界经济治理的主导理念，以美国为核心的西方国家主导建立了IMF、世界银行和WTO。美国在IMF配额为17.42%，投票权为16.49%，位居第一，在世界银行各下属机构的投票权占比也均为首位，体现了其制度性权力。美国经济实力依然强劲，2023年美国GDP总量约为27万亿美元，占全球总量的25.95%，是世界第一大经济体。从科技创新角度来看，美国居于全球科技创新的主导地位，根据2024年的自然指数[1]，综合指数美国排名第一，科研机构指数排名第一的哈佛大学属美国，企业指数排名前五中有三个是美国企业。OECD 发布的 STI 报告也指出美国在公共科研研究与支出中占首要地位，美国科技投资与科技创新实力雄厚。

随着新兴经济体的崛起，单中心的全球治理模式已然面临困境。在政治方面，美国干涉他国内政的行为屡见不鲜，引起包括美国盟友在内的很多国家不满；在经济上，美国 GDP 在全球占比持续下降，已经从 1960 年的 39.7% 下降到 2023 年的 25.95%，近年来美国奉行贸易保护主义，推动逆全球化，在金融和贸易领域对他国频频施加制裁。总体上看，以美国为中心的全球治理体系已不足以处理当今世界面临的日益复杂严峻的问题和挑战。全球化和多元化是人类发展不可阻挡的大趋势，构建人类命运共同体是当前世界的客观需要。美国、中国和欧盟正在逐步形成三足鼎立的格局，全球治理也开始显露多元化趋势。从长期来看，构建多中心的全球治理体系是人类社会发展的必然要求。在国际金融领域，数字金融体系的出现为实现多中心的全球金融治理创造了良好机遇。

由于缺乏统一的世界政府，全球治理在本质上是多中心治理架构，每一个国家作为一个决策中心参与到全球治理当中。但是，当前实际运行中的全球治理呈现出"一超多强"格局，很多时候表现出单中心治理的特征，即美国在全球治理中拥有最高权力。与单中心治理模式相一致，现有金融体系所依存的技术平台也是中心化（单中心）的，不论是银行的数字化系统，资本市场的交易系统，还是国际金融基础设施——跨境支付系统，都是中心化的技术架构。中心化的技术架构不仅与单中心的全球金融治理模式相适应，还在一定程度上强化了美国在国际金融体系的中心地位。最为典型的例子，美

---

1 自然指数（Nature Index）于 2014 年 11 月首次发布，是依托于全球顶级期刊（《自然》系列、《科学》、《细胞》等 82 种自然科学类期刊），统计各高校、科研院所（国家）在国际上最具影响力的研究型学术期刊上发表论文数量的数据库。

国可以凭借技术上中心化的跨境支付平台对其他国家实施金融监测和金融制裁，而其他国家由于不能控制中心化的技术平台而无法对美国采取对等反制措施。

伴随数字技术的发展，特别是在金融领域，基于区块链和智能合约打造的分布式金融系统，在技术架构上天然可以形成多中心模式，这与多中心的全球治理在本质上高度契合。事实上，即使是在美国，已经有人充分意识到，随着数字技术的发展，国际秩序和全球治理将发生重大变化。帕拉格·卡纳（Parag Khanna）和巴拉吉·斯里尼瓦桑（Balaji Srinivasan）在2021年12月美国《外交政策》发表的论文中指出："21世纪既不属于中国和美国，也不属于硅谷的科技公司，而是属于互联网……国际法治（rule of law）正在转向代码治理（rule of code）……人类将从地缘政治时代转向技术政治时代。"[1] 该论文所指的互联网，并不是传统互联网，而是基于区块链分布式架构的Web 3.0互联网。值得注意的是，在Web 3.0互联网上不可能有单中心的治理模式。如果Web 3.0互联网在全球大范围发展，美国利用传统数字技术平台成为全球治理最高中心节点的时代将有可能结束，而多中心治理模式则迎来历史性机遇。

客观地看，不论在何种时代，地缘政治都是影响国际秩序的决定性因素之一。但是，数字技术的发展确实为全球治理引入了新的工具和平台，技术政治的因素在上升。基于综合国力、地理位置、发展状况和利益诉求等多种因素，再纳入数字金融的要素，未来全球金融治理的技术平台可以形成多中心、多层级架构。第一层级可能包括美国、中国和欧盟，这是全球最大的三个经济体，能够对全球金融治理产生最为重要的影响；G20当中的其他国家，如英国、日本、印度和巴西等将处于第二层级，其余国家位于第三层级；每

---

[1] Parag Khanna and Balaji Srinivasan, "Great Protocol Politics", *Foreign Policy*, December 11, 2021, https://foreignpolicy.com/2021/12/11/bitcoin-ethereum-cryptocurrency-web3-great-protocol-politics/.

个层级的经济体数量都在三个或者三个以上，这样在单一层级和整体平台上均形成了多中心的架构；同一个层级的经济体拥有相同的决策权重，不同层级的经济体之间决策权重有所差异。这种多中心、多层级的数字金融平台，不仅可以成为国际金融基础设施（如分布式跨境支付体系），还可以在技术层面打破单中心的全球治理模式，形成多中心全球金融治理架构。

### 2. 强信任的全球金融治理体系的构建

区块链以其分布式架构、不可篡改、可追溯、可加载智能合约等特点，塑造了"信任机器"，正在重构人类社会的信任模式。区块链的信任机制来源于多个方面。第一，区块链系统的分布式架构确保可以做到不受任何单一机构或者个人的控制，任何单一节点无权实施针对系统的操作，而由全网至少51%节点（公链）或者所有关键节点（联盟链）的共同认定来实现控制与运行，在系统内打破了垄断；第二，区块链基于散列函数和公私密钥加密的数学算法提升了系统安全性与可靠性；第三，智能合约的使用保证了系统的自动执行，提高了系统的可预测性、可执行性；第四，系统每次的执行结果都记录在区块链内，数据很难被操纵或修改，使得事后验证或审查有迹可循。

在人类历史上，"信任"一直依赖特定的人或者机构，即使通过法律文件或者协议文本形成的信任机制，最终也需要由人组成的中介——法律机构来提供保障。从历史经验可以清楚地看出，基于人或者机构形成的信任机制是一种"弱信任"。弱信任的特征是：第一，信任的可靠性有限，违背承诺的事情在人类各个时代、各个地区都时有发生；第二，维持信任的成本较高。弱信任所依赖的人和机构，往往都是中介（如法律机构、金融机构等），中介机构需要通过收取中介费才能生存，因此中介机构的存在大大提高了信任成本，甚至衍生腐败。

区块链技术打造的"信任机器"并不依赖作为中介的人或者机构，而是基于算法和计算机网络。算法的严格逻辑一致性，以及计算机网络的多节点验证,确保了区块链系统提供的信任机制是一种超越人性、可靠程度更高、韧性更强、成本更低的"强信任"[1]。只要参与各方在协商一致的基础上建立代码规则并加入区块链系统,那么之后的业务运转、监管审核都是由算法自动执行的,霸权主义、机会主义、双重标准、暗箱操作都被有效地规避。在全球金融治理领域,基于区块链系统建立代码规则,能够增强世界各国对治理体系的信任。

## (二)中国推动构建全球数字经济发展治理体系的策略

从具体策略来看,中国应坚持务实原则,以创新思维推进粤港澳大湾区分布式跨境支付与数字资产交易平台建设,以打造中欧分布式跨境支付系统为依托推动建立多中心的全球金融治理体系,以数字亚元体系建设为依托推进区域货币体系的公平治理。同时,通过积极参与全球数字金融规则制定,不断提升中国在全球数字金融治理领域的影响力,从而推动全球数字金融治理体系朝着高效、透明和包容的方向发展。

### 1. 分布式跨境支付系统的建立

伴随区块链和数字货币的发展,分布式跨境支付系统已经显现出强劲的生命力,它在重塑全球跨境支付网络、改革国际货币体系、发展数字经济方面拥有较大潜力。目前,美国在分布式跨境支付系统的建设方面暂时走在世界前列。中国应加快建立基于区块链和数字货币的分布式跨境支付系统,积

---

[1] 需要指出的是,区块链系统的"强信任"并不能解决全部的信任问题,因为它所建立的信任机制仅存在于区块链系统之内。对于不上链的个人、机构或者国家而言,区块链就无法发挥作用。此外,如果区块链系统受到极其强大的算力攻击(即所谓"51%攻击"),该系统也有可能被攻破,信任机制也就丧失了。未来的量子计算机具有极其强大的算力,这意味着,目前的区块链系统是有可能会将来的量子计算所攻破的。但是,当量子时代真正到来的时候,区块链系统也可以利用量子计算进行加密。这是典型的"魔高一尺、道高一丈"的博弈问题。

极开展国际合作，这不仅有助于维护国家金融安全，还可以增强中国数字经济的国际竞争力，提升中国在全球经济治理当中的话语权。

(1) 建立分布式跨境支付系统的迫切性

在中美博弈的大背景下，中国建立分布式跨境支付系统的迫切性表现在以下两个方面。

一方面，分布式跨境支付系统的建立能够在一定程度上削弱美对华实施金融监测和金融制裁的能力，有助于维护中国金融安全。跨境支付系统是资金跨境流动的通道，一个国家的国际贸易和国际投融资完全依赖跨境支付系统的正常运转。当前全球跨境支付体系是在美国主导下建立的，美国可以获得世界各国跨境支付的几乎所有信息，这意味着全球经济活动所产生的绝大部分跨境资金流转在美国的监测之下。在极端情况下，美国可以对他国采取切断美元跨境支付通道的制裁手段，将直接危害被制裁国的经济安全，且被制裁国无法实施对等的反制，制裁表现出严重的危害性和彻底的非对等性。目前中美博弈已经从贸易领域进入科技和金融领域，防范美对我实施金融监测和金融制裁是一项紧迫的工作。基于区块链和数字货币建立分布式跨境支付系统，能够在一定程度上削弱美对我实施金融监测和金融制裁的能力。

另一方面，基于数字货币和区块链的分布式跨境支付系统有可能产生强大的"网络效应"，越早建立该系统的国家，越有可能形成于己有利的国际标准并建立大规模的跨境数字商业生态，不仅能够促进该国货币的国际化，还可以提升该国数字经济竞争力，增强该国在全球经济治理当中的话语权。2019年7月，IMF发布的报告指出，网络效应可能引发数字货币的快速普及。由美国普林斯顿大学和法国巴黎高等政治学院三位学者合作发表的论文《数字货币区》认为，基于数字货币和区块链的跨境支付平台凭借网络效应，可以打造跨国的"数字货币区"，形成数字经济时代的全球货币竞争新格局。"数字货币区"一旦形成，不仅会强化该种数字货币的国际地位，还可以借助区块链和数字货币在支付、交易、确权等领域高效率、低成本、安全可信、易于监管的技术优势，形成丰富的商业应用场景，促进区域内的数字经济发展。

美国在数字稳定币的研发、监管与国际推广方面居于世界领先地位。美国政府已经允许私人机构发行锚定美元的稳定币。2021年4月美国摩根大通银行宣布，它与新加坡淡马锡集团、星展银行共同成立区块链公司，致力于实现多种数字货币（包括稳定币和央行数字货币）的跨境支付、贸易融资及其他金融交易。新加坡金管局首席金融科技官指出，该公司的成立"意味着数字货币的全球分水岭，标志着数字货币从实验室和试点走向商业化和实时应用"。一方面，美元稳定币的逐步推广将进一步增强全球市场对美元的持有偏好与依赖，美元国际地位将会稳固甚至得到提升；另一方面，像摩根大通这样的商业巨头有可能率先建立跨境的"数字货币区"，从而打造国际数字商业生态（类似于阿里巴巴、蚂蚁和腾讯在中国国内的商业模式），增强美国在数字经济方面的竞争力。

总体来看，不论是维护国家金融安全，还是提升国家在国际货币金融体系和数字经济领域的全球竞争力，中国加快发展分布式跨境支付系统都已经到了关键的时间窗口。

（2）建立分布式跨境支付系统的可行性

中国央行数字货币（即数字人民币）的研发与试点已经走在了世界前列。数字人民币的零售业务在全国稳步开展试点。同时，央行目前正在与泰国、阿联酋等国，以及中国香港地区开展跨境支付的合作研究。

除去央行在数字货币方面开展了领先全球的试点，中国地方政府和企业也在区块链跨境支付领域有成功案例。早在2017年3月，深圳前海自贸区就成功试验了与香港的区块链跨境支付。蚂蚁和腾讯则在香港建立了基于区块链的跨境支付平台，系统运转稳定。这些都为中国加快建立分布式跨境支付系统打下了坚实基础。

近年来美国政府在国际上将金融制裁"武器化"的做法激起了很多国家的反感,美国的传统盟友——德、法、英三国,已经联合建立了脱离传统跨境支付网络的 INSTEX 系统,通过该系统与伊朗开展以货易货的跨境交易。摆脱美国的金融监控,建立更加公正、包容、高效的多元化跨境支付体系,是世界上很多国家的期待。

可以看出,中国与其他国家联合建立基于区块链和数字货币的分布式跨境支付系统,在技术上可实现,经济上有效益,政治上各国有诉求,是一项具有可行性且前景广阔的国际合作。

(3)建立分布式跨境支付系统的具体支撑

一方面,推动建设粤港澳大湾区分布式跨境支付与数字资产交易平台。大湾区呈现"一国两制三种货币"的特征,既在中央政府的统一管辖之内,又包含跨境和自治的区域,从而为跨境支付和数字资产交易提供了真实应用场景,且无须进行国际谈判,大大降低了跨境项目运作的难度和风险,是中国建设分布式跨境支付与数字资产交易平台最理想的地区。

具体的项目建设,可以分为两个步骤。第一步,基于数字货币和区块链中的联盟链技术,在深圳与香港、澳门三地进行数字人民币和数字港元的跨境支付试点,然后扩展至整个大湾区。中国人民银行制定规则,中国人民银行深圳市中心支行、香港金管局和澳门金管局三方各自作为区块链上的监管节点,拥有同等监管权限,从而建立"规则制定单中心、金融监管多中心"的大湾区分布式跨境支付系统。以多中心治理为特征的联盟链保证了不同地区监管机构在完全平等的基础上开展合作,从而为跨境金融监管创造了公正可靠的技术平台,大大拓展了大湾区跨境金融监管的合作空间。第二步,在大湾区跨境支付平台上增加数字资产交易功能,实现私募股权、资产证券化、信贷资产、保险产品和大宗商品等的点对点交易(上述产品均为非标产品,不影响深交所和港交所的股票交易)。基于区块链的数字资产交易,能够提升交易效率,降低交易成本,同时区块链上的监管节点可以记录所有交易信息,信息无法篡改,这就实现了真正的"穿透式监管",大大提升了金融监管的效率,防范交易风险。大湾区数字资产交易平台的建设,可以增强香港和深圳作为金融中心的国际竞争力,也为澳门发展特色金融业提供了新的发展空间。

另一方面,推动打造中欧分布式跨境支付系统。欧洲国家已经对美国控制全球跨境支付表示出强烈不满。2019年德、法、英三国共同开发并设立了贸易互换支持工具(INSTEX),旨在摆脱美国对跨境支付的控制。同年欧央行还联合私营部门共同建设新型欧洲支付系统——"泛欧支付系统倡议",使欧洲大陆最终可以绕过Visa、万事达卡、谷歌和PayPal等美国支付业巨头。上述行动表明,欧洲对建立独立于美国的跨境支付网络、保障自身金融安全有明确的目标。此外,欧洲在数字经济领域的整体发展落后于美中两国,如果建成中欧分布式跨境支付平台,并在此平台上打造连通世界第二大经济体与第三大经济体的丰富商业生态,欧洲可以在数字经济领域取得较大进展。因此,中欧分布式跨境支付系统的建设,是符合双方政治和经济诉求的。

### 2. 数字亚元体系建设

亚元构想自2001年提出后已被搁置20余年。基于区块链技术的数字货币,通过其特有的分布式治理结构为东亚地区打造公平、高效的区域货币金融体系开启了新的时间窗口,为中国赢得亚洲货币体系主导权、削弱美元霸权带来了机遇。中国政府可以率先在东亚区域提出数字亚元倡议,并在后续的数字亚元体系设计、运营和治理过程中发挥主导作用,最终建立多中心、强信任的区域货币治理体系。[1]

---

[1] 宋爽、刘东民、周学智:《打造数字亚元,为东亚货币合作注入生机》,《世界知识》2022年第15期。

(1) 建立数字亚元体系的必要性

建立数字亚元体系能够增强东亚国家的政治互信与团结，有效应对美国意在遏制中国的亚太战略。无论是奥巴马时期的"亚太再平衡战略"，还是特朗普第一任总统时期的"美国印太战略"，都意图重建美国在亚太地区领导力。拜登上台后继续将东亚作为战略重点，试图进一步压缩中国地缘战略空间。在一些关键议题上，美国已经试图将中国排除在 APEC 框架之外，欲联合其盟友在经济和科技的部分领域与中国脱钩。在此形势下，中国亟须加强与东亚国家的合作关系以瓦解美国战略部署。货币即权力，货币即政治，货币合作是加深域内国家政治互动与协调的强力手段，可以夯实区域全面深入合作的基础。

建立数字亚元体系能够促进区域经济发展并维护域内国家金融安全。东亚国家多数为出口导向型国家，对外贸易是经济发展的重要引擎。在美国作为世界市场的时代，以美元开展贸易结算为东亚国家带来外汇收入，却也加剧了后者的货币错配和汇率风险，成为 1997 年亚洲金融危机的导火索。正是在这次危机爆发期间，马来西亚总理马哈蒂尔提出亚元倡议，"欧元之父"、诺贝尔经济学奖得主蒙代尔也于 2001 年提出亚元构想。如今，中国已是东亚最大经济体，并多年成为日本、韩国和东盟的最大贸易伙伴。2020 年 11 月，RCEP 的签署意味着东亚地区经济一体化程度将进一步加强，以区域货币单位而非美元开展贸易结算的必要性显著提升。更为重要的是，区域货币体系的建立将使域内各国在一定程度上摆脱美国的金融控制。

中国主动推进数字亚元体系建设，有助于掌握区域治理的领导权，并进一步增强在全球治理中的发言权。继马哈蒂尔和蒙代尔之后，时任日本财务大臣盐川正十郎在 2002 年亚欧财长会议上正式提出亚元构想。当时由于受到美国政府的阻挠，以及域内国家在货币权重分配等问题上分歧较大，亚元提议未能取得进展，但是日本政府一直在推动本国学术界对亚元展开研究。

2020年6月,三位日本学者撰文称数字货币的到来使超主权货币具有技术可行性,建议由以AMRO为代表的国际组织发行在东亚地区流通的数字亚元。[1]面对日本的未雨绸缪,中国有必要尽快启动亚元研究并提出中国版的亚元方案,以掌握东亚货币合作的主动权和领导权。

(2) 建立数字亚元体系的可行性

与20多年前讨论的亚元方案相比,基于区块链技术的数字亚元,在政治和经济上更具可行性,能够为东亚货币合作创造更广阔的空间。同时,数字亚元方案也使得中国具有更显著的区域领导优势。

数字亚元的分布式架构能够实现区域货币体系的多中心治理,在政治和经济上能为更多亚洲国家所接受。全球治理、区域治理在本质上都是多中心治理模式,任何单一国家都不应具有绝对控制权。但是,在传统的美元体系下,美国成为全球金融治理的单中心,拥有两个方面的霸权,即作为国际货币的美元的发行权和对美元支付结算体系的控制权,从而对其他国家的金融安全构成威胁。数字亚元有望从这两方面打破美元霸权,打造更加公平的多中心货币治理体系。其一,数字亚元使超主权货币更具可操作性,从而打破美元霸权并推动国际货币体系改革。区块链技术可简化一揽子货币的跨境结算程序,使数字亚元更易用于跨境支付场景并由此具备优良的交易媒介功能。而交易媒介在货币三大职能中最为根本,决定和支持着价值贮藏和记账单位的职能。其二,数字亚元可以建立跨境支付结算的多中心治理模式。数字亚元的分布式架构避免了单中心的垄断控制,各国央行可作为体系中的平等节点共同验证交易、记录数据,任何一个国家都无法切断他国的跨级支付。结合以上两点,数字亚元将有助于东亚地区营造平等、互信的金融治理氛围,

---

[1] Taiji Inui, Wataru Takahashi and Mamoru Ishida, "A Proposal for Asia Digital Common Currency", *RIEB Discussion Paper Series*, No. DP2020-19, September 29, 2020, https://econpapers.repec.org/paper/kobdpaper/dp2020-19.htm.

推动区域经济一体化，防范货币危机，消除被域外国家实施金融制裁的风险，保护各国金融安全，从而得到域内各国政府的支持。

在央行数字货币领域的先行经验，使得中国在东亚推动数字亚元建设方面具备技术上的先进性和成熟度。中国人民银行是世界上首批关注数字货币的货币当局之一，对央行数字货币的基础架构、运营体系、技术性能等方面都已展开深入研究，并在全国开展了数字人民币的试点项目，这将支持中国在数字亚元体系的构建过程中发挥领导作用，并有较大把握在与各国合作中顺利完成技术体系的搭建。

（3）建立数字亚元体系的路径选择

目前，日本政府尚未公开提出数字亚元的倡议，仅由学术界发出声音。中国政府可以积极推动数字亚元的研究，并率先提出倡议和实施方案。在此，提出如下政策建议。

第一，参考 SDR 设计数字亚元的货币篮子，并为域内国家提供多样结算货币选择。对数字亚元的设计，可参考 IMF 关于 SDR 篮子货币的选择标准：一是货币主权国应具有货物和服务出口重要性；二是符合可自由使用货币的条件，即在国际支付中广泛使用和在外汇市场上广泛交易。按照上述标准，中国是东亚地区出口占比最大的国家，日元则是区域内可自由使用指标最好的国家。为防止损害各国的货币主权，中短期内数字亚元只用于跨境支付。同时，数字亚元并不强制作为区域内跨境支付结算的唯一货币，而应尊重交易双方的自由选择，既可以是数字亚元也可以是单一国家货币。

第二，由区域多边机构负责数字亚元发行和支付结算系统的运营，以实现东亚货币体系的公平治理。建议由 AMRO 作为数字亚元的发行和运营主体。AMRO 是东盟与中日韩（东盟+3）合作框架下设立的负责区域内宏观经济监测和清迈倡议实施的国际组织，历任主任以财政部官员为主。在数字亚元的发行和运营过程中，央行应发挥主要作用，因此宜在 AMRO 下设立专门的数字亚元部门,由各国央行和财政部共同协调运作。伴随数字亚元的发行,AMRO可以升级为"亚洲货币基金组织",这是增强亚洲货币金融体系自主性、推动区域经济一体化、促进国际货币体系改革的重要举措。数字亚元支付结算系统应采用分布式架构,确保各国央行在网络中拥有平等的监管节点,负责验证和记录涉及本国机构或个人的交易,任何一个国家都不具备切断其他国家跨境支付的能力。

第三,从数字亚元的批发结算业务开始,逐步推进零售支付业务的开展。在数字亚元运营初期,宜以各国央行和区域内主要商业银行参与的批发系统为起点。批发业务主要涉及机构间的大额交易,对支持区域内经贸合作的意义重大;而且交易频率比较低,参与机构数量有限,加上多数国家央行都已实现本国准备金或结算账户余额的数字化,因此相对零售业务更易操作、可控性强。待批发结算系统运作成熟,可再逐步试点和推广零售支付系统。考虑到部分国家有资本管制的要求,智能合约还可被用于设定单笔交易金额上限和一定时期交易总额。为了平衡合规性与方便性,系统运营机构还可以推出身份验证等级不同、交易限额不同的钱包供用户选择。

### 3. 全球数字金融规则制定与代码规则试点

全球数字金融治理体系尚未形成,但是发达国家已经开始制定相关的治理规则,力争掌控全球数字金融治理的主导权。中国数字金融的发展速度很快,部分领域已经位居世界前列。我们完全有能力通过积极参与规则制定,提升自身在全球数字金融治理领域的影响力。特别地,中国可以借助自身在市场规模和技术储备两方面的优势,在国际层面推动试点代码规则,形成"可自动执行的数字化规则",从而建立多中心、强信任的全球数字金融治理体系。

金融规则在国家间的传导主要有两种方式,一是规则通过资本跨境流动形成的金融联系传导，二是通过国际组织进行制度化的金融合作。在第一种传导机制下，基于全球金融自由化的背景，各国竞相制定有利于吸引外资的经济和金融政策，并相互学习应对经济和金融危机的政策与规则，通过一段时间的"竞争—合作"博弈，形成大多数国家认可的全球金融治理模式。在这种机制下，发达国家具有先发优势。发展中国家难以主动输出本国的金融规则。第二种金融规则的传导机制是以国际组织为基础的。在当前的国际金融治理机构中，以美国为核心的西方国家仍占据主导地位，国际金融治理组织结构改革方向之一是提升新兴国家在组织中的投票权和地位，虽然发展中国家可以形成代表联盟利益的国际组织作为发声平台来实现利益维护和制度输出，但仍难以撼动发达国家的主导地位。可以看出，对中国而言，在现有的全球金融治理模式下调整国际金融规则有较大难度，具有可操作性的路径有两条：一是将已有金融规则数字化，在数字化的过程中顺势调整金融规则；二是构建新的数字金融规则。

金融规则的数字化不意味着照搬照抄原有的规则，而是要根据数字金融发展现状加以改善后再写入计算机和区块链的底层技术语言中。由于数字金融跨越国界，全球统一监管是不可或缺的，中国可以在 G20 层面积极主动地提出金融规则的数字化方案，并由 G20 下属的 FSB、巴塞尔银行监管委员会（BCBS）、国际证监会组织（IOSCO）或国际保险监督官协会（IAIS）来讨论、制定和落实详细的规则。不同国际组织制定的具体金融规则通过代码实现基于机器的即时自动化的执行和监管。

构建新的数字规则主要针对数字金融出现的全新治理问题。一是数据监管问题，数据监管是数字金融治理的核心，首先要利用好金融科技实现数据自动化、系统化和安全化的收集；其次要构建好数据分析系统，建立风险分析预警机制；最后要完善数字金融的基础设施建设，保障数字系统的安全。二是要做好数字身份验证，这是一切数字金融活动的基础，要搭建这样一个数字金融生态系统首先要建立起先进的基础设施，然后简化开户程序，构建数字 ID，最后实现包括政府在内的可全球支付的金融生态体系。总体来看，构建新型数字金融规则的核心是充分利用数字技术，在数字金融规则的确立、实施、监管的全过程使用数字技术，以人类智慧驾驭数字技术，再以数字技术治理金融系统，最终建立多中心、强信任的全球数字金融治理体系。

# 第五章
# 全球数字经济发展治理体系的中国角色

数字经济是不同于传统经济形态的新经济形态,是推动全球经济复苏与可持续发展的新动力。作为全球第二数字大国,中国正加快建设数字中国,推动经济社会的数字化转型,不断拓展全球数字经济合作空间,为全球数字发展治理贡献了积极力量。近年来,中国政府从国家战略高度擘画数字经济发展蓝图,总体上形成了横向联动、纵向贯通的数字经济发展战略体系,建立了较为清晰完整、分工明确的实施路径及战略框架,为更好参与引领全球数字经济发展治理体系建设提供了有力的制度保障和良好的政策环境。

## 一 全球数字经济发展进程与现状

数字经济是数字计算和经济的组合,是一个总括术语,描述了传统的实体经济活动(生产、分销、贸易等)如何被互联网、万维网和区块链技术所改变。[1] 根据中国工业和信息化部下属的中国信息通信研究院发布的《中国数字经济发展报告(2024年)》的定义,数字经济是以数字化的知识和信息作为关键生产要素,以数字技术为核心驱动力量,以现代信息网络为重要载

---

1 R. Bukht and R. Heeks, "Defining, Conceptualising and Measuring the Digital Economy", *Development Informatics Working Paper*, No. 68, 2017.

体，通过数字技术与实体经济深度融合，不断提高经济社会的数字化、网络化、智能化水平，加速重构经济发展与治理模式的新型经济形态；具体包括数字产业化、产业数字化、数字化治理和数据价值化四大部分。[1] 数字经济根植于信息技术创新。20世纪90年代随着互联网的出现，经济活动形式开始出现了变化，这是数字经济增长的基石；进入20世纪以来，随着新的信息和通信技术的出现和传播，传统的经济活动出现了新的变革。以大数据、人工智能、云计算等为代表的新型数字科技正在推动全球产业变革，形成了区别于传统经济形态的数字经济形态。"数字经济"一词在20世纪90年代开始使用。1995年加拿大商业大师唐·泰普斯科特（Don Tapscott）在其《数字经济：网络智能时代的承诺与危险》一书中提出了"数字经济"这一概念。[2] 随后，"数字经济"这一概念得到拓展和延伸，各国政府也开始使用"数字经济"这一新的经济名词，特别是2008年国际金融危机以来，数字经济成为各国发展的重点方向，期望通过发展数字经济来推动经济的复苏。

## （一）全球数字经济发展进程

随着信息通信技术的快速发展，数字经济成为推动经济发展的重要力量，特别是新冠疫情以来，数字经济得到了蓬勃发展，已成为各国应对疫情冲击、加快经济社会转型的重要选择。数字经济是继农业经济、工业经济之后的主要经济形态，数字化转型正在驱动生产方式、生活方式和治理方式发生深刻变革。数字经济的发展离不开数字基础设施的建设。联合国"可持续发展目

---

[1] 中国信息通信研究院：《中国数字经济发展报告（2024年）》，2024年8月，第1页，http://www.caict.ac.cn/kxyj/qwfb/bps/202408/P020240830315324580655.pdf。

[2] Don Tapscott, *The Digital Economy: Promise and Peril in the Age of Networked Intelligence*, New York: McGraw-Hill, 1995.

标 2030"在第九条提出要建设有风险抵御能力的基础设施、促进包容的可持续工业，并推动创新，显然数字基础设施属于其中重要的环节。目前在数字基础设施领域，发达国家基本实现了互联网的国民全面覆盖，而部分发展中国家特别是非洲等地区的国家依旧未能实现提供普遍的负担得起的互联网接入，且低收入国家所能接入的互联网在质量上也难以保证，宽带传输速度远低于国际平均水平，数字基础设施建设在全球处于不平衡的状态。在疫情期间，数字经济的潜力得到快速释放，数字经济与实体经济加速融合，已经成为推动各国经济复苏的重要力量。但是，发达国家和发展中国家数字经济发展进程是不一致的，经济水平越高、收入水平越高的国家数字经济发展水平也越高。据统计，在 2021 年发达国家数字经济规模就达到了 27.6 万亿美元，占测算经济体数字经济总体规模的 72.5%，并且发达国家数字经济占国民经济比重达到 55.7%，远超发展中国家 29.8%的水平。[1] 可以发现，发达国家凭借先发优势和技术优势，在数字基础设施建设、数字经济发展等方面远超过发展中国家，全球数字经济发展依旧是发达国家占据主导的局面。

### 1. 全球数字基础设施发展

数字经济的发展离不开数字基础设施的建设，国家的互联网接入水平对数字经济的发展起着至关重要的作用。根据联合国《可持续发展目标报告（2024）》统计，全球可使用移动宽带的人口比重从 2015 年的 78%升至 95%，互联网普及率在过去 8 年中提高了约 70%，但是对最不发达国家和内陆发展中国家而言，其移动宽带网络覆盖率与世界平均水平存在较大差距，例如在撒哈拉以南的非洲，只有 27%的人口使用移动互联网服务，覆盖率差距为 13%，使用率差距为 60%。同时在高收入国家，5G 网络覆盖率达到了 89%，而在低收入

---

[1] 中国信息通信研究院：《全球数字经济白皮书（2022 年）》，2022 年 12 月，第 10 页，http://www.caict.ac.cn/kxyj/qwfb/bps/202212/P020221207397428021671.pdf。

国家，5G仅覆盖了1%的人口。[1] 全球数字基础设施的建设呈现出不平衡的现状，发达国家基本已经实现了所有人能接入互联网，但是发展中国家特别是最不发达国家距离这一目标依旧十分遥远，这影响了各国发展数字经济的前景。ITU认为，"有意义的连接是实现国家数字化转型的关键"，因而在2022年公布的数字接入具体目标中表示希望在2030年前实现普遍且有意义的数字连接。

互联网接入水平在全世界范围内呈现不均衡的状态，与国家的经济发展水平显示出明显的负相关，即国家经济发展得越好，数字基础设施越完善，国民接入互联网的比例越高。国际电信联盟的《衡量数字发展：2023年事实与数字》报告显示，2023年全球新增连接用户数约2.8亿，总计53.6亿，约67%的人口已经连接上网，自2022年以来增长了4.7%，高于2021—2022年的3.5%。这一数据意味着，全球向联合国提出的2025年连接75%人口目标又迈进了一步，但同时也揭示了全球依然面临未连接33%（26亿）人口的挑战。然而区域差异依然存在，不同地区之间的数字化发展存在巨大鸿沟。在欧洲、独联体（CIS）和美洲，87%—91%的人口使用互联网，互联网正在接近普遍使用（实际定义为互联网普及率至少为95%）。阿拉伯国家和亚太地区约有2/3的人口（分别为69%和66%）使用互联网，与全球平均水平一致，而非洲的平均水平仅为人口的37%。在最不发达国家（LDC）和内陆发展中国家（LLDC）中，普遍连接仍然是一个遥不可及的前景，这两个国家分别只有35%和39%的人口上网。[2]

在接入方式上，国际电信联盟的数据显示，固定宽带订阅的渗透率远低于移动宽带订阅，因为固定宽带连接通常由一个家庭中的几个人共享。各国在固定宽带连接方面的不平等程度远远高于移动宽带连接，在中上收入和高

---

[1] 联合国：《可持续发展目标报告（2024）》，2024年6月，https：//files.unsdsn.org/sustainable-development-report-2024.pdf。

[2] International Telecommunication Union, *Measuring Digital Development Facts and Figures 2023*, Geneva: ITU, 2023, pp.1-2.

收入国家的家庭中固定宽带连接十分常见，但由于价格高和缺乏基础设施，低收入国家几乎没有固定宽带连接。缺乏负担能力仍然是互联网接入的主要障碍，特别是在低收入经济体。联合国可持续发展宽带委员会的目标是到2025年使发展中国家的宽带价格负担得起，即以低于人均每月国民总收入2%的价格提供宽带接入，显然这在低收入国家是一个十分难以实现的目标，数字基础设施的缺乏使得用户接入互联网的成本难以下降，这种低水平的ICT状态限制了人民实现普遍和有意义的数字连接。

在网络覆盖率上，大多数发展中国家，移动宽带（3G或更高版本）是连接互联网的主要方式，而且通常是唯一方式。事实证明，弥合覆盖缺口（coverage gap），即连接仍未接入互联网的剩余5%是困难的，自2018年突破90%的门槛以来的四年中，全球3G覆盖率仅增加了4个百分点。在许多经济发展良好的国家和地区，老一代网络正在被关闭以用来支持更高效的网络，并允许开发与5G兼容的数字生态系统。对计划在2025年12月之前关闭其3G网络的大多数欧洲运营商及亚太地区而言，3G网络的关闭有利于释放相关频谱以重新用于5G，同时又可以为旧的遗留设备保留2G。然而，在世界其他地区，这一数字基础设施改进困难重重，主要是因为2G和3G网络仍然占有重要地位。在低收入国家尤其如此，这两种技术都是重要的通信手段，在这些国家，部署5G网络所需的高昂基础设施成本、设备的可负担性，以及监管和采用障碍阻止了这些国家在数字基础设施上的改进。自2019年开始商业部署以来，5G覆盖率到2023年达到世界人口的40%。虽然5G网络覆盖了高收入国家89%的人口，但低收入国家的覆盖范围仍然有限。欧洲拥有最广泛的5G覆盖率，覆盖了68%的人口，其次是美洲地区（59%）和亚太地区（42%）。阿拉伯地区的覆盖率达到12%，独联体地区（8%）和非洲地区（6%）的覆盖率不到10%。[1]

---

[1] International Telecommunication Union, *Measuring Digital Development Facts and Figures 2023*, Geneva: ITU, 2023, pp. 19-21.

## 2. 全球数字经济发展态势

近年来，随着中美贸易冲突、新冠疫情、俄乌冲突等事件的影响，全球经济发展形势异常严峻，世界经济的发展正在面临前所未有的挑战。但是与此同时，数字经济受到这些事件的刺激，发展潜力得到了快速释放，已经成为推动各国经济复苏的重要力量。中国信息通信研究院发布的《全球数字经济白皮书》在对全球具有代表性的国家的数字经济发展水平进行量化分析后发现，全球数字经济发展呈现如下态势。

其一，目前全球数字经济整体保持稳定发展的态势，加速构筑经济复苏关键支撑。在经济总量上，数字经济正在成为各国应对疫情冲击、提升经济发展能力的重要手段，2022年全球51个主要经济体数字经济规模为41.4万亿美元，较上年增长2.9万亿美元，半导体、云计算、人工智能等数字技术正在推动数字经济高速发展。在经济增长上，数字经济正在成为新的增长源泉，数字经济下新领域、新模式、新业态不断涌现，创新推动数字经济快速发展。2022年，全球51个主要经济体数字经济同比名义增长7.4%，高于同期GDP名义增速4.2个百分点，有效支撑了全球经济的持续复苏。在经济结构上，产业数字化是当前全球数字经济发展的主导力量，同时数字技术也在向传统行业渗透，物联网、人工智能等新技术的发展使得传统行业向数字化转型成为必然选择，2022年，全球51个主要经济体数字产业化规模为6.1万亿美元，占数字经济比重为14.7%，占GDP比重为6.8%，产业数字化规模为35.3万亿美元，占数字经济比重为85.3%，占GDP比重为39.3%，相较于上年提升1.8个百分点。在产业结构上，数字技术从第三产业逐步向第二产业、第一产业渗透，在产业属性等因素的影响下，第三产业率先大规模使用数字技术，在数字技术发展后，第二产业数字化生产成为新的增长点，第一产业由于受到自然条件等限制，数字技术使用尚未完全成熟，但数字化生产已经是未来第一产业发展的必然方向，2022 年，全球 51 个经济体第三产业、第二产业、第一产业数字经济增加值占行业增加值的比重分别为 45.7%、24.7% 及 9.1%，这体现了三种产业在数字化进程中的差异。[1]

其二，发达国家和高收入国家在数字经济领域具有技术优势和先发优势，目前发展水平远高于发展中国家。在《全球数字经济白皮书（2022 年）》测算的 47 个国家中，根据世界银行的划分标准，有 34 个高收入国家，10 个中高收入国家和 3 个中低收入国家，在整体水平上，经济水平越高、收入水平越高的国家数字经济发展水平也越高。在经济总量上，发达国家和高收入国家在数字经济领域占据绝对主导地位，2021 年，发达国家数字经济规模为 27.6 万亿美元，占测算经济体数字经济总体规模的 72.5%，发展中国家数字经济规模仅为 10.5 万亿美元。按照收入划分的话，高收入国家数字经济规模为 28.6 万亿美元，占测算数字经济总量的 75.2%。在经济增长上，受益于前期基数较小、数字人口红利充足等因素，发展中国家和中高收入国家在数字经济领域增长速度最快，同比增速超过了 20%。2021 年，发展中国家数字经济同比增长 22.3%，相比于发达国家同期增速要高 9.1 个百分点，中高收入国家数字经济同比增速为 23.2%，相比于高收入国家同期增速要高 9.9 个百分点。在经济结构上，发展中国家和发达国家在数字经济占总国民经济比重上存在较大差距，经济发展水平越高、收入水平越高的国家，数字经济在国民经济中的占比越高，2021 年发达国家数字经济占国民经济比重为 55.7%，超过了半数，而发展中国家这一比例为 29.8%，仅为发达国家的一半，且差距在近年来有扩大化的趋势。在经济格局上，目前形成了中美欧三极格局。中、美、欧三者分别在市场、技术、规则领域处于领先地位，共同组成了现在全球数字经济体系中的三方格局。中国实现了数字经济领域的跨越式发展，

---

[1] 中国信息通信研究院：《全球数字经济白皮书（2023 年）》，2024 年 1 月，第 15—19 页，http://www.caict.ac.cn/kxyj/qwfb/bps/202401/P020240326601000238100.pdf。

目前数字经济规模仅次于美国,并且拥有全球最大的数字市场,数据资源领先全球,数字产业创新不断;美国基于前期的技术积累,在数字技术领域不论是硬件还是软件都占据绝对主导地位,其数字企业的全球竞争力、数字技术研发实力都是遥遥领先的;欧盟凭借其在数字治理上的经验,为未来的数字全球治理奠定了基础,成为数字经济规则领域的领头羊。[1]

其三,数字经济强大的发展潜力,推动了各国加快政策调整,战略布局与落地实施同步推进,力图为数字经济发展营造良好的环境。首先,在战略层面上,数字经济成为各国的顶层设计,中国在《"十四五"数字经济发展规划》中从顶层设计上明确数字经济及其重点领域发展的总体思路、发展目标、重点任务和重大举措,为推动数字经济高质量发展提供了指导意见。英国也就完善数字基础设施、发展创意和知识产权、提升数字技能与培养人才、畅通融资渠道、改善经济与社会服务能力、提升国际地位等领域提出了新的战略目标。德国在"数字战略(2025)"的基础上更加强调了对数字基础设施的建设及数字人才的培养。

其次,各国对数字经济部分重点领域进行了重点布局及政策指导,用户数据作为数字经济中最为重要的资产,有关数据要素相关的战略部署不断完善,数据价值共享和数据隐私保护成为重点内容。一方面,各国出台国家级法案希望推动数据共享,促进国家或者地区单一数据市场建设;另一方面,各国也加强了对数据隐私的保护,对数据的开发利用要限制在本国的管理下。半导体产业为数字技术提供了硬件基础。很多国家和地区也以半导体产业为核心,不断强化技术研发、生产供应与产业链安全。例如,欧盟推出了《欧洲芯片法案》试图推动企业加强在半导体行业的投入与研发;韩国对半导体行业进行了税收减免,鼓励半导体行业的投资;美国作为半导体行业的龙头,

---

[1] 中国信息通信研究院:《全球数字经济白皮书(2022年)》,2022年12月,第10—12页,http://www.caict.ac.cn/kxyj/qwfb/bps/202212/P020221207397428021671.pdf。

也通过了相关法案吸引全球的半导体制造商在美国建设工厂,维持自身在半导体行业的绝对垄断地位。为了促进数字经济的有序发展,很多国家推动了保护数字经济发展的法案出台。为了防止数字经济催生的大平台公司垄断市场,危害经济的发展,很多国家还推出了法案强化了平台反垄断,加速建立数字经济市场竞争秩序。此外,为了保护数字经济的安全性,各国加强了网络安全防范措施,不断提升数字经济的安全保障能力。

最后,当今时代的数字经济战略竞争,不再是西方国家之间的竞争,新兴市场和发展中国家已成为全球数字经济发展战略格局中不可或缺的重要力量。很多新兴市场和发展中国家出台了立足本国国情的数字经济发展战略。印度尼西亚政府大力推动国内旅游、教育、交通、医疗等领域数字化转型,在数字化改革方面发挥了引领作用,并致力于实现数字经济的包容性发展。越南将数字经济、数字政府和数字社会作为建设越南数字化国家的三大支柱。同时,很多新兴市场和发展中国家还依靠自身的优势,针对特定领域制定专项数字经济发展政策。例如,印度凭借自身海岸线优势,大力推动人工智能技术在港口的运用,发展数字港口经济;印度尼西亚也依靠金融科技发展潜力加速金融领域的数字化发展。

## (二) 全球数字经济发展与治理体系变革

新一轮科技革命推动形成了区别于传统经济形态的数字经济形态。在疫情期间,数字经济展现了其强大的发展潜力,成为推动各国经济复苏的主要力量,与此同时有关数字发展所带来的治理问题也逐渐显现,为现有的治理体系带来了挑战。信息网络安全、用户数据隐私、数字技术应用等问题正在成为全球数字发展亟待解决的问题,如何制定数字经济时代各方都认可的规则、标准、磋商解决机制是全球数字发展治理的重点。习近平主席在二十国集团领导人第十五次峰会强调，面对各国对数据安全、数字鸿沟、个人隐私、道德伦理等方面的关切，要秉持以人为中心、基于事实的政策导向，鼓励创新，建立互信，支持联合国就此发挥领导作用，携手打造开放、公平、公正、非歧视的数字发展环境。中方希望同各方探讨并制定全球数字治理规则。[1] 党的二十大报告强调，加快发展数字经济，促进数字经济和实体经济深度融合，打造具有国际竞争力的数字产业集群。[2] 同时，近年来中国政府出台的《网络强国战略实施纲要》《数字经济发展战略纲要》《"十四五"数字经济发展规划》《"十四五"国家信息化规划》《"十四五"大数据产业发展规划》等重要文件，形成了推动中国数字经济发展的强大合力，激发和释放了中国数字经济发展的巨大潜能，为中国数字经济的蓬勃发展注入活力。

### 1. 全球数字发展治理的挑战

随着新技术的快速发展，数字全球化正在加速形成，在数字全球化的影响下，数字服务贸易得到了蓬勃发展，国际贸易空间从物理世界延伸至数字世界，数字服务贸易迅速发展壮大；全球网络通道加速连通，网络覆盖不断深化，网络可负担性、终端可获得性不断提升；跨境数据流动大幅增加，数据成为继土地、资本后又一重要的生产要素，如何使用数据创造价值成为新的经济发展方向；传统生产流通模式被加速颠覆，随着数字技术的发展，原有国际社会之间的比较优势被打破，技术优势逐渐占据主导地位。现有的治理体系已经无法满足快速增长的数字经济，全球数字发展治理体系正在面临新的挑战。

第一，数字技术发展的不均衡正在导致"数字鸿沟"的形成，南北差异

---

[1] 习近平：《勠力战疫 共创未来——在二十国集团领导人第十五次峰会第一阶段会议上的讲话》，《人民日报》2020年11月22日。

[2] 习近平：《高举中国特色社会主义伟大旗帜 为全面建设社会主义现代化国家而团结奋斗——在中国共产党第二十次全国代表大会上的报告》，《人民日报》2022年10月26日。

将进一步被扩大。数字经济下，国家之间的基础设施和数字技术的不同导致了"数字鸿沟"的形成。数字经济的快速发展依靠的是数字信息通信网络基础设施的不断完善，但是在信息网络基础设施的完善程度上，国家之间的差距十分显著。ITU 数据显示，2022 年全球固定宽带用户平均每月使用的数据量为 257GB，而在低收入国家仅为 161GB。基础设施的不完善导致发展中国家在数字经济快速发展的时期失去了机会，在数字经济发展的初期，虽然发展中国家原有的人口红利有助于促进原始数据的积累，网络普及率和渗透率的提升会推动数字经济相关产业的高速增长。但是数字经济的长远发展取决于国家信息通信基础设施的建设，取决于企业数字技术研发能力，这些才能够将人口红利转化为本国的数据红利。因为存在基础设施和数字技术上的差异，这会导致各国在数据的使用和生产上产生分化，中美等通信基础设施完善的国家可以依靠大数据、云计算、人工智能等技术对数据进行收集和利用，为全球价值链注入新的动力；而基础设施不完善的国家只能成为全球数字平台数据的生产者，在全球产业链中处于弱势地位，这些劣势在数据驱动的空间中会被不断放大，最终形成"数字鸿沟"。

第二，数字经济发展进程中数据隐私保护、数据跨境流通等新型问题不断涌现，数据安全成为数字发展治理的重点。随着数字经济的快速发展，产生的数据量呈指数级上升，如何储存数据、传输数据、使用数据成为数字经济下新的治理重点。根据国际电信联盟的数据显示，截至 2023 年 9 月，全球固定宽带网络下载和上传速度的中位数分别为 85.31Mbps 和 39.16Mbps，上传和下载速度较 6 月均有提升；随着各国宽带网络体系化部署日益完善，2015—2022 年全球固定宽带用户数由 8.3 亿人提升到 14.0 亿人，年均复合增长 7.6%。[1] 这一系列数据不仅体现了全球互联互通在质量和范围上的快速发

---

[1] 中国信息通信研究院：《全球数字经济白皮书（2023 年）》，2024 年 1 月，第 19—20 页，http://www.caict.ac.cn/kxyj/qwfb/bps/202401/P020240326601000238100.pdf。

展，也反映了数字经济的快速发展是以数字基础设施建设为基石，数字经济的发展推动了数据的传输质量的发展。在数字经济发展的过程中，数据被滥用一直是一个不可回避的问题，传统的治理模式中对个人隐私的保护已经无法追上数字经济发展的速度，消费者隐私的保护问题逐渐成为社会的重点问题。大型数字平台企业在生产经营的过程中累积了大量的高质量数据，一方面合理使用这些数据有助于企业能更好地匹配消费者，降低消费者和企业之间的交易成本；另一方面，这些庞大的数据一旦被企业滥用甚至泄露，会对消费者的个人隐私造成极大的伤害。与此同时，数据跨境流动持续高速增长。根据《数字贸易发展与合作报告2023》，过去3年全球跨境数据流动规模增长了120.6%，数字服务贸易规模增长了36.9%，均高于同期的全球服务贸易和货物贸易的增速，此外全球数字服务贸易从2014年的5.36万亿美元增长至2023年的8.67万亿美元，占全球服务贸易总额的比重从51.2%提升至56.8%。[1] 数据的跨境流动是开展跨国数字经济活动的核心，但是数据流动的同时也伴随着信息的流动，对个人信息保护和国家信息安全提出了严峻的挑战，如何在保证数据要素安全的同时实现数据的自由流动是各国政府关注的重点。在数字经济时代，数据将成为企业的核心资产，如何合法合理地使用数据是全球数字发展治理所急需回答的问题。[2]

第三，数字经济下全球各国的比较优势被重构，发展中国家传统的劳动力优势被削弱。数字化、智能化导致部分产业选择一体化生产和本地化生产，从而引发全球产业链收缩。数字经济的出现让各种类型的数字平台企业取代原本的跨国企业的全球产业链组织者、管理者和协调者的地位，这些数字平台企业成为全球价值链核心的一环。数据成为新的生产要素，并在全球产业

---

[1] 国务院发展研究中心对外经济研究部、中国信息通信研究院：《数字贸易发展与合作报告2023》，2024年9月。

[2] 中国信息通信研究院：《全球数字治理白皮书（2023年）》，2024年1月，第1—13页，http://www.caict.ac.cn/kxyj/qwfb/bps/202401/P020240326610278819760.pdf。

链中扮演着越来越重要的角色，它不仅引起了原有全球产业链的组织和管理形式的变革，同时也引发了发达国家和发展中国家、传统企业和互联网企业在数据收集、处理和利用方面的差距，这导致了国家之间的数字技术和信息基础建设比较优势对全球产业链布局造成了巨大影响，使得发展中国家失去了原有在全球产业链上的位置。数字化不平等会成为国家之间、企业之间的一种新现象，在这种现象中，国家之间、企业之间所能使用的数据存在巨大差距，容易出现"强者恒强""赢者通吃"的数据垄断行为，从而导致出现数据巨头垄断数据，使得全球产业链集中于部分国家。随着经济数字化水平的提高，信息数据、专利技术、知识产权等可以数字化的无形资产在国民经济中所占的比重也越来越高，参与全球产业链和全球价值链分工的要素与利益分配格局都将发生巨大变化。数字经济在无形中也拉大了发达国家和发展中国家之间的收入差距，并且随着新技术的不断涌现，全球产业链对产业链上各个企业数字化的要求会不断提高，这导致掌握数字技术的国家能够在新一轮科技革命中获取更大的利益，而相对落后的发展中国家则会被长期锁定在低端制造业中，更有甚者随着人工智能等技术的运用，原本劳动密集型的产业会转向资本密集型，全球产业链会被重组，发展中国家在全球产业链中的地位会进一步下降，数字经济下全球经济增长出现新的分化。

### 2. 全球数字发展治理的前景

数字经济的快速发展引发了现有治理体系不足的问题。"数字鸿沟"和数据垄断的形成正在加剧全球经济发展的不平衡，数据相关的隐私问题、安全问题给现有的法律体系带来了严峻挑战，数据如何使用、流通也已成为数字发展治理问题的重点。在数字经济时代，世界各国的比较优势加速重构，国际经济格局因此处于不稳定状态。近年来，各方都在努力推动全球数字发展治理体系的形成。构建全球数字发展治理体系要秉持共商共建共享的理念，坚持数据治理多维合作，加强国际合作推进全球范围实现"有意义的联通"。

其一，秉持共商共建共享理念，在数字发展治理上实现真正的多边主义。在数字治理体系构建中，中国多次提出要践行真正的多边主义，恪守《联合国宪章》宗旨和原则，维护以联合国为核心的国际体系和以国际法为基础的国际秩序，反对一切形式的单边主义，反对搞针对特定国家的阵营化和排他性小圈子，维护数字领域公正合理秩序。[1] 为了抑制中国的发展，美国在对中国发起贸易战的同时也加强了构建基于其自身价值观的数字治理体系，美国主导发起了《互联网未来宣言》《全球跨境隐私规则声明》《印太经济框架》等合作框架，试图构建以美国为主的全球治理体系给他国施加压力，这一系列的行为导致现有的数字治理体系联盟化、碎片化，加大了全球治理成本。全球数字发展治理体系建设应当以多边主义为核心，在机制建设和规则谈判中都应该坚持共商共建共享，在多边框架下实现对数字治理的推动。

其二，坚持数据治理多维合作，实现"可信数据自由流动"。数据作为数字经济下新的生产要素，对数据的治理是各国讨论的重点，目前 OECD、G20 和 G7 是当前推动"可信数据自由流动"的主要平台。OECD 通过发布《绘制数据传输监管方法的共性》《回归现有数字治理方法》等报告对跨境数据流动现有的工具和机制进行梳理、分类和评估，为政策和监管的国际协调与合作提供支持。2022 年，G20 数字经济轨道将"可信数据自由流动和跨境数据流动"列为三大核心议题之一，会议邀请利益相关方围绕"可信"的关键特征与含义、数据监管透明度、市场包容性、公平分配数据流动收益等问题展开了讨论。G7 聚焦数据跨境流动的机制性安排，以推动可信数据自由流动概念落地。在"G7 数字贸易原则"、《可信数据自由流动路线图》和《可信数据自由流动行动计划》基础上，G7 数字和技术部长会议宣布成立新的"伙伴

---

[1] 中国信息通信研究院：《全球数字治理白皮书（2022 年）》，2023 年 1 月，第 36 页，http：//www.caict. ac. cn/kxyj/qwfb/bps/202301/P020230110553626083595. pdf。

关系制度安排",并在 G7 广岛峰会上予以批准。该制度安排强调以原则为基础、以解决方案为导向,加强数据领域监管合作和数据共享,标志着"可信数据自由流动"进入机制化阶段。各国在数据监管和隐私保护上的法律条款存在较大差异,同时为了保护本国的信息安全也必然会阻止跨国企业随意进行数据传输,这就要求国家与国家之间,国家与企业之间实现多维度的合作,既要合理实现数字经济时代数据的价值最大化,也要对消费者的隐私、国家的信息安全提供充足的保护,这只有依靠未来数字发展治理多边合作才能实现。

其三,加强国际合作,推进全球范围实现"有意义的联通"。数字经济发展带来的好处应当是全人类共同的财富,但是现在部分人口依旧未能实现互联网接入,这需要各方共同努力,加大对尚未连接地区网络连接设施的建设投入。联合国开发计划署《2022—2025 年数字发展战略》提出建立"数字赋能人类和地球发展"的世界这一长期愿景,通过全社会参与方式建立"基于包容性、可持续性、责任和权利发展繁荣"的数字生态系统。数字基础设施建设在数字经济时代是发展的核心优势,提供高质量、可负担的连接是数字经济发展的必然要求,各国应当推动通信网络领域的国际合作,共建全球的信息互联互通网络,实现普遍且有意义的数字发展。

## 二 中国数字经济发展进程与现状

近年来,随着互联网、大数据、云计算、人工智能、区块链等新技术日益融入中国经济社会发展的各领域全过程,中国数字经济快速发展,影响力辐射范围不断扩大。现如今中国已成为全球第二大数字经济体,并正在加快数字化发展,建设数字中国,同时中国也有意愿与高标准国际数字规则兼容对接,拓展数字经济的国际合作空间,为全球数字发展治理贡献中国力量。

## （一）中国数字经济发展进展

目前，中国数字经济发展已经上升为国家战略，并成为中国推动构建新发展格局、建设现代化经济体系、构筑国家竞争新优势的重要着力点和突破口。统计数据显示，中国数字经济规模由2012年的11.2万亿元增长至2023年的53.9万亿元，11年间规模扩张了3.8倍，数字产业化与产业数字化的比重由2012年的约3∶7发展为2023年的约2∶8。2023年数字经济增长对GDP增长的贡献率为66.45%，有效提升中国经济发展的韧性和活力。[1] 当前，中国已进入数据驱动、深化应用、规范发展、普惠共享的数字经济发展新阶段，将为全球数字经济发展作出重要贡献；但同时也要看到，中国数字经济与世界其他数字经济大国、强国相比，总体上呈现出大而不强、快而不优的状态，还需在提升数字经济发展质量等方面做更大努力。

### 1. 中国数字经济发展态势

一是数字经济已经成为中国稳增长的强大力量。根据《中国数字经济发展报告（2024年）》，2023年中国数字经济规模达到53.9万亿元，同比名义增长7.39%，高于同期GDP名义增速2.76个百分点，数字经济增长对GDP增长的贡献率为66.45%。[2] 尽管新冠疫情对中国经济的整体发展形成冲击，但客观上却为数字经济发展带来契机。数字经济中的跨境电商等新业态新模式凭借着其在线营销、在线交易、无接触支付等特点，在疫情暴发的背景下反而加速成长起来，并成为中国参与国际合作竞争的新优势。中商产业

---

[1] 中国信息通信研究院：《中国数字经济发展报告（2024年）》，2024年8月，http：//www.caict.ac.cn/kxyj/qwfb/bps/202408/P020240830315324580655.pdf。
[2] 中国信息通信研究院：《中国数字经济发展报告（2024年）》，2024年8月，http：//www.caict.ac.cn/kxyj/qwfb/bps/202408/P020240830315324580655.pdf。

研究院发布的《2024—2029年中国跨境电商产业调研及发展趋势预测报告》显示，2023年中国跨境电商进出口2.38万亿元，增长15.6%。其中，出口1.83万亿元，增长19.6%；进口5483亿元，增长3.9%。[1] 海关总署统计数据显示，2024年上半年，中国跨境电商进出口达1.22万亿元，同比增长10.5%，成为拉动中国外贸增长的新引擎、新势能。可以说，数字经济作为中国宏观经济发展的"稳定器"作用已经显现，且愈加凸显。

二是地方数字经济蓬勃发展。数据表明，2023年中国已有18个省区市数字经济规模超过1万亿元，较上年增加了一个地方，其中既包括了广东、江苏、浙江等沿海较发达地区，湖北、河南、安徽、重庆等中西部地区也纷纷入榜；就经济贡献而言，北京、上海、天津等省市的数字经济贡献度较高，数字经济在当地GDP中的占比超过50%，成为拉动当地经济发展的主要力量；就发展速度而言，2023年，浙江、上海、北京、山东、江苏、广东等经济基础较好、创新能力较强的地方数字经济增速均超过全国平均水平。各地数字经济产业园如雨后春笋般涌出，截至2022年3月底，以"数字经济"命名的产业园已超过200家，基本遍布全国31个省区市，东部、中部地区涌现出来的产业园数量最多，并逐步形成数字经济重点产业的集聚效应。

三是数字经济发展成果亮眼。主要表现在以下四个方面。其一，数字产业化规模不断扩大，并正在经历从量的扩张到质的提升的转变。《中国数字经济发展报告（2024年）》显示，2023年中国数字产业化规模为10.09万亿元，同比名义增长9.57%，高于同期数字经济名义增速，数字产业化占GDP比重达到8.01%。[2] 进一步分析中国数字产业化的结构组成，可以发现，信息通信产业中的服务部分在数字产业化增加值中占据主要地位，软件产业和

---

[1] 中商情报网：《2024年中国跨境电商交易规模及行业渗透率预测分析》，2024年11月，https://baijiahao.baidu.com/s?id=1815198006303524509&wfr=spider&for=pc。
[2] 中国信息通信研究院：《中国数字经济发展报告（2024年）》，2024年8月，第4页，http://www.caict.ac.cn/kxyj/qwfb/bps/202408/P020240830315324580655.pdf。

互联网行业在其中的占比持续小幅提升，而电信业、电子信息制造业在其中的占比则呈现小幅回落的态势，数字产业化结构逐渐趋向于软化。当前信息通信业营商环境的持续优化是中国数字产业化加快发展的主要动力来源。随着各类主体的创新创业活力得到有效激发，市场预期向好，以信息通信业为代表的数字产业化发展势头迅猛，不仅企业经营主体十年来年均增长近两成，极大地提升了数字产业化生产生活的活跃度；而且行业发展也持续引领国民经济稳定增长，为国家经济发展作出重要贡献。

其二，产业数字化转型持续纵深发展，对数字经济增长的主引擎作用越发显现。这主要是因为数字技术不断形成创新，互联网、大数据、人工智能等数字技术要素与实体经济形成了更加深度的融合式发展。统计数据显示，2023年中国产业数字化规模达到43.84万亿元，同比名义增长6.90%，占中国GDP的比重超过三成，占比达到34.77%。[1] 工业、服务业、农业等多个基础领域加快数字化转型的步伐。例如，工业互联网融合应用的广度不断拓展，现已培育出的较大型工业互联网平台为超过160万家企业提供服务，覆盖了原材料、消费品、装备等31个工业重点门类及41个国民经济大类。截至2023年年底，中国建成62家"灯塔工厂"，占全球总数的40%，培育了421家国家级智能制造示范工厂、万余家省级数字化车间和智能工厂；数字化应用程度不断加深，规模以上工业企业在关键工序数上的控化率达到55.3%，数字化研发工具的普及率也达到74.7%；"5G+工业互联网"应用已经在全球处于领先地位。服务业领域的数字化转型也有突出表现，零售、餐饮、旅游、医疗等传统服务行业因数字化赋能而焕发出更大的发展生机。农业领域的数字化转型也初见成效，随着数字技术在农业生产经营活动中的渗透率不断提升，不仅农业生产力因信息化水平提升而得到进一步释放，而且农村电商的

---

[1] 中国信息通信研究院：《中国数字经济发展报告（2024年）》，2024年8月，第5页，http：//www.caict.ac.cn/kxyj/qwfb/bps/202408/P020240830315324580655.pdf。

加持也进一步促进了农业的标准化、品牌化发展，有效助力乡村振兴的落地。

其三，数字化治理成效明显，数字技术带动治理的精准化、高效化水平逐步提升，为数字经济的增长提供政治保障。一方面，中国各地方加速打造数字政府，一体化政务服务、无纸化线上服务等方式使得政府服务效能得以提升，数字技术在疫情防控、行政审批等环节都发挥了较大作用，截至2024年8月，国家政务服务平台连接了46个国务院部门的1376项政务服务事项，31个省、自治区、直辖市及新疆生产建设兵团共509多万政务服务事项，汇聚了13.81亿件政务服务；[1] 另一方面，新型智慧城市也在加速建设，住房和城乡建设部印发《城市信息模型（CIM）基础平台技术导则》对智慧城市建设的技术标准作出规定，使智慧城市规范化发展，不断巩固"数字中国"的地方基础。

其四，数据价值化逐渐成为数字经济的新兴增长点，蕴含巨大发展空间。当前中国数据资源化产业链日益完善，数据供给能力有所提高，基于数据采集、标注、分析、存储等数据资源化进程逐渐深化，为下一步数据价值化奠定了基础。而且，与数据资产化有关的关键难点有所突破，中央指导下的数据产权制度建设有所加强，为数据交易提供了更坚实的合法化保障，从而能加快数据要素的价值转化。此外，数据作为一种生产要素，其资本化实践也为中小微企业发展赋能，即数据资产已经成为企业有效融资的新型路径，从中能探讨出数据资源、银行金融服务资源、实体经济资源相互整合的创新路径。

### 2. 中国数字经济发展战略保障

党的十八大以来，党和国家从国家战略的高度推动数字经济发展，总体

---

[1] 中国信息通信研究院：《中国数字经济发展报告（2024年）》，2024年8月，第58页，http://www.caict.ac.cn/kxyj/qwfb/bps/202408/P020240830315324580655.pdf。

上形成了横向联动、纵向贯通的战略体系，也建立起了较为清晰完整、分工明确的实施路径及战略框架，这是当前中国数字经济快速发展所必需的政治保障，体现出中国在发展数字经济过程中具有较强的政策制度优势。

在中央层面，主要是为数字经济发展进行顶层设计和把舵定调。在十八届中共中央政治局第三十六次集体学习、十九届中共中央政治局第二次集体学习上，以及全国网络安全和信息化工作会议、党的十九届五中全会、中央经济工作会议等多个重要会议场合，习近平总书记多次强调要"发展数字经济，加快推动数字产业化，推动产业数字化"。2017年政府工作报告中指出要"促进数字经济加快成长，让企业广泛受益、群众普遍受惠"。这是"数字经济"首次被写入政府工作报告。党的十九大报告中，数字经济、互联网、信息化、智能化等相关内容被多次提及，数字经济既是过去中国改革开放和社会主义现代化建设过程中的一项历史性成就，更是未来中国贯彻新发展理念，建设现代化经济体系的重要组成部分和有力工具手段。2021年10月，中共中央政治局专门就推动中国数字经济健康发展进行第三十四次集体学习，再次明确并强调了数字经济事关国家发展大局，要做好中国数字经济发展顶层设计和体制机制建设，加强形势研判，抓住机遇，赢得主动。[1] 党和国家的高度重视愈加坚定了中国数字经济做强做优做大的战略指引。

在顶层战略规划方面，当前中国数字经济发展既有全局性战略部署，也有明确的行动指南。党的十八大后出台的《国家创新驱动发展战略纲要》《"十三五"国家信息化规划》《网络强国战略实施纲要》等重要文件将数字经济作为发展的一个主攻方向，大力促进数字经济发展。2018年8月，《数

---

[1] 《习近平在中共中央政治局第三十四次集体学习时强调 把握数字经济发展趋势和规律 推动我国数字经济健康发展》，《人民日报》2021年10月20日。

字经济发展战略纲要》的出台标志着中国首个国家层面的数字经济整体战略已经形成。2021年5月，中国国家统计局发布《数字经济及其核心产业统计分类（2021）》，从"数字产业化"和"产业数字化"两个方面确定了数字经济的基本范围，为中央和地方准确衡量中国数字经济规模、速度、结构提供了统一标准、口径与范围。2021年12月，国务院印发的《"十四五"数字经济发展规划》则是在总结"十三五"时期数字经济发展情况的基础上进一步提出了中国数字经济发展的总体要求、主要任务、重点工程和保障措施，它作为中国数字经济领域的首部国家级专项规划，给未来一段时期内的数字经济健康发展提供了明确的行动指南。2023年2月，中共中央、国务院印发的《数字中国建设整体布局规划》是党的二十大后中央在数字化发展领域作出的最新擘画，明确了一系列新的目标任务和战略部署，为加快提升数字中国建设的整体性、系统性、协同性规划了战略路径，必将推动数字化发展迈向更高质量、更高水平。此外，在具体的行业融合与数字化发展方面，2016年5月出台的《国务院关于深化制造业与互联网融合发展的指导意见》、2017年11月出台的《国务院关于深化"互联网+先进制造业"发展工业互联网的指导意见》、2019年7月出台的《数字交通发展规划纲要》、2020年9月出台的《建材工业智能制造数字转型行动计划（2021—2023年）》、2022年1月出台的《中国银保监会办公厅共同关于银行业保险业数字化转型的指导意见》及2023年2月出台的《数字经济促进共同富裕实施方案》等多项文件，都为中国产业数字化转型升级作出了具体的行动方向指引。

在地方层面，数字经济布局的力度也在加大。《中国数字经济发展报告（2022）》指出，全国各省区市陆续出台与数字经济相关的行动计划和指导意见，持续推动数字经济顶层战略及政策在地方层面的落地实施，2021年全国各省区市共出台216个数字经济相关政策，包括32个顶层设计政策、6个数据价值化政策、35个数字产业化政策、54个产业数字化政策、89个数字化治理政策。[1] 尽管各地的数字经济政策焦点和发展目标可能有所差异，但各地都纷纷从自身区位、资源、产业等领域的特点特色出发，因地制宜地将数字经济与当地发展优势有机结合起来，充分发挥数字经济的创新带动力量。例如，浙江立足民营经济第一省，以第三产业数字化平台牵引实体经济加快数字化转型；福建紧扣实体经济根基，以第二产业数字化战略为重点建设数字福建；贵州紧抓先发优势和先天优势，以数字产业化集聚带动当地数字经济快速发展。[2] 全国各地的积极响应强化了数字经济在中国迅猛发展的地方根基。

### 3. 中国数字经济发展挑战

近年来，中国数字经济的确表现出发展较快、成就显著的特点，但同时也要看到，中国数字经济还存在大而不强、快而不优的现象，一些不健康、不规范的苗头和趋势也可能会影响数字经济健康发展及中国经济金融安全的维护。换言之，尽管发展势头积极，但中国数字经济发展仍然面临着一些客观的挑战。

第一，中国数字经济的发展水平及质量还存在较大的提升空间。目前发达国家数字经济发展的表现总体而言更优，中国数字经济发展与发达国家相比还存在着一定的距离。更深入细分来看，中国产业数字化转型仍然存在不平衡、不充分的问题，数字技术与工业领域的融合还有待加强，农业数字化转型则最为薄弱且推广普及难度大，需要加快推进重点行业产业领域的数字化转型提升。此外，数字产业化也依旧面临基础不够牢固、关键领域创新能力有所不足等问题，虽然目前中国已经逐渐加大在人工智能、芯片技术等相

---

[1] 中国信息通信研究院：《中国数字经济发展报告（2022年）》，2022年7月，第4页，http://www.caict.ac.cn/kxyj/qwfb/bps/202207/P020220729609949023295.pdf。

[2] 中国信息通信研究院：《中国数字经济发展报告（2024年）》，2024年8月，第6页，http://www.caict.ac.cn/kxyj/qwfb/bps/202408/P020240830315324580655.pdf。

关领域的投资研发力度，但客观而言中国的自然科学技术水平整体上与美国等老牌发达国家相比还是有差距，需要尽早寻求解决"卡脖子"的制约因素，增强中国数字创新能力，减少在一些关键技术领域的对外依赖程度。

第二，中国数字经济区域异质性仍较为明显，不同区域"数字鸿沟"问题依然存在。诸多学者采用不同工具和方法对中国各区域数字经济发展情况进行测算，结果却存在较强共性：中国数字经济发展在空间上大体呈现出"东高西低、沿海高于内陆"的状态，城市群及中心城市是数字经济发展的主要热点地区；数字化基础设施建设情况也呈现出东、中、西梯度递减的分布格局，但数字化应用、数字化产业变革则是呈现着"东西部高、中部低"的 U 形空间布局；从动态发展的角度来看，中国东部地区数字经济规模较小的城市增长更快，中部地区数字经济规模大的城市增长更快，而西部、南方和北方地区则逐渐从数字经济规模小的城市增长更快逐渐转型为数字经济规模大的城市增长更快；另外，从影响数字经济增长的因素上看，地方科技创新水平的差异也会使得不同地方数字经济发展有所参差。[1] 这些研究表明，地方数字经济的发展状况一定程度上仍与当地资源禀赋及既有的技术水平相关，这无疑会导致马太效应，即数字经济发展好的地方会越来越好，差的地方发展却更加举步维艰，这无疑会对全国数字经济整体水平的提高形成制约。

第三，在大国战略博弈并争夺规则制定权的背景下，中国数字经济的全球影响力还有待提升。2021 年 9 月，联合国贸易和发展会议发布的《数字经济报告 2021——跨境数据流动与发展：数据为谁而流》指出，在参与数字经济并从中受益的国家中，中国和美国脱颖而出，两国拥有的超大规模数据中

---

[1] 韩凤芹、陈亚平：《数字经济的内涵特征、风险挑战与发展建议》，《河北大学学报》（哲学社会科学版）2022 年第 2 期；赵璐、刘释疑：《我国数字经济时空分异与城市规模分布特征》，《城市发展研究》2022 年第 6 期；王胜鹏、滕堂伟、夏启繁等：《中国数字经济发展水平时空特征及其创新驱动机制》，《经济地理》2022 年第 7 期；黄敦平、朱小雨：《我国数字经济发展水平综合评价及时空演变》，《统计与决策》2022 年第 16 期。

心占据世界的一半，5G普及率最高，过去五年人工智能初创企业融资额在世界占比94%，顶尖人工智能研究人员数量在世界占比70%，还占据了世界最大数字平台近90%的市值；但中美两国对数字经济及数据流的治理方法有所差异，美国模式更侧重于私营部门对数据的控制，而中国模式则是更注重政府对数据的监管并强调数字安全。[1] 如今在数字经济领域尚未在区域和全球层面达成一致的规则共识，因此中美的数字治理模式之争亦成为中美战略博弈竞争的一个重要组成部分，双方都要在全球层面争取更多伙伴对象对自身治理模式的支持，从而促使由自己主导的规则模式成为全球主导的规则规范。为此，中国已经采取了一定的行动，积极参与数字经济的国际合作，包括：（1）主动参与相关国际机制的数字经济议题谈判。例如，2021年10月中国正式提出加入DEPA，DEPA工作组也于2022年8月正式成立。（2）开展双多边数字治理合作。例如，倡导发起《携手构建网络空间命运共同体行动倡议》《"一带一路"数字经济国际合作倡议》《中国—东盟关于建立数字经济合作伙伴关系的倡议》《金砖国家数字经济伙伴关系框架》等一系列国际合作倡议，着力构建起多层次全球数字合作伙伴关系。（3）开展双边和区域数字贸易规则制定，分别同阿拉伯国家联盟、中亚五国发表《中阿数据安全合作倡议》及《"中国+中亚五国"数据安全合作倡议》。截至2023年年底，中国已签署10项包含数字经贸章节的自贸协定，与东盟、秘鲁自贸协定升级谈判也纳入了相关议题。[2]（4）积极维护和完善多边数字经济治理机制。例如，2020年9月中国在"抓住数字机遇，共谋合作发展"国际研讨会高级别会议上提出了《全球数据安全倡议》，为全球数字治理规则制定贡献中国方案。中国的这些行动和努力已经取得了一定的成效，但还需继续通过多种经济外

---

[1] UNCTAD, *Digital Economy Report 2021*: *Cross-border Data Flows and Development*, New York: United Nations Publications, 2021, pp. xv-xviii.

[2] 项松林、张凯宁：《防范数字贸易中的全球价值链参与风险》，《学习时报》2024年11月8日。

交手段使中国的数字经济影响力在全球范围内得到更充分的展示与发挥。

## （二）中国在全球数字发展治理体系的地位

数字经济成为国家经济发展新的增长点，能助力提升全球发展治理的效能，而中国数字经济的快速兴起及影响力的扩大使其在全球数字发展治理中的地位不断提高，将为推动有关国家及全世界经济社会发展作出贡献。

### 1. 中国数字经济发展的基建优势

中国数字经济的迅猛发展离不开强有力的基础设施支撑。中国已建成全球规模最大、技术领先的网络基础设施。数据显示，截至2024年6月底，中国已建5G基站总数达391.7万个，5G用户普及率超60%。5G已经融入97个国民经济大类中的74个，全国"5G+工业互联网"在建项目超1万个，5G物联网终端连接数从不足40万个提升至超3000万个。[1] 所有地级市全面建成光网城市，千兆用户规模突破5000万人；行政村、脱贫村宽带通达率达到100%，行政村通光纤、通4G的比例也超过了99%。此外，中国IPv6发展取得显著成效。截至2024年5月底，中国IPv6活跃用户数达7.94亿人，移动网络IPv6流量占比达64.56%，固定网络IPv6流量占比达21.21%。[2]

当前形势下，基础设施建设不仅是经济社会发展的重要支撑，更是国家间开展国际发展合作的重要内容。中国是基础设施建设大国，在基建方面具有明显的优势和特长；这种基建优势使得中国在世界上独树一帜，能助力加强中国与世界其他国家之间的国际经济合作，使更多国家尤其是经济发展水

---

[1] 《从11.2万亿元到53.9万亿元——数字经济发展动能强劲》，《经济日报》2024年9月24日。
[2] 推进IPv6规模部署和应用专家委员会：《中国IPv6发展状况白皮书（2024）》，2024年，第2、4页，http：//www.mingyangtech.com.cn/page12? article_id=177。

平相对较低的发展中国家也能因硬件配套设施的逐步完善而获得发展数字经济的能力。例如，中国积极与非洲国家进行数字经济战略的对接，着力落实包括数字基建在内的"中非数字创新伙伴计划"[1]；更进一步聚焦"数字创新工程"，中国宣布将为非洲援助实施10个数字经济项目，建设中非卫星遥感应用合作中心，支持建设中非联合实验室、伙伴研究所、科技创新合作基地。[2] 2024年5月中非互联网发展与合作论坛上发布的《关于中非人工智能合作的主席声明》和2024年7月中非数字合作论坛上中国与26个非洲国家签署的《中非数字合作发展行动计划》均对中非合作进行了新的规划。从具体行动上来看，中非已经在数字硬件配套方面开展了实质合作并取得了一定的成果：中国参与了多条连接非洲与欧洲、亚洲、美洲大陆的海缆工程，在"数字丝绸之路"倡议的合作框架下，中国完成了全长1.2万公里的"和平"海底电缆建设，将中国与欧亚大陆和东非连接起来，加强和完善了非洲的数字基础设施。而且，中国运营商与非洲主流运营商的合作基本实现非洲电信服务全覆盖，帮助建设了非洲一半以上无线站点及高速移动宽带网络。截至2021年，中国运营商累计在非洲铺设超过20万公里光纤，帮助600万非洲家庭实现宽带上网，服务超过9亿非洲人民；中非合作"万村通"项目已在非洲21个国家建成，为非洲数以千万的民众打开了解外界信息的通道。[3] 在共建"一带一路"倡议、中非合作论坛等框架下，中国帮助非洲国家打造数字经济基础设施，使非洲国家可以分享中国数字化转型经验，提升非洲数字化技术水平，弥补非洲在数字经济发展过程中的短板，从而能助力诸多非洲国

---

[1] 中华人民共和国外交部：《中国将同非洲制定实施"中非数字创新伙伴计划"》，2021年8月24日，https：//www.fmprc.gov.cn/web/wjdt_674879/wjbxw_674885/202108/t20210824_9177154.shtml。

[2] 习近平：《同舟共济，继往开来，携手构建新时代中非命运共同体——在中非合作论坛第八届部长级会议开幕式上的主旨演讲》，《人民日报》2021年11月30日。

[3] 中华人民共和国国务院新闻办公室：《新时代的中非合作》，2021年11月26日，http：//www.gov.cn/zhengce/2021-11/26/content_5653540.htm。

家分享全球数字经济发展红利，实现跨越式发展。[1]

中共中央政治局就推动中国数字经济健康发展进行第三十四次集体学习，习近平总书记在主持学习时强调，要加快新型基础设施建设，加强战略布局，加快建设高速泛在、天地一体、云网融合、智能敏捷、绿色低碳、安全可控的智能化综合性数字信息基础设施，打通经济社会发展的信息"大动脉"；要全面推进产业化、规模化应用，重点突破关键软件，推动软件产业做大做强，提升关键软件技术创新和供给能力。[2] 显然，中国加强数字基础设施的行动已经显著提升中国数字经济能力水平，并且在惠及世界更多国家方面作出了一定的成果与贡献。中国基建优势在全球范围内继续巩固和完善了数字发展治理的硬件基础。

### 2. 中国数字经济发展与全球减贫

中国作为世界第二大数字经济体，在包括电子商务、移动支付、远程教育等方面在内的数字应用方面领先于世界，正在从网络大国向网络强国迈进。中国电商交易额、移动支付交易规模已在全球排名第一，数字产业化基础更加坚实，产业数字化进程也持续加快，而且截至2024年已经成功举办了七届数字中国建设峰会。中国国内发展数字经济的相关实践数据已经证明，数字经济具有比较显著的收入增长效应和收入分配效应；[3] 并且，中国数字经济发展的效益外溢，已经成为全球减贫事业持续深化演进的重要推动力。

第一，中国数字经济在多项国际合作框架下为更多国家提供发展新机遇，激发更多发展中国家社会经济的创新与发展。当前，数字经济已成为中国推动高质量共建"一带一路"的重要内容。截至2023年，中国已与17个国家

---

[1] 牛东方、沈昭利、黄梅波：《中非共建"数字非洲"的动力与发展路向》，《西亚非洲》2022年第3期。
[2] 《习近平在中共中央政治局第三十四次集体学习时强调　把握数字经济发展趋势和规律　推动我国数字经济健康发展》，《人民日报》2021年10月20日。
[3] 艾小青、田雅敏：《数字经济的减贫效应研究》，《湖南大学学报》（社会科学版）2022年第1期。

签署"数字丝绸之路"合作谅解备忘录,与30个国家签署了双边电子商务合作备忘录,"丝路电商"朋友圈扩大至30国,与非洲国家、东盟国家等也启动了数字经济合作计划,推动数字领域国际合作在更大范围内兴起,以数字技术帮助提升发展中国家的治理能力及发展水平。例如,中国企业助力泰国启动5G智慧医院项目试点,促进当地医疗智能化转型;在中国和老挝边境,支撑跨境铁路运输所需的专业数据通过信息网络进行传输,使得终端用户能够在各自应用系统中操作,确保中老铁路一路畅通;[1] 中国与巴西、厄瓜多尔等拉美国家利用数字技术帮助推进亚马逊雨林生态系统及海洋生态环境保护;中国与突尼斯等非洲国家不仅在信息通信、北斗导航等领域开展富有成效的合作,还与南非、尼日利亚、肯尼亚等国建立电子商务平台,打造集电商、支付、物流、营销等多环节于一体的经贸通道,带动当地经济新业态的蓬勃发展。此外,中国也在积极建设跨境电子商务综合试验区。商务部数据显示,截至2022年11月,中国已经设立了165个跨境电子商务综合试验区,已有3万多家企业在跨境电商综合试验区的线上综合服务平台进行备案。通过不断深化与"一带一路"共建国家和地区的合作与发展,中国跨境电商综合试验区已经在共建国家建设了200多个海外仓,推动线上线下融合不断加速。[2]

第二,中国数字创新能力提升为推进全球减贫事业创造了新条件。这主要是通过技术创新吸引更多外企对华投资,进而通过跨国企业的全球活动加速技术创新升级的良性循环来实现的。2023年5月,中国国家互联网信息办公室发布《数字中国发展报告(2022年)》显示,中国5G实现了技术、产业、网络、应用的全面领先,6G加快研发布局,在集成电路、人工智能、高

---

[1] 李嘉宝:《中国积极推动数据跨境流动国际合作》,《人民日报海外版》2024年7月11日。
[2] 李青、易爱娜、邹嘉龄:《"一带一路"数字合作:成就、挑战与展望》,《战略决策研究》2023年第6期。

性能计算、电子设计自动化、数据库、操作系统等方面取得重要进展。数字技术协同创新生态不断优化,各地积极推进数字技术创新联合体建设,数字开源社区蓬勃发展,开源项目已覆盖全栈技术领域。2022年,中国信息领域相关《专利合作条约》(PCT)国际专利申请近3.2万件,全球占比达37%,数字经济核心产业发明专利授权量达33.5万件,同比增长17.5%。同时,数字企业创新发展动能不断增强,中国市值排名前100的互联网企业总研发投入达3384亿元,同比增长9.1%。科创板、创业板已上市战略性新兴产业企业中,数字领域相关企业占比分别接近40%和35%。[1] 创新动能的不断累积加快了中国数字产业化和产业数字化的进程,给外商企业开拓中国市场带来新契机,从而增加了中国数字经济对世界的吸引力。另外,中国在既有技术基础上继续追赶先进发达国家的发展步调,拓展在更高精尖数字技术方面的合作,并深挖新兴技术在减贫事业方面的应用潜力。例如,2022年6月,德国西门子在上海设立在华首个智能基础设施数字化赋能中心,在智能基础设施方面开拓新空间;7月,瑞士ABB集团与中国电信、华为达成合作,三方在前沿通信和自动化配网技术等方面进行融合,推进5G智慧配电解决方案。[2] 数字技术的创新升级将被更好地推广和运用于各国减贫事业,通过大数据、区块链等新兴技术整合经济发展落后地区的数据资源,更精准地监测当地贫困水平并制定相应的干预措施及目标,提高减贫措施的精确度与有效性。

第三,中国与世界其他国家开展数字合作及知识共享,作为数字技术的主要援助方,通过技术援助与培训等方式帮助更多国家的民众提升技能,提高就业能力,从而推动减贫目标的实现。例如,在新冠疫情全球肆虐的背景

---

[1] 中国国家互联网信息办公室:《数字中国发展报告(2022年)》,2023年5月,第2—5页,https://www.cac.gov.cn/2023-05/22/c_1686402318492248.htm。

[2] 龚鸣等:《数字经济蓬勃发展 中国机遇世界共享》,《人民日报》2022年8月29日。

下，中国企业为埃及提供本地化在线学习平台，使埃及的师生能够"停课不停学"；2020年，沙特阿拉伯与中国华为公司签署合作谅解备忘录以强化对信息与通信技术人才的培养，助力沙特阿拉伯实现"2030愿景"[1]；2024年6月，在泰国数字人才峰会上，华为宣布将与泰国相关方合作，持续培育本地数字人才生态。华为与北京邮电大学、泰国孔敬大学和玛希隆大学发起知识转移与经验分享联合倡议，宣布在数字化课程、国际交流、联合科研等领域深化合作，同时将推动泰国20多所高校开设华为数字和云开发者课程。此外，中国通过实施"一带一路"国际科学组织联盟奖学金、中国政府奖学金、"国际杰青计划"和"国际青年创新创业计划"等项目，帮助非洲国家培养大量可堪大用的科技人才。这些举措意味着中国数字经济发展所发挥的作用，不仅是在"授人以鱼"，更是在"授人以渔"。这种以数字技术为主要援助内容的援助方式，也是中国推进全球发展治理的创新所在。

### 3. 中国与全球数字发展治理规则

近年来，中国在推动数字经济全球化方面不断作出努力，产生了较大影响力，正在成为全球数字发展治理规则的倡导者、引领者。中国积极参与国际标准规则制定，维护和完善多边数字经济治理机制，主张以开放、包容、建设性的方式开展数字经济国际合作，在发展与合作的过程中力求增强发展中国家和新兴市场国家的代表性与话语权。

一方面，中国践行真正的多边主义，参与联合国、WTO、G20、金砖国家等多边机制框架下的政策协商，在包含数字经济规则讨论的诸多场合中发出中国声音，也积极搭建世界互联网大会、世界5G大会、世界人工智能大会等开放平台，加强与各国的数字合作，其中重要的举措包括提出全球发展倡

---

[1] 俞懿春等：《为全球数字治理贡献中国智慧》，《人民日报》2022年1月9日。

议、全球数据安全倡议、携手构建网络空间命运共同体行动倡议等。

另一方面，中国在参与区域经济一体化过程中主动适应更高标准的数字经济发展规则，包括申请加入 CPTPP 和 DEPA 等，由此也体现出中国在数字经济发展领域倒逼国内改革、扩大对外开放的决心与信心。通过不断推动构建开放、公平、非歧视的数字经济发展环境，中国在全球数字发展治理中不断贡献出中国方案与中国智慧，这凝结着中国及更广大发展中国家的发展利益，有利于建设起共同繁荣的世界。

## 三 中国参与全球数字经济发展治理的机遇与挑战

随着数字技术的快速发展，数字经济成为全球经济增长的新动能。但是，这种新动能的稳健性由于各国争夺优势地位的激烈竞争、南北发展不平衡加剧，以及数字安全风险日益突出等面临严重挑战。因此，构建统一、规范的全球数字经济治理机制，平等、包容、均衡地发展数字经济成为国际社会共同的期望。党的二十大报告指出，加快建设网络强国、数字中国。加快发展数字经济，促进数字经济和实体经济深度融合，打造具有国际竞争力的数字产业集群。[1] 中国作为数字经济大国在加快自身发展的同时致力于构建开放、普惠的数字经济秩序，积极参与全球数字经济治理体系演进的谈判，就国际规则制定等问题提出负责任的方案。

### （一）中国参与全球数字经济发展治理的机遇

当前中国参与全球数字经济发展治理体系演进面临着良好的机遇。新冠

---

[1] 习近平：《高举中国特色社会主义伟大旗帜 为全面建设社会主义现代化国家而团结奋斗——在中国共产党第二十次全国代表大会上的报告》，《人民日报》2022 年 10 月 26 日。

疫情促使全球数字经济加速发展并成为全球经济的制高点，随着大国围绕数字经济展开激烈竞争、南北"数字鸿沟"及全球数字安全风险的持续加剧，国际社会构建平等、有效的全球数字经济治理机制的诉求日趋强烈。然而，各国关于如何治理的分歧显著，美国等西方国家试图将传统治理机制引入数字经济领域并将其主导建立的规则扩展至全球，这遭到了发展中国家的普遍抵制。中国作为一个发展中的数字经济大国，自身的数字经济发展与治理都取得了显著成就，具有带领发展中国家推动全球数字经济治理改革的能力和条件。

**1. 疫情后全球数字经济加速发展**

新冠疫情全球大流行对全球经济、国际格局等都产生了深刻影响，疫情封锁和隔离，加上逆全球化及地缘政治局势紧张的叠加影响，传统经济受到了严重冲击，世界经济的脆弱性急剧上升。与之形成鲜明对比的是，基于互联网及数字技术展开的数字经济活动却迎来了发展机遇，平台经济或线上经济急速扩张。后疫情时代，全球主要经济体都在积极布局数字经济发展，由数字技术驱动的新一轮科技革命和产业变革成为全球经济增长的新动能。

其一，数字经济的规模急速扩张。这体现在数字基础设施建设、数字产业化及产业数字化等各方面。根据国际电信联盟数据，互联网用户的数量从2005年的10亿人激增至2023年的54亿人，2010—2023年，智能手机年出货量增长了一倍多，从5亿部增加到约12亿部；[1] 2017—2022年的全球IP流量扩大三倍。[2] 2015—2021年，国际带宽从155Tbit/s升至932Tbit/s，固定

---

[1] UNCTAD, *Digital Economy Report 2024: Shaping an Environmentally Sustainable and Inclusive Digital Future*, New York: United Nations Publications, 2024.

[2] UNCTAD, *Digital Economy Report 2021: Cross-border Data Flows and Development*, New York: United Nations Publications, 2021.

宽带普及率从11.4%升至16.7%。[1] 受疫情影响，全球数字平台数量和市值规模5年来首次下降，但是主要数字平台企业国际业务规模稳中有升，全球Top10数字平台企业2022年国际业务规模同比增速超5%。相比于2016年，2022年的全球数字经济规模翻了一倍，在全球遭受严重疫情的2020年和2021年，扩张速度也并没有减缓。2022年，中国信通院测算的全球51个主要经济体数字经济规模为41.1万亿美元，较上年增长2.9亿美元，占GDP比重为46.1%。[2]

其二，经济的数字化水平持续提升。随着数字产业化与产业数字化全面展开，全球经济加速向数字经济转型。数字技术的应用领域从服务业扩展至工业、现代基础设施等所有经济门类，平台经济已经成为社会经济发展的重要引擎，线上的购物、娱乐、教育、办公和医疗等已经成为常态，跨境电子商务、数字金融、共享平台等新模式新业态发展迅速。数字经济改变了实体经济的竞争环境和发展模式，它们的生产和销售日益取决于对数字技术的应用能力。并且，数字产业化加速发展，巨型数字平台和互联网企业大量涌现，成为数字技术加速更新并在各领域扩展的主要推手。在疫情冲击下，各国将数字经济视为加快经济社会转型并实现高效、绿色发展的重要手段，纷纷将其提升至国家战略层次并着力开展政策指导。例如，英国发布《数据拯救生命：用数据重塑健康和社会关怀》，强化数据在医疗领域的应用。德国制定综合战略重点加强技术创新，发展高端制造。中国聚焦于提高数字化技术在经济社会的渗透度，在"十四五"规划中提出，迎接数字时代，激活数据要素潜能，推进网络强国建设，加快建设数字经济、数字社会、数字政府，以数

---

[1] 中国信息通信研究院：《全球数字治理白皮书（2022年）》，2023年1月，第7页。
[2] 中国信息通信研究院：《全球数字经济白皮书（2023年）》，2024年1月，http://www.caict.ac.cn/kxyj/qwfb/bps/202401/P020240326601000238100.pdf。

字化转型整体驱动生产方式、生活方式和治理方式变革。[1]

## 2. 全球数字经济发展治理需求上升

全球经济加速数字化转型的同时出现了一系列阻碍数字经济持续发展的危机。大国数字竞争引发的"数字保护主义"盛行，以及"数字鸿沟"扩大导致的南北矛盾加剧等问题严重恶化了全球数字经济发展环境，通过完善治理机制推动数字经济良性发展日益成为世界各国的共同诉求。

其一，大国数字竞争加剧，"数字保护主义"盛行。随着数字技术和数据成为社会经济发展中的关键生产要素，世界主要大国将数字经济发展视为夺取未来战略制高点的关键领域，围绕数字产业链的稳定性、数字技术、数字主权、数据安全与跨境流动、个人隐私保护等展开了激烈竞争。中美欧形成全球数字经济发展的三极格局。在规模方面，美中德连续多年位居全球前三位，2022年，美国数字经济蝉联世界第一，规模达17.2万亿美元，中国位居第二，规模为7.5万亿美元。从占比看，英国、德国、美国数字经济占GDP比重位列全球前三位，占比均超过65%。从增速看，全球主要国家数字经济高速增长，沙特阿拉伯、挪威、俄罗斯数字经济增长速度位列全球前三位，增速均在20%以上。[2] 美国拥有全球规模最大、最先进的数字产业，占据着数字产业链的上游环节，凭借技术优势积极谋求垄断数字经济发展的主导权，借此拉开与其他国家的距离。欧盟意图通过建立单一数字市场发挥集体优势，提升在与美国和中国的数字竞争中的竞争能力。此外，日本、印度等经济体也成为数字经济竞争的重要参与方。2022年6月日本数字厅正式发布《实现数字社会的重点计划》，以此为全景战略蓝图推进实现数字社会的

---

[1] 《中华人民共和国国民经济和社会发展第十四个五年规划和2035年远景目标纲要》，《人民日报》2021年3月13日。

[2] 中国信息通信研究院：《全球数字经济白皮书（2023年）》，2024年1月，http://www.caict.ac.cn/kxyj/qwfb/bps/202401/P020240326601000238100.pdf。

结构性改革。[1]

大国竞争引发了严重的"数字保护主义"和"技术民族主义",这使得数字经济的价值难以充分释放。在数据跨境流通方面,各国为争夺数字优势、应对数字时代风险和挑战采取了数据本地化、单边限制数据流动的政策。欧盟颁布的《通用数据保护条例》是史上最严格的个人数字隐私保护法案。2020年7月16日,欧洲法院推翻了欧盟与美国2016年达成的"隐私盾"数据传输协议,要求全球企业必须停止在美国的服务器上存储欧盟居民的信息。2021年12月16日,法国国家信息自由委员会要求美国Clearview AI公司停止收集和使用来自法国的数据。在数字技术与基础设施方面,各国基于个人隐私保护及国家安全等理由设置了大量数字贸易壁垒,鼓励本土数字企业发展,限制先进的数字技术和产品出口。美国颁布的《芯片与科学法案》旨在吸引全球半导体制造商在美设厂,强化技术垄断。欧盟颁布的《欧洲芯片法案》旨在推动企业半导体研发和创新,维护半导体供应链安全,"数字欧洲"计划投资20亿欧元推动数字化转型。韩国的《半导体超级强国战略》通过大幅提升税收优惠引导企业在2026年前完成340万亿韩元的半导体投资。同时,为了防止他国通过投资获得相关技术,美国和欧盟等都对贸易投资设立了严格的审查和限制,如美国2018年7月通过的《外国投资风险评估现代化法案》等。[2]

其二,数字鸿沟扩大,南北矛盾日益激化。数字经济是创新密集型经济,数字基础设施、数字技术研发等需要大量的资本和技术投入,并且对人才培养有着极高的要求,发展中国家和最不发达国家在上述方面的不足导致它们与发达国家的数字鸿沟持续拉大。这主要体现在三个方面:一是数字基础设

---

[1] 王玲、乌云其其格:《日本政府推进数字化转型的战略举措及启示》,《全球科技经济瞭望》2024年第2期。

[2] 王璐瑶、万淑贞、葛顺奇:《全球数字经济治理挑战及中国的参与路径》,《国际贸易》2020年第5期。

施的数量和质量都相对落后。发达国家普遍实现了互联网接入，并不断加快新一代通信网络设施建设。然而，发展中国家的基础互联网、通信设施尚不健全，日益沦为全球数字化大潮中的"数字孤岛"。2021年最不发达国家4G人口覆盖率仅为53%，远低于世界平均水平的87.6%和发达国家的98.6%，固定宽带普及率和互联网渗透率方面则分别低于世界平均水平15.3个和35.5个百分点。[1] ITU数据显示，2022年全球固定宽带用户平均每月使用的数据量为257GB，而在低收入国家仅为161GB。[2] 在欧洲和美洲，约有90%的人口使用互联网；在阿拉伯国家和亚太地区，约有2/3的人口使用互联网，与全球平均水平一致。然而，目前非洲只有37%的人口使用互联网。[3] 二是数字技术运用能力不足。大数据、人工智能、云计算等数字技术是数字经济发展的基础和动力，发达国家凭借强大资本和研发能力垄断了新一代数字技术的研发和推广，对数字平台的投资96%来自亚洲、北美和欧洲。相反，发展中国家的数字技术使用能力严重不足，数字产业化和产业数字化进程都难以展开。同时，主要发达国家采取的数字保护主义和技术民族主义政策，为保护本国科技市场、技术资源和比较优势而确立的技术垄断与数字壁垒，加剧了发展中国家提高数字经济发展能力的难度。三是数字规则和法律不健全。数字经济的发展严重依赖国家的政策保护和扶持，与发达国家积极制定数字战略和开展数字立法不同，绝大多数发展中国家尚未注意到数字经济的深远影响，因此也未能制定引导数字经济发展的国家战略和法规。这导致它们在发达国家积极开展的数字扩张进程中处于"不设防"的状态，随着外部数字垄断的形成，未来本土数字产业发展的空间被进一步压缩。

---

[1] 中国信息通信研究院：《全球数字治理白皮书（2022年）》，2023年1月，http://www.caict.ac.cn/kxyj/qwfb/bps/202301/P020230110553626083595.pdf。

[2] 中国信息通信研究院：《全球数字治理白皮书（2023年）》，2024年1月，http://www.caict.ac.cn/kxyj/qwfb/bps/202401/P020240326601000238100.pdf。

[3] UNCTAD, *Digital Economy Report 2024: Shaping an Environmentally Sustainable and Inclusive Digital Future*, New York: United Nations Publications, 2024.

在数字经济成为全球经济增长主要动能的情况下，数字鸿沟持续扩大引发的数字经济利益不均衡分配加剧了南北发展差距与矛盾。由于资本和技术方面的显著缺口，广大发展中经济体在推进数字经济时的劣势将被放大。数字资源禀赋差异可能引发"马太效应"，助推数字时代的全球经济增长分化。[1] 2021年，发达国家数字经济规模达到27.6万亿美元，占47个国家总量的72.5%。从占比看，发达国家数字经济占GDP比重为55.7%，远超发展中国家的29.8%。[2]

其三，数据安全风险加剧，治理需求扩大。数字化程度提高及数据跨境流的爆炸式增长会释放出巨大潜能，但也加剧了网络攻击对国家安全、企业利益与个人隐私的威胁。大数据技术、算法推荐的广泛应用使得人们的消费、出行、医疗等活动变得向数字存储方单向透明，一旦存储方遭受网络攻击，个人隐私数据将面临大规模泄露的风险。随着专利技术及国家战略等信息的数字化，网络攻击和信息窃取将严重危及企业发展和国家安全。数字技术的发展还加剧了产业垄断，改变了国家的经济结构，数字企业巨头凭借掌握的海量用户数据成为企业与消费者之间的桥梁。这种数据垄断会严重影响数字经济的长期发展，并且加剧经济安全风险。一旦这一通道中断，经济整体会受到严重冲击。同时，这极易对传统市场的公平竞争产生负面影响。此外，数字技术的广泛应用产生了严重的社会和伦理问题。随着人工智能等数字技术与现代交通、国防等领域深度融合，自动驾驶、机器战士等新事物的出现将对传统伦理标准构成严重冲击，同时它们也将极大增强恐怖主义等极端势力造成的安全风险。最后，数字革命还会带来失业、收入不平等，以及收入持续从劳动力流向资本等危害，导致资源、财富和权力进一步集中，从而增

---

1　王璐瑶、万淑贞、葛顺奇：《全球数字经济治理挑战及中国的参与路径》，《国际贸易》2020年第5期。
2　中国信息通信研究院：《全球数字经济白皮书（2022年）》，2022年12月，http://www.caict.ac.cn/kxyj/qwfb/bps/202212/P020221207397428021671.pdf。

加社会的不稳定因素。[1]

### 3. 规则制定和重塑迎来重要"窗口期"

随着大国数字竞争、数字鸿沟及安全风险持续加剧，国际社会普遍意识到强化全球数字经济治理的重要性和紧迫性。然而，全球数字经济治理却缺乏统一规范的制度框架，传统的全球治理机制难以适应数字经济发展的新需求，而新的数字经济治理规则尚未建立或不完善。[2] 同时，全球经济正面临逆全球化趋势与单边保护主义的严峻挑战，这极大地改变了国际经济合作与交流的生态，布雷顿森林体系中的国际货币基金组织、世界银行和世界贸易组织等机构的改革进程缓慢，难以满足新兴经济体日益增长的参与需求，进一步加深了南北经济体在全球经济治理中的权力斗争，对全球经济治理体系的改革和重塑产生了深远影响。[3] 当前，国际社会围绕数字经济治理的各具体议题展开了密集讨论，全面的全球性讨论尚未开始，中国在此期间可以通过凝聚国际共识进而引导建立包容性的全球多边治理秩序。

其一，传统的全球经济治理体系无法充分应对数字经济领域的新挑战。由于数字经济时代的治理主体、治理客体及治理规则发生了深刻变化，传统的全球经济治理机制在数字经济治理方面举步维艰。治理主体多元化，发达国家虽然在数字经济基础方面占据优势，但是并不像在早期传统经济领域那样明显，并且它们因诉求差异而分化为数个小多边联盟，在面对新兴国家与发展中国家时难以沿用传统的集团式治理或霸权治理机制，全球数字经济治理体系呈现出碎片化趋势。同时，巨型数字企业成为重要的治理参与方，它们相对于传统企业由于掌握了海量数据资源而在国际互动中享有更大的主动

---

[1] International Institute for Applied Systems Analysis, "The Digital Revolution and Sustainable Development: Opportunities and Challenges", 2019, p. 19, https://pure.iiasa.ac.at/id/eprint/15913/1/TWI2050-for-web.pdf.
[2] 徐秀军、林凯文：《数字时代全球经济治理变革与中国策略》，《国际问题研究》2022年第2期。
[3] 赵恒俪：《全球经济治理困境与中国的参与策略研究》，《上海商业》2024年第9期。

权,并且在数据权属等问题上存在与主权国家不同的诉求。在治理客体方面,随着数字产业化的发展,以及数字技术向传统经济的持续渗透,数字经济的边界不断扩展,治理对象处于动态变化当中。数字技术深刻改变了传统贸易、税收及金融等经济形态,面对平台垄断和跨境数据流动等新问题,传统的治理手段和程序存在滞后和无效等问题。此外,全球数字经济治理客体更多地关注数字政策协调、数字鸿沟、数字垄断及数字伦理等新问题。在治理规则方面,现有规则是以传统实体经济为依托建立的,并且主要体现了发达国家的偏好,这限制了它们在数字经济领域的适用性。以数字税为例,由于个人既是数据的使用者又是创造者,传统的国际税收规则面临税收主体不明等挑战。同时,规则的定义及行使方式发生了两方面变化。代码成为继市场、法律、社会规范以外的第四种规制方式,在规范人们在互联网上的互动方面发挥了更大的作用;大数据及区块链技术进一步解析规则使壁垒透明化,这将有利于打通规则间的联系,帮助各个国家、机构乃至个人了解全球化的规则和壁垒,降低识别、参与规则的制度成本。[1]

其二,数字经济的兴起客观上需要建立一种新的全球数字经济治理框架,然而新机制和新制度处于"难产"状态。当前正在形成以区域多边协定为载体、G20为中心,并向周边辐射的治理结构。但是,全球统一的规则和治理体系尚未形成,各国从维护自身利益出发,选择了不同的数字治理模式,全球数字治理呈现碎片化、分裂化的特点。现有的国际数字经济治理机制对发展问题并未给予充分的关注,也未将有关人工智能和云服务等数字高科技议题提到国际政策协调的议事日程之中。[2]

数字经济治理平台多元化,缺乏统一的协调机制。联合国作为最大的综

---

[1] 陈伟光、钟列炀:《全球数字经济治理:要素构成、机制分析与难点突破》,《国际经济评论》2022年第2期。
[2] 潘晓明、郑冰:《全球数字经济发展背景下的国际治理机制构建》,《国际展望》2021年第5期。

合性协商平台，在数字规则制定与促进均衡发展方面具有显著优势。2019年6月，联合国数字合作高级别小组发布纲领性文件《相互依存的数字时代》，强调通过多边合作完善数字合作机制缩小数字鸿沟。联合国贸易和发展会议通过发布年度《数字经济报告》持续跟踪数字经济治理进展。联合国体系内的各组织积极介入数字经济的各具体领域。WTO将数字贸易问题纳入服务贸易规则，86个成员国于2020年12月提交了"WTO电子商务谈判合并文本"；IMF关注数字货币和跨境支付等问题；世界银行关注数字基础设施建设的融资问题。联合国虽然具有合法性和包容性等优势，但是也存在专业性不足、行动缓慢等问题。G20因囊括了各数字经济大国而成为重要的治理平台。2016年杭州峰会通过首份全球性文件《数字经济发展与合作倡议》，率先开启了全球数字经济治理议程。此后历届峰会都将其作为关键议题，如2018年峰会重点讨论了数字政府、数字性别鸿沟、基础设施部署等议题，并通过了《G20数字经济部长宣言》及《G20数字政府原则》等文件。[1] 但是，G20由于代表性不足，在制定全球性规则方面存在固有缺陷，不同于互联网全球治理，针对同样是全球运行的数字经济，目前尚没有全球讨论的平台与空间。OECD与G7是发达国家的主要协商平台。G7自2016年起开始组织信息和通信技术部长会议，强调信息自由流通、尊重隐私、坚持市场开放等。2019年G7峰会通过致力于实现开放、自由和安全的数字化转型的"比亚里茨战略"（Biarritz Strategy）。2022年，G7峰会针对俄乌冲突讨论了紧迫的网络弹性问题，反对将数字领域用作战场。[2] 相对于G20，近年来G7的"地缘政治化"越来越明显，美国试图将G7变为谋求自身地缘利益的工具，再加上G7国家

---

[1] G20, "G20 Digital Economy Ministerial Declaration", August 24, 2018, https：//www.g20.org/content/dam/gtwenty/about_g20/previous_summit_documents/2018/Digital_economy_ministerial_declaration.pdf.

[2] G7/8 Digital and Technology Ministers, *Joint Declaration by the G7 Digital Ministers on Cyber Resilience of Digital Infrastructure in Response to the Russian War Against Ukraine*, May 10, 2022, https：//www.g7.utoronto.ca/ict/2022-cyberresilience.html.

影响力不断下降，集团内各方的矛盾不断加深，G7集团在全球数字经济治理中面临着更严重的合法性不足问题。

国际数字规则碎片化。美国和欧盟主导了两大主要的数字规则体系，并积极将其向全球推广。美国强调数字市场自由开放、数据跨境自由流动，反对数据本地化、各类贸易壁垒，利用OECD、G20等国际机制及贸易谈判，将APEC框架下的《跨境隐私规则体系》向全球推广，如CPTPP、USMCA、《美国—日本数字贸易协定》等。2019年3月，美国在WTO数字贸易规则谈判上提交电子商务联合声明倡议草案，明确提出"数据跨境流动不应设限"。但是，美国对先进数字技术、外国投资、数据出境实施严格管控和"长臂管辖"。2018年通过的《澄清域外合法使用数据法》规定，在美国开展业务的公司无论数据存储在何处都属美国管辖，而只有符合特定条件的外国政府经美国同意后才能调取美国的数据。欧盟注重个人数据隐私保护，审慎对待跨境数据流动，采取境内数据自由流动、对外适当制造壁垒策略，依托"白名单制度"，强调在保护个人数据前提下允许跨境数据流动。2020年，欧盟委员会发布了《欧洲数据战略》《数据治理法案》和《数据法案》草案等，促进了数据共享。2022年，欧盟的《数字服务法》和《数字市场法》两项反垄断监管草案生效，在欧盟范围内确立了对互联网巨头企业的统一监管标准。2018年5月生效的《通用数据保护条例》采取"认证"的数字合作方式，对欧盟认可的、能够提供"充分保护措施"的国家或地区，数据流入不需要额外批准和授权；反之欧盟则通过提供标准合同文本约束和保护其与数据接收方之间的传输行为。在经贸谈判中，欧盟迫使他国接受《通用数据保护条例》规则，如与日本的经济伙伴关系协定，以及与韩国、越南的自由贸易协定等。欧委会于2018年3月率先提出"数字税"草案，虽然2019年3月暂停在欧盟范围内推行，但是法国出台了数字税征收方案。

除美国和欧盟外，澳大利亚、加拿大、韩国、日本等其他发达国家的主张较为折中,既支持数据自由流动,同时又主张将保护个人隐私和国家安全写入例外条款。2019年,日本在G20大阪峰会上将"全球数据治理"列为主题,推动各方开展数字规则谈判,并提出了DFFT倡议,这得到了美国等西方国家支持,会上宣布启动"大阪轨道"行动,形成了《数字经济大阪宣言》。[1] 随后,日本与美欧展开积极协商,并将自身主张纳入双边协定当中,如《欧盟—日本经济伙伴协定》的数字贸易条款等。日本的倡议得到了美欧积极响应,在2020年的G20峰会上,以及2022年5月10日G7数字部长会议通过的部长级宣言中,再次强调"可信数据自由流动",并提出《促进可信数据自由流动计划》。[2]

发展中国家与新兴经济体的数字发展水平较低,总体上希望通过维护数字贸易自由实现数字经济发展,但是因担忧数字强国渗透引发的安全风险,采取了保护本土市场的限制性政策。印度将个人数据分为一般个人数据、敏感个人数据和关键个人数据,前两类在境内存储副本的条件下可跨境流动,第三类仅能存储在印度境内的服务器/数据中心,绝对禁止离境。2019年12月11日,印度电子和信息技术部向议会提交了《印度个人数据保护法草案》的修订版本,对敏感和关键性的个人数据实施限制政策,即要求本地化储存并限制跨境流动;制定社交媒体中介规范,要求社交媒体中介必须设置身份验证。近年来,中国对数字经济发展下的数据安全出台了相关个人信息保护的制度措施。例如,中国制定了《中华人民共和国个人信息保护法》,在《中华人民共和国刑法》中增加了"出售、非法提供公民个人信息罪",由工信部门颁布了《信息安全技术个人信息安全规范》,等等。俄罗斯也出台了

---

[1] G20, "G20 Ministerial Statement on Trade and Digital Economy", June 8-9, 2019, https://www.g20.org/content/dam/gtwenty/about_g20/previous_summit_documents/2019/Ministerial_Statement_on_Trade_and_Digital_Economy.pdf.

[2] G7/8 Digital and Technology Ministers, *Joint Declaration by the G7 Digital Ministers on Cyber Resilience of Digital Infrastructure in Response to the Russian War Against Ukraine*, May 10, 2022, https://www.g7.utoronto.ca/ict/2022-cyberresilience.html.

"第 242-FZ 号联邦法"和《个人数据法》等法律，规定信息拥有者、信息系统运营方有义务将存有俄罗斯联邦公民个人信息的数据库存放在俄罗斯境内。发展中国家积极合作影响数字规则建构，如印度、南非和印度尼西亚在 G20 大阪峰会上对数据自由流动等议题拒绝签字。金砖国家作为发展中国家的合作平台，形成了《金砖国家确保信息通信技术安全使用务实合作路线图》、《金砖国家数字经济伙伴关系框架》、金砖国家可持续发展大数据论坛、数字经济工作组等机制。

### 4. 中国数字经济实力和治理能力迅速提升

中国的数字经济大国地位不断提升，数字经济已成为中国经济稳定发展的重要基石，具有引领全球数字经济治理变革的能力。在国内与区域数字治理中积累起的丰富经验为中国引领全球数字经济治理变革奠定了基础。

其一，中国数字经济实力快速增长，为引领全球数字经济治理体系变革奠定了物质基础。2017 年 3 月，中国首次将数字经济写入政府工作报告，指出要推动数字经济加快成长。中国的数字基础设施稳步增长，建立了全球规模最大的电子通信基站。截至 2023 年年底，互联网宽带接入端口数达到 11.36 亿个，比上年年末净增 6486 万个，新建光缆线路长度 473.8 万公里，全国光缆线路总长度达 6432 万公里，全国移动通信基站总数达 1162 万个，其中 5G 基站为 337.7 万个，占移动基站总数的 29.1%，占比较上年年末提升 7.8 个百分点。[1] 截至 2022 年 6 月，中国累计建成开通 5G 基站 185.4 万个，5G 移动电话用户数达 4.55 亿，建成全球规模最大的 5G 网络。[2] 中国拥有全球最大的数字市场，数字经济顶层设计日益完善，数据资源领先全球，数字

---

[1] 中华人民共和国工业和信息化部：《2023 年通信业统计公报》，2024 年 1 月 24 日，https：//www.miit.gov.cn/jgsj/yxj/xxfb/art/2024/art_7f101ab7d4b54297b4a18710ae16ff83.html。

[2] 国务院新闻办公室：《携手构建网络空间命运共同体》，2022 年 11 月，http：//www.gov.cn/zhengce/2022-11/07/content_5725117.htm。

产业创新活跃，数字中国建设成效显著。中国通过不断加大在人工智能、物联网、云计算、大数据、区块链、量子信息等新兴技术领域的投入，数字技术创新能力快速提升，已成为5G标准和技术等领域的全球引领者之一。依托数字基础设施和技术的发展，中国经济社会各领域的数字化加速，电子支付系统广泛普及推动了平台经济兴起，生活服务数字化、在线消费成为常态。截至2022年，中国数字经济规模达到7.5万亿美元，仅次于美国，连续多年位居全球第二。[1] 中国凭借强大的数字经济实力成为全球数字经济治理的重要参与方，能够为国际社会提供标准和公共产品，并组织和引领各方开展更加平等、开放、互惠的合作。

其二，中国国内及区域数字经济治理实践积累了丰富的经验，为中国引领全球数字经济治理体系变革提供了技术保障。中国拥有世界上规模最大的国内数字市场，超大的消费者/用户数量构成了试验治理规则的独特优势，国内治理的成功经验可以为全球数字经济治理摆脱困境提供借鉴。就数字经济治理中最为突出的数据跨境流动、个人隐私保护与国家安全问题而言，中国通过颁布《中华人民共和国网络安全法》（2017）、《中华人民共和国数据安全法》（2021）、《中华人民共和国个人信息保护法》（2021）等法律，充分平衡公共安全、产业发展、个人信息权益，确立了一种以"本地储存、出境评估"为核心的数据跨境流动规则。一方面，规定了数据本地化要求。关键信息基础设施的运营者在中华人民共和国境内运营中收集和产生的个人信息和重要数据应当在境内存储。另一方面，为保障数据跨境安全、自由流动提供了渠道。那些确需向境外提供的数据，应当通过国家网信部门组织的安全评估。中国详细规定了重要数据、核心数据的基本范畴，形成了包括自评

---

[1] 中国信息通信研究院：《全球数字治理白皮书（2023年）》，2024年1月，http://www.caict.ac.cn/kxyj/qwfb/bps/202401/P020240326601000238100.pdf。

估—申请评估—重新申报评估三个环节的评估流程框架。在区域治理中，中国与地区各国的合作也积累了丰富经验，如 RCEP 第八章《服务贸易》的附件二《电信服务》以及第十二章《电子商务》的规定。

其三，中国积极开展数字国际合作，为推动治理规则变革提供了政治保障。数字经济是中国对外合作的热点领域，形成了"数字金砖""数字丝绸之路"等一系列合作机制，与众多国家建立了紧密的数字合作伙伴关系。中国作为发展中的数字经济大国，在国际舞台上代表广大发展中国家与发达经济体进行协商。2016 年，中国担任 G20 峰会主席国期间，首次将数字经济列为主要议题，主持起草了《数字经济发展与合作倡议》，提出了数字经济发展原则。在 2019 年 G20 峰会上，中国就启动国际数字规则谈判的"大阪轨道"提出应充分保障发展中国家的利益、消除数字鸿沟、实现包容性发展。在世贸组织电子商务谈判期间，中国主张电子商务规则制定应满足不同电子商务发展水平成员方的需求。此外，中国连续举办世界互联网大会，积极与各方开展数字经济交流合作。中国将数字经济作为与"一带一路"共建国家和地区合作的重要内容，与其他 7 国在 2017 年共同发起《"一带一路"数字经济国际合作倡议》构建"数字丝绸之路"，充分发挥中国在跨境电商、数字贸易、5G、数字基础设施等领域的庞大市场潜力，助力"一带一路"共建国家强化数字基建，跨越数字鸿沟。同时，中国积极把握 RCEP 电子商务规则生效的契机，结合现有自由贸易协定中的电子商务条款，积极构建"数字丝绸之路"国际合作框架，为"一带一路"共建国家打造优良的制度土壤。[1] 2016 年 11 月，中国与智利首签电子商务合作备忘录，开启"丝路电商"国际合作序幕。经过八年发展，中国已与 33 个国家签署了双边电子商务合作备忘录，与 18 个国家签署数字经济投资合作备忘录，推动了"丝路电商"国际

---

[1] 赵恒俪：《全球经济治理困境与中国的参与策略研究》，《上海商业》2024 年第 9 期。

合作不断走深走实。中国的负责行动和互惠合作赢得了广泛支持,为推动全球数字经济治理机制改革凝聚了力量。

## (二) 中国参与全球数字经济发展治理的挑战

尽管当前是中国推动全球数字经济治理改革的良好机遇期,但是也存在众多挑战。这主要包括数字治理本身的复杂性,以及中国自身存在的短板;中国在治理领域缺少制度性话语权,被排除在发达经济体主导的规则制定体系之外;部分发达经济体为争夺全球数字经济治理主导权,对中国采取打压和孤立策略。

### 1. 发展短板与数字经济治理复杂性

其一,中国数字经济产业存在的短板,限制了引领治理体系变革的能力。中国的数字经济经过多年发展取得了巨大进展,人工智能产业应用几乎与国外同步推进,甚至在智慧零售、智慧医疗、无人驾驶等细分领域实现全球领先。但是,近年来因部分国家"断供"引发的产业发展困境表明,中国在一些关键领域仍然存在明显短板,这将严重限制未来的发展,以及参与全球数字经济治理的能力。一方面,中国在高端芯片、基础软件开发、操作系统等基础领域严重依赖进口,产业链和供应链受制于人,数字经济的脆弱性显著。西方国家近年来不断强化对华芯片出口限制,同时西方跨国公司垄断了高端芯片的制造,中国数字经济发展受到严重影响。中国芯片因为起步晚且受西方国家的限制,导致其制造发展十分缓慢,但需求量的不断增加,使得中国成为全球最大的芯片消费市场,从 2006 年开始,芯片已经超越石油成为中国最大宗进口产品,中国成为 IC 芯片的最大消费国。随着国际形势突变,加上各种贸易战及产业链转移,2024 年 7 月中国的芯片市场销售额跌至全球第二。与之相对应的，是美国芯片产业反弹，重新成为全球最大的芯片消费市场。随着西方国家近年来不断强化对华芯片出口限制，中国的数字经济发展遭受严重影响。类似局面也出现在操作系统领域，Windows、苹果等系统垄断了客户端，中国自主研发的系统难以实现广泛推广和发展。另一方面，数字经济的发展高度依赖专业数字技术人才的不断创新，新技术产生越快则数字经济发展越顺利。当前中国的数字产业从业人员庞大，但是顶尖研发人才严重短缺，一些数字企业虽然规模庞大但技术能力有限，这使得中国在基础研究和补齐产业短板方面面临严峻挑战。上述短板使得中国在引领治理制度变革时极易受到部分国家的牵制，尤其是当它们的利益受到影响时。

其二，数字经济治理的复杂性，增加了引领治理体系改革的难度。从宏观上来看，数字经济治理既涉及技术规则和标准的制定问题，如数字技术的开发、芯片制造、数据的存储和流动等，也涉及基于数字技术的行为规则的制定问题，如数字贸易、数字税、数字减贫等规则，这两类问题都极为复杂且相互交织。从微观上来看，全球数字治理涉及数据安全与保护制度、数字产权交易制度、数据跨境流动等众多具体议题。数字技术与数据作为一项重要财富，明确其权属有助于调动市场主体的积极性，也可以明确责任的主体。但是，各方对其归属却存在明显分歧。欧盟与美国强调其私有属性，中、俄等国则强调其公共属性。数字知识产权保护与技术分享问题相互交织，数字技术健康发展需要健全专利保护，但是技术分享是调整不同区域的资源分配不均等的主要渠道，加之虚拟空间中的侵权行为更为隐蔽，知识产权保护制度建立难度很大。数据流动和数据安全是全球数字经济治理中最核心的分歧，数据跨境流动是数字经济发展的主要动力，但是数据流动又会带来安全风险，二者平衡的难度很大。上述复杂性又因数字技术更新速度快这一特征而加剧。存储器、芯片等的处理能力每18个月就能翻倍，由此引发了数字权力格局快速调整，以及新问题不断涌现。中国想要在这一领域引导建立一套涵盖全面且能持续有效的治理制度无疑非常困难。

## 2. 数字治理"政治化"倾向

在大国竞争背景下，一些西方发达国家赋予数字治理理念与规则以政治化色彩，严厉打压非西方国家的数字治理倡议，加强对新兴经济体和发展中国家数字产业的施压、围堵和遏制。日趋激烈的大国战略博弈，放大了不同数字治理方案的分歧，致使重要经济体之间达成数字规则共识的协调空间有所缩小，数字规则的碎片化形态日益凸显。[1] 同时，数字技术与数据资源作为数字时代大国博弈的焦点，部分西方发达经济体为了巩固在数字治理权力格局中的优势地位，采取"数字霸权主义"策略，抢夺数字规则制定权，并对其他国家的数字产业进行"战略围剿"[2]。它们通过将数据安全与"国家安全"和"国家竞争力"绑定，为实施"保护主义"政策，以及将其他国家剔除全球数据网络寻找依据。美国政府自特朗普第一任期挑起对华科技竞争以来，不断在数字和人工智能等领域强化对华封锁，通过国内立法和颁布贸易清单等方式针对中国推进"清洁数据"，限制中国数字企业在美运行，如实施的"清洁网络计划"明确禁止"威胁隐私"的运营商、应用商店、应用程序、云系统在美国使用，中国的 TikTok、微信、华为等数字产品及企业均遭受严重打压。同时，美国积极拉拢欧盟、日本等传统盟友，在数字规则制定等方面保持一致，打造数字"排华圈"。2020 年 10 月，美国电信行业解决方案联盟牵头成立"下一个 G 联盟"（"Next G Alliance"），吸纳高通、苹果、三星、诺基亚等通信行业巨头加入，并将华为和中兴排除在外。2021 年 4 月，美日发表联合声明，分别投资 25 亿美元和 20 亿美元共同开展开放式无线接入网（Open

---

[1]《全球"数"缘政治大变局》，《文摘报》2024 年 5 月 29 日。
[2] 马述忠、郭雪瑶：《数字经济时代中国推动全球经济治理机制变革的机遇与挑战》，《东南大学学报》（哲学社会科学版）2021 年第 1 期。

RAN）等5G、6G网络建设。2024年2月26日，在2024年世界移动通信大会（MWC）上，美国、英国、澳大利亚、日本、韩国等十国发表6G研发原则联合声明，英伟达、三星、微软、亚马逊、ARM、诺基亚等西方国家芯片、电信巨头成立"人工智能—无线存取网络"（AI-RAN）联盟，标志着西方国家打造6G"小圈子"更进一步。在美国推动下，欧盟对中国数字企业的投资和运营设置了更多限制。2022年3月25日，美欧就新的跨大西洋数据隐私框架达成协议。日本基于对华竞争考虑积极调和美欧分歧，通过同时参与《跨境隐私规则体系》体系与《通用数据保护条例》框架，打造美欧日"数字流通圈"。三方的趋同将影响其他发达国家甚至发展中国家的政策，如印度政府根据《信息技术法案》第69A条"禁止访问规则"于2020年6月29日宣布封禁包括TikTok等在内的59款（此后增加至224款）中国应用程序。

### 3. 国内数字治理与全球数字治理兼容性问题

中国颁布的《中华人民共和国网络安全法》《数据出境安全评估办法》等法规确立了国内数字治理的基本规则，并主要对跨境数据流动方面的数据收集、存储进行了规定。总体上，中国强调在充分保障国家数据主权的前提下，以安全评估为准绳实现相对自由的数据跨境流动。与美国、欧盟等发达经济体施行的全面数字治理相比，中国的数字治理机制还存在一定差距，主要侧重于国内数据安全，对数字税等问题还未建立系统规则。中国在数字贸易国际规则标准制定方面的话语权较弱，尤其是在数据跨境自由流动、市场准入、隐私保护、消费者权益维护、知识产权保护、争端解决机制等方面与高标准国际经贸规则存在差距。[1] 相对于美国倡导的自由主义模式和欧盟倡导的认证模式，中国对跨境数据流动的管理更为严格。这种管理模式有助于

---

1 王晓红、谢兰兰：《我国数字贸易与软件出口的发展及展望》，《开放导报》2019年第10期。

保障国家安全,但与西方国家总体上强调的数据跨境自由流动存在一定张力。随着西方发达经济体积极谋求联合打造"数字同盟圈",实现内部数据跨境自由流动成为其将中国边缘化的主要行动。数字市场自由开放是数字经济发展的主要动力,中国为了确保数据要素资源流通与开发领域的主动权,近年来积极申请加入倡导数据流动自由的 CPTPP 和 DEPA,体现了中国积极与高标准国际数字规则兼容对接的意愿。[1] 在全球规制尚未建立阶段,国内立法在为国内治理提供保障的同时需要根据国际互动不断完善,完全依托国内既有立法规定的立场展开国际互动可能会限制国家在国际舞台上的作用及未来发展。

## 四 全球数字经济发展治理体系演进的中国路径

中国参与数字经济治理体系变革旨在强化国际共识,优化数字治理体制机制及规则体系,建立和平、安全、开放、合作、有序的数字发展环境,让全人类共享数字经济发展带来的红利。为实现上述目标,中国需要补齐数字经济发展短板,积极开展双多边国际合作,发展数字伙伴关系,与发达经济体与广大发展中国家平等协商,共同构建充分兼顾各方利益的数字经济规则。

### (一)中国推动构建全球数字经济发展治理体系的目标

中国与其他新兴国家关于全球多边体系改革的基本立场,即使全球治理更具包容性、代表性和参与性,以促进发展中国家和最不发达国家,特别是非洲国家,更深入和更有意义地参与全球决策进程和架构,并使全球治理更符合当代现实。数字经济治理作为全球治理的议程之一,中国主张推动建立

---

[1] CPTPP, Article 14.11.2 of Chapter 14.

各方平等参与,努力实现网络空间创新发展、安全有序、平等尊重、开放共享的目标,做到发展共同推进、治理共同参与、成果共同分享,把网络空间建设成为造福全人类的发展共同体、安全共同体、责任共同体、利益共同体。[1]

### 1. 平等参与构建发展共同体

在塑造全球数字治理秩序的"安全"与"效率"之外,"公平"导向的秩序价值应当得到倡导。构建发展共同体,就是采取更加积极、包容、协调、普惠的政策,推动全球信息基础设施加快普及,为广大发展中国家提供用得上、用得起、用得好的网络服务。发展中国家在数字安全保障能力、数字经济发展能力和数字规则制定能力等方面与发达国家存在较大差距,因此维护发展中国家的"数字主权",消除数字鸿沟,确保数字化转型产生更具包容性的发展成果,是全球数字经济治理需要坚持的首要原则。中国倡导"数字多边主义",建立多边对话协商机制,扩大发展中国家在多边机制中的代表性和话语权,使发展中国家能够有效参与相关进程和会议,在普遍参与的基础上各国共同探讨制定反映各方意愿、尊重各方利益的数字经济治理国际规则。2024 年 11 月 20 日,第九届世界互联网大会乌镇峰会举办期间,《全球数据跨境流动合作倡议》的发布明确了促进全球数据跨境流动合作的立场主张,展现了中国统筹发展安全、完善数字治理、践行多边主义的决心。在数字经济红利的分配上,中国倡导更加平衡地反映各方利益关切特别是广大发展中国家利益,建立更加公正合理的治理体系,着力帮助弱势群体融入数字化浪潮,推动数字减贫。互联网发展治理成果应由世界各国共同分享,确保不同国家、不同民族、不同人群平等享有互联网发展红利。构建利益共同体,就

---

1 国务院新闻办公室:《携手构建网络空间命运共同体》,2022 年 11 月,http://www.gov.cn/zhengce/2022-11/07/content_5725117.htm。

是坚持以人为本，推动科技向善，提升数字经济包容性。

### 2. 开放合作与互利共赢

习近平总书记强调，"全球数字经济是开放和紧密相连的整体，合作共赢是唯一正道，封闭排他、对立分裂只会走进死胡同"[1]。当前全球数字经济治理日益呈现出联盟化、对立化、封闭化、碎片化的趋势。发达经济体为保障技术优势和抢占数字经济红利，表面上呼吁自由开放，实质上推行技术民族主义政策，对其他国家展开技术封锁和打压。发展中国家则由于技术能力落后总体上采取封闭、保守的政策，强调个人隐私保护、数据本地化、跨境流动限制和市场准入限制、征收数字税、要求外国公司公开源代码等，试图借此保护本国数字市场，以及增强本国数字企业的竞争能力。数字保护主义加剧了各国的对立，也将损害数字经济长期发展的潜力，各方都将遭受严重影响。在此背景下，中国发起的《全球数据安全倡议》为制定全球数据安全规则提供了蓝本，呼吁各国携手努力、共同打造数字命运共同体。同时中国致力于深化数字治理合作，发起《全球数据安全倡议》，分别同阿拉伯国家联盟、中亚五国发表《中阿数据安全合作倡议》和《"中国+中亚五国"数据安全合作倡议》，推动全球数字治理规则制定，为全球数字治理规则制定贡献中国方案。中国主张全球各方坚持开放合作，实现互利共赢。其一，加强数字基础设施的互联互通，为全球大市场建设奠定物质基础，这是实现数字经济发展效益最大化的前提。其二，加强数据跨境流动和技术分享。数据的价值在重复和深入使用中不仅不会降低，反而会不断增加。数字技术优势不可能通过垄断长期保持，只有通过积极分享和良性竞争才能实现持续更新。其三，维护数字产品和服务的全球供应链开放、安全、稳定。

---

[1] 习近平：《团结合作抗疫　引领经济复苏——在亚太经合组织领导人非正式会议上的讲话》，《人民日报》2021年7月17日。

### 3. 维护共同安全与构建安全共同体

数字经济发展过程中出现的安全威胁不可能通过各国加强数字封锁实现，这只会导致数字发展环境更加恶化。中国倡导构建安全共同体，就是倡导开放合作的网络安全理念，坚持安全与发展并重、鼓励与规范并举。加强关键信息基础设施保护和数据安全国际合作，维护信息技术中立和产业全球化，共同遏制信息技术滥用。[1] 数字经济治理的安全挑战有两类：其一，信息技术滥用。美国利用数字技术优势，以及《爱国者法案》《云法案》等数字"长臂管辖"法案建立了一个全球数据获取机制，对他国展开有组织的网络攻击和数据监听，主导形成了"五眼联盟"等数字同盟体系，出台《国家网络战略》与《网络安全战略》等，将中俄列为战略对手，对华为等中国数字产业进行打压。其二，个人信息泄露、数字恐怖主义等非国家行为体引发的安全威胁。2020 年 9 月，中国发起的《全球数据安全倡议》指出，确保信息技术产品和服务的供应链安全，呼吁各国秉持发展和安全并重的原则，平衡处理技术进步、经济发展与保护国家安全和社会公共利益的关系。中国强调各国应致力于维护开放、公正、非歧视性的营商环境，推动实现互利共赢、共同发展。与此同时，各国有责任和权利保护涉及本国国家安全、公共安全、经济安全和社会稳定的重要数据及个人信息安全。[2]

## （二）中国推动构建全球数字经济发展治理体系演进的策略

中国参与全球数字经济治理体系改革需要积极布局，多项举措共同推进。2021 年，中国发布了《"十四五"规划和 2035 年远景目标纲要》与《"十四

---

[1] 国务院新闻办公室：《携手构建网络空间命运共同体》，2022 年 11 月，http://www.gov.cn/zhengce/2022-11/07/content_5725117.htm。

[2] 中华人民共和国中央人民政府：《全球数据安全倡议》，2020 年 9 月 8 日，http://www.gov.cn/xinwen/2020-09/08/content_5541579.htm。

五"数字经济发展规划》,就中国的数字经济发展作出了总体规划。在国内,中国需要进一步强化数字经济转型发展,尤其是补齐短板,构建更加完善的数字治理政策制度体系。在国际上,中国需要积极开展双边和多边数字合作,建立广泛的数字伙伴关系,引领建立平等、包容的数字治理平台,在平等协商的基础上与各方一道建立充分兼顾各方利益的全球数字经济规则。

### 1. 积极促进国内数字经济发展

中国作为数字经济大国要想改变在全球数字经济治理中的被动局面,实现治理体系变革,首先要做的就是实现自身数字经济由大到强的转变,补齐短板。

其一,大力发展基础数字技术,尤其是推动关键核心技术的自主创新。中国在人工智能、大数据、区块链、云计算等新兴领域与世界先进国家同步,未来需要通过加大产业扶持将其打造为优势领域。在芯片制造等存在短板的领域,中国要加强关键核心技术攻关,牵住自主创新这个"牛鼻子",发挥中国特色社会主义制度优势、新型举国体制优势、超大规模市场优势,提高数字技术基础研发能力,打好关键核心技术攻坚战。[1] 在专业数字技术人才培养上,中国要强化人才培育投入和机制建设,构建数字人才引、育、用、留全链条服务体系,实现产学研深度融合。

其二,推动数字产业发展壮大。新型基础设施是推动传统实体经济数字化转型的关键条件,中国要加快建设智能化综合性数字信息基础设施,继续加大 5G 网络和千兆光纤网络建设力度,实施数字中国战略,建设数字贸易强国。[2] 在深化应用层面,中国需要推动互联网、大数据、人工智能与制造业

---

[1] 《习近平在中共中央政治局第三十四次集体学习时强调 把握数字经济发展趋势和规律 推动我国数字经济健康发展》,《人民日报》2021 年 10 月 20 日。
[2] 马述忠、郭雪瑶:《数字经济时代中国推动全球经济治理机制变革的机遇与挑战》,《东南大学学报》(哲学社会科学版)2021 年第 1 期。

更大规模、更深层次的融合，促进数字经济与实体经济良性互动、双向赋能，制造业数字化转型成为发展的主战场。在政策和战略制定方面，中国需要加强构建从中央到地方的政策体系，中央颁布了"十四五"时期数字经济发展的总体规划，预计到 2025 年数字经济核心产业增加值占 GDP 比重将达到 10%，并将数字经济发展上升为国家战略。[1] 各地方政府需要制定配套的政策，如 2022 年 11 月 25 日通过的《北京市数字经济促进条例》。

其三，完善数字经济的国内法律治理体系，为数字经济发展提供制度保障。习近平指出，要完善数字经济治理体系，健全法律法规和政策制度，完善体制机制，提高我国数字经济治理体系和治理能力现代化水平。[2] 国内法律体系建设关键在于协调好国内数据治理与跨境数据流动、数据流动自由化与存储本地化、数据流动安全与发展之间的关系，建立起既能保障国家数字安全又能充分释放数字经济潜力的规则体系。同时，国内的法规设计需要积极与国际接轨，尤其是在数据跨境流动与技术分享等问题上，积极探索新议题的立法路径。

## 2. 推动创设数字经济多边治理平台

当前联合国、世界银行、IMF、WTO 等主要国际组织均在开展数字经济治理相关工作，以制定网络空间国际规则、消除数字鸿沟和数字壁垒为主要目标。但是，它们或是专注于某一具体领域，或是因成员有限合法性不足，都不适宜于作为开展全球数字经济治理规则谈判的平台，继续坚持既有路径只会导致全球数字经济治理的不平衡性和碎片化进一步加剧。鉴于联合国在国际体系中的中心地位，未来中国应该积极依托联合国倡导建

---

1 《中华人民共和国国民经济和社会发展第十四个五年规划和 2035 年远景目标纲要》，《人民日报》2021 年 3 月 13 日。
2 《习近平在中共中央政治局第三十四次集体学习时强调　把握数字经济发展趋势和规律　推动我国数字经济健康发展》，《人民日报》2021 年 10 月 20 日。

立一个各方普遍参与的专门探讨数字经济问题的全球平台，类似于《联合国气候变化框架公约》缔约方会议。有学者提出，应效仿金融稳定委员会，在全球范围内组建一个新的治理框架，开辟一个全新的机构——数字稳定委员会，通过开放性的合作，制定明确的法规、政策构建一个全球性的数字经济治理框架。[1] 但是，在新平台建立之前，中国应在既有的双边、区域及全球多边机制下积极设置数字规则议程，就数据流动等关键问题提出可行方案，引导各方增强互信和共识，积极维护发展中国家的正当权益。

### 3. 积极构建数字标准和数字规则体系

国际社会尚未就基础性规则达成共识，各国之间存在严重分歧，美国试图掌握主导权，强调建立强有力的规则体系；欧盟则通过立法手段全面加强数字经济治理，并特别强调对个人隐私的保护。面对全球数字贸易规则制定的新趋势和新问题，中国要积极参与和引领全球制定统一、规范、具有强大执行力和包容力的数字经济发展规则。中国应在两类规则制定上积极发挥协调和引领作用。其一，数字技术标准和产业标准对数字经济发展具有引导作用，引领标准制定有助于增强自身在数字经济全球市场的竞争力及引领数字行为准则的能力。其二，数字行为规则是全球数字经济治理的核心内容。中国应基于下述两个步骤推进全球数字规则制定。首先，明确各方的共识与分歧。因为涉及税收主权和税收利益，全球数字税收管辖权和收入分配规则分歧较大，各方经过长期探索已经就数字税与对超级数字平台的反垄断监管等达成一定的共识，如OECD在2015年10月发布BEPS1.0。各国的主要分歧在于对跨境数据流动、个人隐私保护和国家安全保障关系的不同理解。发达

---

[1] 陈伟光、钟列炀：《全球数字经济治理：要素构成、机制分析与难点突破》，《国际经济评论》2022年第2期。

经济体基于技术优势，强调数字自由流动和放松监管，力图抢占更大的国际市场份额。发展中国家为维护数字主权，强调加强国家监管。其次，明确建立国际机制模式。中国要积极开展双多边数字治理合作，推动构建数字经济联盟，主动参与国际数字经济议题谈判。[1] 依托共建"一带一路"倡议、上海合作组织、金砖国家等机制，加强发展中国家的内部沟通、凝聚共识，同时与美、欧发达国家及地区密切协商，缩小核心分歧，提出兼顾各方利益的方案。[2]

### 4. 增强数字公共物品提供以及技术和经验共享

作为全球数字经济第二大国，中国需要在优质数字公共产品供给方面发挥更大的作用。数字鸿沟的持续扩大是全球数字经济治理中的痛点与难点，数字公共产品对缩小发达国家与落后国家、富裕者与贫困者的数字差距，释放数字技术和数据的全部潜力，以及实现数字时代经济可持续发展目标至关重要。[3] 在全球发展倡议框架下，中国秉持共商共建共享的全球治理观，应积极推动全球数字经济发展、弥合数字鸿沟、提高数字产品的可及性。

首先，以建设数字基础设施和搭建技术创新平台为抓手。增强发展中国家数字经济能力的关键在于建设更加普惠的数字基础设施，推动互联网普及应用，提升全球数字互联互通水平。中国应进一步加强与各国在跨境光缆建设等通信管网领域的合作，为发展中国家开辟进入全球数字市场的信息高速通道。由于数字经济发展需要物流等配套设施，中国还应积极帮助各国的公路、铁路、港口等建设，尤其是以"一带一路"倡议为依托打造"六廊六路多国多港"格局。中国推进建造的蒙内铁路、亚吉铁路等成为拉动东非乃至

---

[1] 徐秀军、林凯文：《数字时代全球经济治理变革与中国策略》，《国际问题研究》2022 年第 2 期。
[2] 潘晓明、郑冰：《全球数字经济发展背景下的国际治理机制构建》，《国际展望》2021 年第 5 期。
[3] 陈伟光、钟列炀：《全球数字经济治理：要素构成、机制分析与难点突破》，《国际经济评论》2022 年第 2 期。

整个非洲国家纵深发展的重要通道；白沙瓦—卡拉奇高速公路等极大促进了当地互联互通。与"一带一路"共建国家、企业合作建设的海外产业园超过70个，中国—马来西亚、中国—印度尼西亚"两国双园"及中白工业园等合作均有不错的效果。针对发展中国家面临的资金问题，除强化双边援助外，中国还应借助AIIB和NDB等多边金融机构，推动对发展中国家和欠发达国家的投资和扶持。同时，中国应积极搭建数字技术国际创新合作平台。2022年11月16日，习近平指出：中方在G20提出了数字创新合作行动计划，期待同各方一道营造开放、公平、非歧视的数字经济发展环境，缩小南北国家间数字鸿沟。[1] 2016年，中国发起"数字丝路"国际科学计划（DBAR），2018年三届"数字丝路"国际会议发布了"数字丝路地球大数据平台"，为"一带一路"共建国家自然灾害监测、重大工程建设等提供数据支持。2023年起，世界互联网大会常态化设置"全球青年领军者计划"，定期遴选全球互联网领域优秀青年，围绕"学、会、话、研"开展青年系列活动，搭建青年互学互鉴的国际交流合作平台，为数字未来贡献青春智慧和力量。未来需要充分发挥这些平台的作用，促使发展中国家在参与中提升数字相关能力。

其次，通过培训和咨询服务等活动促进数字能力建设。发展中国家数字能力薄弱的最主要原因在于专业人才匮乏和数字经济发展经验的缺失，因此中国应为发展中国家制定相关政策和培养专业人才提供帮助。在人才培养方面，中国应加强数字教育资源的供给帮助发展中国家强化公众数字素养，通过"青年科学家"、留学生等项目，为发展中国家相关人员的技能培训提供便利，鼓励中国数字企业设立专门的实习岗位，培养发展中国家的数字企业运营人才。在数字政策制定和专业咨询方面，中国应积极输出自身的数字经

---

[1] 习近平：《共迎时代挑战　共建美好未来——在二十国集团领导人第十七次峰会第一阶段会议上的讲话》，《人民日报》2022年11月16日。

济发展经验,通过政府间数字经济政策交流对话分享数字产业发展规律和政策;与发展中国家合作设立跨境电商综合试验区、数字产业园区等,分享数字企业管理经验;积极提供数字产品和服务,为发展中国家数字经济发展提供技术和数据支持,如"北斗"导航系统向全球各方提供服务等。在援助领域上,中国将对外援助重点向通信、远程教育、智能医疗、海洋环境监测和气候预警等 SDGs 领域拓展。[1]

### 5. 积极参与国际数字经济伙伴关系建设

"十四五"数字经济发展规划提出,中国将加快贸易数字化,构建良好的数字经济对外合作制度和环境,推动更广范围的数字经济伙伴圈建设,践行推动数字经济国际合作的承诺。[2] 与美国等西方国家构建"数字同盟"打压其他第三方对数字经济带来严重挑战不同,通过发展数字伙伴关系实现安全互通和合作开发数据资源体现了中国"对话而不对抗、包容而不排他,努力扩大利益汇合点、画出最大同心圆"的全球治理观,有助于激发数字经济发展潜力,在各国间寻找出更多的利益契合点、合作增长点,实现协同发展。中国通过积极开展双边、区域及多边数字经济合作构建起了广泛的数字经济伙伴关系网络。中国在 DEPA 签订后积极申请加入,反映了主动对接全球数字经济规则的鲜明立场。[3] 在金砖国家机制下,中国与相关国家建立起了金砖国家新工业革命伙伴关系及创新基地、"创新金砖"网络,以及金砖国家工业互联网与数字制造发展论坛等机制,共同应对数字技术和电子商务带来的挑战,支持发展中国家应对数字经济的社会经济影响。[4] 此外,中国还与

---

1 王璐瑶、万淑贞、葛顺奇:《全球数字经济治理挑战及中国的参与路径》,《国际贸易》2020 年第 5 期。
2 中华人民共和国国家发展和改革委员会:《"十四五"数字经济发展规划》,2022 年 3 月 25 日,https://www.ndrc.gov.cn/fggz/fzzlgh/gjjzxgh/202203/t20220325_1320207.html?eqid=b23a7ca400009439000000066455e745。
3 徐秀军、林凯文:《数字时代全球经济治理变革与中国策略》,《国际问题研究》2022 年第 2 期。
4 《金砖国家领导人第十二次会晤莫斯科宣言》,《人民日报》2020 年 11 月 18 日。

"一带一路"共建国家发展数字伙伴关系。未来中国需要进一步拓宽数字伙伴关系网络的边界,在将更多的国家纳入进来的同时,完善对话合作机制建设;建立全球数字安全情报共享合作中心,加强国际数字安全情报的分享以应对数字经济时代全球恐怖主义活动。[1]

**6. 发展公私伙伴关系和开展多利益相关方协同治理**

数字经济治理涉及多元行为体,发展公私伙伴关系,开展多利益相关方协同治理成为必然选择。社会治理模式正在从单向管理转向双向互动,从线下转向线上线下融合,从政府监管向社会协同治理转变。[2] 中国提出"构建责任共同体,多方参与。发挥联合国的主渠道作用,发挥政府、国际组织、互联网企业、技术社群、社会组织、公民个人等各主体作用"[3]。其中,最主要的是政府与数字企业的协同治理。其一,政府作为数字经济治理的核心主体,在制定国内法规,以及与其他国家协调开展全球数字经济治理方面扮演关键角色。但是,政府也需要重视数字企业和平台的作用,通过制定相应战略和法规帮助数字企业参与国内和全球数字治理,并基于它们的反馈修正相应政策。政府还需要搭建数字政务监管制度框架,创新政府平台互动模式,用开放包容的心态接纳平台企业,通过协同治理的方式推进数字政务治理。[4] 其二,由于公众对网络平台的依附,以及政府在网络空间的效能缺失,数字科技公司特别是超级网络平台甚至可能超越政府主体,从狭隘的网络治理范

---

[1] 马述忠、郭雪瑶:《数字经济时代中国推动全球经济治理机制变革的机遇与挑战》,《东南大学学报》(哲学社会科学版)2021年第1期。
[2] 朱卫国:《数字经济时代呼唤协同共治》,《人民日报》2017年11月24日。
[3] 国务院新闻办公室:《携手构建网络空间命运共同体》,2022年11月,http://www.gov.cn/zhengce/2022-11/07/content_5725117.htm。
[4] 马述忠、郭雪瑶:《数字经济时代中国推动全球经济治理机制变革的机遇与挑战》,《东南大学学报》(哲学社会科学版)2021年第1期。

畴延伸至社会治理乃至国家治理。[1] 美国的微软、谷歌、亚马逊、元（Meta）、苹果等大型数字企业，利用技术优势和全球影响力在国际数字规则和标准制定中扮演关键角色。未来华为、阿里云等中国的头部数字企业应在国家战略方针指引下，有步骤地开展国外投资，积极参与数字技术的国际标准的制定，扮演好国家间数字合作方案的推进者和落实者。

### 7. 国内、区域和全球协同推进治理体系变革

全球数字经济治理机制的全面改革很难快速实现，中国应以国内、区域、"数字丝绸之路"与金砖国家组织等多边平台为抓手，通过在有限的范围内就重要议题展开先行先试，逐步推进整体的变革。中国已经在区域与多边合作中取得了一定进展，如金砖机制下达成的《金砖国家电子商务消费者保护框架》《金砖国家制造业数字化转型合作倡议》等，区域机制下达成的《区域全面经济伙伴关系协定》等。未来中国需要在多边机制中就国际社会分歧较大的议题尝试提出可行性方案。关于数据跨境流动规范和标准，中国可以提议设立由全球各方共同参与的数据监管机构。关于数字税问题，中国可以与"一带一路"共建国家共同探索建立统一的税收机制。在双边和区域自由贸易协定中引入数字经济议题的谈判，推动与贸易伙伴国的数字规则融通和双边数字标准互认机制的建立。[2] 同时，中国应就人工智能等数字领域的前沿问题与相关国家先行制定治理方案。金砖国家机制提出发展值得信赖的人工智能，最大限度发挥其潜力，造福于全社会和人类，尤其是边缘和脆弱人群，以符合伦理和负责任的方式使用人工智能。[3] 未来可以将上述原则完善为具体方案，并逐步向国际社会推广。

---

1 陈伟光、钟列炀：《全球数字经济治理：要素构成、机制分析与难点突破》，《国际经济评论》2022年第2期。
2 潘晓明、郑冰：《全球数字经济发展背景下的国际治理机制构建》，《国际展望》2021年第5期。
3 《金砖国家领导人第十四次会晤北京宣言》，《人民日报》2022年6月24日。

# 参考文献

## 一 中文

习近平:《共同创造亚洲和世界的美好未来——在博鳌亚洲论坛2013年年会上的主旨演讲》,《人民日报》2013年4月8日。

习近平:《新起点 新愿景 新动力——在金砖国家领导人第六次会晤上的讲话》,《人民日报》2014年7月17日。

习近平:《集思广益增进共识加强合作让互联网更好造福人类》,《人民日报》2016年11月17日。

习近平:《勠力战疫 共创未来——在二十国集团领导人第十五次峰会第一阶段会议上的讲话》,《人民日报》2020年11月22日。

习近平:《团结合作抗疫引领经济复苏——在亚太经合组织领导人非正式会议上的讲话》,《人民日报》2021年7月17日。

习近平:《同舟共济,继往开来,携手构建新时代中非命运共同体——在中非合作论坛第八届部长级会议开幕式上的主旨演讲》,《人民日报》2021年11月30日。

习近平:《不断做强做优做大我国数字经济》,《求是》2022年第2期。

习近平:《高举中国特色社会主义伟大旗帜 为全面建设社会主义现代化国家而团结奋斗——在中国共产党第二十次全国代表大会上的报告》,《人民日报》2022年10月26日。

习近平：《共迎时代挑战　共建美好未来——在二十国集团领导人第十七次峰会第一阶段会议上的讲话》，《人民日报》2022年11月16日。

习近平：《携手构建公正合理的全球治理体系——在二十国集团领导人第十九次峰会第二阶段会议关于"全球治理机构改革"议题的讲话》，《人民日报》2024年11月20日。

《中共中央关于进一步全面深化改革　推进中国式现代化的决定》，人民出版社，2024。

《中华人民共和国国民经济和社会发展第十四个五年规划和2035年远景目标纲要》，《人民日报》2021年3月13日。

《全国人民代表大会常务委员会关于修改〈中华人民共和国反垄断法〉的决定》，新华社，2022年6月24日。

《中共中央 国务院关于构建数据基础制度更好发挥数据要素作用的意见（2022年12月2日）》，新华社，2022年12月19日。

《中共中央 国务院印发〈数字中国建设整体布局规划〉》，新华社，2023年2月27日。

艾小青、田雅敏：《数字经济的减贫效应研究》，《湖南大学学报》（社会科学版）2022年第1期。

安静：《网络主权原则是全球网络治理的必然选择》，《红旗文稿》2016年第4期。

巴曙松、白海峰：《金融科技的发展历程与核心技术应用场景探索》，《清华金融评论》2016年第11期。

巴曙松、张岱晁、朱元倩：《全球数字货币的发展现状和趋势》，《金融发展研究》2020年第11期。

巴曙松：《欧盟监管科技的发展现状研究》，《国外社会科学》2020年第5期。

白洁、苏庆义：《CPTPP的规则、影响及中国对策：基于和TPP对比的分析》，《国际经济评论》2019年第1期。

白洁、张达、王悦：《数字贸易规则的演进与中国应对》，《亚太经济》2021年第5期。

保健云：《主权数字货币、金融科技创新与国际货币体系改革——兼论数字人民币发行、流通及国际化》，《人民论坛·学术前沿》2020年第2期。

鲍静、贾开：《数字治理体系和治理能力现代化研究：原则、框架与要素》，《政治学研究》2019年第3期。

北京大学数字金融研究中心课题组：《北京大学数字普惠金融指数（2011—2021）》，2021年4月。

毕海东：《全球治理地域性、主权认知与中国全球治理观的形成》，《当代亚太》2019年第4期。

蔡翠红、王远志：《全球数据治理：挑战与应对》，《国际问题研究》2020年第6期。

蔡翠红：《国家—市场—社会互动中网络空间的全球治理》，《世界经济与政治》2013年第9期。

蔡翠红：《网络地缘政治：中美关系分析的新视角》，《国际政治研究》2018年第1期。

蔡昉：《金德尔伯格陷阱还是伊斯特利悲剧？——全球公共品及其提供方式和中国方案》，《世界经济与政治》2017年第10期。

蔡拓：《全球治理的中国视角与实践》，《中国社会科学》2004年第1期。

蔡兴：《制度质量、金融发展与全球失衡》，《国际贸易问题》2018年第8期。

苍岚、孟凡达、谢雨奇、张淑翠：《我国数字经济税收主要改革方向及具体举措》，《数字经济》2022年第4期。

曹磊：《网络空间的数据权研究》，《国际观察》2013年第1期。

曾凡银：《绿色发展：国际经验与中国选择》，《国外理论动态》2018年第

8期。

陈福中:《数字经济、贸易开放与"一带一路"沿线国家经济增长》,《兰州学刊》2020年第11期。

陈红娜:《国际数字贸易规则谈判前景与中国面临的挑战》,《新经济导刊》2021年第1期。

陈寰琦:《国际数字贸易规则博弈背景下的融合趋向——基于中国、美国和欧盟的视角》,《国际商务研究》2022年第3期。

陈寰琦:《签订"跨境数据自由流动"能否有效促进数字贸易——基于OECD服务贸易数据的实证研究》,《国际经贸探索》2020年第10期。

陈家刚:《全球治理:发展脉络与基本逻辑》,《国外理论动态》2017年第1期。

陈启斐、张群:《服务贸易、非对称开放与全球失衡:一项跨国的经验研究》,《南方经济》2019年第7期。

陈启斐、张为付、张群:《逆全球化、去规则化与全球价值链服务化》,《南开经济研究》2019年第3期。

陈少威、贾开:《跨境数据流动的全球治理:历史变迁、制度困境与变革路径》,《经济社会体制比较》2020年第2期。

陈维涛、朱柿颖:《数字贸易理论与规则研究进展》,《经济学动态》2019年第9期。

陈伟光、蔡伟宏:《大国经济外交与全球经济治理制度——基于中美经济外交战略及其互动分析》,《当代亚太》2019年第2期。

陈伟光、刘彬:《全球经济治理的困境与出路:基于构建人类命运共同体的分析视阈》,《天津社会科学》2019年第2期。

陈伟光、袁静:《区块链技术融入全球经济治理:范式革新与监管挑战》,《天津社会科学》2020年第6期。

陈伟光、钟列炀：《全球数字经济治理：要素构成、机制分析与难点突破》，《国际经济评论》2022年第2期。

陈雯、孙照吉：《全球价值链地位、出口劳动含量与技能构成》，《国际贸易问题》2017年第10期。

陈燕红、于建忠、李真：《央行数字货币的经济效应与审慎管理进路》，《东岳论丛》2020年第12期。

陈燕红、于建忠、李真：《中国央行数字货币：系统架构、影响机制与治理路径》，《浙江社会科学》2020年第10期。

陈颖：《数字服务贸易国际规则研究——基于CPTPP、EU-JAPANEPA、USMCA和RCEP的比较分析》，《全球化》2021年第6期。

陈友骏：《日本参与全球数字经济治理的构想与实践》，《日本学刊》2020年第4期。

陈宇：《新兴经济体、二十国集团与全球治理多元化的未来》，《当代世界与社会主义》2018年第3期。

陈志敏、周国荣：《国际领导与中国协进型领导角色的构建》，《世界经济与政治》2017年第3期。

陈忠阳：《巴塞尔协议Ⅲ改革、风险管理挑战和中国应对策略》，《国际金融研究》2018年第8期。

程啸：《论大数据时代的个人数据权利》，《中国社会科学》2018年第3期。

程亚文：《经济全球化、利益疏离与政治撕裂——当代世界经济政治的新转折》，《外交评论》2019年第6期。

程永林、黄亮雄：《霸权衰退、公共品供给与全球经济治理》，《世界经济与政治》2018年第5期。

崔宏伟：《"数字技术政治化"与中欧关系未来发展》，《国际关系研究》2020年第5期。

戴龙:《论数字贸易背景下的个人隐私权保护》,《当代法学》2020年第1期。

戴长征、鲍静:《数字政府治理——基于社会形态演变进程的考察》,《中国行政管理》2017年第9期。

丁斗:《互联网中的国际政治权力》,《国际经济评论》2000年第5期。

丁晓蔚、苏新宁:《基于区块链可信大数据人工智能的金融安全情报分析》,《情报学报》2019年第12期。

丁晓蔚:《金融大数据情报分析:以量化投资为例》,《江苏社会科学》2020年第3期。

东青:《北京国际大数据交易所探索数据交易新范式》,《数据》2021年第4期。

董亮:《透明度原则的制度化及其影响:以全球气候治理为例》,《外交评论》2018年第4期。

董柞壮:《排名与评级:观照中国的国家治理与国际形象——非国家行为体如何参与全球治理》,《外交评论》2017年第6期。

杜莉、刘铮:《数字金融对商业银行信用风险约束与经营效率的影响》,《国际金融研究》2022年第6期。

杜庆昊:《数据要素资本化的实现路径》,《中国金融》2020年第22期。

杜永善、高洁:《央行数字货币发行对我国货币政策框架的影响》,《企业经济》2022年第4期。

杜运苏、彭冬冬:《制造业服务化与全球增加值贸易网络地位提升——基于2000—2014年世界投入产出表》,《财贸经济》2018年第2期。

樊春良:《美国技术政策的演变》,《中国科学院院刊》2020年第8期。

范如国:《"全球风险社会"治理:复杂性范式与中国参与》,《中国社会科学》2017年第2期。

范一飞:《中国法定数字货币的理论依据和架构选择》,《中国金融》2016年第17期。

方芳、刘宏松:《政策环境、外部冲击与欧盟个人数据保护政策形成》,《世界经济与政治》2023 年第 5 期。

方芳、杨剑:《网络空间国际规则:问题、态势与中国角色》,《厦门大学学报》(哲学社会科学版) 2018 年第 1 期。

方慧婷:《金融科技企业数据治理的二元规则及其配置》,《海南金融》2022 年第 7 期。

方丽娟、张荣刚:《"一带一路"数字经济治理——逻辑、问题及应对》,《理论导刊》2020 年第 11 期。

付文军:《数字资本主义的政治经济学批判》,《江汉论坛》2021 年第 8 期。

付亦重、程斌琪、张汉林:《全球经济影响力指数构建及应用研究》,《国际贸易问题》2017 年第 12 期。

付争:《全球金融空间变化趋势与国际协调》,《东北亚论坛》2020 年第 1 期。

高海红:《亚洲区域金融合作:挑战和未来发展方向》,《国际经济评论》2017 年第 3 期。

高洪民、李刚:《金融科技、数字货币与全球金融体系重构》,《学术论坛》2020 年第 2 期。

高奇琦:《全球治理、人的流动与人类命运共同体》,《世界经济与政治》2017 年第 1 期。

高奇琦:《全球善智与全球合智:人工智能全球治理的未来》,《世界经济与政治》2019 年第 7 期。

高奇琦:《区块链对全球治理体系改革的革命性意义》,《探索与争鸣》2020 年第 3 期。

高望来:《网络治理的制度困境与中国的战略选择》,《国际关系研究》2014 年第 4 期。

高媛、王涛:《TISA 框架下数字贸易谈判的焦点争议及发展趋向研判》,《国际商务》（对外经济贸易大学学报）2018年第1期。

高运胜、王云飞、蒙英华：《融入全球价值链扩大了发展中国家的工资差距吗？》，《数量经济技术经济研究》2017年第8期。

郜志雄、卢进勇：《数字连接对投资发展路径理论的影响与修正：中国的经验》，《亚太经济》2020年第1期。

葛阳琴、谢建国、李宏亮：《全球贸易减速的影响因素研究——基于增加值贸易的视角》，《国际贸易问题》2018年第2期。

工业和信息化部等：《元宇宙产业创新发展三年行动计划（2023—2025年）》，2023年8月29日。

宫云牧：《数字时代主权概念的回归与欧盟数字治理》，《欧洲研究》2022年第3期。

辜胜阻、吴沁沁、王建润：《新型全球化与"一带一路"国际合作研究》，《国际金融研究》2017年第8期。

管传靖、陈琪：《领导权的适应性逻辑与国际经济制度变革》，《世界经济与政治》2017年第3期。

管传靖：《全球价值链扩展与多边贸易体制的变革》，《外交评论》2018年第6期。

郭鹏：《数字化交付的内容产品的国际贸易竞争性自由化策略——基于美国的视角》，《河南社会科学》2018年第1期。

郭威、刘晓阳：《风险防范视阈下的全球经济治理变革——变迁历程、演进逻辑与中国定位》，《经济学家》2021年第10期。

郭笑春、汪寿阳：《数字货币发展的是与非：脸书Libra案例》，《管理评论》2020年第8期。

郭嫄颖、杨可桢、黄文礼：《中国发展数字货币的机遇、挑战与展望》，《浙江金融》2020年第7期。

国务院发展研究中心课题组：《未来 15 年国际经济格局变化和中国战略选择》，《管理世界》2018 年第 12 期。

韩凤芹、陈亚平：《数字经济的内涵特征、风险挑战与发展建议》，《河北大学学报》（哲学社会科学版）2022 年第 2 期。

韩剑、蔡继伟、许亚云：《数字贸易谈判与规则竞争——基于区域贸易协定文本量化的研究》，《中国工业经济》2019 年第 11 期。

韩剑、冯帆、姜晓运：《互联网发展与全球价值链嵌入——基于 GVC 指数的跨国经验研究》，《南开经济研究》2018 年第 4 期。

韩剑、王灿：《自由贸易协定与全球价值链嵌入：对 FTA 深度作用的考察》，《国际贸易问题》2019 年第 2 期。

韩雪晴：《自由、正义与秩序——全球公域治理的伦理之思》，《世界经济与政治》2017 年第 1 期。

韩召颖、姜潭：《全球化背景下美国对外战略的转向》，《现代国际关系》2017 年第 4 期。

何宗樾、张勋、万广华：《数字金融、数字鸿沟与多维贫困》，《统计研究》2020 年第 10 期。

贺刚：《情境结构、实践施动与金砖国家的合作进程》，《外交评论》2018 年第 2 期。

贺凯、冯惠云、魏冰：《领导权转移与全球治理：角色定位、制度制衡与亚投行》，《国际政治科学》2019 年第 3 期。

洪俊杰、商辉：《国际贸易网络枢纽地位的决定机制研究》，《国际贸易问题》2019 年第 10 期。

洪延青：《数据竞争的美欧战略立场及中国因应——基于国内立法与经贸协定谈判双重视角》，《国际法研究》2021 年第 6 期。

洪邮生、李峰：《变局中的全球治理与多边主义的重塑——新形势下中欧合作的机遇和挑战》,《欧洲研究》2018年第1期。

胡汉辉、申杰:《数字金融能畅通国内国际双循环吗——基于国内大循环为主的效率提升视角》,《财经科学》2022年第4期。

胡建梅、黄梅波:《国际发展援助协调机制的构建:中国参与的可能渠道》,《国际经济合作》2018年第8期。

黄敦平、朱小雨:《我国数字经济发展水平综合评价及时空演变》,《统计与决策》2022年第16期。

黄海洲、张广斌:《全球经济增长动力变化与全球货币体系调整》,《国际经济评论》2017年第4期。

黄浩:《数字金融生态:系统的形成与挑战——来自中国的经验》,《经济学家》2018年第4期。

黄健柏、贺稳彪、丰超:《全球绿色发展格局变迁及其逻辑研究》,《南方经济》2017年第5期。

黄进、孔庆江:《关于设立亚洲基础设施投资银行投资争端解决中心的探讨》,《国际经济评论》2017年第6期。

黄鹏、汪建新、孟雪:《经济全球化再平衡与中美贸易摩擦》,《中国工业经济》2018年第10期。

黄琪轩:《国际秩序始于国内——领导国的国内经济秩序调整与国际经济秩序变迁》,《国际政治科学》2018年第4期。

黄仁伟:《新兴大国参与全球治理的利弊》,《现代国际关系》2009年第11期。

黄宪、杨逸、胡婷:《国际资本流动大幅逆转对新兴市场国家经济增长都是负效应吗?——全球化资本流出管制的适配性》,《国际金融研究》2019年第7期。

黄新焕、张宝英:《全球数字产业的发展趋势和重点领域》,《经济研究参考》2018年第51期。

黄益平、黄卓：《中国的数字金融发展：现在与未来》，《经济学（季刊）》2018年第4期。

黄益平、陶坤玉：《中国的数字金融革命：发展、影响与监管启示》，《国际经济评论》2019年第6期。

黄志雄主编：《网络主权论：法理、政策与实践》，社会科学文献出版社，2017。

贾怀勤：《数字贸易的概念、营商环境评估与规则》，《国际贸易》2019年第9期。

贾开：《跨境数据流动的全球治理：权力冲突与政策合作——以欧美数据跨境流动监管制度的演进为例》，《汕头大学学报》（人文社会科学版）2017年第5期。

贾开：《双重视角下的数字货币全球治理：货币革命与开源创新》，《天津社会科学》2020年第6期。

贾烈英：《联合国与国际法治建设》，《国际政治研究》2018年第2期。

江芮琳：《数字金融助力乡村振兴的影响机理与困境分析》，《中国商论》2022年第10期。

江天骄、王蕾：《诉求变动与策略调整：印度参与全球治理的现实路径及前景》，《当代亚太》2017年第2期。

江小涓、靳景：《中国数字经济发展的回顾与展望》，见谢伏瞻等主编《2022年中国经济形势分析与预测》，社会科学文献出版社，2021。

姜睿：《我国金融科技演进逻辑、阶段特征与提升路径》，《经济体制改革》2020年第6期。

姜志达：《欧盟构建"数字主权"的逻辑与中欧数字合作》，《国际论坛》2021年第4期。

金雪军、陈哲：《货币国际化、金融结构与币值稳定》，《国际金融研究》2019年第2期。

金壮龙：《全面贯彻落实党的二十大精神大力推进新型工业化》，《新型工业化理论与实践》2024年第2期。

荆林波、袁平红：《全球化面临挑战但不会逆转——兼论中国在全球经济治理中的角色》，《财贸经济》2017年第10期。

荆林波、袁平红：《全球价值链变化新趋势及中国对策》，《管理世界》2019年第11期。

柯静：《WTO电子商务谈判与全球数字贸易规则走向》，《国际展望》2020年第3期。

柯静：《新一轮世贸组织特殊和差别待遇之争及其前景》，《现代国际关系》2019年第8期。

孔庆江：《美欧对世界贸易组织改革的设想与中国方案比较》，《欧洲研究》2019年第3期。

孔笑微：《全球化进程中的信息主权》，《国际论坛》2000年第5期。

来有为、宋芳秀：《数字贸易国际规则制定：现状与建议》，《国际贸易》2018年第12期。

蓝庆新、窦凯：《美欧日数字贸易的内涵演变、发展趋势及中国策略》，《国际商务》2019年第6期。

郎平、李艳：《数字空间国际规则建构笔谈》，《信息安全与通信保密》2021年第12期。

郎平：《国际互联网治理：挑战与应对》，《国际经济评论》2016年第2期。

郎平：《从全球治理视角解读互联网治理"多利益相关方"框架》，《现代国际关系》2017年第4期。

郎平：《网络空间国际秩序的形成机制》，《国际政治科学》2018年第1期。

郎平：《国家间网络安全竞争的特点》，《战略决策研究》2020年第2期。

李滨：《新全球治理共识的历史与现实维度》，《中国社会科学》2017年第

10 期。

李波、刘昌明：《人类命运共同体视域下的全球气候治理：中国方案与实践路径》，《当代世界与社会主义》2019 年第 5 期。

李苍舒、黄卓：《超主权数字货币的发展趋势及潜在风险》，《社会科学辑刊》2021 年第 6 期。

李春顶、陆菁、何传添：《最优关税与全球贸易自由化的内生动力》，《世界经济》2019 年第 2 期。

李春涛、闫续文、宋敏、杨威：《金融科技与企业创新——新三板上市公司的证据》，《中国工业经济》2020 年第 1 期。

李丹：《论全球治理改革的中国方案》，《马克思主义研究》2018 年第 4 期。

李峰、洪邮生：《微区域安全及其治理的逻辑——以"一带一路"倡议下的"大湄公河微区域"安全为例》，《当代亚太》2019 年第 1 期。

李海舰、赵丽：《数据成为生产要素：特征、机制与价值形态演进》，《上海经济研究》2021 年第 8 期。

李海英：《数据服务跨境贸易及调整规则研究》，《图书与情报》2019 年第 2 期。

潘家华等主编：《中国城市发展报告》，社会科学文献出版社，2019。

李惠娟、蔡伟宏：《全球价值链嵌入对中国服务业出口技术复杂度影响》，《国际贸易问题》2017 年第 1 期。

李慧明：《全球气候治理与国际秩序转型》，《世界经济与政治》2017 年第 3 期。

李慧明：《特朗普政府"去气候化"行动背景下欧盟的气候政策分析》，《欧洲研究》2018 年第 5 期。

李建军、李俊成：《"一带一路"基础设施建设、经济发展与金融要素》，《国际金融研究》2018 年第 2 期。

李景治：《全球治理的困境与走向》，《教学与研究》2010 年第 12 期。

李磊、盛斌、刘斌：《全球价值链参与对劳动力就业及其结构的影响》，《国际贸易问题》2017 年第 7 期。

李莉:《美国的印太数字经济外交: 推进与前景》,《印度洋经济体研究》2022 年第 2 期。

李墨丝:《超大型自由贸易协定中数字贸易规则及谈判的新趋势》,《上海师范大学学报》(哲学社会科学版) 2017 年第 1 期。

李墨丝:《中美欧博弈背景下的中欧跨境数据流动合作》,《欧洲研究》2021 年第 6 期。

李青、易爱娜、邹嘉龄:《"一带一路"数字合作:成就、挑战与展望》,《战略决策研究》2023 年第 6 期。

李少军:《国际政治学概论》,中国社会科学出版社,2007。

李少昆:《美国货币政策是全球发展中经济体外汇储备影响因素吗?》,《金融研究》2017 年第 10 期。

李涛、彭东蔓:《数字金融减贫:研究热点综述及展望》,《财会月刊》2022 年第 8 期。

李伟:《大数据与金融监管》,《中国金融》2018 年第 22 期。

李向阳:《"一带一路"建设中的义利观》,《世界经济与政治》2017 年第 9 期。

李向阳:《亚洲区域经济一体化的"缺位"与"一带一路"的发展导向》,《中国社会科学》2018 年第 8 期。

李向阳:《"一带一路"的研究现状评估》,《经济学动态》2019 年第 12 期。

李昕蕾:《治理嵌构:全球气候治理机制复合体的演进逻辑》,《欧洲研究》2018 年第 2 期。

李昕蕾:《全球气候治理中的知识供给与话语权竞争——以中国气候研究影响 IPCC 知识塑造为例》,《外交评论》2019 年第 4 期。

李兴、耿捷、成志杰:《"一带一路"框架下的金砖合作机制与中俄关系》,《国外理论动态》2019 年第 4 期。

李艳:《网络空间国际治理中的国家主体与中美网络关系》,《现代国际关系》2018年第11期。

李杨、陈寰琦、周念利:《数字贸易规则"美式模板"对中国的挑战及应对》,《国际贸易》2016年第10期。

李增刚:《国际规则变迁与实施机制的经济学分析》,《制度经济学研究》2005年第4期。

李贞霏:《我国数字贸易治理现状、挑战与应对》,《理论探讨》2022年第5期。

廖凡:《世界贸易组织改革:全球方案与中国立场》,《国际经济评论》2019年第2期。

林卡、刘诗颖:《"全球发展"理念的形成和演化——从国际援助到全球治理》,《山东社会科学》2018年第1期。

林美辰:《基于OECD双支柱框架的我国数字经济税收挑战与应对》,《财政科学》2021年第5期。

凌胜利、杨帆:《新中国70年国家安全观的演变:认知、内涵与应对》,《国际安全研究》2019年第6期。

凌胜利:《主场外交、战略能力与全球治理》,《外交评论》2019年第4期。

刘斌、顾聪:《互联网是否驱动了双边价值链关联》,《中国工业经济》2019年第11期。

刘斌、甄洋:《数字贸易规则与研发要素跨境流动》,《中国工业经济》2022年第7期。

刘晨哲、宾建成:《数字贸易国际规则的新进展》,《中国社会科学报》2021年8月11日。

刘典:《全球数字贸易的格局演进、发展趋势与中国应对——基于跨境数据流动规制的视角》,《学术论坛》2021年第1期。

刘东民、李远芳、熊爱宗、高蓓:《亚投行的战略定位与业务创新模式》,《国际经济评论》2017年第5期。

刘东民、宋爽：《数字货币、跨境支付与国际货币体系变革》，《金融论坛》2020年第11期。

刘东民、宋爽：《数字稳定币诱发国际货币竞争新格局》，《银行家》2019年第5期。

刘国柱：《"数字威权主义"论与数字时代的大国竞争》，《美国研究》2022年第2期。

刘宏松、程海烨：《跨境数据流动的全球治理——进展、趋势与中国路径》，《国际展望》2020年第6期。

刘洪愧：《数字贸易发展的经济效应与推进方略》，《改革》2020年第3期。

刘金河、崔保国：《数据本地化和数据防御主义的合理性与趋势》，《国际展望》2020年第6期。

刘敬东：《WTO改革的必要性及其议题设计》，《国际经济评论》2019年第1期。

刘靖：《全球援助治理困境下重塑国际发展合作的新范式》，《国际关系研究》2017年第4期。

刘莲莲、王晴：《国际组织中大国否决权的规范价值探析》，《国际政治研究》2018年第2期。

刘琳、盛斌：《全球价值链和出口的国内技术复杂度——基于中国制造业行业数据的实证检验》，《国际贸易问题》2017年第3期。

刘宁：《国际发展援助的转变——目标、资源与机制》，《国际展望》2019年第2期。

刘倩：《独奏抑或共鸣：全球议题合作中的金砖国家——以成员国在联合国大会的投票为例》，《外交评论》2018年第2期。

刘世强：《十八大以来中国参与全球治理的战略布局与能力建设探析》，《当代世界与社会主义》2017 年第 2 期。

刘伟、王文：《新时代中国特色社会主义政治经济学视阈下的"人类命运共同体"》，《管理世界》2019 年第 3 期。

刘玮、徐秀军：《发达成员在世界贸易组织改革中的议程设置分析》，《当代世界与社会主义》2019 年第 2 期。

刘笑阳：《国家间共同利益：概念与机理》，《世界经济与政治》2017 年第 6 期。

刘杨钺、杨一心：《网络空间"再主权化"与国际网络治理的未来》，《国际论坛》2013 年第 6 期。

刘洋、董久钰、魏江：《数字创新管理：理论框架与未来研究》，《管理世界》2020 年第 7 期。

刘瑶、张明：《全球经常账户失衡的调整：周期性驱动还是结构性驱动？》，《国际金融研究》2018 年第 8 期。

刘一贺：《"一带一路"倡议与人民币国际化的新思路》，《财贸经济》2018 年第 5 期。

刘友华：《算法偏见及其规制路径研究》，《法学杂志》2019 年第 6 期。

刘志礼、魏晓文：《经济全球化主体结构变革与全球治理创新》，《当代世界与社会主义》2017 年第 4 期。

刘子夜：《论网络胁迫成功的条件》，《国际政治科学》2020 年第 2 期。

龙坤、朱启超：《网络空间国际规则制定——共识与分歧》，《国际展望》2019 年第 3 期。

鲁传颖：《试析当前网络空间全球治理困境》，《现代国际关系》2013 年第 11 期。

鲁传颖：《国际政治视角下的网络安全治理困境与机制构建——以美国大选"黑客门"为例》，《国际展望》2017 年第 4 期。

鲁传颖：《网络空间安全困境及治理机制构建》，《现代国际关系》2018 年第

11 期。

鲁品越、王永章:《从"普世价值"到"共同价值":国际话语权的历史转换——兼论两种经济全球化》,《马克思主义研究》2017 年第 10 期。

陆燕:《全球数字贸易治理趋势与中国应对》,《海外投资与出口信贷》2019 年第 3 期。

栾文莲:《对当前西方国家反全球化与逆全球化的分析评判》,《马克思主义研究》2018 年第 4 期。

罗杭、杨黎泽:《国际组织中的投票权与投票权力——以亚洲基础设施投资银行为例》,《世界经济与政治》2018 年第 2 期。

罗杭、杨黎泽:《国际组织中的权力均衡与决策效率——以金砖国家新开发银行和应急储备安排为例》,《世界经济与政治》2019 年第 2 期。

罗军:《生产性服务进口与制造业全球价值链升级模式——影响机制与调节效应》,《国际贸易问题》2019 年第 8 期。

吕景舜、戴阳利:《美国军民一体化政策分析》,《卫星应用》2014 年第 9 期。

吕晓莉:《全球治理:模式比较与现实选择》,《现代国际关系》2005 年第 3 期。

吕越、黄艳希、陈勇兵:《全球价值链嵌入的生产率效应:影响与机制分析》,《世界经济》2017 年第 7 期。

吕越、李小萌、吕云龙:《全球价值链中的制造业服务化与企业全要素生产率》,《南开经济研究》2017 年第 3 期。

吕越、刘之洋、吕云龙:《中国企业参与全球价值链的持续时间及其决定因素》,《数量经济技术经济研究》2017 年第 6 期。

麻斯亮、魏福义:《人工智能技术在金融领域的应用:主要难点与对策建议》,《南方金融》2018 年第 3 期。

马风涛、李俊:《制造业产品国内增加值、全球价值链长度与上游度——基于不同贸易方式的视角》,《国际贸易问题》2017 年第 6 期。

马飒、黄建锋：《数字技术冲击下的全球经济治理与中国的战略选择》，《经济学家》2022 年第 5 期。

马述忠、房超、梁银锋：《数字贸易及其时代价值与研究展望》，《国际贸易问题》2018 年第 10 期。

马述忠、郭继文：《数字经济时代的全球经济治理：影响解构、特征刻画与取向选择》，《改革》2020 年第 11 期。

马述忠、郭继文等：《数字经济时代中国推动全球经济治理机制变革研究》，经济科学出版社，2024。

马述忠、郭雪瑶：《数字经济时代中国推动全球经济治理机制变革的机遇与挑战》，《东南大学学报》（哲学社会科学版）2021 年第 1 期。

马述忠、濮方清、潘钢健：《数字贸易的中国话语体系构建——基于标识性概念界定的探索》，《新文科教育研究》2023 年第 1 期。

马盈盈：《服务贸易自由化与全球价值链：参与度及分工地位》，《国际贸易问题》2019 年第 7 期。

毛维准、潘光逸：《均势、霸权抑或协调？德约视域下的国际体系结构选择》，《当代亚太》2018 年第 5 期。

门洪华：《"一带一路"规则制定权的战略思考》，《世界经济与政治》2018 年第 7 期。

门洪华：《应对全球治理危机与变革的中国方略》，《中国社会科学》2017 年第 10 期。

牟晓伟、盛志君、赵天唯：《我国数字金融发展对产业结构优化升级的影响》，《经济问题》2022 年第 5 期。

倪红福、龚六堂、陈湘杰：《全球价值链中的关税成本效应分析——兼论中美贸易摩擦的价格效应和福利效应》，《数量经济技术经济研究》2018 年第 8 期。

聂秀华：《数字金融促进中小企业技术创新的路径与异质性研究》，《西部论坛》

2020 年第 4 期。

牛东方、沈昭利、黄梅波：《中非共建"数字非洲"的动力与发展路向》，《西亚非洲》2022 年第 3 期。

欧阳康：《全球治理变局中的"一带一路"》，《中国社会科学》2018 年第 8 期。

潘晓明、郑冰：《全球数字经济发展背景下的国际治理机制构建》，《国际展望》2021 年第 5 期。

潘晓明：《国际数字经济竞争新态势与中国的应对》，《国际经济评论》2020 年第 2 期。

潘英丽、周兆平：《美国的全球化陷阱、贸易争端诉求与中国的战略应对》，《国际经济评论》2018 年第 6 期。

庞金友：《当代欧美数字巨头权力崛起的逻辑与影响》，《人民论坛》2022 年第 15 期。

庞珣：《全球治理中"指标权力"的选择性失效——基于援助评级指标的因果推论》，《世界经济与政治》2017 年第 11 期。

庞中英：《关于中国的全球治理研究》，《现代国际关系》2006 年第 3 期。

庞中英主编：《中国学者看世界·全球治理卷》，新世界出版社，2007。

裴长洪：《全球经济治理、公共品与中国扩大开放》，《经济研究》2014 年第 3 期。

彭德雷、郑班：《"一带一路"数字基础设施投资：困境与实施》，《兰州学刊》2020 年第 7 期。

彭德雷：《数字贸易的"风险二重性"与规制合作》，《比较法研究》2019 年第 1 期。

彭冬冬、杨培祥：《全球价值链分工如何影响贸易保护壁垒的实施——以反倾销为例》，《国际贸易问题》2018 年第 6 期。

彭磊：《数字关境对我国数字市场开放的意义及政策涵义》，《国际贸易》2020年第9期。

朴光姬、郭霞、李芳：《政治互疑条件下的东北亚区域能源合作路径——兼论"一带一路"倡议与东北亚区域能源合作》，《当代亚太》2018年第2期。

齐尚才：《认知差异、双向互动与全球性规范建构——以网络安全规范的建构为例》，《当代亚太》2019年第3期。

钱亚平：《金砖银行与全球金融治理体系改革——国际公共产品的视角》，《复旦国际关系评论》2016年第1期。

秦亚青、魏玲：《新型全球治理观与"一带一路"合作实践》，《外交评论》2018年第2期。

秦亚青：《国际制度与国际合作——反思新自由制度主义》，《外交学院学报》1998年第1期。

邱静：《欧美数字治理合作的影响因素及前景分析》，《国际论坛》2022年第1期。

裘莹、袁红林、戴明辉：《DEPA数字贸易规则创新促进中国数字价值链构建与演进研究》，《中国经贸》2021年第12期。

裘莹：《DEPA数字贸易规则创新促进中国数字价值链构建与演进研究》，《国际贸易》2021年第12期。

裘援平：《世界变局中的突出矛盾》，《现代国际关系》2019年第2期。

全球金融竞争力课题组等：《全球金融竞争力报告2022》，中国社会科学出版社，2023。

阙天舒、李虹：《网络空间命运共同体：构建全球网络治理新秩序的中国方案》，《当代世界与社会主义》2019年第3期。

阙天舒、王子玥：《美欧跨境数据流动治理范式及中国的进路》，《国际关系研究》2021年第6期。

阙天舒、张纪腾:《人工智能时代背景下的国家安全治理:应用范式、风险识别与路径选择》,《国际安全研究》2020年第1期。

任琳:《"退出外交"与全球治理秩序——一种制度现实主义的分析》,《国际政治科学》2019年第1期。

任琳:《多维度权力与网络安全治理》,《世界经济与政治》2013年第10期。

任琳:《全球公域:不均衡全球化世界中的治理与权力》,《国际安全研究》2014年第6期。

邵朝对、苏丹妮:《全球价值链生产率效应的空间溢出》,《中国工业经济》2017年第4期。

沈建光:《数字化转型助力中国经济高质量发展》,《学习时报》2020年2月21日。

沈逸、江天骄:《网络空间的攻防平衡与网络威慑的构建》,《世界经济与政治》2018年第2期。

沈逸:《后斯诺登时代的全球网络空间治理》,《世界经济与政治》2014年第5期。

沈逸:《全球网络空间治理原则之争与中国的战略选择》,《外交评论》2015年第2期。

沈玉良等:《是数字贸易规则,还是数字经济规则?——新一代贸易规则的中国取向》,《管理世界》2022年第8期。

盛斌、高疆:《超越传统贸易:数字贸易的内涵、特征与影响》,《国外社会科学》2020年第4期。

盛斌、张子萌:《全球数据价值链:新分工、新创造与新风险》,《国际商务研究》2020年第6期。

盛垒、权衡:《"三大变革"引领世界经济新周期之变》,《国际经济评论》2018年第4期。

石静霞、白芳艳:《应对 WTO 上诉机构危机:基于仲裁解决贸易争端的角度》,《国际贸易问题》2019 年第 4 期。

石勇:《数字经济的发展与未来》,《中国科学院院刊》2022 年第 1 期。

史丹:《绿色发展与全球工业化的新阶段:中国的进展与比较》,《中国工业经济》2018 年第 10 期。

宋锦:《世界银行在全球发展进程中的角色、优势和主要挑战》,《国际经济评论》2017 年第 6 期。

宋科、家琳、李宙甲:《县域金融可得性与数字普惠金融——基于新型金融机构视角》,《财贸经济》2022 年第 4 期。

宋爽、刘东民、周学智:《打造数字亚元,为东亚货币合作注入生机》,《世界知识》2022 年第 15 期。

苏丹妮、邵朝对:《全球价值链参与、区域经济增长与空间溢出效应》,《国际贸易问题》2017 年第 11 期。

苏长和:《互联互通世界的治理和秩序》,《世界经济与政治》2017 年第 2 期。

孙国峰、尹航、柴航:《全局最优视角下的货币政策国际协调》,《金融研究》2017 年第 3 期。

孙杰:《从数字经济到数字贸易:内涵、特征、规则与影响》,《国际经贸探索》2020 年第 5 期。

孙晋、阿力木江·阿布都克尤木、徐则林:《中国数字贸易规制的现状、挑战及重塑——以竞争中立原则为中心》,《国外社会科学》2020 年第 4 期。

孙晋:《数字平台的反垄断监管》,《中国社会科学》2021 年第 5 期。

孙立坚、杜建徽:《数字货币和分布式记账技术对我国货币金融政策的启示》,《上海金融》2017 年第 6 期。

孙焱林、覃飞:《"一带一路"倡议降低了企业对外直接投资风险吗》,《国际贸易问题》2018 年第 8 期。

孙忆：《国际金融规则摇摆与中国政策选择》，《国际政治科学》2018 年第 2 期。

孙志红、琚望静：《数字金融的结构性效应：风险抑制还是推助？》，《产业经济研究》2022 年第 2 期。

覃剑：《数字时代金融资源演进与配置研究》，《海南金融》2020 年第 8 期。

谭小芬、李兴申：《跨境资本流动管理与全球金融治理》，《国际经济评论》2019 年第 5 期。

檀有志：《网络空间全球治理：国际情势与中国路径》，《世界经济与政治》2013 年第 12 期。

汤蓓：《财政危机下的国际组织变革路径》，《世界经济与政治》2019 年第 9 期。

唐克超：《网络时代的国家安全利益分析》，《现代国际关系》2008 年第 6 期。

唐庆鹏：《网络空间政治安全治理中的国际合作：缘由、脆弱性及中国理念》，《教学与研究》2020 年第 9 期。

唐宜红、张鹏杨、梅冬州：《全球价值链嵌入与国际经济周期联动：基于增加值贸易视角》，《世界经济》2018 年第 11 期。

陶文昭：《全球数字鸿沟及其治理》，《中共福建省委党校学报》2006 年第 5 期。

陶娅娜：《互联网金融发展研究》，《金融发展评论》2013 年第 11 期。

田利辉：《开启我国数字金融的璀璨未来》，《群言》2022 年第 4 期。

田文林：《"一带一路"：全球发展的中国构想》，《现代国际关系》2017 年第 5 期。

田行健、江涌：《资本积累视角中的"逆全球化"问题》，《当代世界与社会主义》2018 年第 6 期。

佟家栋、刘程：《"逆全球化"浪潮的源起及其走向：基于历史比较的视角》，《中国工业经济》2017 年第 6 期。

推进 IPv6 规模部署和应用专家委员会：《中国 IPv6 发展状况白皮书（2024）》，2024 年。

万泰雷、张绍桐：《浅析联合国发展融资机制改革创新及对中国参与国际多边发展援助的影响》，《国际经济评论》2019 年第 1 期。

王储：《平台视角中的网络广告法律责任认定——基于美国〈通信规范法〉第 230 条展开》，《科技传播》2023 年第 3 期。

王达、[美] 高登·博德纳：《主权债券泡沫、美元依赖性与数字金融对全球金融治理的挑战》，《国际经济评论》2020 年第 5 期。

王达：《论全球金融科技创新的竞争格局与中国创新战略》，《国际金融研究》2018 年第 12 期。

王德迅、张金杰编著：《国际货币基金组织》，社会科学文献出版社，2004。

王栋、高丹：《数字全球化与中美战略竞争》，《当代美国评论》2022 年第 2 期。

王帆：《责任转移视域下的全球化转型与中国战略选择》，《中国社会科学》2018 年第 8 期。

王高阳：《基于主权的网络空间全球治理："中国方案"及其实践》，《当代世界与社会主义》2018 年第 5 期。

王国刚：《"一带一路"：建立以多边机制为基础的国际金融新规则》，《国际金融研究》2019 年第 1 期。

王鸿刚：《中国参与全球治理：新时代的机遇与方向》，《外交评论》2017 年第 6 期。

王景利：《数字金融给金融监管带来的机遇与挑战》，《金融理论与教学》2022 年第 2 期。

王隽毅：《逆全球化？特朗普的政策议程与全球治理的竞争性》，《外交评论》2018 年第 3 期。

王军、王杰、李治国：《数字金融发展与家庭消费碳排放》，《财经科学》2022 年第 4 期。

王凯、倪建军：《"一带一路"高质量建设的路径选择》，《现代国际关系》2019

年第 10 期。

王岚:《全球价值链视角下双边真实贸易利益及核算——基于中国对美国出口的实证》,《国际贸易问题》2018 年第 2 期。

王岚:《数字贸易壁垒的内涵、测度与国际治理》,《国际经贸探索》2021 年第 11 期。

王玲、乌云其其格:《日本政府推进数字化转型的战略举措及启示》,《全球科技经济瞭望》2024 年第 2 期。

王璐瑶、万淑贞、葛顺奇:《全球数字经济治理挑战及中国的参与路径》,《国际贸易》2020 年第 5 期。

王明国:《全球互联网治理的模式变迁、制度逻辑与重构路径》,《世界经济与政治》2015 年第 3 期。

王明国:《网络空间治理的制度困境与新兴国家的突破路径》,《国际展望》2015 年第 6 期。

王清涛:《人类命运共同体理念开启全球化新时代》,《当代世界与社会主义》2019 年第 4 期。

王瑞平:《对当前西方"反全球化"浪潮的分析:表现、成因及中国的应对》,《当代世界与社会主义》2018 年第 6 期。

王胜邦:《巴塞尔Ⅲ审慎监管框架:从单一约束转向多重约束》,《国际金融研究》2018 年第 6 期。

王胜鹏、滕堂伟、夏启繁、鲍涵:《中国数字经济发展水平时空特征及其创新驱动机制》,《经济地理》2022 年第 7 期。

王拓:《数字服务贸易及相关政策比较研究》,《国际贸易》2019 年第 9 期。

王文、王鹏:《G20 机制 20 年:演进、困境与中国应对》,《国际贸易问题》2019 年第 6 期。

王晓红、谢兰兰:《我国数字贸易与软件出口的发展及展望》,《开放导报》

2019 年第 10 期。

王孝松、吕越、赵春明：《贸易壁垒与全球价值链嵌入——以中国遭遇反倾销为例》，《中国社会科学》2017 年第 1 期。

王新影：《中国参与全球治理的历史进程及前景展望》，《马克思主义研究》2019 年第 1 期。

王信、骆雄武：《数字时代货币竞争的研判及应对》，《国际经济评论》2020 年第 2 期。

王亚军：《"一带一路"倡议的理论创新与典范价值》，《世界经济与政治》2017 年第 3 期。

王亚军：《"一带一路"国际公共产品的潜在风险及其韧性治理策略》，《管理世界》2018 年第 9 期。

王亚琪、葛建华、吴志成：《日本的全球治理战略评析》，《当代亚太》2017 年第 5 期。

王雁飞、周茂清：《我国数字金融发展的内生动力、现实挑战和政策建议》，《金融理论探索》2022 年第 3 期。

王义桅：《超越均势：全球治理与大国合作》，上海三联书店，2008。

王逸舟：《国家利益再思考》，《中国社会科学》2002 年第 2 期。

王逸舟：《西方国际政治学：历史与理论》（第 2 版），上海人民出版社，2006。

王玉主：《中国的国际社会理念及其激励性建构——人类命运共同体与"一带一路"建设》，《当代亚太》2019 年第 5 期。

王玉柱：《数字经济重塑全球经济格局——政策竞赛和规模经济驱动下的分化与整合》，《国际展望》2018 年第 4 期。

王跃生：《世界经济或将进入多趋势并存的时代：表征、成因与未来——兼论特朗普的"三零贸易秩序"》，《国际经济评论》2018 年第 6 期。

王展鹏、夏添：《欧盟在全球化中的角色——"管理全球化"与欧盟贸易政策的演变》,《欧洲研究》2018 年第 1 期。

王哲:《金砖银行梦想照进现实》,《中国报道》2017 年第 9 期。

王振、王滢波、赵付春等:《全球数字经济竞争力发展报告 2019》,社会科学文献出版社,2019。

王中美:《跨境数据流动的全球治理框架:分歧与妥协》,《国际经贸探索》2021 年第 4 期。

王卓宇:《世界能源转型的漫长进程及其启示》,《现代国际关系》2019 年第 7 期。

王子冉:《数字金融对商业银行的影响研究》,《现代商业》2022 年第 10 期。

王作功、李慧洋、孙璐璐:《数字金融的发展与治理:从信息不对称到数据不对称》,《金融理论与实践》2019 年第 12 期。

卫晓锋:《数字普惠金融的风险与监管》,《金融理论与实践》2019 年第 6 期。

魏航、王建冬、童楠楠:《基于大数据的公共政策评估研究:回顾与建议》,《电子政务》2016 年第 1 期。

文东伟:《全球价值链分工与中国的贸易失衡——基于增加值贸易的研究》,《数量经济技术经济研究》2018 年第 11 期。

翁国民、宋丽:《数据跨境传输的法律规制》,《浙江大学学报》(人文社会科学版)2020 年第 2 期。

吴善东:《数字普惠金融的风险问题、监管挑战及发展建议》,《技术经济与管理研究》2019 年第 1 期。

吴伟华:《我国参与制定全球数字贸易规则的形势与对策》,《国际贸易》2019 年第 6 期。

吴泽林:《解析中国的全球互联互通能力》,《世界经济与政治》2017 年第 11 期。

吴泽林:《"一带一路"倡议的功能性逻辑——基于地缘经济学视角的阐释》,

《世界经济与政治》2018 年第 9 期。

吴志成、李冰:《全球治理话语权提升的中国视角》,《世界经济与政治》2018 年第 9 期。

吴志成、王慧婷:《全球治理能力建设的中国实践》,《世界经济与政治》2019 年第 7 期。

吴志成、王亚琪:《德国的全球治理:理念和战略》,《世界经济与政治》2017 年第 4 期。

吴志成、吴宇:《人类命运共同体思想论析》,《世界经济与政治》2018 年第 3 期。

向东旭:《数字资本权力的运行逻辑——基于马克思资本权力批判的视角》,《当代世界与社会主义》2023 年第 2 期。

项南月、刘宏松:《二十国集团合作治理模式的有效性分析》,《世界经济与政治》2017 年第 6 期。

项松林、张凯宁:《防范数字贸易中的全球价值链参与风险》,《学习时报》2024 年 11 月 8 日。

肖光恩、冉小东:《全球数字贸易治理"赤字"与中国的对策——基于全球公共品的视角》,《中南民族大学学报》2022 年第 1 期。

肖旭、戚聿东:《产业数字化转型的价值维度与理论逻辑》,《改革》2019 年第 8 期。

肖亚红、国世平:《全球数字货币革命的影响》,《特区经济》2020 年第 2 期。

谢丹阳、程坤:《包容性全球化探析》,《中国工业经济》2017 年第 6 期。

谢伏瞻:《论新工业革命加速拓展与全球治理变革方向》,《经济研究》2019 年第 7 期。

谢来辉:《巴黎气候大会的成功与国际气候政治新秩序》,《国外理论动态》2017 年第 7 期。

谢来辉:《"一带一路"与全球治理的关系——一个类型学分析》,《世界经济与政治》2019年第1期。

熊爱宗:《如何完善全球金融安全网》,《金融评论》2017年第3期。

熊爱宗:《全球贸易摩擦对国际货币体系的影响》,《国际金融研究》2019年第3期。

熊鸿儒、田杰棠:《突出重围:数据跨境流动规则的"中国方案"》,《人民论坛·学术前沿》2021年第9期。

熊鸿儒等:《数字贸易规则:关键议题、现实挑战与构建策略》,《改革》2021年第1期。

徐程锦:《WTO电子商务规则谈判与中国的应对方案》,《国际经济评论》2020年第3期。

徐金海、夏杰长:《全球价值链视角的数字贸易发展:战略定位与中国路径》,《改革》2020年第5期。

徐金海、周蓉蓉:《数字贸易规则制定:发展趋势、国际经验与政策建议》,《国际贸易》2019年第6期。

徐秀军、林凯文:《数字时代全球经济治理变革与中国策略》,《国际问题研究》2022年第2期。

徐秀军、田旭:《全球治理时代小国构建国际话语权的逻辑——以太平洋岛国为例》,《当代亚太》2019年第2期。

徐秀军:《中国参与全球经济治理的路径选择》,《国际问题研究》2017年第6期。

徐秀军:《规则内化与规则外溢——中美参与全球治理的内在逻辑》,《世界经济与政治》2017年第9期。

徐秀军:《全球经济治理困境:现实表现与内在动因》,《天津社会科学》2019年第2期。

徐远、陈靖编著：《数字金融的底层逻辑》，中国人民大学出版社，2019。

许志华：《网络空间的全球治理：信息主权的模式建构》，《学术交流》2017年第12期。

薛莹、胡坚：《金融科技助推经济高质量发展：理论逻辑、实践基础与路径选择》，《改革》2020年第3期。

薛志华：《上海合作组织扩员后的发展战略及中国的作为——基于SWOT方法的分析视角》，《当代亚太》2017年第3期。

鄢显俊：《互联网时代的全球化：缘起及经济特征》，《世界经济与政治》2003年第4期。

闫德利、高晓雨：《美国数字经济战略举措和政策体系解读》，《中国信息化》2018年第9期。

阎学通：《国际政治倒退的时代》，《世界经济与政治》2023年第2期。

杨东：《监管科技：金融科技的监管挑战与维度建构》，《中国社会科学》2018年第5期。

杨昊：《世贸组织改革中的中美竞合：博弈论的视角》，《现代国际关系》2019年第8期。

杨剑：《数字边疆的权力与财富》，上海人民出版社，2012。

杨凯生、刘瑞霞、冯乾：《〈巴塞尔Ⅲ最终方案〉的影响及应对》，《金融研究》2018年第2期。

杨楠：《美国数据战略：背景、内涵与挑战》，《当代美国评论》2021年第3期。

杨盼盼、常殊昱、熊爱宗：《危机后全球失衡的进展与国际协调思路》，《国际经济评论》2019年第4期。

杨佩卿：《数字经济的价值、发展重点及政策供给》，《西安交通大学学报》（社会科学版）2020年第2期。

杨圣明、王茜：《马克思世界市场理论及其现实意义——兼论"逆全球化"思潮的谬误》,《经济研究》2018 年第 6 期。

杨恕、李亮:《寻求合作共赢:上合组织吸纳印度的挑战与机遇》,《外交评论》2018 年第 1 期。

杨延超:《论数字货币的法律属性》,《中国社会科学》2020 年第 2 期。

姚前:《中央银行数字货币原型系统实验研究》,《软件学报》2018 年第 9 期。

姚前:《法定数字货币的经济效应分析:理论与实证》,《国际金融研究》2019 年第 1 期。

姚前:《国际央行数字货币研发态势与启示》,《新金融评论工作论文》2022 年第 9 期。

姚枝仲:《金砖国家在全球经济治理中的作用》,《经济》2011 年第 5 期。

叶海林:《中国推进"一带一路"倡议的认知风险及其防范》,《世界经济与政治》2019 年第 10 期。

叶江:《全球治理与中国的大国战略转型》,时事出版社,2010。

叶开儒:《数据跨境流动规制中的"长臂管辖"——对欧盟 GDPR 的原旨主义考察》,《法学评论》2020 年第 1 期。

易明、郑佳琪、吕康妮:《全球数字治理视域下数字贸易国际规则探究》,《对外经贸实务》2023 年第 4 期。

尹应凯、侯蕤:《数字普惠金融的发展逻辑、国际经验与中国贡献》,《学术探索》2017 年第 3 期。

余博闻:《治理竞争与国际组织变革——理解世界银行的政策创新》,《世界经济与政治》2018 年第 6 期。

余娟娟:《全球价值链嵌入影响了企业排污强度吗——基于 PSM 匹配及倍差法的微观分析》,《国际贸易问题》2017 年第 12 期。

余丽:《从互联网霸权看西方大国的战略实质和目标》,《马克思主义研究》2013 年第 9 期。

余振、周冰惠、谢旭斌、王梓楠：《参与全球价值链重构与中美贸易摩擦》，《中国工业经济》2018 年第 7 期。

余振：《全球数字贸易政策：国别特征、立场分野与发展趋势》，《国外社会科学》2020 年第 4 期。

俞毛毛、马文婷、钱金娥：《数字金融发展对企业债务违约风险的影响》，《金融与经济》2022 年第 3 期。

俞懿春等：《为全球数字治理贡献中国智慧》，《人民日报》2022 年 1 月 9 日。

袁莎：《网络空间命运共同体：核心要义与构建路径》，《国际问题研究》2023 年第 2 期。

詹晓宁、欧阳永福：《数字经济下全球投资的新趋势与中国利用外资的新战略》，《管理世界》2018 年第 3 期。

詹晓宁：《全球投资治理新路径——解读〈G20 全球投资政策指导原则〉》，《世界经济与政治》2016 年第 10 期。

战明华、汤颜菲、李帅：《数字金融发展、渠道效应差异和货币政策传导效果》，《经济研究》2020 年第 6 期。

张端：《逆全球化的实质与中国的对策》，《马克思主义研究》2019 年第 3 期。

张发林：《全球金融治理体系的演进：美国霸权与中国方案》，《国际政治研究》2018 年第 4 期。

张发林：《全球货币治理的中国效应》，《世界经济与政治》2019 年第 8 期。

张广斌、黄海洲、张绍宗：《全球性经济危机与全球货币体系调整：经验证据与理论框架》，《国际经济评论》2018 年第 6 期。

张军、于晓宇：《货币同盟、全球化与经济周期协同性——最优货币区标准"内生性假说"的检验与解释》，《国际金融研究》2019 年第 5 期。

张璐昱、王永茂：《电商大数据金融下小微企业融资模式研究——基于蚂蚁金服与京东金融的比较》，《西南金融》2018 年第 7 期。

张茉楠:《跨境数据流动:全球态势与中国对策》,《开放导报》2020年第2期。

张茉楠:《全球数字治理:分歧、挑战及中国对策》,《开放导报》2021年第6期。

张茉楠等:《全球数字贸易规则博弈与"中国方案"》,《全球化》2022年第2期。

张乃根:《上诉机构的条约解释判理或先例之辨——兼论WTO争端解决机制改革》,《国际经济评论》2019年第2期。

张平淡:《绿色金融的探索与发展》,《中国高校社会科学》2018年第1期。

张倩雨:《技术权力、技术生命周期与大国的技术政策选择》,《外交评论》(外交学院学报)2022年第1期。

张少军、侯慧芳:《全球价值链恶化了贸易条件吗——发展中国家的视角》,《财贸经济》2019年第12期。

张胜军:《全球治理的"东南主义"新范式》,《世界经济与政治》2017年第5期。

张腾、蒋伏心:《数字时代的政府治理现代化:现实困境、转换机制与践行路径》,《当代经济管理》2022年第1期。

张伟、董伟、张丰麒:《中央银行数字货币对支付、货币政策和金融稳定的影响》,《上海金融》2019年第1期。

张文娟、张正平:《数字普惠金融与数字乡村融合发展研究》,《农村金融研究》2022年第4期。

张向晨、徐清军、王金永:《WTO改革应关注发展中成员的能力缺失问题》,《国际经济评论》2019年第1期。

张新宝、许可:《网络空间主权的治理模式及其制度构建》,《中国社会科学》2016年第8期。

张宇燕、李增刚:《国际经济政治学》,上海人民出版社,2008。

张宇燕、任琳：《全球治理：一个理论分析框架》，《国际政治科学》2015 年第 3 期。

张宇燕、田丰：《新兴经济体的界定及其在世界经济格局中的地位》，《国际经济评论》2010 年第 4 期。

张宇燕：《利益集团与制度非中性》，《改革》1994 年第 2 期。

张宇燕：《全球经济治理结构变化与我国应对战略研究》，中国社会科学出版社，2017。

张宇燕：《理解百年未有之大变局》，《国际经济评论》2019 年第 5 期。

张宇燕：《键盘上的经济学》，生活·读书·新知三联书店，2010。

张正平、刘云华：《数字金融发展对农村商业银行运营效率的影响——基于 2014—2018 年非平衡面板数据的实证研究》，《农业技术经济》2022 年第 4 期。

张志明、杜明威：《全球价值链视角下中美贸易摩擦的非对称贸易效应——基于 MRIO 模型的分析》，《数量经济技术经济研究》2018 年第 12 期。

张中元：《区域贸易协定的水平深度对参与全球价值链的影响》，《国际贸易问题》2019 年第 8 期。

章亚航：《试论当代国际关系体系的结构变革与体系发展》，《国际政治研究》1992 年第 2 期。

赵刚、谢祥：《拜登政府科技政策及其对华科技竞争》，《当代美国评论》2021 年第 3 期。

赵恒俪：《全球经济治理困境与中国的参与策略研究》，《上海商业》2024 年第 9 期。

赵宏图：《从国际产业转移视角看"一带一路"——"一带一路"倡议的经济性与国际性》，《现代国际关系》2019 年第 3 期。

赵璐、刘释疑：《我国数字经济时空分异与城市规模分布特征》，《城市发展研究》2022 年第 6 期。

赵明昊：《大国竞争背景下美国对"一带一路"的制衡态势论析》，《世界经济与政治》2018 年第 12 期。

赵艳杰、陈效卫：《当代国际体系结构的稳定机制与变革动因》，《国际政治研究》1998 年第 2 期。

赵旸顿、彭德雷：《全球数字经贸规则的最新发展与比较——基于对〈数字经济伙伴关系协定〉的考察》，《亚太经济》2020 年第 4 期。

赵玥佳：《国际贸易"新"秩序?》，《国际政治科学》2018 年第 2 期。

赵忠秀、刘恒：《数字货币、贸易结算创新与国际货币体系改善》，《经济与管理评论》2021 年第 3 期。

郑步高、王朝阳：《数字货币的实践进展与若干探讨》，《财经智库》2019 年第 6 期。

郑伟、钊阳：《数字贸易：国际趋势及我国发展路径研究》，《国际贸易》2020 年第 4 期。

郑志龙、余丽：《互联网在国际政治中的"非中性"作用》，《政治学研究》2012 年第 4 期。

中国人民银行武汉分行办公室课题组：《人工智能在金融领域的应用及应对》，《武汉金融》2016 年第 7 期。

中国信息通信研究院：《数字经济治理白皮书（2019 年）》，2019 年 12 月。

中国信息通信研究院：《中国数字经济发展白皮书（2020 年）》，2020 年 7 月。

中国信息通信研究院：《全球数字经济新图景（2020 年）》，2020 年 10 月。

中国信息通信研究院：《全球数字治理白皮书（2020 年）》，2020 年 12 月。

中国信息通信研究院：《物联网白皮书（2020 年）》，2020 年 12 月。

中国信息通信研究院：《中国数字经济发展白皮书（2021 年）》，2021 年 4 月。

中国信息通信研究院：《数字碳中和白皮书（2021 年）》，2021 年 12 月。

中国信息通信研究院：《全球数字经济白皮书——疫情冲击下的复苏新曙光（2021年）》，2021年。

中国信息通信研究院：《全球数字经贸规则年度观察报告（2022年）》，2022年7月。

中国信息通信研究院：《中国数字经济发展报告（2022年）》，2022年7月。

中国信息通信研究院：《全球数字经济白皮书（2022年）》，2022年12月。

中国信息通信研究院：《全球数字治理白皮书（2022年）》，2023年1月。

中国信息通信研究院：《数据要素白皮书（2022年）》，2023年1月。

中国信息通信研究院：《全球数字经济白皮书（2023年）》，2024年1月。

中国信息通信研究院：《中国数字经济发展报告（2024年）》，2024年8月。

中国信息通信研究院：《全球数字经贸规则年度观察报告（2024年）》，2024年9月。

中华人民共和国国家互联网信息办公室：《二十国集团数字经济发展与合作倡议》，2016年9月29日。

中华人民共和国国务院新闻办公室：《携手构建网络空间命运共同体》，2022年11月。

中华人民共和国商务部等编：《2020年度中国对外直接投资统计公报》，中国商务出版社，2021。

中华人民共和国商务部等编：《2023年度中国对外直接投资统计公报》，中国商务出版社，2024。

中华人民共和国外交部：《中国将同非洲制定实施"中非数字创新伙伴计划"》，2021年8月24日。

中华人民共和国外交部：《中国关于全球数字治理有关问题的立场》，2023年5月25日。

中华人民共和国中央人民政府：《全球数据安全倡议》，2020年9月8日。

钟飞腾：《"一带一路"、新型全球化与大国关系》，《外交评论》2017年第3期。

钟伟、魏伟、陈骁等：《数字货币：金融科技与货币重构》，中信出版集团，2017。

周汉华：《探索激励相容的个人数据治理之道——中国个人信息保护法的立法方向》，《法学研究》2012年第2期。

周念利、陈寰琦、黄建伟：《全球数字贸易规制体系构建的中美博弈分析》，《亚太经济》2017年第4期。

周念利、陈寰琦、王涛：《特朗普任内中美关于数字贸易治理的主要分歧研究》，《世界经济研究》2018年第10期。

周念利、陈寰琦：《数字贸易规则"欧式模板"的典型特征及发展趋向研究》，《国际经贸探索》2018年第3期。

周念利、陈寰琦：《基于〈美墨加协定〉分析数字贸易规则"美式模板"的深化及扩展》，《国际贸易问题》2019年第9期。

周念利、陈寰琦：《RTAs框架下美式贸易规则的数字贸易效应研究》，《世界经济》2020年第10期。

周念利、李玉昊、刘东：《多边数字贸易规制的发展趋向探究——基于WTO主要成员的最新提案》，《亚太经济》2018年第2期。

周念利、李玉昊：《全球数字贸易治理体系构建过程中的美欧分歧》，《理论视野》2017年第9期。

周念利、王千：《美式数字贸易规则对亚洲经济体参与RTAs的渗透水平研究》，《亚太经济》2019年第4期。

周念利、吴希贤、焦婕：《基于DEPA探究亚太地区数字贸易治理前景》，《长安大学学报》（社会科学版）2022年第2期。

周念利、吴希贤：《美式数字贸易规则的发展演进研究——基于〈美日数字贸易协定〉的视角》,《亚太经济》2020 年第 2 期。

周念利:《基于 DEPA 探究亚太地区数字贸易治理前景》,《长安大学学报》(社会科学版) 2022 年第 2 期。

周帅、刘洪钟:《后起国如何制衡金融霸权——基于国际金融权力指数构建的新探索》,《欧洲研究》2017 年第 6 期。

周亚敏:《全球价值链中的绿色治理——南北国家的地位调整与关系重塑》,《外交评论》2019 年第 1 期。

周宇:《探寻通往人类命运共同体的全球化之路——全球治理的政治经济学思考》,《国际经济评论》2018 年第 6 期。

朱锋:《新兴大国的合作机制建设——推动国际制度发展的新动力?》,《当代世界》2010 年第 11 期。

朱杰进:《新型多边开发银行的运营制度选择——基于历史制度主义的分析》,《世界经济与政治》2018 年第 8 期。

朱磊、陈迎:《"一带一路"倡议对接 2030 年可持续发展议程——内涵、目标与路径》,《世界经济与政治》2019 年第 4 期。

朱民:《世界经济:结构性持续低迷》,《国际经济评论》2017 年第 1 期。

朱乃新:《"后金融危机时期"的世界经济趋势与应对》,《世界经济与政治论坛》2009 年第 1 期。

朱卫国:《数字经济时代呼唤协同共治》,《人民日报》2017 年 11 月 24 日。

朱旭:《全球治理变革与中国的角色》,《当代世界与社会主义》2018 年第 3 期。

朱燕:《马克思主义分工理论视角下两种经济全球化模式比较研究》,《马克思主义研究》2017 年第 10 期。

朱永彪、魏月妍:《上海合作组织的发展阶段及前景分析——基于组织生命周期理论的视角》,《当代亚太》2017 年第 3 期。

朱兆一、陈欣:《美国"数字霸权"语境下的中美欧"数字博弈"分析》,《国际论坛》2022 年第 3 期。

祝合良、王春娟:《"双循环"新发展格局战略背景下产业数字化转型:理论与对策》,《财贸经济》2021 年第 3 期。

宗良、林静慧、吴丹:《全球数字贸易崛起:时代价值与前景展望》,《国际贸易》2019 年第 10 期。

## 二 译著

[澳] 赫德利·布尔:《无政府社会——世界政治秩序研究》(第 2 版),张小明译,世界知识出版社,2003。

[德] 马克斯·韦伯:《经济与社会》(上卷),林荣远译,商务印书馆,1997。

[德] 潘德:《有效的多边主义与全球治理》,庞中英译,《世界经济与政治》2010 年第 6 期。

[德] 托马斯·菲斯:《超越八国集团的全球治理:高峰会议机制的改革前景》,张安译,《世界经济与政治》2007 年第 9 期。

[法] 本诺伊特·科雷:《数字货币的崛起:对国际货币体系和金融系统的挑战》,赵廷辰译,《国际金融》2020 年第 1 期。

[哈] 伊万·沙拉法诺夫、白树强:《WTO 视角下数字产品贸易合作机制研究——基于数字贸易发展现状及壁垒研究》,《国际贸易问题》2018 年第 2 期。

[韩] 金麟洙:《从模仿到创新:韩国技术学习的动力》,刘小梅、刘鸿基译,新华出版社,1998。

[加] 尼克·斯尔尼塞克:《平台资本主义》,程水英译,广东人民出版社,2018。

[美] G. M. 格罗斯曼、[美] E. 赫尔普曼:《利益集团与贸易政策》,李增刚

译，中国人民大学出版社，2005。

[美]艾伦·布坎南、[美]罗伯特·基欧汉：《全球治理机制的合法性》，赵晶晶、杨娜译，《南京大学学报》（哲学·人文科学·社会科学版）2011年第2期。

[美]道格拉斯·C.诺思：《经济史中的结构与变迁》，陈郁等译，生活·读书·新知三联书店、上海人民出版社，1994。

[美]道格拉斯·C.诺思：《制度、制度变迁与经济绩效》，刘守英译，上海三联书店，1994。

[美]海伦·米尔纳：《全球化与国际政治经济学的趋势》，《国际政治研究》2006年第2期。

[美]汉斯·摩根索：《国家间政治：权力斗争与和平》（第7版），徐昕等译，北京大学出版社，2006。

[美]加布里埃尔·A.阿尔蒙德、[美]小G.宾厄姆·鲍威尔：《比较政治学：体系、过程和政策》，曹沛霖等译，上海译文出版社，1987。

[美]加尔布雷思：《经济学与公共目标》，商务印书馆，1980。

[美]凯斯·桑斯坦：《网络共和国：网络社会中的民主问题》，黄维明译，上海人民出版社，2003。

[美]康芒斯：《制度经济学》，于树生译，商务印书馆，1962。

[美]理查德·B.杜波夫：《美国霸权的衰落》，《国外理论动态》2004年第5期。

[美]罗伯特·基欧汉、[美]约瑟夫·奈：《权力与相互依赖》（第3版），门洪华译，北京大学出版社，2002。

[美]罗伯特·基欧汉：《霸权之后：世界政治经济中的合作与纷争》，苏长河等译，上海人民出版社，2001。

[美]玛莎·费丽莫：《国际社会中的国家利益》，袁正清译，浙江人民出版

社,2001。

[美]曼纽尔·卡斯特:《网络社会的崛起》,夏铸九、王志弘等译,社会科学文献出版社,2003。

[美]米尔顿·穆勒:《网络与国家:互联网治理的全球政治学》,周程等译,上海交通大学出版社,2015。

[美]苏珊·阿里尔·阿伦森:《数字贸易失衡及其对互联网治理的影响》,《信息安全与通信保密》2017年第2期。

[美]约翰·N. 德勒巴克、[美]约翰·V. C. 奈:《新制度经济学前沿》,张宇燕等译,经济科学出版社,2003。

[美]约翰·L. 坎贝尔:《制度变迁与全球化》,姚伟译,上海人民出版社,2010。

[美]詹姆斯·多尔蒂、[美]小罗伯特·普法尔茨格拉夫:《争论中的国际关系理论》,阎学通、陈寒溪等译,世界知识出版社,2003。

[美]兹比格涅夫·布热津斯基:《战略远见:美国与全球权力危机》,洪漫、于卉芹译,新华出版社,2012。

[日]星野昭吉:《全球政治学:全球化进程中的变动、冲突、治理与和平》,刘小林、张胜军译,新华出版社,2000。

[英]迈克尔·曼:《社会权力的来源》(第1卷·上),刘北成等译,上海人民出版社,2018。

普惠金融全球合作伙伴(GPFI)等:《数字普惠金融的原则、方法与政策指引》,中国人民银行金融消费权益保护局译,财经大学出版社,2018。

# 三 英文

Aaronson, S. A. & Thomas Struet, "Data is Divisive: A History of Public Communications on E-commerce, 1998-2020", *CIGI Papers Series*, No. 274, 2020.

Aaronson, Susan Ariel, "What Are We Talking about When We Talk about Digital Protectionism?" *World Trade Review*, Vol. 18, No. 4, 2019.

Aggarwal, S., "Smile Curve and Its Linkages with Global Value Chains", *Journal of Economics Bibliography*, Vol. 4, No. 3, 2017.

Ahmed, Uuman, "The Importance of Cross-Border Regulatory Cooperation in an Era of Digital Trade", *World Trade Review*, Vol. 18, No. S1, 2019.

Alexander, Kern, Rahul Dhumale & John Eatwell, *Global Governance of Financial Systems: The International Regulation of Systemic Risk*, New York: Oxford University Press, 2006.

Alexandroff, Alan S. & Andrew Fenton Cooper (eds.), *Rising States, Rising Institutions: Challenges for Global Governance*, Washington, D. C.: Brookings Institution Press, 2010.

Allen, Franklin, et al., "Law, Finance, and Economic Growth in China", *Journal of Financial Economics*, July 2005.

Alsaad, Abdallah et al., "What Drives Global B2B E-commerce Usage: An Analysis of the Effect of the Complexity of Trading System and Competition Pressure", *Technology Analysis & Strategic Management*, Vol. 30, No. 8, 2018.

Amador, J. & Cabral, S., "Networks of Value-added Trade", *The World Economy*, Vol. 40, No. 7, 2017.

Anderson, B., Bernauer, T. & Kachi, A., "Does International Pooling of Authority Affect the Perceived Legitimacy of Global Governance?" *Review of International Organizations*, Vol. 14, No. 4, 2019.

Anderson, Warwick, "Postcolonial Technoscience", *Social Studies of Science*, Vol. 32, No. 5-6, 2002.

Antonio, Cordella & Niccolò Tempini, "E-Government and Organizational Change: Reappraising the Role of ICT and Bureaucracy in Public Service Delivery", *Government Information Quarterly*, Vol. 32, No. 3, 2015.

Argimon, I., et al., "Financial Institutions' Business Models and the Global Transmission of Monetary Policy", *Journal of International Money and Finance*, Vol. 90, 2019.

Athukorala, P., T. Talgaswatta & O. Majeed, "Global Production Sharing: Exploring Australia's competitive Edge", *The World Economy*, Vol. 40, No. 10, 2017.

Audretsch, D. B. & Maryann P. Feldman, "Innovative Clusters and The Industry Life Cycle", *Review of Industrial Organization*, Vol. 11, No. 2, 1996.

Avdjiev, S., C. Koch, P. McGuire & G. Peter, "Transmission of Monetary Policy through Global Banks: Whose Policy Matters?" *Journal of International Money and Finance*, Vol. 89, 2018.

Axelord, Robert, *The Evolution of Cooperation*, New York: Basic Books, 1984.

Azmeh, S., Christopher Foster & Jaime Echavarri, "The International Trade Regime and the Quest for Free Digital Trade", *International Studies Review*, Vol. 22, No. 3, 2020.

Bae, K., "ASEAN as a Community of Managerial Practices", *Global Governance*, Vol. 23, No. 2, 2017.

Baldwin, David A., ed., *Neorealism and Neoliberalism: The Contemporary Debate*, New York: Columbia University Press, 1993.

Baldwin, Richard, *The Globotics Upheaval: Globalization, Robotics, and the Future of Work*, New York: Oxford University Press, 2019.

Balvers, Ronald J. & Bill McDonald, "Designing a Global Digital Currency",

*Journal of International Money and Finance*, Vol. 111, 2021.

Bao, X. & X. Wang, "The Evolution and Reshaping of Globalization: A Perspective Based on the Development of Regional Trade Agreements", *China and World Economy*, Vol. 27, No. 1, 2019.

Barnett, Michael & Raymond Duvall, eds., *Power in Global Governance*, Cambridge: Cambridge University Press, 2005.

Bauer, D. J., et al., "A Trifactor Model for Integrating Ratings Across Multiple Informants", *Psychol Methods*, Vol. 18, No. 4, 2013.

Bekaert, G. & Mehl, A., "On the Global Financial Market Integration 'Swoosh' and the Trilemma", *Journal of International Money and Finance*, Vol. 94, 2019.

Benita, F., "Trade Openness, Economic Growth and the Global Financial Crisis of 2007–2009 in Latin America", *Journal of International Development*, Vol. 31, No. 5, 2019.

Berdiev, A. & Saunoris, J., "Does Globalisation Affect the Shadow Economy?" *The World Economy*, Vol. 41, No. 1, 2018.

Betz, David J. & Tim Stevens, *Cyberspace and the State: Toward a Strategy and the State*, New York: Routledge, 2011.

BIS, "CBDCs in Emerging Market Economies", No. 123, April 14, 2022.

Bjerg, Ole, "How is Bitcoin Money", *Theory, Culture and Society*, Vol. 33, No. 1, 2016.

Black, Jeremy, "War and International Relations: A Military–historical Perspective on Force and Legitimacy", *Review of International Studies*, Vol. 31, No. S1, 2005.

Blanton, R. G., B. Early & D. Peksen, "Out of the Shadows or into the Dark? Economic Openness, IMF Programs, and the Growth of Shadow Economies", *The Review of International Organizations*, Vol. 13, No. 2, 2018.

Blind, K., et al., "Standards in the Global Value Chains of the European Single Market", *Review of International Political Economy*, Vol. 25, No. 1, 2018.

Boero, G., Z. Mandalinci & M. Taylor, "Modelling Portfolio Capital Flows in A Global Framework: Multilateral Implications of Capital Controls", *Journal of International Money and Finance*, Vol. 90, 2019.

Bohn, T., S. Brakman & E. Dietzenbacher, "The Role of Services in Globalisation", *The World Economy*, Vol. 41, No. 10, 2018.

Bonciu, F., "Characteristics of Globalization in the First Decades of the 21st Century", *The Journal of Global Economics*, Vol. 9, No. 1, 2017.

Bradford, A., "When It Comes to Markets, Europe Is No Fading Power", *Foreign Affairs*, February 3, 2020.

Bradford, Colin I., Jr. & Johannes F. Linn, eds., *Global Governance Reform: Breaking the Stalemate*, Washington, D. C.: Brookings Institution Press, 2007.

Briel, Frederik von, Per Davidsson & Jan Recker, "Digital Technologies as External Enablers of New Venture Creation in the IT Hardware Sector", *Entrepreneurship Theory and Practice*, Vol. 42, No. 1, 2018.

Brinzer, Boris, Amardeep Banerjee & Michael Hauth, "Complexity Thinking and Cyber Physical Systems", *International Journal of Industrial Engineering*, Vol. 4, No. 1, 2017.

Brousseau, Eric, Meryem Marzouki & Cécile Méadel, ed., *Governance, Regulations, Powers on the Internet*, Cambridge University Press, 2012.

Brumm, J., et al., "Global Value Chain Participation and Current Account Imbalances", *Journal of International Money and Finance*, Vol. 97, 2019.

Buch, C., et al., "The International Transmission of Monetary Policy", *Journal of International Money and Finance*, Vol. 91, 2019.

Buettner, T., & B. Madzharova, "WTO membership and the shift to consumption taxes", *World Development*, Vol. 108, 2018.

Bukht, R. & R. Heeks, "Defining, Conceptualising and Measuring the Digital Economy", *Development Informatics Working Paper*, No. 68, 2017.

Burri, Mira, "Adapting Trade Rules for the Age of Big Data", in Antony Taubman & Jayashree Watal, eds., *Trade in Knowledge: Intellectual Property, Trade and Development in a Transformed Global Economy*, Cambridge University Press, 2022.

Burri, Mira, "Designing Future-Oriented Multilateral Rules for Digital Trade", in Pierre Sauvé and Martin Roy, eds., Research Handbook on Trade in Services, Cheltenham: Edward Elgar Publishing LTD, 2016.

Burri, Mira & Rahel Schär, "The Reform of the EU Data Protection Framework: Outlining Key Changes and Assessing Their Fitness for a Data-driven Economy", *Journal of Information Policy*, Vol. 6, No. 1, 2016.

Bush, Paul D., "The Theory of Institutional Change", *Journal of Economic Issues*, Vol. 21, No. 3, 1987.

Carnegie, A. & A. Carson, "The Disclosure Dilemma: Nuclear Intelligence and International Organizations", *American Journal of Political Science*, Vol. 63, No. 3, 2019.

Carnegie, A. & C. Samii, "International Institutions and Political Liberalization: Evidence from the World Bank Loans Program", *British Journal of Political Science*, Vol. 49, No. 4, 2019.

Ceglowski, J., "Assessing Export Competitiveness through the Lens of Value Added", *The World Economy*, Vol. 40, No. 2, 2017.

Cerutti, E., S. Claessens & L. Ratnovski, "Global Liquidity and Cross-Border Bank Flows", *Economic Policy*, Vol. 32, No. 89, 2017.

Chan, Anita Say, *Networking Peripheries: Technological Futures and the Myth of Digital Universalism*, Cambridge: the MIT Press, 2013.

Chander, A., *The Electronic Silk Road: How the Web Binds the World Together in Commerce*, New Haven: Yale University Press, 2013.

Chander, A. & Uyên P. Lê, "Data Nationalism", *Emory Law Journal*, Vol. 64, No. 3, 2015.

Chey, H., G. Kim & D. Lee, "Which Foreign States Support the Global Use of the Chinese Renminbi? The International Political Economy of Currency Internationalisation", *The World Economy*, Vol. 42, No. 8, 2019.

Chodor, T., "The G-20 Since the Global Financial Crisis: Neither Hegemony nor Collectivism", *Global Governance*, Vol. 23, No. 2, 2017.

Christakis, Theodore, "European Digital Sovereignty": Successfully Navigating Between the "Brussels Effect" and Europe's Quest for Strategic Autonomy, December 7, 2020.

Ciuriak, Dan & Maria Ptashkina, "The Digital Transformation and the Transformation of International Trade", *RTA Exchange*, October 30, 2018.

Clark, Ian, *International Legitimacy and World Society*, Oxford; New York: Oxford University Press, 2007.

Clark, Ian, "Legitimacy in a Global Order", *Review of International Studies*, Vol. 29, No. S1, 2003.

Coase, Ronald H., "The Nature of the Firm", *Economica*, Vol. 4, No. 16, 1937.

Coase, Ronald H., "The Problem of Social Cost", *Journal of Law and Economics*, Vol. 3, No. 1, 1960.

Cohen, Molly & Arun Sundararajan, "Self-regulation and Innovation in the Peer-to-Peer Sharing Economy", *University of Chicago Law Review*, Vol. 82, No. 1, 2015.

Cohn, Theodore H. , *Governing Global Trade: International Institutions in Conflict and Convergence*, Aldershot: Ashgate Publishing, 2002.

Collier, S. , "The Downside of Globalisation: Why it Matters and What Can be Done about It", *The World Economy*, Vol. 41, No. 4, 2018.

Commission on Global Governance, *Our Global Neighbourhood: The Report of the Commission on Global Governance*, Oxford: Oxford University Press, 1995.

Cooper, Andrew Fenton & Agata Antkiewicz, eds. , *Emerging Powers in Global Governance: Lessons from the Heiligendamm Process*, Waterloo: Wilfrid Laurier University Press, 2008.

Cooper, Richard, *The Economics of Interdependence*, New York : McGraw-Hill Companies, 1968.

Cordella, A. & Niccolò Tempini, "E-Government and Organizational Change: Reappraising the Role of ICT and Bureaucracy in Public Service Delivery", *Government Information Quarterly*, Vol. 32, No. 3, 2015.

Cottrell, M. Patrick, "Legitimacy and Institutional Replacement: The Convention on Certain Conventional Weapons and the Emergence of the Mine Ban Treaty", *International Organization*, Vol. 63, No. 2, 2009.

Cox, Robert W. , *Production, Power and World Order: Social Forces in the Making of History*, New York: Columbia University Press, 1987.

Dahl, R. A. , "The Concept of Power", *Behavioral Science*, Vol. 2, No. 3, 1957.

Dallas, M. , S. Ponte & T. Sturgeon, "Power in Global Value Chains", *Review of International Political Economy*, Vol. 26, No. 4, 2019.

Delimatsis, Panagiotis, "Protecting Public Morals in a Digital Age: Revisiting the WTO Rulings on US-Gambling and China-Publications and Audiovisual Products", *Journal of International Economic Law*, Vol. 14, No. 2, 2011.

Dent, C., "Clean Energy Trade Governance: Reconciling Trade Liberalism and Climate Interventionism?" *New Political Economy*, Vol. 23, No. 6, 2018.

Desai, Meghnad & Paul Redfern, eds., *Global Governance: Ethics and Economics of the World Order*, New York: Pinter Publishers, 1995.

Djelic, Marie-Laure & Sigrid Quack, eds., *Transnational Communities: Shaping Global Economic Governance*, Cambridge: Cambridge University Press, 2010.

Drahokoupil, Jan & Maria Jepsen, "The digital economy and its implications for labour", *Transfer: European Review of Labour and Research*, Vol. 23, No. 2, 2017.

Drezner, Daniel W. "The global governance of the Internet: Bringing the state back in", *Political Science Quarterly*, Vol. 119, No. 3, 2004.

Ebert, Hannes & Tim Maurer, "Contested cyberspace and rising powers", *Third World Quarterly*, Vol. 34, No. 6, 2013.

Eeten, Van, J. G. Michel & Milton Mueller, "Where is the Governance in Internet Governance?" *New Media & Society*, Vol. 15, No. 5, 2013.

Eichengreen, Barry, *Globalizing Capital: A History of the International Monetary System*, Princeton: Princeton University Press, 1996.

Ertz, Myriam & Emilie Boily, "The Rise of the Digital Economy: Thoughts on Blockchain Technology and Cryptocurrencies for the Collaborative Economy", *International Journal of Innovation Study*, Vol. 3, No. 4, 2019.

Fahey, Elaine, *Institutionalisation Beyond the Nation State: New Paradigms? Transatlantic Relations: Data, Privacy and Trade Law*, Cham: Springer, 2018.

Farrell, H. & Abraham L. Newman, "Weaponized Interdependence: How Global Economic Networks Shape State Coercion", *International Security*, Vol. 44, No. 1, 2019.

Farrell, Henry & Abraham L. Newman, "Weaponized Interdependence: How Global

Economic Networks Shape State Coercion", *International Security*, Vol. 44, No. 1, 2019.

Farrell, Henry, "Constructing the International Foundations of E-commerce: The EU – U. S. Safe Harbor Arrangement", *International Organization*, Vol. 57, No. 2, 2003.

Federico, G. & A. Tena-Junguito, "A Tale of Two Globalizations: Gains from Trade and Openness 1800-2010", *Review of World Economics*, Vol. 153, 2017.

Ferracane, M. F. & Erik van der Marel, "Patterns of Trade Restrictiveness in Online Platforms: A First Look", *The World Economy*, Vol. 43, No. 11, 2020.

Ferracane, M. F. & Erik van der Marel, "Regulating Personal Data: Data Models and Digital Services Trade", *Policy Research Working Paper*, No. 9596, March 2021.

Fioretos, O. & E. Heldt, "Legacies and Innovations in Global Economic Governance since Bretton Woods", *Review of International Political Economy*, Vol. 26, No. 6, 2019.

Fioretos, O., "Minilateralism and Informality in International Monetary Cooperation", *Review of International Political Economy*, Vol. 26, No. 6, 2019.

Fraundorfer, M., "Brazil's Organization of the NETmundial Meeting: Moving Forward in Global Internet Governance", *Global Governance*, Vol. 23, No. 3, 2017.

Frenkel, M. & B. Walter, "Do Bilateral Investment Treaties Attract Foreign Direct Investment? The Role of International Dispute Settlement Provisions", *The World Economy*, Vol. 42, No. 5, 2019.

Froese, M. D., "Digital Trade and Dispute Settlement in RTAs: An Evolving Standard?" *Journal of World Trade*, Vol. 53, No. 5, 2019.

Frosio, Giancarlo F., "Reforming Intermediary Liability in the Platform Economy: A European Digital Single Market Strategy", *Northwestern University Law Review*, Vol. 112, No. 18, 2017.

Gaies, B., S. Goutte & K. Guesmi, "What Interactions between Financial Globalization and Instability? —Growth in Developing Countries", *Journal of International Development*, Vol. 31, No. 1, 2019.

Gajewski, K., et al., "International Spillovers of Monetary Policy: Lessons from Chile, Korea, and Poland", *Journal of International Money and Finance*, Vol. 90, 2019.

Gao, H., "Digital or Trade? The Contrasting Approaches of China and US to Digital Trade", *Journal of International Economic Law*, Vol. 21, No. 2, 2018.

Germain, Randall D., *Global Politics and Financial Governance*, Hampshire: Palgrave Macmillan, 2010.

Ghosh, A., "How Does Banking Sector Globalization Affect Economic Growth?" *International Review of Economics & Finance*, Vol. 48, No. C, 2017.

Gilpin, Robert, *Global Political Economy: Understanding the International Economic Order*, Princeton: Princeton University Press, 2001.

Glass, Jeffery E., "What is a Digital Currency?" *IDEA: The Journal of the Franklin Pierce Center for Intellectual Property*, Vol. 57, No. 3, 2017.

Gnath, Katharina & Claudia Schmucker, "The Role of the Emerging Countries in the G20: Agenda-setter, Veto Player or Spectator?" *Bruges Regional Integration and Global Governance Paper*, No. 2, 2011.

Goddard, M., "The EU General Data Protection Regulation (GDPR): European Regulation that Has a Global Impact", *International Journal of Market Research*, Vol. 59, No. 6, 2017.

Gomber, P., Jascha-Alexander Koch & Michael Siering, "Digital Finance and FinTech: Current Research and Future Research Directions", *Journal of Business Economics*, Vol. 87, No. 5, 2017.

Gong, C. & S. Kim, "Regional Business Cycle Synchronization in Emerging and Developing Countries: Regional or Global integration? Trade or Financial Integration?" *Journal of International Money and Finance*, Vol. 84, 2018.

Gong Sen & Li Bingqin, "The Digital Silk Road and the Sustainable Development Goals", *IDS Bulletin-Institute of Development Studies*, Vol. 50, No. 4, 2019.

Gozgor, G. & P. Ranjan, "Globalisation, Inequality and Redistribution: Theory and evidence", *The World Economy*, Vol. 40, No. 12, 2017.

Gozgor, G., "Robustness of the KOF Index of Economic Globalisation", *The World Economy*, Vol. 41, No. 2, 2018.

Grondys, Katarzyna, "Implementation of the Sharing Economy in the B2B Sector", *Sustainability*, Vol. 11, No. 14, 2019.

Grugel, Jean B. & Nicola Piper, *Critical Perspectives on Global Governance: Rights and Regulation in Governing Regimes*, London: Routledge, 2007.

Guo Feng, et al., "Measuring China's Digital Financial Inclusion: Index Compilation and Spatial Characteristics", *China Economic Quarterly*, Vol. 19, No. 4, 2020.

Habermas, Jürgen, *Communication and the Evolution of Society* (Translated by Thomas McCarthy), London: Heinemann, 1979.

Hahm, H., et al., "Who Settles Disputes? Treaty Design and Trade Attitudes Toward the Transatlantic Trade and Investment Partnership (TTIP)", *International Organization*, Vol. 73, No. 4, 2019.

Hajnal, Peter I., *The G 8 System and the G 20: Evolution, Role and Documentation*,

Hampshire: Ashgate Publishing, 2007.

Hannah, E., J. Scott & R. Wilkinson, "The WTO in Buenos Aires: The Outcome and its Significance for the Future of the Multilateral Trading System", *The World Economy*, Vol. 41, No. 10, 2018.

Hansen, H. & T. Porter, "What Do Big Data Do in Global Governance?" *Global Governance*, Vol. 23, No. 1, 2017.

Han, Xuehui & Shang-Jin Wei, "International Transmissions of Monetary Shocks: Between a Trilemma and a Dilemma", *Journal of International Economics*, Vol. 110, 2018.

Heldt, E. & H. Schmidtke, "Explaining Coherence in International Regime Complexes: How the World Bank Shapes the Field of Multilateral Development Finance", *Review of International Political Economy*, Vol. 26, No. 6, 2019.

Hills, R., et al., "The International Transmission of Monetary Policy through Financial Centres: Evidence from the United Kingdom and Hong Kong", *Journal of International Money and Finance*, Vol. 90, 2019.

Hurd, Ian, "Legitimacy and Authority in International Politics", *International Organization*, Vol. 53, No. 2, 1999.

Iji, T., "The UN as an International Mediator: From the Post-Cold War Era to the Twenty-First Century", *Global Governance*, 2017, Vol. 23, No. 1.

ILO, *World Employment and Social Outlook 2021: The Role of Digital Labour Platforms in Transforming the World of Work*, Geneva: ILO, 2021.

IMF, "Fintech: The Experience So Far", *Policy Paper*, No. 2019/024, June 27, 2019.

Immergut, Ellen M., "The Theoretical Core of the New Institutionalism", *Politics & Society*, Vol. 26, No. 1, 1998.

Inzaurralde, Bastien, "The Cybersecurity 202: U. S. Officials: It's China Hacking that Keeps Us up at Night", *The Washington Post*, March 6, 2019.

Ismail, Yasmin, "E-commerce in the World Trade Organization: History and Latest Developments in the Negotiations Under the Joint Statement", *IISD*, January 1, 2020.

ITU, *Global Connectivity Report 2022: Achieving Universal and Meaningful Connectivity in the Decade of Action*, Geneva: ITU, 2022.

Janow, M. E. & Petros C. Mavroidis, "Digital Trade, E-Commerce, the WTO and Regional Frameworks", *World Trade Review*, Vol. 18, No. S1, 2019.

Jayawardane, Sach, Joris Larik & Mahima Kaul, "Governing Cyberspace: Building Confidence, Capacity and Consensus", *Global Policy*, Vol. 7, No. 1, 2016.

Jinji, N., X. Zhang & S. Haruna, "Do Deeper Regional Trade Agreements Enhance International Technology Spillovers?" *The World Economy*, Vol. 42, No. 8, 2019.

Kato, H. & T. Okubo, "Market size in globalization", *Journal of International Economics*, 2018, Vol. 111.

Kenney, Martin & John Zysman Kenney, "The Rise of the Platform Economy", *Science and Technology*, Vol. 32, No. 3, 2016.

Keohane, Robert O., *After Hegemony: Cooperation and Discord in the World Political Economy*, Princeton: Princeton University Press, 1984.

Keohane, Robert O., ed., *Neorealism and Its Critics*, New York: Columbia University Press, 1986.

Keohane, Robert O. & Joseph S. Nye, Jr., eds., *Transnational Relations and World Politics*, Cambridge: Harvard University Press, 1970.

Keohane, Robert O. & Joseph S. Nye, Jr., *Power and Interdependence: World Politics in Transition*, Boston: Little Brown and Company, 1977.

Keohane, Robert O., "The Demand for International Regimes", *International Organization*, Vol. 36, No. 2, 1982.

Khanna, P., & Balaji Srinivasan, "Great Protocol Politics", *Foreign Policy*, December 11, 2021.

Kim, S. Y. & G. Spilker, "Global Value Chains and the Political Economy of WTO Disputes", *Review of International Organizations*, Vol. 140, No. 2, 2019.

Kindleberger, Charles P., *Power and Money: The Economics of International Politics and the Politics of International Economics*, New York and London: Basic Books, 1970.

Kirton, John J., Marina Larionova & Paolo Savona, eds., *Making Global Economic Governance Effective: Hard and Soft Law Institutions in a Crowded World*, Aldershot: Ashgate Publishing, 2010.

Knill, C., et al., "Bureaucratic Influence and Administrative Styles in International Organizations", *Review of International Organizations*, Vol. 14, No. 1, 2019.

Krasner, Stephen D., ed., *International Regimes*, Cornell University Press, 1983.

Kuzemko, C., A. Lawrence & M. Watson, "New Directions in the International Political Economy of Energy", *Review of International Political Economy*, Vol. 26, No. 1, 2019.

Kwet, M., "Digital Colonialism: US Empire and the New Imperialism in the Global South", *Race & Class*, Vol. 60, No. 4, 2019.

Lahkani, Marjaneh Jahangiri, et al., "Sustainable B2B E-Commerce and Blockchain-Based Supply Chain Finance", *Sustainability*, Vol. 12, No. 10, 2020.

Lee, David K. C., ed., *Handbook of Digital Currency: Bitcoin, Innovation, Financial Instruments, and Big Data*, London: Academic Press, 2015.

Lee, David Kuo Chuen & Robert H. Deng, eds., *Handbook of Blockchain, Digital*

*Finance, and Inclusion, Volume 1: Cryptocurrency, FinTech, InsurTech, and Regulation*, London: Academic Press, 2017.

Lee, David Kuo Chuen & Robert H. Deng, eds., *Handbook of Blockchain, Digital Finance, and Inclusion, Volume 2: ChinaTech, Mobile Security, and Distributed Ledger*, London: Academic Press, 2017.

Lee, E. & K. Yi, "Global Value Chains and inequality with Endogenous Labor Supply", *Journal of International Economics*, Vol. 115, 2018.

Lee, H., "Legalization and Dispute Settlement Benefits: The Case of the GATT/WTO", *Review of International Organizations*, Vol. 141, No. 3, 2019.

Lee, S. & C. Bowdler, "Banking Sector Globalization and Monetary Policy Transmission: Evidence from Asian countries", *Journal of International Money and Finance*, Vol. 93, 2019.

Lee, Simon & Stephen McBride, eds., *Neo-Liberalism, State Power and Global Governance*, Dordrecht: Springer, 2007.

Levy, K. E. C. and David M. Johns, "When Open Data is a Trojan Horse: The Weaponization of Transparency in Science and Governance", *Big Data & Society*, Vol. 3, No. 1, 2016.

Lindner, P., et al., "International Monetary Policy Spillovers through the Bank Funding Channel", *Journal of International Money and Finance*, Vol. 90, 2019.

Lindsay, Jon R., "The Impact of China on Cybersecurity: Fiction and Friction", *International Security*, Vol. 39, No. 3, 2015.

Lin, Guijun, Fei Wang & Jiansuo Pei, "Global value chain perspective of US-China trade and employment", *The World Economy*, Vol. 41, No. 8, 2018.

Lipscy, Phillip Y., "Explaining Institutional Change: Policy Areas, Outside Options, and the Bretton Woods Institutions", *American Journal of Political Science*,

Vol. 59, No. 2, 2015.

Lipson, Charles, "International Cooperation in Economic and Security Affairs", *World Politics*, Vol. 37, No. 1, 1984.

Lipton, Alex, et al., "Digital Trade Coin: Towards a More Stable Digital Currency", *Royal Society Open Science*, Vol. 5, 2018, 180155.

Lukes, S., *Power: A Radical View*, Palgrave MacMillan, 2005.

Lynn, Theo, et al., ed., *Disrupting Finance: FinTech and Strategy in the 21st Century*, Cham: Palgrave Macmillan, 2019.

Lynskey, O., "Deconstructing Data Protection: the 'Added-value' of a Right to Data Protection in the EU Legal Order", *International & Comparative Law Quarterly*, Vol. 63, No. 3, 2014.

Makropoulos, Michael, "The end of work and its future in digital trade", *Philosophische Rundschau*, Vol. 57, No. 3, 2010.

Malan, F., "Does being an IMF Executive Board Member (Re) Pay? An Examination of IMF Loans and Repayments", *The World Economy*, Vol. 41, No. 10, 2018.

Manning, Robert A., "The China Challenge to an Inclusive Asia-Pacific Regional Trade Architecture", *Atlantic Council*, June 1, 2018.

Manyika, James, et al., *Digital Globalization: The New Era of Global Flows*, San Francisco: McKinsey Global Institute, 2016.

Marel, Erik van der, "Old Wine in New Bottles-How Protectionism Takes Hold of Digital Trade", *Global Policy*, Vol. 10, No. 4, 2019.

Margulis, M. E., "Negotiating from the Margins: How the UN Shapes the Rules of the WTO", *Review of International Political Economy*, Vol. 25, No. 3, 2018.

Martínez-Galán, E. & M. Fontoura, "Global Value Chains and Inward Foreign Direct

Investment in the 2000s", *The World Economy*, Vol. 42, No. 1, 2019.

Ma, Shuzhong, Jiwen Guo & Hongsheng Zhang, "Policy Analysis and Development Evaluation of Digital Trade: An International Comparison", *China & World Economy*, Vol. 27, No. 3, 2019.

Mas, José M. & Andrés Gómez, "Social Partners in the Digital Ecosystem: Will Business Organizations, Trade Unions and Government Organizations Survive the Digital Revolution?" *Technological Forecasting & Social Change*, Vol. 162, 2021.

Masoudi, N., N. Dahmarde & M. Esfandiyari, "Exploring the Relationship between Globalization and Economic Growth in Selected Countries of Middle East", *International Journal of Economics and Financial Issues*, Vol. 7, No. 5, 2017.

Matallah, S. & A. Matallah, "Do Globalization and Economic Freedom Trigger Economic Growth in MENA Countries? Empirical Evidence and Policy Implications", *Academic Journal of Economic Studies*, Vol. 3, No. 2, 2017.

Matthess, Marcel & Stefanie Kunkel, "Structural Change and Digitalization in Developing Countries: Conceptually Linking the Two Transformations", *Technology in Society*, Vol. 63, 2020.

Mazumder, S., "The Impact of Globalization on Inflation in Developing Countries", *Journal of Economic Development*, Vol. 42, No. 3, 2020.

McQuade, P. & M. Schmitz, "The Great Moderation in International Capital Flows: A Global Phenomenon?" *Journal of International Money and Finance*, Vol. 73, No. A, 2017.

Meckling, J. & L. Hughes, "Protecting Solar: Global Supply Chains and Business Power", *New Political Economy*, Vol. 23, No. 1, 2018.

Meltzer, J. P., "Governing Digital Trade", *World Trade Review*, Vol. 18, No. S1, 2019.

Meltzer, J. P. , "The Internet, Cross-Border Data Flows and International Trade", *Asia & the Pacific Policy Studies*, Vol. 2, No. 1, 2014.

Meus, J. , et al. , "On International Renewable Cooperation Mechanisms: The Impact of National RES-E Support Schemes", *Energy Economics*, Vol. 81, 2019.

Michie, Jonathan & John G. Smith, eds. , *Global Instability: The Political Economy of World Economic Governance*, New York: Routledge, 1999.

Mihalcioiu, R. , "Free Trade Vs. Protectionism-the End of Globalization!?" *International Conference on Economic Sciences and Business Administration*, Vol. 4, No. 1, 2017.

Milhorance, C. & F. Soule-Kohndou, "South-South Cooperation and Change in International Organizations", *Global Governance*, Vol. 23, No. 3, 2017.

Milner, Helen V. , "The Assumption of Anarchy in International Relations Theory: A Critique", *Review of International Studies*, Vol. 17, No. 1, 1991.

Mitchell, G. & S. Stroup, "The Reputations of NGOs: Peer Evaluations of Effectiveness", *Review of International Organizations*, Vol. 3, 2017.

Moraes, H. , "Beyond a Seat at the Table: Participation and Influence in Global Governance", *Global Governance*, Vol. 25, No. 4, 2019.

Morrissey, O. , Dirk Willete Velde & Adrian Hewitt, "Defining International Public Goods: Conceptual Issues", in Ferroni, M. & A. Mody, eds. , *International Public Goods: Incentives, Measurement, and Financing*, Boston: Kluwer Academic Publishers, 2011.

Morse, Edward L. , *Modernization and the Transformation of International Relations*, New York: Free Press, 1976.

Myrdal, Gunnar, *Economic Theory and Underdeveloped Regions*, London: Gerald Duckworth, 1957.

Nagy, Viktor, "The Geostrategic Struggle in Cyberspace Between the United States, China, and Russia", *Arms Academic & Applied Research in Military Science*, Vol. 11, No. 1, 2012.

Neeraj, R. S., "Trade Rules for the Digital Economy: Charting New Waters at the WTO", *World Trade Review*, Vol. 18, No. S1, 2019.

Negroponte, Nicholas, *Being Digital*, London: Hodder and Stoughton, 1995.

Newell, P., "Trasformismo or Transformation? The Global Political Economy of Energy Transitions", *Review of International Political Economy*, Vol. 26, No. 1, 2019.

Newman, J. M., "Antitrust in Digital Markets", *Vanderbilt Law Review*, Vol. 72, No. 5, 2019.

NIC, *Global Tends 2040: A More Contested World*, Washington D. C.: NIC, 2021.

Noble, Gregory W. and John Ravenhill, *The Asian Financial Crisis and the Architecture of Global Finance*, New York: Cambridge University Press, 2000.

North, Douglass C., *Institutions, Institutional Change and Economic Performance*, Cambridge: Cambridge University Press, 1990.

Novosad, P. & E. Werker, "Who Runs the International System? Nationality and Leadership in the United Nations Secretariat", *Review of International Organizations*, Vol. 14, No. 1, 2019.

Nye, Joseph S., Jr., "Deterrence and Dissuasion in Cyberspace", *International Security*, Vol. 41, No. 3, 2017.

Nye, Joseph S., Jr., "The Regime Complex for Managing Global Cyber Activities", *Global Commission on Internet Governance Paper Series*, No. 1, 2014.

O'Brien, Robert, Anne Marie Goetz, Jan Aart Scholte & Marc Williams, *Contesting Global Governance: Multilateral Economic Institutions and Global Social Movements*,

Cambridge: Cambridge University Press, 2000.

Oh, C., "Political Economy of International Policy on the Transfer of Environmentally Sound Technologies Global Climate Change Regime", *New Political Economy*, 2019, Vol. 24, No. 1.

O'Neill, Jim, "Building Better Global Economic BRICs", *Global Economics Paper No. 66*, New York: Goldman Sachs, 2001.

Osgood, I., "Globalizing the Supply Chain: Firm andIndustrial Support for US Trade Agreements", *International Organization*, Vol. 2, No. 2, 2018.

Oyamada, K., "Is FTA/EPA Effective for a Developing Country to Attract FDI? The Knowledge-Capital Model Revisited", *The World Economy*, Vol. 42, No. 3, 2019.

Patel, I. G., "Global Economic Governance: Some Thoughts on Our Current Discontents", in Meghnad Desai and Paul Redfern, eds., *Global Governance: Ethics and Economics of the World Order*, New York: Pinter Publishers, 1995.

Peters, B. Guy, *Institutional Theroy in Political Science: The "New Instutionalism"*, London and New York: Contiuum, 2005.

Phang, David C. W., et al., "How to Derive Causal Insights for Digital Commerce in China? A Research Commentary on Computational Social Science Methods", *Electronic Commerce Research and Applications*, Vol. 35, 2019.

Pinto, R. A., "Digital Sovereignty or Digital Colonialism?" *International Journal on Human Rights*, Vol. 15, No. 27, 2018.

Pinto, Renata Ávila, "Digital Sovereignty or Digital Colonialism?" *International Journal on Human Rights*, Vol. 15, No. 27, 2018.

Pollin, R., "Advancing a Viable Global Climate Stabilization Project: Degrowth Versus the Green New Deal", *Review of Radical Political Economics*, Vol. 51,

No. 2, 2019.

Posen, Barry R., "Command of the Commons: The Military Foundation of U. S. Hegemony", *International Security*, No. 1, 2003.

Potter, A. & H. D. Watts, "Evolutionary Agglomeration Theory: Increasing Returns, Diminishing Returns, and the Industry Life Cycle", *Journal of Economic Geography*, Vol. 11, No. 3, May 2011.

Powers, Shawn & Michael Jablonski, *The Real Cyber War: The Political Economy of Internet Freedom*, Chicago: University of Illinois Press, 2015.

Rahman, Rita Dulci & Jose Miguel Andreu, *Responsible Global Governance: A Programme For World Stability And Institutional Reform*, New Delhi: Academic Foundation, 2004.

Rickard, S. & T. Caraway, "International Demands for Austerity: Examining the Impact of the IMF on the Public Sector", *Review of International Organizations*, Vol. 14, No. 1, 2019.

Rid, Thomas & Ben Buchanan, "Attributing Cyber Attacks", *Journal of Strategic Studies*, Vol. 38, Issue 1-2, 2015.

Robbins, Mark, "Internet, Industry and International Trade: Digital Tradability in Services", *Journal of World Trade*, Vol. 52, No. 2, 2018.

Robinson, Linda, et al., *Modern Political Warfare: Current Practices and Possible Responses*, Santa Monica, CA: RAND Corporation, 2018.

Rommerskirchen, C. & H. Snaith, "Bringing Balance to the Force? A Comparative Analysis of Institutionalisation Processes in the G20's Mutual Assessment Process and the EU's Macroeconomic Imbalances Procedure", *New Political Economy*, 2018, Vol. 23, No. 4.

Rosenau, James N., "Governance in the Twenty-First Century", *Global*

Governance, Vol. 1, No. 1, 1995.

Rosendorff, B. P. , & A. Smith, "Domestic Political Determinants of the Onset of WTO Disputes", *The Review of International Organizations*, Vol. 13, No. 2, 2018.

Sabel, Charles F. & Jonathan Zeitlin, "Learning from Difference: The New Architecture of Experimentalist Governance in the EU", *European Law Journal*, Vol. 14, No. 3, 2008.

Saggi, K. , W. Wong & H. Yildiz, "Should the WTO Require Free Trade Agreements to Eliminate Internal Tariffs?" *Journal of International Economics*, Vol. 118, 2019.

Scheubel, B. , L. Stracca & C. Tille, "Taming the Global Financial cycle: What Role for the Global FinancialSafety Net?" *Journal of International Money and Finance*, Vol. 94, 2019.

Schiller, Dan, *Digital Depression: Information Technology and Economic Crisis*, Urbana: University of Illinois Press, 2014.

Schiller, Dan & ShinJoung Yeo, "Science and Engineering in Digital Capitalism", in David Tyfield, et al. , eds. , *The Routledge Handbook of the Political Economy of Science*, London: Routledge, 2017.

Schneider, Anselm & Andreas Georg Scherer, "Private Business Firms, Human Rights, and Global Governance Issues: An Organizational Implementation Perspective", *Social Science Electronic Publishing*, Vol. 21, No. 3, 2012.

Seabrooke, Leonard, "Legitimacy Gaps in the World Economy: Explaining the Sources of the IMF's Legitimacy Crisis", *International Politics*, Vol. 44, No. 2/3, 2007.

Shu, Chang, et al. , "Regional Pull Vs Global Push Factors: China and US Influence on Asian Financial markets", *Journal of International Money and Finance*, Vol. 87, 2018.

Shurson, J., "Data Protection and Law Enforcement Access to Digital Evidence: Resolving the Reciprocal Conflicts Between EU and US Law", *International Journal of Law and Information Technology*, Vol. 28, No. 2, 2020.

Siebert, Horst, ed., *Global Governance: An Architecture for the World Economy*, New York: Springer, 2003.

Singer, P. W. & Allan Friedman, *Cybersecurity and Cyberwar: What Everyone Needs to Know*, New York: Oxford University Press, 2014.

Singh, Harpreet, "Big Data, Industry 4.0 and Cyber-Physical Systems Integration: A Smart Industry Context", *Materials Today: Proceedings*, Vol. 46, 2021.

Slaughter, M. J. & David H. McCormick, "Data Is Power: Washington Needs to Craft New Rules for the Digital Age", *Foreign Affairs*, Vol. 100, No. 3, 2021.

Smith, J., Belinda Hewitt & Zlatko Skrbiš, "Digital Socialization: Young People's Changing Value Orientations Towards Internet Use Between Adolescence and Early Adulthood", *Information, Communication & Society*, Vol. 18, No. 9, 2015.

Smouts, Marie-Claude, "The Proper Use of Governance in International Relations", *International Social Science Journal*, Vol. 50, No. 155, 1998.

Sommerer, T. & J. Tallberg, "Diffusion Across International Organizations: Connectivity and Convergence", *International Organization*, Vol. 73, No. 2, 2019.

Sopranzetti, S., "Overlapping Free Trade Agreements and International Trade: A Network Approach", *The World Economy*, Vol. 41, No. 6, 2018.

Srinivasan, Ramesh, *Whose Global Village?: Rethinking How Technology Shapes Our World*, NewYork: NewYork University Press, 2017.

Stein, Arthur A., "Coordination and Collaboration: Regimes in an Anarchic

World", *International Organization*, Vol. 36, No. 2, 1982.

Stephen, M., "Emerging Powers and Emerging Trends inGlobal Governance", *Global Governance*, Vol. 23, No. 3, 2017.

Stiglitz, Joseph E., *Globalization and Its Discontents*, New York: W. W. Norton, 2003.

Suda, Yuko, "Transatlantic Politics of Data Transfer: Extraterritoriality, Counter-Extraterritoriality and Counter-Terrorism", *Journal of Common Market Studies*, Vol. 51, No. 4, 2013.

Swarnali, A., A. Maximiliano & M. Ruta, "Global Value Chains and the Exchange Rate Elasticity of Exports", *The B. E. Journal of Macroeconomics*, Vol. 17, No. 1, 2017.

Tallberg, J. & M. Zürn, "The Legitimacy and Legitimation of International Organizations: Introduction and Framework", *Review of International Organizations*, Vol. 14, No. 4, 2019.

Tapscott, D., *The Digital Economy: Promise and Peril in the Age of Networked Intelligence*, New York: McGraw-Hill, 1997.

Terzi, Nuray, "The Impact of E-Commerce on International Trade and Employment", *Procedia-Social and Behavioral Sciences*, Vol. 24, 2011.

Thangavelu, S., W. Wang & S. Oum, "Servicification in Global Value Chains: Comparative Analysis of Selected Asian Countries with OECD", *The World Economy*, Vol. 41, No. 11, 2018.

Triggs, A., "Macroeconomic Policy Cooperation and the G20", *The World Economy*, Vol. 41, No. 5, 2018.

Triggs, A., "Rebalancing a Lopsided Global Economy", *The World Economy*, Vol. 42, No. 11, 2019.

UNCTAD, *Digital Economy Report 2019*: *Value Creation and Capture*: *Implications for Developing Countries*, New York: United Nations Publications, 2019.

UNCTAD, *Digital Economy Report 2021*: *Cross-border Data Flows and Development*, New York: United Nations Publications, 2021.

UNCTAD, *Digital Economy Report 2024*: *Shaping an Environmentally Sustainable and Inclusive Digital future*, New York: United Nations Publications, 2024.

UNCTAD, "Digital Trade: Opportunities and Actions for Developing Countries", *Policy Brief*, No. 92, January 7, 2022.

United States International Trade Commission, "Global Digital Trade 1: Market Opportunities and Key Foreign Trade Restrictions", *USITC Publication*, No. 4716, Washington D. C.: USITC, 2017.

USBEA, "Defining and Measuring the Digital Economy", *Bureau of Economic Analysis*, 2018.

Vallanti, G., "International Capital Mobility and Unemployment Dynamics: Empirical Evidence from OECD Countries", *The World Economy*, Vol. 41, No. 11, 2018.

Varsolo, S., "Generalization of Digital Innovation for Financial Inclusion by Means of Market Creation Through Regulation and Governance", *Global Transitions*, Vol. 5, No. 1, 2023.

Von Briel, F., Per Davidsson & Jan Recker, "Digital Technologies as External Enablers of New Venture Creation in the IT Hardware Sector", *Entrepreneurship Theory and Practice*, Vol. 42, No. 1, 2018.

Wallerstein, Immanuel, *The Politics of the World-Economy*: *The States, the Movements and the Civilizations*, Cambridge: Cambridge University Press, 1984.

Wallerstein, Immanuel, *World-Systems Analysis*: *An Introduction*, Durham, North

Carolina: Duke University Press, 2004.

Waltz, Kenneth N., *Theory of International Politics*, Reading, MA: Addison Wesley, 1979.

Wang, Xiaosong, et al., "Trade Barriers and Participation in the Global Value Chain: An Empirical Study Based on Anti-dumping toward China", *China & World Economy*, Vol. 27, No. 2, 2019.

Weber, Rolf H., "Digital Trade and E-Commerce: Challenges and Opportunities of the Asia-Pacific regionalism", *Asian Journal of WTO & International Health Law and Policy*, Vol. 10, No. 2, 2016.

Weber, Rolf H., "Digital Trade in WTO-LAW Taking Stock and Looking Ahead", *Asian Journal of WTO & International Health Law and Policy*, Vol. 5, No. 1, 2010.

Weiss, Thomas G. & Leon Gordenker, eds., *NGOs, the UN, and Global Governance*, London: Lynne Rienner Publishers, 1996.

Wendt, Alexander, *Social Theory of International Politics*, Cambridge, New York: Cambridge University Press, 1999.

Wilkinson, Rorden & Steve Hughes, eds., *Global Governance: Critical Perspectives*, London: Routledge, 2002.

Wolfe, Robert, "Learning about Digital Trade: Privacy and E-Commerce in CETA and TPP", *World Trade Review*, Vol. 18, No. S1, 2019.

WTO, *World Trade Report 2018: The Future of World Trade: How Digital Technologies Are Transforming Global Commerce*, Geneva: WTO, 2018.

WTO, *World Trade Report 2021: Economic Resilience and Trade*, Geneva: WTO, 2021.

Wu, Timothy S., "Cyberspace Sovereignty: The Internet and the International System",

*Harvard Journal of Law & Technology*, Vol. 10, No. 3, 1997.

Yildirim, A. B., et al., "The Internationalization of Production and the Politicsof Compliance in WTO Disputes", *The Review of International Organizations*, 2018, Vol. 13, No. 1.

Young, Oran R., "Regime Dynamics: The Rise and Fall of International Regimes", *International Organization*, Vol. 36, No. 2, 1982.

Yu, Chunjiao & Zhechong Luo, "What are China's Real Gains within Global Value Chains? Measuring Domestic Value added in China's Exports of Manufactures", *China Economic Review*, 2018, Vol. 47.

Zajácz, Rita, *Reluctant Power: Networks, Corporations, and the Struggle for Global Governance in the Early 20th Century*, Cambridge: the MIT Press, 2019.

Zou, Yonghua, "Leveraging Digital Infrastructure for Pandemic Governance: Preparation, Praxis, and Paradox", *Public Performance & Management Review*, Vol. 46, No. 1, 2023.

# 缩略语

AFIN 东盟金融创新网络

AI 人工智能

AIIB 亚洲基础设施投资银行

AMRO 东盟与中日韩（东盟+3）宏观经济研究办公室

APEC 亚太经合组织

BCBS 巴塞尔银行监管委员会

BEPS 税基侵蚀和利润转移

BIS 国际清算银行

CBDC 央行数字货币

CHIPS 纽约清算所银行同业支付系统

CPMI 国际清算银行支付与市场基础设施委员会

CPTPP 《全面与进步跨太平洋伙伴关系协定》

DEPA 《数字经济伙伴关系协定》

DFFT 可信任的数据自由流动

DLT 分布式账本技术

DRAM 动态随机存取存储器

ECCB 东加勒比中央银行

FATF 金融行动特别工作组

FSB 金融稳定委员会

G20 二十国集团

G7 七国集团

GATS《服务贸易总协定》

GDP 国内生产总值

GPFI 普惠金融全球合作伙伴

GPS 全球定位系统

IAIS 国际保险监督官协会

ICT 信息和通信技术

IEC 国际电工委员会

ILO 国际劳工组织

IMF 国际货币基金组织

INSTEX 贸易互换支持工具

IOSCO 国际证监会组织

IPEF 印太经济框架

IP 互联网协议

ISO 国际标准化组织

ITA《信息技术协定》

ITU 国际电信联盟

MAP 相互评估程序

NDB 新发展银行

NFC 近距离无线通信技术

NFT 非同质化通证

OECD 经济合作与发展组织

Open RAN 开放无线接入网

PCT《专利合作条约》

QUAD 美日印澳"四方安全对话"

RCEP《区域全面经济伙伴关系协定》

SDR 特别提款权

SWIFT 环球银行金融电信协会

TiSA《服务贸易协定》

TPP《跨太平洋伙伴关系协定》

UN/CEFACT 联合国贸易便利化和电子商务中心

UNCDF 联合国资本发展基金

UNCITRAL 联合国国际贸易法委员会

UNCTAD 联合国贸易和发展会议

UNECE 联合国欧洲经济委员会

UNESCO 联合国教科文组织

UNHRC 联合国人权理事会

UPU 万国邮政联盟

USICA《美国创新与竞争法案》

USJTA《美国—日本数字贸易协定》

USMCA《美国—墨西哥—加拿大协定》

WCO 世界海关组织

WEF 世界经济论坛

WTO 世界贸易组织

# 后　　记

人类社会已不可逆转地进入了数字时代。以5G、工业互联网、人工智能、云计算为代表的数字技术加速发展，催生了以数字技术为主要动力、数字经济为重要内容的新型全球化，推动了全球数字经济治理体系的形成与发展。这些新的变化不断深化全球经济治理的学理认知，不断推动全球经济治理知识体系的发展与创新。作为全球数字大国之一，中国在数字经济发展与治理领域的实践将深刻影响全球数字经济治理体系的演进，也将为构建更加公正合理的全球数字经济治理体系作出更大贡献。

数字经济是发展新质生产力和促进全球可持续增长的重要驱动力，大大拓展了全球经济治理领域和空间。数字经济的快速发展为政府和企业之间的合作提供了更多机会和更大空间，也为国家治理和市场调控带来了新的挑战。在数字化的引领下，新经济业态、新技术和新产业不断涌现，数据的收集、传输、处理、分析、交易等日益成为经济活动的重要内容，传统产业的发展方式和商业模式随之发生重大变化。这也加大了全球经济治理面临碎片化、武器化和竞争化的系统性风险以及政治干预、数据控制和经济垄断的非系统性风险。在此背景下，全球经济治理需要更加聚焦数字规则的制定，更好反映各种行为体的利益，推动形成更加均衡的全球经济治理利益结构。

从技术、理念、权力、市场和安全等多维理论视角来看全球数字经济治理体系，可以发现，数字技术不断拓展全球经济治理内涵、数字思维不断改变全球经济治理理念、数字权力不断重构全球经济治理格局、数字市场不断催生全球经济治理规则、数字安全不断优化全球经济治理目标的逻辑机理。同时，从治理主体、治理领域、治理风险、治理规则、治理利益等全球经济治理的构成要素可见，数字时代各行为体的竞争博弈、各个领域的联动发展、各种风险挑战的交织叠加、各种标准与规则的更替演进、各种诉求和利益分配的格局调整都呈现出新的特点与变化。

为此，我们组建了一个跨学科研究团队，持续观察和分析数字时代全球经济治理体系的发展和变化。2021年，我作为首席专家及张宇燕教授、郎平教授、马涛教授、刘东民副研究员和黄梅波教授分别担任子课题负责人投标的国家社科基金重大项目"中国积极参与全球数字经济治理体系改革与创新研究"获准立项。在前期的研究工作中，我主要对全球数字经济治理的理论逻辑与现实问题进行了探索，并同田旭、沈陈和郭明英一起撰写了研究报告；在分领域的研究中，马涛、王岚和刘秉源参与了全球数字贸易治理体系部分的研究，刘东民、宋爽、李颖婷、孙铭、李紫乾和张璐钰参与了全球数字金融治理体系部分的研究，熊爱宗、陈兆源、齐尚才和杨嘉豪参与了全球数字经济发展治理体系部分的研究，并根据项目研究设计撰写了高质量的研究报告。

在项目经过评审获准结项后，为了深入分析中国参与引领全球数字经济治理体系的角色，我对原有的研究问题和视角、框架和内容等进行了调整，对各部分研究资料和数据进行了更新，并形成了本书的最后版本。因此，没有前期研究团队成员的研究基础和紧密协作，不可能有本书的面世。本书的研究和写作得到了张宇燕教授、吴志成教授、林桂军教授、孙吉胜教授、刘贞晔教授、尹振涛教授、袁正清教授的指导，得益于国家社科基金重大项目匿名评审专家和《国家哲学社会科学成果文库》八位匿名评审专家的宝贵意见和建议，并得到了汤井东、曹元龙、李春姬、郗艳菊、夏侠、刘芳和郭枭等老师的支持。中国社会科学院大学学生牛宇柔、汪丁牧野、黄云游、张家星、况勃江和刘荔帆也参与了资料收集整理及文稿校对工作。在此，谨向各位的帮助和支持表示诚挚谢意。

在本书付梓之前，我们欣喜地看到，中国开发的人工智能大模型深度求索（DeepSeek）异军突起，在性能和性价比上超越了其他同类大模型。DeepSeek的开源使用加速了它与各个行业和产业的深度整合，加速推进了全球经济社会发展的数字化和智能化。全球大国围绕数字技术和数字治理的博弈将进一步加剧，并将因此带来全球数字经济治理体系的深度变革。如何从数智新技术不断涌现的底层逻辑出发，系统认识全球数字经济发展和治理逻辑还需要进行更深入的跨学科探索。在研究过程中越来越深刻感受到，唯有与时代同行才有可能真正把握创新脉搏，才有可能打造鲜明时代特色的学术精品。

最后，我想说的是，为了推动中国从数字经济大国走向数字经济强国，相关研究还有很大空间。作为全球数字经济治理体系研究的一项尝试，本书的思考还很浅显，并且因笔者能力所限，错漏之处也在所难免，恳请广大读者和各位方家批评指正。

徐秀军

2025年3月北京